中国古代外交导论

朱小略 著

上海远东出版社

内容提要

中国古代外交是中国外交学研究的前沿领域之一，从属于国际关系理论“中国学派”路径，是当代外交学界中，中国古代外交研究学科建设的奠基作，在推动学科建设、完善学科教材、推进学科教育体系化等方面起到了基础性的作用。本书专注于中国古代外交导论的理论建构，深入研究作为一门学科的中国古代外交研究的起源、学派、代表观点及学科史的发展，适用于中国古代外交研究的史料体裁、形制与基本要求以及中国古代外交的代表性史料。

本书立足于学界的已有研究成果，试开拓出一个新的学科方向。全书史料丰富，内容翔实，论述清晰，逻辑有力，适合用作国际关系、外交及相关专业的教材，也适合对国际关系史、中国古代外交史感兴趣的广大读者阅读，亦可供相关研究者参考。

图书在版编目(CIP)数据

中国古代外交导论 / 朱小略著. —上海：上海远东出版社，2021

ISBN 978-7-5476-1714-4

Ⅰ.①中… Ⅱ.①朱… Ⅲ.①外交史—中国—古代 Ⅳ.①D829

中国版本图书馆 CIP 数据核字(2021)第 115343 号

责任编辑 曹 建 陈 娟

封面设计 陈奥林

中国古代外交导论

朱小略 著

出 版 上海遠東出版社
(201101 上海市闵行区号景路 159 弄 C 座)
发 行 上海人民出版社发行中心
印 刷 上海信老印刷厂
开 本 635×965 1/16
印 张 34
字 数 368,000
版 次 2021 年 10 月第 1 版
印 次 2021 年 10 月第 1 次印刷
ISBN 978-7-5476-1714-4/D·29
定 价 118.00 元

目 录

第一章
“中国古代外交”的学科缘起

一、何为“外交”

在深入对中国古代对外关系史料学研究之前，我们一定要先对这门研究中的几个重要概念进行辨析，才能避免在接下来的研究中走偏，前人称这种做法为“开宗明义”。一般来说，学习这门课程碰到的第一个问题，就是如何记住学科的全称——“中国古代外交”。“外交”是一个非常严谨的称呼，自诞生便是专门针对外交行为的各个要素，如主体、对象和主要形式展开研究。其中的基础，莫过于研究对象的准确界定，即“什么样的主体才能开展外交?”在一门独立的学科中，研究的对象或多或少地映射出这门学科的性质和方向——除了耳熟能详的“外交”之外，关于涉外活动，还有“外事”“对外关系”等不同的说法。一般认为,“外交”特指各国的中央政府处理各国关系的活动,严格对应英文中的“Diplomacy”一词。这里的“国家”和“中央政府”都有非常严格的内涵。而对外关系则对应“Foreign Affairs”——在中央政府之外,各权力机构、地方政府、政治团体之间都可能存在广泛的和正式的跨国合作关系。这些行为在结构上与外交有着高度的相似性,但最核心的区别是主体的差异。也就是说,只有两国的中央政府之间展开的对外活动,才能称为“外交”,其他的都应当归为“对外关系”。

从应用范围来看,“对外关系”一词的适用性远远高于“外交”。以我国为例,目前国内高校开设的当代中国外交史课程,大多命名为“中华人民共和国对外关系史”。这是由于中华人民共和国成立之初获得的国际认可还不够广泛,为扩大外交战线,新中国采取了许多灵活的外交形式,譬如政党外交、军队外交和体育外交等。由此可以看出,“中华人民共和国外交史”这个名称不能恰如其分地摹状新中国外交活动的灵活性、丰富性与多样性,因此学界使用“对外关系史”的讲法。此外,中国的外交部英文译名之所以定为“Ministry of Foreign Affairs”,有两个主要原因:一个是与国际惯例接轨,因为各国的外交业务和领事业务都逐渐归于外交部,“Diplomacy”一词限定了外交部的职能;另一个原因与新中国灵活多样的“对外关系”传统息息相关。一般情况下,我们可以将“外交”视为“对外关系”框架下的一种极正式的对外活动,而“对外关系”则是更为广泛的涉外活动,如对经济援助、国际合作等的统称。

然而,时代主题的变化又使“外交”一词的内涵产生了新的变化。当今社会对“外交”理解的混乱,主要来自两个方面:一个是“公共外交”与“民间外交”等概念的勃兴，使“外交”与“对外关系”之间的界限越来越模糊；一个是历时性视角下外交学对“外交”这个词的回溯，使得“外交”一词内在含义的延展和变化，出现了自相矛盾之处。就这两个要点，我们将分别加以论述。

1.“新情况”：国际组织与新型外交

在本节开始之前，我们首先要抛出一个问题：外交是专属于主权国家之间的行为吗？

从外交实践来看，这个问题的答案似乎是肯定的。外交学研究曾长期强调外交与主权国家之间的关系。然而，它亦曾历经国际体系的两次重大的转变，即全球殖民主义体系转向战后两极格局，再由冷战格局转向由美国主导的全球自由贸易体系。无论是殖民主义体系，还是全球贸易体系，都强调市场经济的自由贸易原则，要求削弱以民族国家为本位的贸易壁垒和贸易保护。这种经济制度的变化，深刻地作用于政治层面，使得原本围绕全球贸易与自由市场的讨论，自然延伸至“主权保护”与“全球化”的讨论中，从而影响到包括外交学在内的国际政治视角——冷战时期，“国家安全”是对外政策和国际关系理论研究的重中之重。苏联和美国在全球范围内展开的争霸，使核战争和全面战争成为最大的安全威胁；两个阵营的对立也极大地限制了自由市场的扩展。但冷战结束之后，全球气候变化、恐怖主义蔓延、疫病跨国传播等新问题，则将国际组织的角色、地位以及多边外交的重要性凸显无遗。尽管在这个维度，“国家中心”的外交学理论仍然占有显著地位，但国际组织

(IO)、公共外交、民间外交、城市外交等“新”形式的出现，使得“外交”的内涵变得更复杂、更多元。如前所述，“国家”和“外交部门”一直以来都是外交活动的核心，而外交应当围绕具有职业素养的专业外交官展开。但以联合国等为代表的国际组织，在冷战后国际体系中的活跃，使得外交逐渐从双边关系发展为多边关系，政府间关系发展为政府、国际组织、跨国公司等的网络关系体。“外交”是否还是国家、政府和外交官专属的政治活动？这无疑面临着广泛的质疑和挑战。

从组织结构的角度来看，国际组织(IO)越来越具有独立的生命力。尽管国际组织没有主权、领土和人民这些重要标志，远不能被称为一个主权实体或国际法语境下的单一国际人格。但由于体系的影响，尤其是国际组织开始在成员国的独立权和国际组织的代表权之间寻求着平衡，试图对成员的行为加以约束或统一赋权，特别是成熟的国际组织，逐渐具备了“超越民族国家”的政治抱负。换言之，国际组织不再单纯地受成员国的国际利益支配，而是反过来影响成员国的对外政策，即便有时这种影响会妨害到成员国的国家利益。以欧盟为例，其同早先的“欧洲煤炭钢铁联盟”或欧洲共同体不同，作为区域性国际组织，其日渐发育出了一些超主权特征，譬如成员国在制定对外政策，包括环境问题、难民问题和贸易政策中，应充分地考虑到作为组织的欧盟的态度，不能单纯地依照国家利益制定本国的对外政策。近年来，匈牙利和欧盟围绕难民问题的争端，就是欧盟力推统一的难民政策与匈牙利力图保护其国家利益的争端的体现。2015年，欧盟面临难民问题，力图推行强制移民配额政策，即对每个成员国摊派其应当接纳的中东难民。这种跨国强制分配本身就是对传统“主权”观念的冲击，以至于匈牙利等国强烈反弹。尽管强制移民配额政策和后继的“临时团结机制”均宣告失败，但欧盟在政治制度层面的一体化进程，无疑丰富了“国际组织”的内涵，其对成员国的影响，亦超过一般的国际组织，影响其对外政策。即便本书沿袭了传统视角，将欧盟视为国际组织，这种强大赋权方使欧盟同包括联合国在内的国际组织体现出相当差异，以至于学界开始重新思考当代国际社会中的国际组织和成员国间的多元化关系。

在贸易、市场和技术转让等领域，成员国可能赋予国际组织一定程度的代表权；而在国家安全、防务和海外军事协同问题上，奉行追随政策和集体安全思想的成员更可能让渡给国际组织更多的权力——就这些情况而言，国际组织的代表权更大。与此同时，另一部分国际组织并没有代表成员国的权力，譬如联合国大会决议就对成员国没有法律上的强制执行力，成员也可以自主退出某项协议，而不至于遭受额外的惩罚。由于国家与国际组织之间的关系是复杂而多元的，传统外交学研究以“主权国家”作为研究对象的思路，实际受到了来自新现实的冲击。

国际组织在外交中的角色不是单一的，这是影响国际组织在外交中扮演角色的重要原因之一。当代国际体系中的国际组织，在不同的国际活动中，履行着不同的职能：譬如在联合国安全理事会或联合国大会中，成员国是以独立国家的身份参与联合国大会、各圆桌会议和边角会议的。这类场合中，国际组织仅仅作为多边外交的平台而活跃，本身并不履行对外职能，有类于为会员提供联谊场合的俱乐部；然而，在经贸合同、技术转让与军事合作等问题上，例如以欧盟、东盟或北约为主体的谈判机制，就不能用“多边外交”一以概之了。从主体和过程上看，这类谈判都不是一个国家与另一个（或多个）国家的谈判，而是一个国家与得到充分授权的国际组织所展开的一对一谈判。用经济行为来比附的话，此时的成员国相当于企业的股东，而代表他们实际进行市场活动的主体是企业。国际组织在两种不同的语境中扮演着全然不同的角色，这使得针对其的研究变得更为复杂。在这类情况中，国际组织是以“国际人格”的身份来活动的。一个比较重要的例子是中国加入世界贸易组织（WTO），在多哈谈判之前，中国加入世界贸易组织只需通过一轮到数轮谈判；然而，一旦在 WTO 进行改革之后再重启谈判，中国就需要同 WTO 的全部成员国都举行双边谈判，并在谈判通过后，才能最终获准加入 WTO。在这一个案例之中，我们可以看到国际组织在两种身份之间的转换。身份的转换会引发制度的调整，而制度的调整无疑导致外交这一概念在内涵上的变化。在国际制度及“国际社会”概念日益成熟的当下，20 世纪早期那种松散而缺乏影响力的国际组织，已经被愈发活跃的现代国际组织所取代。这些国际组织从参与国际关系的深度与跨国活动的形式上看，也已更为贴近国际法所强调的“国际人格”特征。面对这一根本性的转变，学界即便不为新型国际组织的涌现而调整整个外交学的研究范式，至少也需要针对现下的国际体系而调整自己的理论重点与基本假设。

无独有偶，除国际组织参与的外交活动之外，种种有别于传统外交的外事活动也被纳入了外交研究的视野，譬如公共外交和民间外交。所谓公共外交，是指一国政府通过文化交流、信息项目等形式，了解国情与影响（国外）公众，提高本国国家形象和国际影响力的外交形式。在媒体高度发达的现代社会，具有国际影响力的电视台、电台、文教活动、艺术交流与全球性的 SNS 信息流，毫无疑问是公共外交的主要渠道。从理论上看，公共外交仍然是政府主导的外交活动，但目标和对象却由其他政府转向了全体国民；而民间外交则是中华人民共和国对外关系史的独特贡献。中华人民共和国建国之初，正式建交的国家只有 19 个，且主要为社会主义国家。当时亟待处理的国际问题却涉及广大未建交国家，这些国家之中不仅有西方国家，还包括大量新近独立的前殖民地国家。由于社会制度的不同，边境争端等历史遗留问题及亚洲的战争态势的影响，在重要的和谈和国际会议中，未与中国建交的国家态度并不统一。为全面落实中共八大的经济发展目标，确保和平稳定的周边环境，中国除了秉承和平共处五项原则，积极争取其他国家支持之余，还以民间团体，特别是工会、青年联合会、妇女联合会和中国人民保卫世界和平委员会等四大组织，及中国人民外交学会、中国红十字会、中国贸易促进会、中国体育总会等专门组织，通过促进民间交流合作的方式，推动国家关系的正常化。随着中英、中日的顺利建交，民间外交从“权宜之计”逐渐发展为一种成熟的非政府间交往活动。然而，这两类日渐正式的外交活动，无论是从主体还是对象上看，都不符合传统外交学研究中的“外交”定义。

我们同意这样一种观点，外交学研究的对象是当时当下的国际体系中的外交活动，它必须充分反映出时代的特征与现实价值。由于研究对象的不断变化，理论研究也需要适时适度的自省和创新。实际上，无论是“公共外交”还是“民间外交”，确实是由信息技术革命催生的外交新局面而推动的跨学科研究，而非阴谋论者或民族主义思潮所误解的、是隐藏在温情表面之下、由国家利益导向的“外交欺骗”和“软渗透”，是外交阴谋的一种变体。正如 2007 年，时任联合国秘书长的潘基文在英国皇家国际问题研究所（Chatham House）发表演说时，不无揶揄地说道：

> 在这些漫画中，一个极端情形是将联合国描绘成一个看上去不那么聪明的天使形象。她有时名为“和平”，经常受到身穿军服的残暴侵略者的袭击。另一个极端情形是将联合国描绘成一个秃顶的中年绅士，头戴高帽，身穿长衣，一副典型的外国人长相，让人生疑。她总是和另一名同样打扮的男人在绿呢台面的桌边密谋着什么。可见，前一幅漫画体现了一个不断遭受政客恶意阻挠的理想主义国际权威机构，后一个则暗指一个妄图破坏国家主权的邪恶国际阴谋。

就事论事，就国际组织所产生的罪恶想象，大多受到了权力与阴谋等思维惯性的影响，尽管这种思维惯性与现实主义的传统交织在一起，贯穿至今。但若我们将视野从单一的国际关系视角拓展至 20 世纪整体的社会科学发展，不难挖掘出新型外交更严肃的学科渊源——新型外交大多是学科交叉的产物，而非某种主观的意志所推动的——譬如“公共外交”的重心并不在“外交”，而在“公共关系”（Public Relation）。公共关系是 20

世纪初美国“扒粪运动”中正式兴起的一种职业、科学和艺术，原本用于营销和推广，为商业行为与公共形象设计中经常出现的传播学术语，特别指某一组织为改善与社会公众的关系，促进公众对其的认识、理解及支持，所展开的活动及其传播的机制。道·纽森(Doug Newsom)等认为新闻媒体的国际化、全球各国之间的经济相互依赖和跨国公司共同促进并拓展了公共关系的领域，促使了国际公关的诞生。德扬和格鲁尼格夫妇(Dejan & James E. Grunig)在研究中将影响国际公关的因素总结为：政治意识形态、经济制度、行动主义、文化以及媒体制度。在这里，“公共外交”是“公共关系”学说在国家层面的扩展，是国际公共关系的一个组成部分。

公共关系学说之所以得以上升到外交层面，有赖于“关系”的本质属性。公共关系与对外关系同样属于关系，强调任何一个主体，无论国家、企业还是个人都处于某种互动关系之中，而这一关系一定是公开的、透明的。外交活动早已脱离了秘密外交与宫廷外交的窠臼，成为了一种公开的政治活动。而在外交中，形象管理与舆论传播本身也是外事活动的目的。同时，关系学说也包含了诸多涉外活动，当一个主体，无论是国家、政府，外交官，还是工商企业或个人，只要有意识地、自觉地采取措施去改善和维持自己的互动关系时，他就需要更多地涉入公共关系学说。举一个来自电影的经典例子。1953 年，美国派拉蒙公司投资拍摄《罗马假日》，当格里高利·派克(Gregory Peck)饰演的美国记者布莱德利试探奥黛丽·赫本(Audrey Hepburn)所饰演的安妮公主的父亲的职业时，公主巧妙地回答道：“家父从事公共关系方面的工作，只是这份工作比较特殊，一般不会辞职，只有因为健康问题才不得不离开岗位。”即便是君主立宪制国家的国王，作为国家元首，也仍然具备充分的外交职能。而在出访活动中，为王室和国家树立良好的形象，本身就兼具公共关系与对外关系的双重职能。由此也可以看出，作为公共关系发展战略组合的有机部分，公共外交的含义无疑包括国际公共关系的传播与形象管理相关职能。其中特别强调公众态度的评估，确认与公众利益相符合的个人或国家，如何拟定并执行各种公开活动，提高主体的知名度和美誉度，改善形象，争取相关公众的理解与接受。从这个层面上看，公共关系与对外关系的结合，便是公共外交。

“民间外交”也有坚实的理论背景。中华人民共和国成立之初，涉入的国际活动较多而建交国较少。尽快扩大国际统一战线，建设和平稳定的周边环境，确实是政治上的客观需求。在理论建设中，“民间外交”也有天然的合理性。马克思主义强调，在外交研究中，阶级利益应当作为关键变量引入外交与对外政策分析。传统的外交学认为国家是外交的主体，这种观念是有待批判的。因为在马克思学说的谱系中，国家是阶级统治的工具，工具自身的价值中立性要求它不应具有专门利益，只能是维护统治阶级利益的工具。卡尔(E. H. Carr)不仅是一位新现实主义者，同时也是准马克思主义者。他批评西方社会长期流行的“利益和谐论”，指出：“一个富足并享有特权的阶级，其成员在社会中有着主导的声音，自然而然地会把社会的利益等同于自身的利益，因而也就自然而然地信奉利益和谐论。根据这种利益等同的逻辑，如果有人损害了这个主导群体的利益，就会被斥骂为损害了所谓整个社会的公共利益。他还会被告知,他损害整个社会的利益,也就是损害了他自己的根本利益……特权阶级的利益就是社会的利益。”经典马克思主义反对传统的外交理论,认为外交、国家利益与在此基础上的对外政策,是统治阶级通过国家和法律的工具,将自身阶级的利益上升到神圣的地位,从而实现对国内的剥削和海外的扩张。在这里,马克思不再将国家作为外交的主体,而是将其作为统治阶级利益的代言人。国家利益由此被解构为两个路向的阶级利益:世界范围内跨国境的经济生产方式与托拉斯、辛迪加等特定组织的利益,以及国内统治阶级的利益。在这个框架中,国内的统治阶级与其他阶级之间,就政治和经济利益的斗争是最重要的。在这一斗争中胜出的阶级利益,就可能上升为国家利益。

故此,在经典马克思主义政治学的语境下,研究任何一种外交,都应当还原到经济生产、市场资源、技术革命与统治阶级的内部关系中去。谁是国家的主人,谁就能拥有外交。“人民”在马克思主义的理论框架中是一个政治单位,它指代广大劳动者构成的阶级,这种阶级的利益是超国家的、国际主义的,同时,他们应当是国家的主人。由于人民的超国家性与正当性,在社会主义外交学理论中,人民的对外交往具有同政府间外交同样的必要性和合理性。因而,以人民公社和群团组织作纽带的对外交往,也是社会主义外交的有机组成部分。这一点在逻辑上是自洽的。

如前所述,当为新型外交(特别是公共外交和民间外交)作学科史的还原时,我们会发现:这些非常态外交虽然偏离了外交的基本特征,但也都具有各自的合理性——我们能够理解新时期外交学研究的焦虑,因为曾在19世纪雄极一时的外交衰落于20世纪初期——由于“国际联盟”没有成功地履行自身的职责,外交最终没能阻止第二次世界大战的爆发,因此失去了自己的地位。外交学研究在今天则成为了国际政治的次级学科。在这一大背景下,外交学理论是无法在国际关系理论之外“独善其身”的。这一时段外交学与国际关系理论之间的联系其实很好辨认,譬如以国家和政府为主体的外交学传统思潮诞生于20世纪早期。这其中固然包含了对外交史的总结与回顾,譬如马士(Hosea Morse)的《中华帝国对外关系史》等书,回顾了现代外交如何为清王朝(即英国人笔下的中华帝国)逐渐接受的全过程。但更主要的是,传统的外交学理论实际与现实主义理论(包括结构现实主义与新古典现实主义)密切结合在一起。无论是哪类现实主义者,都强调主权国家在国际结构中的主体地位,这与传统外交学理论强调国家是外交唯一主体的逻辑是相互呼应的。尽管新现实主义视野下的大国政治、集体安全、军备竞赛与威慑理论正是驱使外交行为和外交力量远离国际政治舞台中心的主要因素,但传统外交学研究与新现实主义在理论基础上仍然具有内在的一致性,这是当代外交学理论研究不得不面对的现实。

同时,国际关系理论领域不仅有现实主义视角,伴随着新自由主义等理论的兴起,外交学研究也涌现出了相应的理论尝试,以批评传统外交学视角的狭隘与“落伍”。譬如英国学派代表人物之一的赫德利·布尔(Hudley Bull)在其重要作品《世界政治中存在着秩序吗》中提出如下观点:国际社会与现存的国际体系共同构成了现代国际关系的主要形态。因为国家之间存在的共同利益，国家所愿意遵守的共同原则，譬如过去基督教世界主义和欧洲国际主义成功的经验，和平共处五项原则这类去掉社会政治形态差异而公约出的最大共识，以及这些国家在此基础上所创立的共同制度和国际组织，实际构建起一个更加规范、更加有序的国际社会体系。在这样的理论基础上，国际组织和国际法被赋予了更多的意义。

尽管新自由主义并没有给予外交额外的理论地位，但它的核心理念，譬如国际制度、国际法与相互依赖却契合了外交活动以谈判等和平方式处理两国关系的基本精神，对外交学理论的影响颇深。由新自由主义构想的世界体系出发，一大部分外交学人聚焦于外交行为的再界定和外交主体的转移的相关研究上。戴蒙德（Louise Diamond）、麦克唐纳（John. W. Mcdonald）是这类研究的领军人物。他们在《多轨迹外交：通向和平的新系统》（*Multi-Track Diplomacy: A System Approach to Peace*）一文中指出：威斯特伐利亚体系所为人熟知并广为接受的民族国家的无政府状态，和以均势为核心的国际关系思想都已经落伍了。现代外交不再是“国家”和“外交官”专擅的高级政治活动。相应的，非政府组织与跨国合作应当成为新型外交研究的重要内容。这类研究的争论焦点在于国际秩序的核心是国家，还是超国家的结构。从库珀（A Cooper）到霍金（Brian Hocking）、德利安（Der Darian）到赖尔登（Shaun Riordan），外交学界在反复争论这样一个问题——什么才是外交？什么又是外交的主体？

整体而言，这一时期反对传统国家中心主义的学人，在外交的再界定问题上提出了新看法。首先，外交不再是过去那种重程序而轻内容的礼宾、谈判、会议、遣使等由政府间的官方专业人士举行的高级别政治活动；同样，也不再单纯围绕主权国家之间展开。以国际组织（包括国际政府组织和国际非政府组织）、跨国公司和多种跨国联合行为体为核心，“外交”可能贯穿于世界上的每一个国家与重要的国际组织之间。至于外交官的观察、研究等传统职能，基本都可以通过互联网和先进的资讯技术来实现。这些职能不再为传统的外交官独占。其次，新兴的外交研究非常强调“多边合作”与“国际秩序”。一方面，双边外交仅能构建起两个国家间的和平关系，对建构合理国际秩序的直接影响不大（除了两极格局下的美苏关系），多边外交与国际组织的联结作用在这一时期所起到的作用远比传统外交的作用大；另一方面，民族国家与其说是这一类外交的主体，倒不如说是阻碍。因为泛滥的民族主义和国家利益经常会阻碍经济全球化的进程，反对或阻碍新自由主义国际秩序的全球合作，造成了许多不必要的纠纷。最后，国家间合作的议题也由最传统的安全问题、经济合作和关税协定拓展到通讯技术、环境保护和新能源技术等“低政治问题”领域，而这些领域几乎都是专业技术合作与国际政治的交叉前沿。在这一领域，“高政治”的传统外交只能激起国际社会的不信任，阻碍国家间的合作。凡此种种，促使当代外交学界匀出极大精力研究外交中的非国家行为体，斯图尔特·默里（Stuart Molly）将其总结为：

新兴派外交强调一种平等的、网络化的和稳定的非国家行为体之间的关系。这些行为体拥有独立的、低级政治的目标和参与外交事务的资源、专业能力和知识，他们致力于实现在诸如人权和发展援助等领域当中的目标。非国家外交行为体利用国家的不足来推动他们的议程，提高他们在国际关系等级中的地位，运用更有效的新方法来解决全球性问题。而在这些问题上，国家的应对是相对缓慢的。

无论我们怎样看待“外交”的上述发展，有两个事实是非常明显的。第一，许多非传统外交的新名词得到了有力的推广。无论是传媒、政界抑或学界都将“公共外交”和“民间外交”列为专门的研究对象。尤其是媒体和学界，广泛地运用这类名称，并将其冠名为“外交”。这种讨论在使传统的外交学理念受到极大的冲击之余，更揭示了这样一个事实：建立在经典概念上的“外交”和“对外关系”之间的分野，就远没有看起来的那么稳固。第二，外交这一行动是可能随着时代的变化而发生变化的。一个时期外交行为的界定标准，应当与历史中的国际体系相一致。新时期的外交研究明显受到了当前国际关系与世界格局的影响，从而呈现出与19世纪截然不同的局面。如若我们在学理上承认这些变化的合理性，这也就逻辑地表示，以民族国家的主体地位为外交行为的界定标准的做法，在学理上实际是可以商榷的。

2. “老问题”：“外交”的理论回溯与历史渊源

在本节开始之前，我们抛出一个“老”问题：在历史上，外交一直是主权国家的专属活动吗？如前所述，我们已依照外交学在新时期的发展，对“外交”与“对外关系”之间的分野做了简单的剖析。然而，在旧有的外交研究中，关于“外交”与“对外关系”的认定标准，即“民族国家”的外交主体地位，也有着纷繁的争论。

我们曾经谈到，外交学的经典理论以“国家”为中心，但这个表述方式很容易给读者们造成一种新的误解，即传统的外交学理论是以“主权国家”为中心的，这一理解毫无疑问是偏颇的。作为一门学科，外交学既要总结人类历史漫长的外交活动，提炼其机制与特色；又要解释 20 世纪国际关系中的外交活动的突出特征(并以研究和分析当代外交活动为主)，难免会产生交互影响。那么，外交学研究的主要对象是什么呢？1906 年约翰 · 福斯特(John Watson Foster)出版的《外交实践》(*The practice of diplomacy as illustrated in the foreign relations of the United States*)及 1916 年萨道义(Ernest Satow)所著的《外交实践指南》(*Satow's guide to diplomatic practice*)堪称现代外交学之起源。由“指南”一书看，萨道义强调的“国家”和我们惯常理解的“主权国家”有一些明显的不同，他说道：

> 外交是运用智略处理各独立国家的政府之间的官方关系，有时也推广到独立国家与附庸国家之间的关系，或者更简单地说，是指和平方式处理国与国之间的事务。

考虑到一个极其重要的历史事实，即萨道义本人曾担任英国驻日公使和驻华公使，有着丰富的外交经验。同时他所活跃的时代是殖民主义体系异常发达的时期，以欧洲为中心的殖民体系正是国家间关系的主要内容。因此，在当时的外交学研究中，如何处理宗主国与殖民地之间的关系，是一门显学。英国学者尼科尔森（Harold Nicolson）亦在其所著的《外交学》中明确说道：“如果把外交当作是处理一群人和另一群人之间关系的正常行为，那它早在人类有历史记载以前就存在了。”西方外交学在草创时期就已很好地定义了外交的主体与条件，“外交”作为一门古已有之的政治活动，其诞生远早于威斯特伐利亚和约的签订。

不幸的是，近代以来，各种辞典和工具书在逻辑上都千篇一律地将外交学界的后学，如贝里奇（G. R. Berridge）拔擢为定义“外交”的绝对权威，这一点对理解外交学研究的学科发展而言是很不利的。贝里奇强调主权的不可分性与主权国家的唯一性，而这一定义由于符合 20 世纪民族解放运动的潮流，为众多国家广泛采纳。譬如 20 世纪的国际共产主义运动，便与轰轰烈烈的民族独立运动紧密结合，帮助广大殖民地摆脱帝国主义殖民体系，建立独立的民族国家。因此，建立在各国国情基础上的社会主义理论，就对“绝对主权”的关注更为热切。以近代中国解放运动为例，1949 年伊始，中华人民共和国的外交学研究基本接受苏联学界的观点。葛罗米柯在其主编的《外交辞典》中提出：“外交是各国首脑、政府和专门涉外机构所进行的正式活动，旨在通过谈判、文书往来和其他手段来实现统治阶级利益所决定的国家对外政策等方面的目标和任务。”由于中华人民共和国刚成立，国家在政治制度、学术研究与意识形态等方面受苏联的影响巨大。葛罗米柯对外交的定义至少从如下两个方面引导了中华人民共和国学人对外交活动的认识。首先是主体，葛罗米柯特别强调，外交一定是就“国家”而展开的，其中国家元首、中央政府与专门涉外机构，都是中央政府的国家机关的组成部分，在对外关系中起充分的代表作用；其次，外交是对外政策的延续，亦即以和平手段维护国家利益，执行既定对外政策的正式活动。因此，“外交”的核心，必须立足于“国家利益”与“对外政策”两个要素之上。1952 年，苏联马克思主义思想对中国哲学社会科学的研究产生了相当深广的影响，作为一级学科的“政治学”学科在全国规模下的院系调整中被取消，葛罗米柯对“外交”“主权”等经典概念的解释，成为了政治研究的指导思想，直至改革开放之后，学界引入新的全球国际关系理论，这才引发了新的思考。

相比之下，作为外交学的创始人，萨道义的外交学理论更多地反映出历史演进的全过程。他认为，在殖民体系下，主权受到了极大限制甚至损害的殖民地国家也是 20 世纪外交活动的主体。由于 20 世纪早期大英帝国仍然是以联合王国为代表的单一主权国家（正如德国国际法学家拉沙·奥本海（Lassa Oppenheim）在《奥本海国际法》中提到的那样），萨道义作为英国驻华公使与外交学家，在从事外交学理论研究的同时，势必要以其来解释殖民体系下宗主国与各附属国之间的外事活动。基于这一客观事实，尽管“不完全主权国家”受到了民族主义理论和半殖民国家政治学研究的激烈批判，但仍被纳入了现代外交学的研究视野，且成为了重要的研究对象。

萨道义的视角之所以重要，是因为外交学研究若要准确地反映出外交行为的结构特点，就必须向历史的维度开拓。今天，传统的外交学理论研究总是强调主权国家的基础地位，但从二者的历史关系上看，民族国家诞生于 1648 年威斯特伐利亚条约的签署，但近代外交活动的渊薮则可以追溯到1450年。高飞在《我国外交学研究的现状和主要问题》中，以表格的形式归纳和总结外交学的首要特征，可以非常直观地看出国际关系研究与外交研究的差异（表1.1）。

表1.1 外交学与国际关系研究领域比较

	外交研究	国际关系研究
研究对象	国家或国际行为主体的行为	国际关系的运行状态
研究重点	外交制度	国际关系体系
近代的历史起点	1450年米兰公爵向佛罗伦萨派遣常驻使节	1648年威斯特伐利亚条约的签订
研究的视角	以主权国家或相应的国际行为主体的行为为研究出发点	可分为体系、国家、决策者三个层次；体系层次决定其他两个层次
研究对象的特点	具有主观性	具有客观性

我们并非刻意划清外交学研究与国际关系研究之间的“界限”。如前所述，新时期的现实主义和自由主义理论已为外交学理论的研究提供了极其重要的新思路和新图式。但是，主权国家在外交学的视野中并不是唯一主体，甚至不是最主要的主体。试以近代历史起点这一节为例，15世纪的伦巴底诸邦在政治体制上呈现出非常独特的样貌，从国际政治史的角度来看，一方面，意大利还不是一个统一的王权国家，而14—15世纪各城邦先后放弃了市民议会与民主制，建立起了大大小小的国家。特别需要注意的是，此时林立于亚平宁半岛的，既有互不隶属的王国和共和国，也包括在政治上具有极大影响力的教皇国。具体来说，教皇国、米兰公国、佛罗伦萨共和国、热那亚公国、费拉然公国、萨沃伊公国、威尼斯共和国和两西西里王国等

同时并存。此时的“公国”相当于自治领，其出现远早于威斯特伐利亚体系。然而在外交实践中，它与伦巴底地区的“王国”和“共和国”等量齐观，都是外交的主体。米兰公国的统治者弗朗塞斯科·斯福扎（Francesco Sforza II）于1450年向佛罗伦萨共和国派遣常驻使团；五年之后（即1455年），又向热那亚王国派遣了常驻使团，这两件事被视为现代外交的起源。因此，无论后继的历史中，“公国”是否以建成完整的王国或“民族国家”为目标，它都曾被包纳为外交的主体。

换言之，“国家”与“主权国家”并不是完全等同的。外交学指出，“外交”围绕“国家”，而非“主权国家”展开。“主权国家”是“国家”的一部分，而非全部。莫瓦特（R. B. Mowat）在其名著《外交和和平》一书中，将欧洲外交理论的发展划分为三个时期：第一个时期是从476—1475年，包括没有组织与规范的外交“黑暗时代”；第二个时期是1475—1914年，即外交理论追随威斯特伐利亚体系的政策与制度相调整的时期；第三个时期则是1914年迄今，即莫瓦特所信仰的、威尔逊所开创的理想主义时代。当然，威尔逊的理想伴随着第二次世界大战的爆发而破灭，但莫瓦特将外交理论的诞生谱系追溯到475年，已远早于“主权国家”的诞生，甚至于外交活动还没有一定的规章制度的时候，“外交”就已经存在了。尼克尔森（Harold Nicolson）进一步将外交实践推演至史前旧石器时代，以食人的克洛玛农人和尼安德特人群落的送信使，作为外交的开端。力图将外交传统追溯至欧洲之外的雷蒙·科恩（Raymond Cohen），指出外交学界正在摒弃西方中心论的影响，将外交溯源至公元前4000年的苏美尔城邦。可以看出，尽管主权国家的涌现极大地重塑了外交的格局,但外交学界对自身的谱系,仍然追溯至人类文明的起源阶段;外交研究的对象“国家”,自然呈现出完全不同的相貌,而对这段历史的回顾,对于中国古代外交研究的启发意义,自然是很大的。

在尼科尔森的时代,世界古代史研究的两大主流是描述西方的“城邦国家”理论与描述东方的“东方专制主义”。“东方专制主义”在接下来的正文中将要详述。在此先简述一下“城邦国家”理论的概貌。“城邦国家”的起源,并不是后世历史学家的个人发明,而是由希腊的“当代人”构建出的理论。柏拉图以雅典为中心的阿加底亚作为蓝本,指出“城邦”起源于社会分工,即人类基于分配的正义,在各司其职的基础上相互需要,而成长起来的城邦:“有序需要许多东西,我们邀集许多人住在一起,作为伙伴和助手,整个公共住宅区,我们把它叫做城邦。”聚集的人群依据相互满足的原则,形成共同的生活体——“城邦”,这就是国家的起源。柏拉图对于理想城邦的描述首先是物理性的:何处选址,应当由多少人口构成,城邦内土地及财产的分配。但这些物理性的标识都不是“城邦-国家”的构成要件。柏拉图认真研究了城邦的政体,以六种不同的政体为例,讨论什么是“好政体”,但政体及其相关的政治权力运作,意味着希腊城邦不同于中世纪欧洲兴起的、以经济活动和集市为显著标志的“城市”,而是一个早期的国家实体。政体的出现,或者是专门的政治权力运作机制的成型,是自然族群向国家机器转换的显著标志。

从哲学史的角度上看,柏拉图的思想对亚里士多德的影响至深。但柏拉图的思想跨越了哲学界一隅,也渗透进了历史学研究之中。恩格斯在古代国家起源的研究中吸收柏拉图的基本假设，以解释雅典国家的诞生。他认为，氏族是人类发展至国家阶段之前，最主要的群族组织形式；氏族社会的组织原则是血缘与群族，具体包括十个方面的特征：

(1) 共同的宗教祭祀，为侍奉一定的神，而被赋予了特权，这个神(一般情况下)被设想为一位族类的男性始祖，并享有一个特殊名称；

(2) 共同的墓地；

(3) 相互之间的继承权；

(4) 在受到侵害时提供帮助、保护和支援的相互义务；

(5) 在一定情况下，特别是在事关孤女和女性继承人的时候，在氏族内部通婚的相互权利和义务；

(6) 至少在某些情况下拥有共同的财产，有一位属于自己部族的酋长和司库；

(7) 按照父权制计算世系；

(8) 禁止氏族内部通婚，但女继承人例外(即妇女出嫁之后，就不再参加本氏族的宗教仪式，而改行她丈夫的氏族的宗教仪式；但如果是自己家族的继承人，则改行入赘制)；

(9) 接纳外人入族的权利(仅限于收养或婚姻)；

(10) 选举和罢免酋长的权利。

我们可以直观地从中识别出那些通行于各族之间的原则，譬如埃及人所信奉的拉神(Ra)，或《旧约·民数记》记载基列的子孙来到摩西与以色列人族长面前，请求自己的女儿们能在族内通婚，以保全族裔财产的权力。恩格斯批评格罗特(George Grote)、尼布尔(Barthold Niebuhr)和蒙森(Theodor Mommsen)

等古典古代历史编纂学家对氏族的轻视,尤其受到亚里士多德城邦理论的影响,将氏族理解为家庭集团。然而,这只是由于他们不理解氏族的本质特征与历史起源所引发的偏见。依据恩格斯的意见,家庭属于私法领域,而国家属于公法领域,两个维度的政治主体没有直接的相互影响。国家起源于氏族,而家庭在政治权力层面,实际是氏族的对立面。换言之,氏族代表的原始公有制,溃败于家庭所代表的私有制。由子女继承财产的父权制,促进了家庭的财产累积,而这种差别又通过世袭贵族与王权的萌芽而染指公共权力,形成了“国家”。它要保障个人获得的财富不受氏族公有制的平均分配,并且要给新近累积的财富,盖上社会普遍认可的印章,将有产者对无产者的剥削固定与永久化,这就是“国家”。

恩格斯强调的国家公共权力包括三个普遍特征。第一是高度抽象的,游离于“所有武装起来的人”之上的权力机构,这种权力机构取得了代表权;第二是私有财产成为政治权力,尤其是投票权的象征;第三是共同居住地域取代血缘或氏族,成为国家的基础。“城邦”就自然而然地成为了国家。恩格斯,包括恩格斯所引述的摩尔根等人,对“城邦国家”的理论贡献是极大的。由于早期城邦的分布是相对分散的,而彼此之间又势必存在官方层面的对外关系,外交学的溯源必然围绕城邦国家而展开。在此,“城邦国家”作为西方历史学的经典理论,自然充实外交学研究的对象与视野。

历史学理论并非一成不变。伴随着学界的不断探索创新,“国家理论”也迎来了新一轮更迭。然而,这种更迭并未冲击国家理论向史前时代的纵深发展,甚至深化了恩格斯关于国家诞生的学说。历史学家指出,远在“城邦”诞生之前,“国家”就已经诞生了。譬如克莱森(Henri Claessen)提出的“早期国家”理论,认为“早期国家是一种有三个层次(国家、地区和地方层次)的权力集中起来的社会政治组织,它的目的在于调控社会关系。它那复杂的分层社会,至于分成了两个基本阶层,或者说,两个新兴的社会阶级,也即统治者和被统治者。这两个阶层或阶级之间关系的特征是——前者实施政治控制,后者缴纳赋税。早期国家的合法性在于共同的意识形态,这又是以互惠为基本原则的。”早期国家虽然不完全是国家,仍是介于“非国家社会”和成熟国家之间的社会形式。早期国家是古代国家的早期阶段,就发育形态而言,甚至可能比城邦国家更为早期,但分层社会、阶级关系与公共权力也已经初具雏形。克莱森的理论对研究外交学的古代路向无疑是重大利好消息。王震中在中国文明起源与古代国家形成的研究中,充分考虑了克莱森等人的理论,将晚商王都殷墟的城市分工作为早期国家存在的证据。譬如,族众的居所与手工业作坊遗址依照“大杂居、小聚居”的形式分布,标志着王都中的氏族已被拆散,并按照共同居住的原则分居。每一氏族得以在一个更小的自然单位,即“家族”单位入葬,可见王都中亲族组织的政治性已经比较突出。从年表上看,殷墟亦远早于希腊城邦国家的出现。尽管早期国家与后来的成熟国家仍有区别,但从外交学研究的视角来看,此时的“国家”已经具备了外交活动的相关条件了。

“城邦国家”与“早期国家”理论的出现,意味着外交学研究在时间上的纵向拓展是可行的。当然,这种拓展也面临着一定的理论风险。如前可知,“城邦国家”理论是古典史领域的代表成就，尤以雅典制度史的研究为主要范式。雅典城邦的政治制度，在某些研究中，已与今天的政治制度高度趋近，但实际上，暴力机关、阶级分化与官僚体系是否已发育成熟，是否应当归类为“无国家社会”，这点仍有争议。外交学将理论目光拓展至史前时期，势必也要受到这一争议的影响。历史学理论的进展对外交学就早期外交的研究，其影响还有待考订，但就既有的百年历程来看，城邦国家理论一直是外交学研究的坚实理论基础。

城邦国家的出现，无疑远早于“主权”理念的诞生。尽管在比较政治学的视野中，“主权”作为国家的根本属性，在国家发育的早期就已经具备了，只是还没有充分地显现为一种独立属性。即便外交史研究本不拘泥于过于严格的国家主权特征，一定的独立自主特征还要予以充分呈现。但是，即便到了近代，不完整主权国家作为一种历史现象，仍然挑战着威斯特伐利亚体系的理论统治力，并持续地丰富着外交学的研究对象。

由政治学与国际法两个不同的视角切入，国家“主权”呈现出可分和不可分的争论，这一直是学界争议的焦点。从政治学的角度上看，让·布丹(Jean Bodin)在1577年出版的《国家六论》(*Les six livres de la Republique*)中强调：国家的主权应当高于任何居民，并完全地支配一个国家。《奥本海国际法》将其概括为：“主权是最高权威，即一个独立于世界上任何其他权威之外的权威。因此，按照最严格和最狭隘的意义，主权含有全面独立的意思，无论在国土以内或国土以外都是独立的。”这一时期自然法学派学者对主权问题的研究，大多突出强调主权的不可分性，这种学术倾向的影响力往往是超国界的。与萨道义同为英国学人的奥斯丁(John Austin)，就在论著中强烈反对实在法学派关于不完全主权国家的界定(尽管他支持一个独立主权政府偶尔向另一个政府低头)；卢梭(Jean-Jacques Rousseau)也曾为主权的不可分割作辩论。20 世纪世界范围内的反殖民斗争在客观上刺激了自然法学派，如 1933 年为反对老罗斯福的美洲干涉政策，第七届美洲国家会议通过了《蒙得维多国家权利与义务公约》(*Montevideo Convention on the Rights and Duties of States*)，规定国家包括居民、领土、政府与独立(主权)四要素，而任何国家都不应当以任何理由干涉他国主权。这一公约是对最严格"主权"观念的呼应。故而，过去的研究中，学界曾倾向于认为最严格意义上的主权国家，才是现代外交体系的行为主体。从这一理论出发，外交的起源应当被严格限制于 1648 年。

然而，从源头看，《奥本海国际法》亦从法理上追加了一个非常耐人寻味的讨论：历史上有的国家是建立于"分割主权"基础上的非完整主权国家。殖民体系、宗主制度与联邦制度的活跃，使得国际法体系也必须对非完全主权现象加以关注。一些我们称之为"非完全主权国家"的政治主体，仅能独立履行一部分国家职能，而另一部分职能则必须收归宗主国所有。比方说，印度帝国就曾是一个的典型非完全主权国家，而在现代社会中，联邦(譬如美利坚合众国)的成员国也是非完全主权国家。18 世纪的美国、19 世纪的瑞士和德国选择了联邦制，都促使学界对主权的可分割性进行了深入和细致的探讨。探讨的结果是，在 19 世纪，"既然半独立国家的存在是毫无疑问的，那么，完全可以认为主权是可分的"。这表明非完全主权国家，作为介于完全主权国家以及(与中央政府相对的)地方政府之间的政治结构,是可以为主权理论所容纳的。

在历史研究的维度中,重要的不是自然法学派与实在法学派就主权可分或不可分展开的一长串辩论,而是不完全主权国家是否真实存在过。实在法学派之所以在国际法领域取得较大的影响力,部分源于它们的理论很好地解释了19世纪的国际格局。1776年美国建国,而1792年依托著名的“奇泽姆诉联邦案”,主权可分的观念逐渐成为了美国宪法背书的正统学说;而1871年德意志联邦改组为德意志帝国;1874年瑞士联邦成立。这都是由政治实践倒逼政治理论,以完成对主权学说的修正。尽管德国有布伦奇利式的国家主义学说,但包括拉班德(Paul Laband)在内的著名德国法学家在同一时刻也都重新审定了主权的可分性。这一史实证明,即便在主权理论形成后,也存在着客观的、实际的不完全主权国家。回顾萨道义对外交所作出的原始定义,独立国家之间,包括宗主国与藩属国之间的关系,都应当被列为外交关系。由此亦说明在历史研究的视野下,外交与主权国家活动,并不是完全“钉死”的。外交学研究将自身铺叙至威斯特伐利亚体系成型之前的做法,应当说是有据可依的。

综上所述,本书所讨论的外交,既不是“对外关系”,也不是贝里奇与葛罗米柯式的主权外交,而是回到萨道义和尼科尔森的经典定义。不仅如此,中国古代外交研究,拟采用历史学与外交学相结合的方式,借助历史学的学科架构、史料基础与已有积累,会同外交学的学科范式、核心概念与经典定义,共同汇成“中国古代外交”这门学科。

二、中国古代外交与中国古代对外关系

如果我们对当今的高校国际关系学培养方案作一鸟瞰，足以发现国内高等院校大多开设“近现代中国对外关系”“中华人民共和国对外关系”等课程，教授的主要内容是自1840年以来中国的外交史。然而，如果我们进一步比对“中国古代外交”和“中国古代对外关系”，则会发现一个有趣的事实。首先，国内能开设以“中国古代外交”为题的相关课程的高校数量极少，以北京大学和复旦大学为代表，这类课程均由外交学系或国际政治学系开设；而开设“中国古代对外关系”的院校则有很多，这类课程大多归于历史学系，少部分课程归属于政治学类课程，比如复旦大学开设的“中国古代对外关系”与南开大学开设“中国外交哲学与对外战略”，均涉及中国古代外交的相关内容。其次，当我们对比市面上业已出版的相关教材，仅窥其目录，便能知晓个中不同(表1.2)。

我们选取了四书的第一章与隋唐外交的相关章节进行横向比较。其中可以非常清楚地看出四者的差异。首先，所有“中国古代对外关系”类著作，对交流史的开端都以“汉前”或“先秦”概而论之，笔墨也着力不多，而“中国古代外交”类著作都非常明确地将研究的上限谱系延伸至夏朝。其次，“中国古代对外关系”类著作都很注重中西的交通方式，譬如陆路、水路的开辟，对历史地理与史志图籍均有所关注；而“中国古代外交”只关注中央政府的对外政策与具体的出使事件。最后，“中国古代对外关系”类著作既提及政治交流，也注重其他文明传

表 1.2　相关教材目录比较

书名	《中国古代外交史：夏商时期—近代以前》	《中国外交史：从夏至清》	《中外关系史》	《中国古代对外关系史》
作者	袁南生	何新华	卢苇	张维华
出版社	湖南人民出版社 2017 年	中国经济出版社 2017 年	兰州大学出版社 1996 年	高等教育出版社 1993 年
目录（样章）	**第一章　中国外交的起源时期** 第一节　夏朝的外交 第二节　商朝的外交 第三节　西周的外交 …… **第九章　隋朝的外交** 第一节　隋朝的统一 第二节　隋朝的对外关系 第三节　长孙晟出使突厥 第四节　隋朝外交的特点 **第十章　唐朝的外交(上)** 第一节　唐朝的兴起 第二节　唐代的对外关系 第三节　唐代的对外战争 第四节　王玄策三次出使印度	**第一章　夏商西周外交** 第一节　夏商西周外交格局 第二节　夏商西周外交思想 第三节　夏商西周外交制度 第四节　夏商西周外交政策 …… **第五章　隋唐外交** 第一节　隋唐外交格局 第二节　隋唐外交思想 第三节　隋唐外交制度 第四节　隋唐外交政策	**第一章　汉代以前的中西交往和早期丝绸之路** （一）中西交往的曙光 （二）早期丝绸之路 （三）中国人民的伟大发明——丝绸 …… **第四章　隋唐时期的中外关系** （一）隋唐对外陆海交通的发展变化 一、隋代对外陆海交通的发展 二、唐代前后期对外陆海交通的兴衰更替	**第一章　先秦时代中外关系的萌生** 第一节　早期中外居民的陆上往来 一、中国青铜文化的影响和魅力 二、春秋攘夷及其影响 三、斯泰基文化的传入 …… **第四章　隋唐五代中外关系的迅速发展与交流** 第一节　边疆各族与中外关系 一、突厥汗国与中亚、波斯、拜占庭 二、后突厥、突骑施与中亚、大食 三、吐蕃、南诏、渤海对中外交通的影响 第二节　隋唐与西域诸国的关系 一、中亚 二、波斯 三、南亚

（续表）

目录 （样章）	第五节　唐代西域与丝绸之路 第六节　文成公主、金城公主入藏 **第十一章　唐朝的外交（下）** 第一节　玄奘、义净与唐朝佛教民间外交的高潮 第二节　鉴真东渡 第三节　唐代的外国侨民 第四节　唐代的外交制度 第五节　唐朝外交的特点		1. 唐前期对外陆路交通发展的高峰 2. 安史之乱后陆路交通的衰落和海上交通的兴起 3. 唐后期国内外情况变化和海上交通方兴未艾 （二）隋唐和东西方各国的政治关系 一、突厥的兴起和唐代的西北边疆 1. 突厥的兴起及分裂为东西两大汗国 2. 突厥汗国的灭亡和唐朝统一西北边疆 3. 唐代的安西、北庭两大都护府 二、唐和大食的关系 1. 唐和大食在中亚地区的斗争 2. 唐后期和大食加强了友好联系 三、隋唐和拂菻的关系 1. 西突厥汗国与拂菻通使往来 2. 唐和拂菻的关系	第三节　隋唐五代与朝鲜、日本的关系 一、隋朝与高句丽、百济、新罗 二、唐朝与高句丽、百济、新罗 三、五代十国与新罗、后高丽 四、隋唐五代对日关系 第四节　隋唐五代与海南诸国的关系 一、安南 二、其他中南半岛国家 三、海盗诸国

入对既有的社会制度、工艺技术等的影响，而“中国古代外交”仅重视政治交流及其影响。由目录反映出两类学科不同的研究旨趣与工具范式，总而论之，“中国古代对外关系”与“中国古代外交”是两门不同的学科。那么，是什么因素造成这两门研究的“失之毫厘，谬之千里”？同时，基于目录的回顾，我们亦可知两门学科的兴趣也有重合的部分。那么，它们彼此之间是否产生了影响？这样的影响是积极的，还是消极的？要厘清这个问题，我们有必要回顾上述两门学科之间的关系。

1. “中国古代对外关系史”

“中国古代对外关系史”隶属于历史学一级学科。1981 年 5 月，“中国中外关系史学会”在福建厦门成立，标志中国古代对外关系史的成形。而在第一次代表大会上，学界达成共识：历史上的中国并非孤立的、与外界隔绝的亚细亚孤儿，而是一个与域外有着 2 000 多年交流关系史的伟大国家，故而研究自上古始，中国与域外的交流史，对于中国的发展而言，有着重要的意义。本届大会还选举了宦乡为学会名誉理事长。宦乡曾多年任驻外使节，有丰富的外交工作经验。学会的成立，亦标志着“中国古代对外关系史”成为理论上衔接世界史与中国史研究的桥梁。

从学科传统与学科史两条主线上看，构成“中国古代对外关系史”的逻辑主线有两条：第一条是海外汉学视域下的中国研究，第二条主线则是诞生自民国时期的“中西交通史”。

先说第一条，中国古代对外关系史所包含的“海外汉学”，主要是指“Sinology”，亦即中国本土（包括港澳台地区）之外的学者研究中国的学问,包括今日的历史、文化、政治、经济、军事、民俗等。时间跨度则从见于史册的上古延续至 1900 年左右,即所谓的“古代中国”。汉学研究所包含的学术资料颇为丰富,既包含古代的通行文献,又包含出土文物,以及民俗艺术、宗教仪式等非物质文化遗产。不仅如此,中国古代对外关系史所吸纳的“汉学”,一般都要加上定语,譬如域外汉学、世界汉学、西方汉学、国际汉学等。尽管就这些词语的相互比照上看,海外学界所谓“汉学”并无定例,用哪一个词都可以,但前缀却一定要加——这样做并非无的放矢。“汉学”一词,同时并用于中国研究的不同学科,含义亦有不同。就前述研究来看,“汉学”当然特指中国本土之外的学界对古代中国的研究,但在中国内生的经学脉络中,汉学特指汉代儒生对五经的注释。具体来说,儒家思想发展至汉代,依文献的流布途径,分为今文经与古文经两大类。其中今文经是通过师徒口授的方式流传下来,而记录者以汉代隶定的隶书予以记录;古文经则是鲁恭王意外发现的。鲁恭王意欲扩宅,拆去了孔子故居(今山东曲阜孔庙)的照壁,在毁坏的空心墙中发现了隐藏的经书。经书是由秦统一文字前流行的六国古文字写就的。由于前述流布途径不同,两套经文的篇幅、章目与文献细节亦不尽相同。汉人进一步依不同的文献底本,发展出不同旨趣的儒学流派,包括今文经学派(代表如春秋公羊学、春秋穀梁学)与古文经学派(代表如春秋左氏学)。汉学重训诂考据钩隐阐玄,体例庞杂,与宋学(即宋代理学、心学、气学、道学等流派之合称)形成了既对立又互补的关系。至于清代治经,又继承了汉学传统,因此,遍究近代完成的学术史论著,如梁启超的《中国近三百年学术史》,常见这一意义上的“汉学”之语。经学中的“汉学”与海外研究的“汉学”，在清代曾有激烈的交锋，而为明确地区分二者，常以“海外汉学”等词作为海外学界中国研究的专称。

海外汉学对中国研究的影响是相当深刻的。从时间上看，大部分学者认为，海外汉学的起源应当推至欧洲。而欧洲汉学的传布又分为三个阶段，即游记汉学时代、传教士汉学时代与专业汉学时代。迄今为止，西欧编年史学家基于使节往来的记述，应当追溯至13世纪20年代。圣方济各会修士鲁不鲁奇(William Rubruck)领命，探寻欧洲传说之中“失落的基督教王国”，以结成对抗不断入侵的奥斯曼帝国的神圣联盟。

今天，在西安碑林博物馆的藏品中，有一块记载景教于唐代传入的关键史料，即《大秦景教流行中国碑》。此碑刻于781年2月4日，1623年重新出土，由唐首座基督教堂“大秦寺”任“中国法主兼副大德僧亚当”景净口述，朝议郎前行台州司士参军吕秀岩笔录。碑文由汉文与古叙利亚文写就，记录景教传入中国并遍播四海的历程。汉文记载：“大秦国有上德曰阿罗本，占青云而载真经，望风律以驰艰险。贞观九祀，至于长安。帝使宰臣房公玄龄，口仗西郊，宾迎入内，翻经书殿，问道禁闱，深知正直，特命传授。”古叙利亚文记载：“bsnt alp wtsin diunia mri izdbuid qsisa wkurapisqupa dunmdan mdint mlkuta br nih npsa milis qsisa dmn blh mindta dthurstn aqim luha hna dkapa dktibn bh mdbrnuth dpruqn wkruzuthun dabhain dlut mlke dsinia.”意思是“(塞琉古)希腊纪元1092年，来自吐火罗巴尔赫城已故长老米利斯之子，王城长安之长老与副大德景净建此石碑。碑上有救世主之法与诸长老向中国帝王传道之事。”可以看出，汉文碑文依照的纪年、官职与宫廷礼仪是中华碑文固有之惯例;而古叙利亚文所记载的,却是希腊纪年与古叙利亚诸国名,景教之传入,本身就是中西交通与宗教交流二者的结晶。

景教在唐时与流行于中亚的祆教和琐罗亚德斯教并称"三夷教",在元朝及后继中原王朝的禁令中逐渐失声,并流入白莲教等民间宗教,但来头并不小。410 年,哥特王阿里克拉(Alaric)攻破西罗马帝国,掠劫罗马;476 年,东哥特人奥多亚克(Odovacar)与狄奥多里克(Theodoric)先后统治意大利。此时,欧洲的主要敌人是来自中亚地区的匈人阿提拉(Attila)。号称"上帝之鞭"的阿提拉在席卷欧洲之后,甚至试图洗劫罗马。而欧洲学界自 1748 年以来长期认为,匈人即当年为汉朝逐走的北匈奴人后裔,这种来自东方的冲击,为欧洲留下了极其深刻的记忆。不仅如此,阿提拉的入侵激化了教廷内部关于神人一体论的争论。当教皇列奥一世(Papa Leo I)绞尽脑汁地智取阿提拉时,他麾下的两位大主教——来自北非的圣赛瑞利(Cyrillus)与来自君士坦丁堡的聂斯托里(Nestorius)围绕基督的神性与人性是一元论还是二元论展开了论战。聂斯托里主张玛丽亚不可称为"圣母",因为名为耶稣的青年体内存在着耶稣的人格与基督的神格,两个位格是相互区别的。神格不能由人类的女子分娩和孕育,因此玛丽亚仅是耶稣人格的母亲。这种观点极大地冲击了亚历山大的希腊教父,希腊教父强调信仰的纯洁,拒绝拉丁教父及其他学派对《圣经》施以"理性"的理解,反对人格与神格的分裂。以苏伊士地峡为中间线,苏伊士以西的地区受亚历山大里亚影响,东部则受到君士坦丁堡影响,教会在这一思想问题上陷入了分裂。431 年,基督教召开以弗所会议，并将会址选在小亚细亚省（在今土耳其境内）的以弗所。不幸的是，支持塞瑞利的主教们提早赶到会场，并关闭大门，将后来的主教挡在门外。会议火速通过了支持赛瑞利的决议，将聂斯托里判为异端。后来，他本人流亡并客死异乡。

被褫夺教职之前，聂斯托里为君士坦丁堡大主教，故而其支持者在波斯帝国的保护下重新创立了“东方亚述教会”。这一派与罗马渐无直接联系，但在蒙古政府时期，聂斯托里的名声又传入欧洲。蒙古帝国征服了原属波斯的广大地域与部落，自然使信奉聂斯托里与东方亚述教会的原住民融入蒙古帝国的统治之中。1251 年，蒙古忽里台大会推选蒙哥继任大汗，其弟旭烈兀授命入侵西亚，亦即波斯帝国故地与叙利亚地区，并在 1260 年初攻入大马士革。旭烈兀之母为突厥汪古部（öngüt）人，该部在被蒙古征服前已信仰东方亚述教会。不仅如此，旭烈兀之妻与麾下大将怯的不花亦为景教徒。因此，在蒙古西路军攻灭匈牙利率领的巴尔干联军之后，其景教徒的名声已传入基督教世界。尽管屈指算来，东方亚述教会在蒙古的时日已不多，但在覆灭之前，它的影响力仍然很大。四大汗国之一的伊尔汗国，在整体改奉伊斯兰教之前，曾信仰过一段时间的聂斯托里派。欧洲教会此时的公敌，主要是伊斯兰教，早期的国际联盟理论借助“Christendom”日渐成为显学。发展到 1306 年，法国人皮埃尔·杜波伊斯（Pirre Dubois）在《论圣地的收复》（*De recuperatione Terrae Sanctae*）一书中甚至提出“基督教王国联盟”的构想，希望将先前各基督教王国从奥斯曼帝国手上夺回圣地的宗教主张加以升华，转而为构建一个地区性的基督教王国联盟。而法国扶持的阿维洛伊教皇（并非同时的罗马教皇，这是教廷历史上一次分裂)号召成立一个有效力的委员会,以仲裁该领域的地区争端。在这样的思潮下,1253 年,鲁不鲁奇授命前往蒙古都城哈拉和林,以说服蒙哥大汗与欧洲联盟。在这次旅程中,他未能亲自到达中国,但却在蒙古见到了许多契丹人,并且认为契丹就是希罗多德和老普林尼等欧洲历史学家记载中的赛里斯国(Seres)。

有关景教的坊间传闻无疑激励了当时的欧洲探险家,而对景教入华路线的研究就成为了中西交通史的起源。16 世纪,西班牙和葡萄牙传教士在印度发现了聂里托里派的踪迹,聂斯托里派于 6 世纪传入印度,并形成了"特里凡得琅东方教会"(Trivandurm Oriental Church)。对聂斯托里派的再发现,极大地刺激了传教士们的好奇心。本时期来华的传教士大多属于公教会传统,对于东方亚述教会的传播史已相当陌生,但对景教大多兴趣勃勃。这种兴趣,连带着对"中国"幅员的好奇,催动了历史地理学研究的新一轮蓬勃发展。

首先是利玛窦(Matteo Ricci)。耶稣会会士利玛窦去世之后,留有拉丁文遗作《耶稣会之基督教对华远征》(*De Christina expeditione apud sina suscepta ab Societate Jesu*)一书,经金尼阁(Nicolas Trigault)编译后,于 1615 年在奥格斯堡出版。该书的问世从学理上澄清了一个跨越世纪的误解,即"Cathay"与"Seres"的关系。欧洲对中国的见闻,经过阿拉伯世界的中介,实为雾里看花。阿拉伯人与波斯人与北地契丹及西北诸民族交流甚多,故将 Cathay 视为中国,而将南方的政权按"蛮子"的音译为 Manji。故而欧洲一直不知 Cathay 和 Seres 孰为中国。直至利玛窦亲历明代之中国,才将 Cathay 与 Seres 合二为一,并用梵语中的Cina来称呼南北统一的明代，“China”一词始此诞生。该书的第二章名为“中国名称、位置及版图”，向欧洲读者详细介绍了中国的名称与风貌。金尼阁补充了利玛窦札记中的关于原始基督教的部分内容，略微提及波斯宗教借由蒙古传入中国的可能，即亚美尼亚传入的“忒尔撒”及十字架，但主要篇幅仍放在专心致志地叙述他们如何邂逅祖居明代的犹太人后裔。《撒拉逊人、犹太人和基督教的教义在中国人中的迹象》记载了中西交流史中的这一幕，并奠定了后继学者对元季基督教在华传播秘辛的探索进路。

曾德昭(Alvaro Semedo)则在此基础上又向前推进一步。同为耶稣会会士的曾德昭于1613年来华，著有《中华帝国及其耶稣会士的传教文化》(*Imperio de la China I cultura evangelica en el por los religios de la Compania Iesus*)，该书1642年由马德里出版，1645年法文版改译为《中国通史》。上册遍历中国见闻之风土奇观、民俗历史；下册专论基督教在中国传播之历史，其不但承接了利玛窦对基督教遗迹的探索，还发掘了关键性的文本，即《大秦景教流行中国碑》。曾德昭来华，恰逢“景教”碑的重新出土。由于此碑记述了聂斯托里派的传入，而与利玛窦等传教士观察的基督教入华遗迹相合，引发了在华传教士群体的热切关注。曾德昭独立将其翻译为意大利文，又将拓片带回欧洲，交给了后来精确翻译全碑文的基歇尔(Athanasius Kircher)。基歇尔1667年于阿姆斯特丹出版了《中国图说》(*China Monumentis qua sacris illustrata*)，这部著作完整地呈现了石碑的拓片，并详细地附上了汉法词典，以保障几乎每一行的细致对译。在这一过程中，卫匡国(Martino Marini)和卜弥格

(Mechel Boym)不仅起到了关键的作用,还共同开拓了汉学研究的重要旨趣——历史语言学。历数这一时期的经典著作,无论是《中国图说》,还是万济国(Francisco Varo),抑或甲柏连孜(Georg Gabelentz)的西方早期中国语法研究,都启发了汉学研究的历史语言学方向。这一方向既奠定了后继的专业汉学大家,如法国沙畹(Emmanuel Chavannes)、伯希和(Paul Pelliot)、马伯乐(Henri Maspero),瑞典的高本汉(Klas Karlgren),符腾堡的卫礼贤(Richard Wilhelm)的主攻方向,也刺激了中国历史学的发展。傅斯年留德归来,多次强调历史语言学的功用,并先后在中山大学和"中央研究院"筹建专门的历史语言研究机构;陈寅恪更是以比较语言学为方法,于清华开设东方学之目录学与梵文,遍引梵文、巴利文、满文、蒙文、突厥文、西夏文及中古波斯文与英法德俄日希腊拉丁文马扎尔语互相参照,使得学生颇感棘手。海外汉学对"中国古代对外关系"研究的范式,至此始定其一。

法国汉学的兴起还带来了海外汉学研究的学科化与专业化。之前海外汉学是来华外国人的经验总集,虽已有学术的雏形,但还没有专门的机构予以扶持,未能形成学科系统,研究材料便不易累积,新人也难以训练。于是在19世纪,以列强入侵中国而得来的庚子赔款作为资金,欧洲各地成立了汉学研究所。其中,法国汉学研究所的问世,巴黎和里昂等地的大学开设汉学或东方学专业,偕同老资格的法国东方语言文化研究院,共同成为欧洲汉学研究的中坚力量。法国汉学的代表作频出,不仅如此,明治维新之后,日本一改传统汉学的治学方式,效仿欧洲汉学路数,发展出近代的日本汉学研究。1918年,田中萃一郎发表《西人研究中国学术之沿革》，作为日本的中国研究由经学转向西学路径的标志。早先日本理论界西周、中江兆民等与福泽谕吉的论争，已由白鸟库吉和内藤湖南为代表的两大史学流派所代替。日本学界整体取法西学框架，但掌握的资料往往是一手的。譬如对东北边疆地区的考证，从考古学到民俗学，莫不用力过猛；譬如东京文献学派创始人，亦是日本“东洋史”观念的推广者白鸟库吉，著《突厥阙特勤碑铭考》《匈奴及东胡诸族语言考》《朝鲜语与乌拉尔-阿尔泰语之比较研究》，亦使用历史语言学工具；至于《戎狄对汉民族之影响》《西域史的新研究》《粟特国考》《罽宾国考》《塞民族考》《东胡民族考》《蒙古民族之起源》等亦聚焦于中国西北边陲。20 世纪上半期，海外汉学界以法、德、日最有成绩，中国留学生负笈求学者甚多，其对中国对外关系之影响可以作一鸟瞰。

本时期汉学的一大特色，就是特别偏重边疆史地与中外交通史研究。本时期传教士对基督教的传播兴趣犹在，而帝国主义对中亚地区伊斯兰国家的渗透更是刺激学界研究西北边疆史地的直接动机。1879 年，阿富汗与英国签订《甘达马克条约》，强调英国接管阿富汗南部的部分地区，并向喀布尔进驻军队。俄国扶持拉赫曼进行反英斗争，并攻占土库曼的领土，以逼近阿富汗；另一方面，英俄又围绕波斯帝国的实际控制权，干涉波斯国内政治。俄国于 1879 年出资训练“波斯哥萨克骑兵队”，英国则于 1899 年借今日“路透社”创始人路透在波斯租立银行的机会，获取了波斯的财政权。波斯与阿富汗皆毗邻中国西北边境，两国的争端势必自然地蔓延至新疆等地。而晚清时阿古伯的浩罕国入侵新疆，俄军侵占伊犁，都是帝国主义全球扩张的必然结果。俄国与英国的争端,一方面借助前线的军队,一方面借助欧洲展开的外交攻势。譬如 1885 年 3 月底俄阿战争,结果彭狄绿洲归于俄国,而引发俄英争端。俄国利用与德、奥签署的"三皇协定"来遏制英国,并取得成果。一系列的政治争端与麦金德(Halford Mackinder)此时提出的"陆权论",使欧洲对中亚地区的兴趣不断攀升。

这一时期法国治学,由埃及、波斯、印度、中亚而至中国,强调陆路之影响;而日本汉学则由朝鲜、东北(满蒙)而至大陆,两面研究合于敦煌,体现出的特色就是长于四裔之学。傅斯年曾在《历史语言研究所工作之旨趣》一文中感叹道:"我们中国人多半是不会解决史籍上的四裔问题的……凡中国人所忽略,如匈奴、鲜卑、突厥、回纥、契丹、女真、蒙古、满洲等问题,在欧洲人却施格外的注意。说句笑话,假如中国学是汉学、为此学者是汉学家,则西洋人治这些匈奴以来的问题岂不是虏学家?然而也许汉学之发达有些地方正借重虏学呢!"本时期汉学的长足进步,使中西交流不再局限于探索基督教的东传,而直接以中西交流的固有史迹为基干,径直研究古代以来宗教、族裔、血缘、语言、文化在不同文明板块间的交流和活动,"中国古代对外关系"名实相符。这类著作首推英国汉学家玉尔德(Henry Yule)著《中国道程志》(*The Way Wither Cathay*),又译《古代中国闻见录》,以游记形式记录西方人在中国的游历。玉尔德的这部书,对中国自主创立成科的中西交通史,有底本之功。20 世纪 30 年代国内学者均以玉尔德之作作为模仿和学习的对象,或以其为检索西籍的框架,或以其为划定历史分期的参照系。正是在《中国道程志》一书的影响之下,张星烺《中西交通史料汇编》与向达《中西交通史》《中外交通小史》才得以著成。游记传统亦一直持续至民国时期。1931年,时任中国海关雇员的美国人阿灵顿(Arlington Charles)完成了其汉学研究的代表作《青龙过眼:一个在中国政府机构服务的外国人五十年的经历》(*Through the Dragon's Eyes*)。在书中,阿灵顿回顾了其游历中国时所见的官僚机构与社会文化。而当时伯希和花大力气治蒙元史及中亚史,乃当时汉学的绝对表率。他的相关论文被收入《西域南海史地考证译丛》,其重要的研究内容可分为注释、述评与研究。述评类有《卡尔梅克史评传》,批评俄国巴托尔德(W.Barhold)著的《蒙古侵略时代之土耳其斯坦》,以及英国巴德利(J. Baddeley)著的《俄国・蒙古・中国》;注释类有《马可・波罗游记》注释;研究类有《蒙古与教廷》。伯希和尤爱蒙古史,对突厥史也有心得,著《汉译突厥名称之起源》《突厥语与蒙古语中的驿站》等文,莫不从比较语言学的角度出发,研究中亚之历史。1930年,日本汉学亦于唐宋元三代研究中取得了极大进展。宋元二代研究,是其满蒙学研究在历史维度上的挺进基础,而唐代胡汉并用,四裔勃兴,正是傅斯年所谓的“半汉”之学所指。因此,对黑水靺鞨、黠戛斯等朝唐夷族进行考古与历史语言学维度的研究,渐成一代学风。

不仅如此,傅斯年评价本时期海外汉学之风盛行,亦提到中西交通:“西洋人治中国史,最注意的是汉籍中的中外关系,经几部成经典的旅行记,其所发明者也多在这些‘半汉’的事情上。”个中翘楚仍是伯希和。伯希和继承前代传教士汉学对文化教育与宗教传播的重视,一方面大量撰文,研究中国古代对外远航及陆地遣使等事,著有《郑和下西洋考》《交广印度两道考》等以东南、西南交通史为主要对象的专著;另一方面亦在民国学术史上留下莫大之污点——运出敦煌经窟中最具学术价值的一部分史料至巴黎,并以这一系列史料为基础,完成了《摩尼教流行中国考》等作品,还原了波斯-叙利亚宗教进入唐代的历史路径。孰是孰非,历史已有定论,惟这种重视中西交通的目光,深刻地影响了中国古代对外关系的范式。这一时期欧洲汉学开风气先,日本汉学紧随其后,以巴黎和东京为当时中国研究之重镇,令中国的历史研究备感压力,奋起直追,缔造了后来历史学研究的卓越成就。

总结而论,海外汉学为中国古代对外关系史研究提供了两件宝刃:历史语言学与中西交通史。而后,中西交通史自向达、张星烺二人处更是独立成科,扩充为中国古代对外关系史中的主干,汉学遗产的影响不可忽视。

再说第二条"中西交通史"。"中西交通史",在张星烺建科之前,清代士人基于对道咸以降西北边陲的危如累卵,已有相关著作问世。徐松著《西域水道记》《汉书西域传补注》《新疆识略》,徐穆著《蒙古游牧记》,何秋涛著《朔方备乘》,都是当时研究域外史地的上乘之作。治域外史地,既是清代朴学之风的自然延续,又是应当时西北边陲屡屡告急、英俄列强虎视眈眈之势而激发的朴素情感而发。光绪之后数十年间,西北史地之学最为多产。但清末史地之学,其治学方法仍以传统史论为主,多重文献与金石材料,以水道、舆图、山川等地理之学为主,对西方历史学的理论吸收有限。沈曾植继西北史地学之后,将研究目光投向整个域外历史,著《岛夷志略广证》《蒙古源流笺证》《元秘史笺注》等,遍历蒙古、突厥、西南边境与南洋海岛交通志略。

同光之际，李文田、洪钧与丁谦等人开始崭露头角。相较其西北史地研究之前辈，本时期研究仍然在传统史学领域之内，譬如《蓬莱轩地理学丛书》，专门考证《二十四史》的《四夷传》与《外国传》，方法授乾嘉考据学派之长，又吸纳海外地理学研究的范式，内容愈加广博，成了传统地理图志的集大成者。但另一个特征，是受到了新出史观影响，治学有了更加明显的倾向性。当时西方历史学理论颇为优长，日本东京文献学派的白鸟库吉取师于路德维希·里斯（Ludwig Riss），为兰克（Leopold Ranke）之高足，京都学派桑原骘藏亦受到兰克学派之影响。然而，此时影响丁谦等人的，已是斯宾塞的社会进化史观与种族理论。法国人拉克佩里“中华文明西源说”的谱系，斯宾塞《社会通诠》的翻译与清季民初“驱除鞑虏”思想的相互映射，这一时期的高等人种谬论与种群的优势和替代成为中西交通研究的主要对象。法国人拉克佩里（Albert Lacouperie）自幼成长于香港，1894 年出版《中国上古文明的西方起源》（*Western Origin of the Early Chinese Civ ilisation from 2300 B.C. to 200 A.D.*），书中指出，《圣经》中记载了迦勒底地区，两河流域的国王奈鸿特（Nakhunte）率领巴克族（Bak Tribes）东进，在翻越昆仑山之后，进入了黄河故地，成为中国传说中的黄帝。拉克佩里的学说在欧洲没有激起浪花，但这一消息传至日本之后，由国府种德与白河次郎同出的通俗读物《支那文明史》出版。1903 年，上海竞化书局以书籍日文原名出版《支那文明史》，这一版忠于原文因而为士人留意，继而以评述和转述等脍炙人口的方式（如蒋智由《中国人种考》）引爆整个知识界。丁谦接受了拉克佩里的主张，在《中国人种从来考》《穆天子传地理考证》等书作中，附会其说，欲在种族主义横行的19世纪证明中国人种与欧洲人种出于同源而更为高贵。可见此时的地理研究，尽管研究手段多有创新，但大都由日本转贩名词，西学理解仍然有限。

“交通史”一名，亦由日文转贩而来。譬如日本内外书店1917年出版的《海外交通史话》，“交通”一词取自汉语，本义有“交往、往来”之义。然而，“中西交通史”之成立，却是中国历史学界的一大成就。1930年，曾留学美、德的张星烺编成《中西交通史料汇编》，宣告了中西交通史这门学科的成立。张星烺《中西交通史料汇编》1978年再版时参考中文文献228种，外文文献35种，取材广泛，地理资料“上起遂古，下迄明季，凡朝廷通聘，商贾游客，僧侣教士之记录，东鳞西爪，可以互证者，无不爬罗剔抉。”基于中西交通史的研究特点，亦即以游历和地缘政治分析为主要研究对象的特点，《汇编》收录历史人物、历史地理、民族传说与国家政治。正史目包含了《史记》《汉书》等正史，《列子》《墨子》等诸子之学，《大唐西域记》《海国图志》等游记与地理堪舆之作。同时也受到民国历史学研究风气的影响，在正史之外，特别注重野史材料。此外，还打破体例，穿插使用佛藏、道藏、类书及金石材料，同时大量汲取海外汉学研究的成果，包括景教研究、波斯游记等成果。张氏的著作承继了自民国以来以史料学立学科的学术风气，对中国古代外交的学科建制起到了引领作用。

1930年，向达完成了《中西交通史》与《中外交通小史》二书。同张星烺的《中西交通史料汇编》有异，《中西交通史》是一部以特定史观组织史料的专题式著作，并分为“古代中西交通梗概”“景教与也里可温教”“元代之西征”“马克波罗诸人之东来”“15世纪中西交通之复兴”“明清之际天主教士与西学”“18世纪之中国与欧洲”“鸦片战争与中西交通之打开”等等。对比今日中国古代外交研究之著作，该书集中论述基督教与中国的历史往来。但以其为中西交通史的核心，则明显受到了时代的局限。向达的研究集中于中国与当时强盛的欧洲之间的历史交往，而几乎不谈对中国文化影响更加深远的北传佛教的传入；至于中亚地区的往来，也是附庸于中国与欧洲的往来之间，论述简略。《中外交通小史》意识到了这一问题，不再单纯以元代之后中欧交通为核心，而将时间上溯至希腊罗马时期与中国之交通，地点包含了中亚、阿拉伯及印度，路向包括了西方文明的传入与中国文明的外传。两本书在内容上各有偏重，但整体来说，向达的研究，相较于张星烺，有了非常鲜明的体系化倾向。向达将中国古代历朝历代的对外交往按照一定的历史阶段加以划分，譬如他将中西交往时期分为三阶段：先秦以前的固有文化发生期，秦汉至宋的佛教传入期与元明以下的西方文化输入期。由此，中西交通史被条理井然地体系化，形成一门较为完整的学科，因而亦成为中西交通史学科成立的标志。不仅如此，张星烺与向达二人的上述著作，均由商务印书馆出版，并命名为“中西交通史丛书”。尽管学科几经易名，但这一丛书的名称却为商务印书馆承袭至今，实是对前贤的致敬。

1953年，方豪完成了五卷本的《中西交通史》，尽管相较向达与张星烺二位之作晚了二十多年。但论其内容、体例、用工细致等方面，都远远超过前辈，堪称中西交通史之集大成者。本书之结构没有简单采取向达的三阶段论，而是调整体例，提出了“四阶段论”。第一阶段为史前至秦汉、魏晋南北朝时期；第二阶段论隋唐、五代至宋；第三阶段论元、明；第四阶段论明清之际的中西文化交流史。总五卷六十九章七十万字，篇幅冠绝全科。方豪拓展了今日中国古代对外关系史的时间跨度，从先秦时期下探至鸦片战争，突破以张骞作为中西交流的时间标点的瓶颈。不仅如此，“中西交通史”一门学问，自方豪始转为“中外关系史”或“中国对外关系史”。方豪指出：“言中俄关系史者，不能忽略与蒙古接壤之一部；言中国与欧洲关系史者，不能不及南洋，但此数地者，俱非西字所能尽也。”同时，治中西交通史，素来不谈中日关系以及与朝鲜半岛之关系，而这是治中外关系的一大短板。前述向达即以方位之“西”对标欧洲，体现出了这一倾向。当然，方豪的态度亦折射出 20 世纪日本之定位，即由 19 世纪宗藩关系下的朝贡国，跃而为 20 世纪亚洲之强国。而抗日战争的结束，亦使得 19 世纪末 20 世纪初中国知识界对日本的态度，有一根本性的扭转。方豪奠定了今日中国古代对外关系史研究的旨趣与框架：“民族之迁徙与移植；血统、语言、习俗之混合；宗教之传布；神话、语言之流传；文字之借用；科学之交流；艺术之影响；著述之翻译；商货之贸易；生物之移植；海陆空之特殊旅行；和平之维系（使节之往还、条约之缔结等）；和平之破坏（纠纷、政治与大小规模之战争等）。”均已有所体现。交通史研究至方豪为止，一跃而为“中外关系史”，亦即中国古代对外关系史的先声。

中国古代对外关系史，自传教士研究景教流行碑迄历经数百年积累，又受益于海外汉学与中西交通史两门学科的交替演进，至今早已成为一门独立学科，并呼应了史学前辈的殷殷嘱托。翦伯赞先生曾与燕京大学学生座谈：“你们学中国史，又学世界史，为什么不把中国史和世界史联系起来学呢？为什么不把中国史放在世界史的宽广背景下来学呢？”时至今日，中国古代对外关系史已经完成了中外交流史的谱系、冗杂史料的分类，确立了以民族集团、历史语言、宗教文化与地理交通为基干的研究范式，并持续地对中国古代外交研究施加影响。应当说，除外交学之外，中国古代对外关系史是影响中国古代外交研究最深远的学科门类。

2. “中国古代外交”之研究的起源

历史学与外交学的结合，在中国诞生了一门已逾百年的研究，即中国古代外交研究。这门研究可追溯到京师大学堂西文总教习丁韪良（William Martin），并在当代激发了学界的广大兴趣。且伴随着学界对其的关注日益浓厚，研究所面临的困难便愈加明显，并由此出现了学科化的趋势。

尽管同出传教士群体之手，但“中国古代外交”的起源实则相当晚近。“中国古代外交”自一诞生便属于国际法这一门类，相较历史学属的中国古代对外关系，在思想资源、研究范式与核心概念上，都有着巨大差异。先说思想资源。晚清思想界震荡，前述拉克佩里“中华文明西源说”之说曾大受革新派欢迎，从旧儒中脱胎的章太炎与刘师培、投身于中西交通史研究的丁谦等皆竭力推崇，传统“宗周”的文化自尊遭到了根本性的撼动。为应对这一困境，晚清宿儒由经学内部的汉宋之争，转向了“西学中源”之说，希望从思想上梳理中华经典的尊严，以捍卫岌岌可危的民族性。俞樾在为辑佚大家王仁俊所著的《格致古微》作序时，曾提出晚清思想界“西学中源”的核心：“使人知西法之新奇可喜者，无一不在吾儒包孕之中。方今经术昌明，四部之书犁然俱在，士苟通经学古，心知其意，神而明之，则虽驾而上之不难。此可为震矜西法者告，亦可为鄙夷西法者进也。”苦心孤诣地将西方学说纳入六经，其根本要旨当然是维护周孔之学的神圣地位，以应对严复之急告“地球，周孔未尝梦见；海外，周孔未曾经营”。要解决如斯困境，一方面，士大夫仍固守晚清经学六经三史的地位与中华文明包含一切的信念，他们通过熟悉的思想资源来“格义”与解释新的政治现象；但另一方面也确实抱着回到先秦以构建出解决一切问题的终极理论的愿望。19 世纪 60 年代，冯桂芬所著的《校邠庐抗议 · 重专对议》便将外交与春秋盟会相对：

> 今海外诸夷，一春秋时之列国也，不特形势同，即风气亦相近焉。势力相高而言必称理，谲诈相尚而口必道信，两军交战，不废通使，一旦渝平，居然与国。亦复大侵小、强陵弱，而必有其藉口之端，不闻有不论理、不论信，如战国时事者。

冯氏以春秋时期类比 19 世纪的欧洲，其重心在推介西方近代的政治制度，但将其与春秋时期相联系，十足地体现出“中西同源”的思想底色。这批兼蓄治史与政论的部分士大夫，譬如冯桂芬著《校邠庐抗议》、张斯桂著《万国公法 · 代序》、徐继畲著《瀛寰志略》、项藻馨编《格致书院课艺》、王韬著《扶桑游记》及《弢园文录外编》，至郑观应、唐才常、郭嵩焘、薛福成、曾纪泽等人均多持此论。王尔敏总结这一段历史时指出：“中国官绅之回顾古代史例，取借春秋战国经验而认清世界，并以合纵连横情势，解说欧洲列强对立争胜。阳开阴塞，外弛内张，捭阖从衡，勾心斗角。而自知面临复杂世局。”晚清时人多将春秋与战国二时期同19世纪晚期的殖民主义国际体系加以比较。冯斯桂等士大夫的共同特点是秉承“中西同源”的观念，推广介绍西方的国际法体系与外交制度。他们的意图是近代化的、普世的。毫无疑问，这是中国古代外交研究最突出的共性。

当然，本时期力图范式创新之士大夫，譬如章学诚，主要的立论仍放在六经的注解上，其研究范式为复古而非学新。自觉革新的士大夫以策论、日记和史论的方式就此发表私人意见，却仍属旧文学的樊笼。《文心雕龙》说道：“故议者宜言，说者说语，传者转师，注者主解，赞者明意，评者平理，序者次事，引者胤辞：八名区分，一揆宗论。论也者，弥纶群言，而研精一理者也。”在旧文学中，策论与史论均是政治议论与历史论文的最主要形式。冯氏之议论确实有相当重要的史料价值，其秉承眼见为实的原则，记录亲身见闻，也批评经学研究“崇古、媚古”的倾向，包括惟六经三史（即古文经学、先秦与秦汉史）是尚的风气。但还没有在方法论意义上开拓出新天地，虽有观点之新鲜，却未入新学之境地。在旧文学行将就木的时代浪潮中，这批学人的论著，还未来得及细致地哺育学科，便已遭冗汰。

但在中西合力的推波助澜之下，社会科学概念舶入中国，便有了现成的驳口，即以“格义”的方式，借中国历史固有之遗迹来扩大传播。1864 年，丁韪良主持翻译惠顿(Henry Wheaton)所著的《万国公法》。该书第二卷《论国自然之权》之第一章“论其自护、自主之权”之下，援引了 1827 年英、法、俄三国敦促希腊与土耳其两国复合的公约：“第二条略述英、俄前议希腊之内政外交也。”首次使用了“外交”这一译法。1876 年，京师同文馆又译《星轺指掌》，这是晚清第一部专门介绍西方外交制度的指导手册，再由丁韪良校核定稿。相较之下，《万国公法》不过宏观的、一般性的国际法文件；而《星轺指掌》则详细论述外交与领事等涉外工作的具体规则。一俟“外交”概念之传入，丁韪良便独占了中国古代外交研究的鳌头。

丁韪良身为同文馆西人教习，有志于将外交遣使谱系至上古：“(而尤可为天下万国法者)莫若孔子所修之《春秋》，综二百四十年之事，悉经笔削而定，往往予夺褒贬，寓于一字。千载而下，更无有能议其后者。”这一点受到了清人热烈欢迎。一俟他跻身外交巨擘，掌握了外交学理论的解释权，自然吹动了革新之风。晚清士人纷纷依葫芦画瓢，譬如胡薇元著《公法导源》、蓝光策著《春秋公法比义发微》等论及国际法起源的早期著作，莫不云行景从。

进而言之，堪为“中国古代外交”学科定鼎之作的，有丁韪良于 1884 年柏林东方学会宣读的《中国古世公法略论》，与 1888 年在北京东方学会作《古代中国的外交》(*Diplomacy in Ancient China*)的报告。先说前者，《中国古世公法略论》对当时欧洲国际法学界起到了启蒙性的重大作用。该文虽只论及周礼与国际法的相似之处，却由国际法的遗迹这一顶层设计，为外交开辟出历史的向度。首先，在历史的分期问题上，丁韪良提出将中国历史分为三纲，以公元前 264 年罗马与迦太基之战，至葡萄牙传教士 17 世纪发现印度，为第一纲纪。本时期中西隔绝重洋，相互孤立。第二纲纪在明清之际，耶稣会传教士进入中国，成为了中西消息的交流渠道。本时期中国虽大致了解欧洲之概貌，但对其政治文化制度的精髓仍无所知。1840 年鸦片战争之后为第三纲纪，面对英法列强的入侵，清朝一方面讲求武备，整饬边防；另一方面寄希望于国际法，力图援引国际法以自卫。可以看出，丁韪良就中西交流的基本观点，与前述中西交通史有本质不同。首先，中国古代外交的历史分类法几乎是全新的，特别主张从春秋时期开始谱系。历史分期完全基于基督教的传入这一线索，有类于向达的《中西交通史》，但直接将第一纲纪从先秦谱系至明代，完全忽视了唐代景教的流行以及印度-波斯诸宗教的传入，仅以近代欧洲为文明演化的标杆，可见支撑中国古代外交研究的学科底色，绝非中西交通史，甚至并非史学。丁韪良说道：

> 苟有相需之势，必有公法之学。此出于人心之自然。特行之有盛有不盛耳。相需之势有二：若于自主之国，境壤相接，舟车可通，势不能不讲信修睦，以联邦交，一也。诸国交际往来，各以平行相接，而无上下之分，二也。此二者，中国自秦汉以来无之。而当周室分封之世，则明明有之。其时列爵分土，同姓之封数十国；谊亲而分均，文同而化一，虽欲不往来得乎？

中国古代外交研究，由此可见与中国古代对外关系之不同。中国古代对外关系史重视发掘史料、文物，以无文字之文物，配合有文字之文献，几乎无所不包。从《二十四史》到历代编纂的类书会要，再到私人游记、笔记小说，乃至于《山海经》《穆天子传》等神怪意味浓厚的文学作品，《汉武故事》《别国洞冥记》《三辅黄图》等私修笔记，配合出土的木简、铭文、图像、雕塑、钱币与工艺美术品等实物史料。而《中国古世公法略论》则不同，不但徒重文献，还特别强调《周礼》之影响。相较历史学成型阶段章太炎所批评的："适有佻巧之师，妄论诸子，冀以奇胜其侪偶。学者波靡，舍难而就易，持奇诡以文浅陋。于是图书虽备，视若废纸。"放着常见书不读，专门去研究冷僻而边缘的史料，是这一时期海内外历史学研究的通病。然而，丁韪良的研究却几乎倒向经学一侧，基础文献均采用《春秋》与《周礼》，还特别重视本时期诸侯国依记载形成的政治规范："凡此数百年之陈迹，莫非公法之要纲？惜未纂述成书，以传诸后世耳。然使果有其书，恐亦毁于秦火矣。今所传者，惟散见孔孟之书，诸子百家之说，以及稗官野史之所记。而《周礼》一书，犹足以资考证。"这种重公法而轻稗史的进路，就治学方法而言，当然是以舶入的概念重建上古史的西学东进之路径，在近现代学术史上并不鲜见；但就思想资源的吸收和运用来看，中国古代外交研究的思想进路，同中国古代对外关系迥然有别。

其次，历史阶段的三分法并不鲜见，譬如向达以"固有文化""佛学传入"和"耶稣会传入"为中西交通的三阶段，但"纲纪"之用法却颇罕见。"纲纪"是经学之语，古人借结网而有"纲"说。《尚书·盘庚》说道："若网在纲，有条而不紊；若农服田力穑,乃亦有秋。”在这里,纲即织网的主索,有“提纲挈领”、总领全局的说法。遍览全文我们可以发现,三纲纪与同时而稍早的“春秋三世说”是有所呼应的。梁启超曾揶揄丁韪良欲染指五经:“然以西人谈中国古事,大方见之鲜不为笑。中国当封建之世,诸国并立,公法学之昌明,不亚于彼之希腊。”可见,丁韪良将古世公法定于春秋,亦欲借当年中国时髦话题与论辩双方既有之史料,以冲破汉字史料这一海外汉学研究之“天堑”,并借其东风地尽快拓展学说的影响。这即涉及清末经学的“鲸落”,以及与西学间争竞的关系。

清朝的学术系统本是一个自足而独立的体系,清之中叶,乾嘉学派兴起。政治思想研究由明代遗民群体转而至经学团体,并基本奠定了晚清时人在中国古代对外关系研究上采用的经典视角与基本进路:以经学为第一,史学为经学之旁证,实际将古代政治制度研究钉死于十三经及秦汉之前成文的典籍上。胡适评价这段时期文学之成就:“这三百年的古学,虽然也有整治史学的,虽然也有研究子书的,但大家的眼光和心力注射的焦点,究竟只在儒家的几部经学。”乾嘉学派有惠栋所率吴派与戴震所率皖派两股不同的治学风格。吴派求其古,以为西汉去周未远,所作的训诂也最贴近经学原义,因此殊为强调先秦及两汉时期的文献。在治《春秋》等典籍时,将注疏的权威性追溯到汉人。以戴震为代表的皖派则强调“求其是”,从小学与字义入手,追溯经学的经典概念在历朝历代的变化。最重要的是,皖派特别重视“三礼”,以《礼记》《周礼》《仪礼》为核心文本,考证先秦的政治制度与文物,同时也极重视义理的阐发。戴震著有《孟子字义疏证》,强调阐发经典中的思想。从旨趣上看,吴派与皖派所治的都是经学传统，在研究对象、方法与核心问题上，同前朝学人没有本质区别。

尽管乾嘉学派在嘉庆朝后逐渐凋零，经学元典的阐发却成为了清末西学入华的必由之径。应当说，先秦与西方学术之间的对应仍烙印在士人的脑海之中。中国古代外交研究要重视经学元典，尤其是《礼记》与《春秋》等书。就这一点而言，由廖平而至康梁，中国古代外交研究实际形成了对话之势。丁韪良对阵的是当时求新求变的廖平与康有为。作为川中宿儒，廖平的思想虽然变化得令人惊骇，但究其内核，还是以周礼和周易为中心的，只是试图拓展经学资源，以解释当时世界格局的变化。他以为《春秋》是六经的小统，讲的是三千里之九州的“中国”一国的治法，而《周礼》讲的是六经的大统，也就是全球的治法。吸收五大洲的地理图谱之后，廖平承认中国是世界的一员而非尊主，但仍执着地强调，经学的系统包含了欧洲全部学说的萌芽，即便是威斯特伐利亚体系的现代世界，也应由朝贡关系来加以解释。在《地球新义》一书中，廖平吸收了薛福成《出使四国日记》中 1890 年庚寅正月二十一日《日记》之全文，用传统邹衍之九州来解释世界的新图式：“将来以阿富汗为行京，就亚洲分两京，如周东西通畿之故事。中国为居为上为天为衣为玄，阿富汗为行为下为地为裳为黄。俄为北为黑为恒，欧与北美为西为白为华，非与南美为南为赤为衡，澳与中国为东为青为泰。觐礼王者，朝诸侯，设方明上玄下黄东青南赤西白北黑，合两京四岳为六合，方明之制即地球也。”这里描绘了一个朝觐全球天子的方明之坛，以及按照《仪礼》所记“礼制”而分类的朝觐等级。整体来说，廖平在经学系统中开辟了一条新鲜道路。

他搬动地球，重谱世系，这一以五行三统天文地理同政治相配套的做法，尽管在经学的内部演化中也属独树一帜，但其根本逻辑却是一以贯之的。

廖平激于地理大发现，运用经学的空间观念来重塑近代士人对地缘的认识，这是取近代之皮而敷古代之骨。康有为的儒学思想几乎照搬廖平，而为时人诟病。但由于论证变法的现实需求，“公羊三世说”则运用经学的时间观念，来迎合线性史观与进化论的旨趣。原本《公羊传》中有“所见异辞”“所闻异辞”“所传异辞”，汉代何休将其注解为：“于所传闻之世，见治起于衰乱之中，用心尚粗觕。”“于所闻之世，见治升平，内诸夏而外夷狄。”“至所见之世，著治太平，夷狄进至于爵，天下远近小大若一。”这里，公羊学家认为，孔子为万世天下立了一蓝图，历史由此有了特定的进化方向。康有为更将三世说推广至国际政治维度，认为当时的中国在原始落后的据乱世、欧西各国已在秩序井然的生平世，但中国通过变法，必将由落后而原始的独立状态，通过不断地向外联结，共举各国共同之法规，再渐进为理想而自足的独立状态：“孔子生当据乱之世，今者大地既通，欧美既变，盖进至生平之世矣。异日大地大小远近如一，国土既尽，种类不分，风化齐同，则如一而太平矣。孔子已预知之。”公羊学力图在原本的时间框架中，包入整个新发现的世界，并通过描绘一个符合儒家理想的未来，来融释西学与中学孰优孰劣的尖锐冲突。而丁韪良对上述二者的接受，亦指向了中国古代外交研究在思想资源上的“异数”，不取史学，而取经学，以中华固有之世界秩序观同海外舶来的“国际关系”相结合。丁韪良说道：“按中国公法，早寓于封建之初，而显著于春秋之世。

自尧舜始建十二州，立十二教，疆分界画，上应星辰。盖古时分天图为十二方，以国之十二州当之，取每方列宿之名，定各州分野之界。孔子云，为政以德，譬如北辰，居其所而众星拱之。亦以北辰喻天子，以众星喻诸侯也。夫合天文地理之学，以为经理疆域之用，良法美意，计孰有愈于此者乎？”他从肯定公法的角度，将经学思想的时空图式吸纳进“古世公法”的构建（表 1.3）。这样，存量庞大的经学资源，便逐渐为中国古代外交研究所吸收（至少其尝试过）。尽管当时的吸收是粗浅的，但对于乾嘉以来便屡遭压制的经学而言，不啻寻找到一个突破口，以与日渐抬头的史学和完全舶来的西学相拮抗。丁韪良亦由此好风借力，成为国际法与外交两概念传入东亚的布道人。

就这一时期的理论聚焦与思想产出来看，经学的赓续与古代外交偕国际法的移植，几乎是同步的。自廖平始，传统学术研究不再单纯地着眼于中国的历史，而逐渐重视同世界的“比较”“对话”与“沟通”。整体来说，廖平的“经学六变”步幅着实太大，惹来如潮般的争议。但是他力图调动古代思想资源，以固有之传统来解释全新之局面，这种尝试的勇气确是值得肯定的。在船坚炮利的国力差距面前，本时期的经学余绪正全力寻求一条决胜于文明的捷径。《天演论》中弱肉强食的自然法则冲击了思想界，撕开了长期维持的稳定秩序，但士大夫仍然认为在以力欺人的势之外，还应当有“理”的存在。国际法赋予小国和弱国平等的做法，与《春秋》中“续存亡”的精神有着相通之处。这一时期的经学研究，尤其是公羊学派，都深刻影响了中国古代外交的进路。

表 1.3 古世公法与经学之结构

	核心概念	主要方法	核心理想	主要文献	代表作
古世公法	国际法	价值判断研究法	均势	《万国公法》 《星轺指掌》 《公法便览》 《公法会通》 《陆地战例新选》 《公法总论》 《各国交涉公法论》	《中国古世公法论略》 《古代中国的外交》 《春秋公法比义法微》 《春秋公法内传》(民国初) 《春秋国际公法》(民国初) 《国际法与古代中国第一章：思想》(民国初)
	公法				
	战争	实证分析研究法			
经学	天下	诠释学与考证	“大同”	《春秋公羊传》 《春秋穀梁传》 《礼记》 《周易》	《书古微》 《穀梁春秋经传古义疏》 《孔子改制考》 《新学伪经考》
	王道	文本重构			
	公理	典章制度的建构			

在《中国古世公法略论》之外，丁韪良最重要的著作便是《古代中国的外交》。由此，他奠定了以外交学理论工具解释中国古代历史的方向。依据当时通行的外交惯例，丁韪良在对比中西外交的结构特征之后，提出了四点意见：一是“在中国古书中记载的外交使节特权中并没有所谓的治外法权这种为方便而虚拟的东西”；二是“在古代中国的外交中，并没有诸如特命全权大使之类的职务”；三是“在古代中国的外交中，没有像常驻公使这样的东西，他们的公使们全都是‘特命全权公使’(envoyers extra-ordinaires)”；四是“古代中国大诸侯国之间的政治关系为现代欧洲的那些国家提供了一个极好的模拟。”可以看出，使节研究在外交研究中的重要性不言而喻。1906年，约翰·福斯特(John Watson Foster)出版的《外交实践》及1916年萨道义所著的《外交实践指南》，堪称外交学之起源。在其书中，关于使节的委任与赋权等内容占有极大篇幅，萨道义甚至连篇累牍地罗列使节所携带的国书格式，并作为外交研究的对象。吉恩斯·索伯(Maurice Keens-Soper)在《卡利埃与外交理论》一文中梳理出1625—1700年间出版的153部外交专业文献，均为外交官的行为指南。上述研究充分点出外交使节作为实践主体，在外交理论的形成与外交史的谱写中，扮演着怎样的特殊角色。

尽管历史学研究就中国古代遣使制度的研究已汗牛充栋，但若加以细究，它们实际并未严格地将“遣使”与“外交”等同起来。以官职研究为例，遣使作为一种“称谓”，曾广泛地盛行于王朝的内外治理中。譬如汉代的“遣使循行”，就是指政治上派遣使者云游四方，视察国内政事。而这一类“遣使”，就仪式、制度、任命等方面，与派遣至四夷的使者，几乎是一样的。外派和内遣两类任务不同的遣使，在史册典籍中混为一谈，这本身就增加了外交遣使研究的难度，亦凸显出既有研究框架的局限。因此，只有回归本源，借鉴外交学对威斯特伐利亚体系成型之前外交遣使的界定，找准切入点，才能使中国古代外交遣使的研究，超拔于诸如古代监察、观风、荒灾祥瑞遣使的研究之外。

回顾中国古代外交的早期研究，我们可以看到，“使”之一字固然同时广泛地运用于中国古代的政务之中，却可能因为任务和对象的不同，“演化”出不同的功能结构。譬如丁韪良依据功能将春秋与战国的遣使分开，特别强调战国使节更接近于外交家：“第一批引起我们注意的外交家是苏秦和张仪。他们并不像塔尔提比乌斯和尤礼柏蒂斯，仅是传令官和信使，其职责是传递一封信或是吹喇叭。他们都是充满了主动性的政治家。”这一说法契合当时国际法学的基本精神：“外交使节有两类，应该加以区别；一类是为政治谈判而派遣的使节，另一类是为礼节上目的或为统治元首更迭而派遣的使节。”回到尼科尔森就古代使节的分类，丁韪良将申辩、谈判与影响国是等政治活动列为战国时期“外交官”成熟的核心标志。在此之前，学人仅依“三礼”等典章研究为主，这便使得他们将春秋战国时的礼崩乐坏视为周礼之变体，强调“尊王”的一面，忽略了伴随社会背景变化而分化的使节功用。故如清皮锡瑞在《经学通义》中便有“三礼皆周时之礼不必聚讼当观其通”之说，比如毛氏之理路之研究，大多不区分春秋与战国两个不同时期。而丁韪良所引入的功能区分视角，却是在经学传统未曾留意的角落发掘出外交遣使的演进历程。

综上所述，中国古代外交研究自诞生始，便谱系至春秋。而作为中国政治思想近世迭代的一朵浮浪，“外交”一词在东亚的推广，亦曾受到“中国古代外交”的助力——在近世中国传统政治思想资源日薄西山，诸如“主义”“社会”等日文语汇大量涌入之际，“外交”却从中国反向输出至日本。“中国古代外交”的创制不得不说与有荣焉。作为丁韪良的得意之作，中国古代外交研究通过吸收经学思想资源，沿袭社会关注的经典话题，再结合外交学固有的理论工具，完成了基本路径与学术旨趣的建构。后继民国时期的外交研究，几乎完全延续丁韪良划定的道路，可见其影响之深。

清代既没，学术系统的“层叠”昭告完结，旨在全盘革新的学科革命拉开了帷幕。学科视角的“遮蔽”成为本时期对外遣使研究的“外患”。从物理设施上看，民国时期陆徵祥改组外交部，将仿日制建立的外务部转为仿法制的外交部，而西学之传入亦不复依赖传教士与译本，而是以留学生和驻外官员为主力。故而本时期人文社会科学均出现“读古书不如读洋书，读洋书不如留洋学”的风气。对外交的理解更是从先前的雾里观花到亲历亲为，不断加深对以欧洲为中心的近代外交之理解。从学科建制角度上看，这得益于彼时京师大学堂政治学科的建立，及国际关系学在20世纪30年代的初步成型。1921—1937年国内大学已有“政治与外交史”“中国外交史”等课程。民国时期诞生了诸如历史学、国际法学和外交学在内的现代分科。每一学科均依据自身范式，对丁韪良之论加以评论。其中，批评最切中肯綮的，是国际法学与外交学；影响最大的则是历史学，尤其是门下的中外关系史一途。

先论国际法学界之态度。自京师同文馆开馆授学，国际法人才的培养逐渐移诸海外。而前述丁韪良之作，主要由英文写就。在西方世界产生的影响远超国内，故而旅欧的国际法学人社团多受丁韪良影响，极力将周礼与古代外交制度结合起来。譬如从法国巴黎大学学成归来的徐传保著有《先秦国际法之遗迹》，参照“春秋三传”与“三礼”之记载，罗列“暂司外交人员”与“久司外交人员”。将君、大小总伯、司市与司门列入“兼司外交人员”，而大行人、小行人列入“专司外交人员”。对比晚清时人对《春秋》体例的分析，譬如姚彦渠的《春秋会要》便笼统划为“职官”“盟礼”和“四裔”；徐传保之著开了“外交人员”这一体例，可谓风气之先。值得注意的是，他还特别将异族与异国外交分开，将象胥与鞮鞻单列为“专司异族外交之人员”。这表示部分国际法学者已经认识到传统的华夷关系与中国古代外交之间的区别。

另一重要著作为从法国里耳大学学成归来的洪钧培著的《春秋国际公法》。相较前书，这本书在古代遣使制度的研究体例上，显得更为完备。洪钧培依照使节的功能，分为“会使”“盟使”“聘使”“拜使”“告使”“吊使”与“婚使”七类，重视外交机关的功能；更重要的是，这部作品试图回应丁韪良就中国古代外交遣使的研究。洪钧培单列第八项“使节之特权”，其中罗列了“不可侵犯权”“治外法权”和“免税权”，以回应“中国古代外交遣使素无治外法权”之论断。相较徐传保的研究，洪钧培不仅黏着于丁韪良言及的问题，更深化了他所开创的分析路径，即试图以外交学的学理对旧有的历史现象加以剖析，这一对经典问题的呼应，是中国古代外交遣使研究仍赓续的理证之一。总而言之，国际法学界对中国古代外交遣使研究的贡献，体现在西学系统对固有史料的编排，即以系统之眼光审视零碎的史实。

然而，民国时期历史学界与外交学界均排斥或否定“中国古代外交”之说。1898 年戊戌变法前后，梁启超曾热切吸收丁韪良“春秋公法”理论，以丰富新公羊学“四海一体”之旨趣；而 1903 年之后受日本史学观念刺激的他，放弃了泯灭国家的“大同”理想，转而援入德国法学家布伦奇利(J. C Bluntchli)的国家主义主权理论，以一切中国固有之历史记载为陈旧之辞，他指出：“做外交史，应从很晚的时代起，从前的外交与近代的外交不同。如欲做上下千古的外交史，把春秋的朝聘、汉以后的蛮夷朝服都叙上去，则失去外交的本质了。”基于梁任公在学林的影响力，“中国自古无外交”引发了热烈响应。邓实在《史学通论》中强调：“(中国)其有则朝史耳，而非国史……若所谓学术史、种族史、教育史、风俗史、技艺史、财业史、外交史，则遍寻一库数十万卷充栋之著作而无一焉也。”完全否认中国古代有外交。当然，晚清史家于此的论述未必客观。但整体上看，历史学界至此已接纳了梁任公的基本意见。晚清时期针对中国外交起源的两种意见(“春秋说”和“晚清说”)，分别受到海外国际法的引介与新兴历史学科的强烈影响——受国际法影响的学人着重强调春秋时期诸侯国之间形成的平等对外关系，而受历史学影响的学者多信服历史文献中记载的天子权威。这两种基本逻辑，影响了后续论争的走向(表 1.4)。

表 1.4 国际关系史、外交史及其相关史学的发展

相关学科	外交史	近代史	外国史	边疆史地	中西交通史
19 世纪中叶	早期著作《道光洋艘征抚记》《中西纪事》《夷氛闻记》		早期著作《四洲志》《海国图志》《瀛寰志略》	早期著作《圣武记》	
19 世纪末	西学东渐大潮出现,大量外文译作出现				
1901—1911 年	《中国近时外交史》出版				
1912—1930 年	革命史渐成近代史研究的主导				
1931—1937 年	清《筹办夷务始末》出版	学科逐步形成,两种话语体系产生	编译性质作品较多,国内史学者多述而不作	出现研究高潮,专著《中国边疆》	早期著作《中西交通史》《中西交通史料汇编》

注：卫琛、伍雪骏、刘通:《百年炮火中的未竟之学——对民国时期国际关系研究与教学的回溯》,《世界经济与政治》,2011 年第 11 期

外交学的建立，从时间上看，得益于《筹办夷务始末》的出版，亦即以外交史的育成，为学科独立之标志。而中国外交史几乎完全脱胎于近代史，罗志田在《史料的尽量扩充与不看二十四史——民国新史学的一个诡论现象》一文中曾指出："故清末民初史学一度居中国学术的中心地位，其他西来学科早期似都有与史学挂钩的情形，如国人心目中最初的'哲学大纲'实即哲学史。"既然本土外交学学科的创立，需依托于中国外交史的成型，那么历史学界的共识便很直接地影响了外交学界。本时期的外交学研究全盘否定国际法之观点。1910 年，供职于总税务司的美国人马士（Hosea Morse）完成《中华帝国对外关系史》，在第三章"早期的对外关系"中援引《大清会典》，将当时清廷与西欧之间遣使的定制略作叙述："朝鲜（Korea）每四年派遣使臣朝贡一次，琉球（Loochow）每三年朝贡两次……葡萄牙、意大利和英国的使节取道虎门前来，但是没有定期。"指出西欧诸国与清朝之间非但没有互遣常驻使节，甚至没有定使。马士的著作，以史料流传的形式，影响了整个民国外交学界的基调。本时期两部重要的外交研究之作都继承了马士就古代遣使的基本观点，吴成章所著的《外交部沿革纪略》，在"序言"中即阐明了古代遣使与外交间的差别："吾国古有大行人，专职略与国内之外交机关相似，凡以通聘问，睦邻国也。秦汉以后，混一中夏，环处于四裔者，率皆荒服小国，僻陋无化，叩关而请吏，则置为外服，盗戈而传警，则引为外患，非抚则剿，非剿则抚，无所谓外交也。"吴成章从功能角度出发，将遣使同现代外交区隔开来，其说虽未必公允，但将华夷之辨（也称夷夏之辨）同平等外交相区分的理路却是一脉相承。无独有偶，1912 年刘锦藻在成稿《续清朝文献通考》中谈到:“国朝尚遣使册封朝鲜、琉球、越南等国矣,此自抚其藩属,非外交也。”亦从《大清会典》等外交文件出发,将中国古代遣使依据册封这一功能,同现代外交相区分。一番釜底抽薪之下,中国古代外交研究成了无根浮萍,整体地淡出了历史学界的视野。

外交学与国际法学于此时的学理冲突,其根本原因在于中国古代对外关系史研究的遮蔽与覆盖。但具体影响将有专章论述,在此先不赘述。然而,可以言之的是,本时期中国古代外交研究虽有赓续,但受到历史学过强的冲击,其传统不绝如线。而日益消沉的中国古代外交,是在中华人民共和国成立,尤其是改革开放之后,才因为新的契机而焕发生机。

1949 年之后,围绕中国古代外交的相关研究,主要受外在的社会因素影响。一方面理论的发展更多地依附于实践的需要;另一方面,伴随着范式迭代,早先民国历史学界的不易之论逐渐松弛。但就整体而言,学界对中国古代外交的具体研究暂告中止。第一个原因是,阶级分析理论的旨趣是“去国家化”的,它指出国家是统治阶级的工具,而阶级是超国家的。周王室与诸侯国实际都是掌握政治权力的大奴隶主阶级。第二个原因是民族理论的强盛。继承民国对“中华民族”的国族讨论,学界对春秋时期诸国纷争的研究,也主要围绕主体民族的形成而展开,其中特别强调的是中原的诸侯国与四夷的交战与融合。这实际是通过“国族研究”的媒介,将国家研究转换为民族研究。但具体来看,“中国古代外交”作为一种国际政治与外交学研究的理想,却被正面地肯定了下来。1949 年,周恩来总理在外交部成立大会上发表讲话,提出外交学理论中国化的历史任务。他说:“抗战以来十多年,我们当然是有些对外斗争经验的,但是经过整理,使它科学化系统化而成为一门学问,那还没有开始。”1952 年,政治学学科被取消,但西方外交学教材的引介却未中断。1957 年,哈罗德·尼克尔松(Harold Nicolson)的《外交学》依托于中国人民外交学会翻译室主持“苏联对外政策”丛书项目翻译出版。不仅如此,1959 年世界知识出版社还出版了第四版萨道义所著的《外交实践指南》。这两作的共同特点在于用历史主义的眼光审视外交活动的发展,认为外交行为是人类历史上固有的活动。外交理论由此亦体现出改弦更张的倾向。

3. “中国古代外交”研究的当下发展

改革开放以后中国的外交研究,从学理上萌生了一种新的动向,即从中国古代政治历史中寻求智慧,以完成优秀传统文化滋润的治国理政智慧的整体建构。1987 年宦乡提出“建设一个有中国特色的国际关系理论”的倡议。这一客观需求,推动了外交研究向历史向度的挺进。前述中国外交研究在理论上体现了平行性、割裂性与移植性并存的特点,曾使中国古代外交研究受到明显阻碍。相较而言,欧洲古代外交与西方现代外交之间存在着“原型”与“嬗变”的继承关系,但中国古代外交与中国现代外交二者之间是割裂的。欧洲古代外交与中国古代外交长期处于平行并存的关系之中,而中国现代外交却完整移植自西方现代外交。面对制度与思想两个层面的断裂,改革开放后的中国古代外交致力于依从不同的逻辑构建不同的体系,拓展古代外交研究的理论框架,包括传统外交的核心范畴、国家间体系的形式特征和中国古代外交思想等(见图 1.1)。

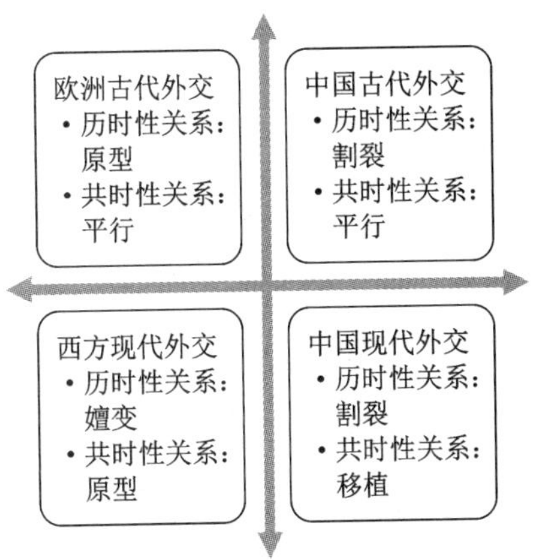

图 1.1 外交研究的理论框架

整体论之，这一时期的中国古代外交，旧方法与新路径并存。尤其马克思主义阶级分析理论、现实主义国际关系理论路径、外交学研究路径与历史学研究路径，成为本时期中国古代外交研究的多重路向。

(1) 阶级分析路径与历史学研究

首先是阶级分析方法。改革开放初期，已出现了一批中国外交史研究的著作，如王绍坊的《中国外交史》(1840—1911 年)(河南人民出版社 1988 年版)、石源华的《中华民国外交史》(上海人民出版社 1994 年版)、何茂春的《中国外交通史》(中国社会科学出版社 1996 年版)、裴默农的《春秋战国外交群星》(重庆出版社 1994 年版)等。虽然研究方法各异，但大体上仍然沿袭了阶级分析与历史五阶段论的框架，其中又以外交学院编著的《外交学概论》为表率。马克思主义政治学理论强调将阶级利益作为变量引入外交研究。自马克思主义经典理论创生以来，先后衍生出了根植于中国等社会主义国家国情的特色马克思主义思想，萌发于西欧并与结构主义等思潮相结合的西方马克思主义理论，以及活跃于广大第三世界国家、指导其革命斗争实践的马克思主义思想等不同流派。但整体来看，马克思主义经典理论的阶级分析方法多将国家视为阶级统治的工具，而无论外交抑或国际关系，其本质是统治阶级之间的关系。由此，以经典马克思主义国际政治理论为代表的理论思潮当然反对国家利益研究中的整体主义倾向——政治只是经济生产与所有制分配关系催生的特定形式，研究任何一种“国家利益”，自然应当还原到经济生产、市场资源、技术革命与统治阶级的内部关系中去。在这一框架中，国内的统治阶级与其他阶级之间，就政治和经济利益展开的利益斗争是一切的主线。

马克思主义政治学的一般原理，或多或少地解构了“外交”。但如前所述，恩格斯亦曾从事有关国家历史演进的研究，并肯定了“城邦国家”这一概念，证明马克思主义历史学理论。这就使从理论上包容中国古代外交有了可能。这在中国近代历史学的推进中，表现得殊为明显——自梁启超掀起“新史学革命”以来，历史学研究曾强烈地质疑中国古代外交研究的合法性。然而，在马克思主义史学革命浪潮的推动下，历史学研究却历经了一次重要的理论转向。1949 年前后，由侯外庐等马克思主义历史学家主张推广“城邦国家”说。侯外庐在《中国古代社会史》中强调，出土铭文的地位应优于传世文献关于“封建”的记载，并进一步指出：“周代之封国与其他氏族部落所建立之国，都是在氏族图腾的部落上建营国家，这一转变是氏族部落到国家起源的必然历史发展，中外之形态有异，而其法则相同。”以丰邑作为“大邑周”的本体，而一姓之族在封土（疆界）之植树立庙，便形成了早期的国家。侯外庐的研究，在当时并未引起学界的过多关注，但在 1979 年林志纯完成《世界上古史纲》之后，一跃成为中国上古史建构的先驱之一。他认为，邦是最早的政治单位，产生于旧社会体制与新社会体制的转换之际。这一时期广泛存在着城邦与城邦联盟，这种联盟不是一个统一的国家，而是古史视野下的“天下”。

“城邦国家”理论与海外汉学研究的理论颇为合辙。日本历史学家贝塚茂树认为，殷周时期的封国，都是由氏族制度发展起来的都市国家。江村治树进一步认为，中国古代的都市社会，其核心是“城”；亦即作为政治、军事、宗教象征的城市，将统治与从事经济生产的平民隔离开来，形成都市国家。江村还将春秋时期货币体系的流动，作为都市国家并立的标志，极具启发意义。史华慈（Benjamin Schwartz）认为：“在春秋战国时期，出于各种实际目的，中国人的世界是由相对独立的诸侯国构成的，这些诸侯国在某些方面与 15 世纪和 16 世纪欧洲出现的邦际体系相似（相似性超过古希腊的城邦体系）。我们甚至发现，这个时期出现了邦际体系的许多因子，包括国际政治学的基本原理和争取集体安全的努力等等。”美国汉学家陆威仪（Mark Lewis）干脆认为：“西周国家继续由一群共同效忠于周王的城市国家所组成。”“城邦国家”理论对上古史研究的范式更迭施加了根本影响。由城邦国家理论出发，上古中国“东方专制主义”的刻板印象逐渐退潮。尽管本时期围绕“城邦国家”的研究，主要基于原始东亚民主政体的存废而展开，但“城邦联盟”替代“单一制国家”仍奠定了外交遣使研究复苏的基调。

吸收了上述两家之长，1988年，黎虎在《历史研究》上发表《殷代外交制度初探》，重点谈及早期国家理论与外交遣使间的关系。通过对殷契卜辞的研究，他总结出早期外交使节的三个特点。首先是使命。殷代外交使节的专门功能包括战时负责传达与联络，平时负责维系和平友好。其次是选拔机制。殷商没有常设使节，亦因事设使，使者的来源分为近侍亲信与武将。最后是职责分工。殷商已有派遣至外的"使节"和接待来使的"司贡"二职。黎虎明显继承了侯外庐的旨趣，以卜辞为主要研究对象，力图摆脱传世文献中的"大一统"导向，以还原殷商遣使的原貌。

外交学与历史学的合力演进，还使本时期古代外交研究呈现出"趋同演化"的态势。黎虎在这一时期撰写的一系列文章，不仅从外交制度上探究使团制度与使节派遣的历史细节，还开始关注外交使节的"平等性"特征。他指出，"对等性是周代交聘礼的突出特点之一，是周代交聘制度的亮点……其对等性原则主要体现在三个方面：交聘主体的对等性；接待人员的对等性；接待礼节的对等性。"试图以历史研究的一般方法来探究外交活动的历史实存。曾任外交官多年的裴默农则从外交学研究的一侧出发，以外交学的基本概念——"外交决策""首脑外交"与外交官的必备素质等，对春秋时期外交使节的任命标准进行了界定。尽管使用的工具范式与关键概念不尽相同，但基于相同的研究材料，历史学与外交学两门学科试图相互吸纳核心理念，形成一门深入而细致的新学科，既根植于扎实的史料基础，又能与当代国际关系和外交学无缝衔接。这种努力，是对晚清以来古代外交遣使研究基本精神的继承与升华。

充分继承了上述两家之长，作为中国第一部自主撰写的外交学教材——《外交学概论》，自1989年意见稿，到2004年的第四版，经历了多次变更，但基本因循阶级分析法的研究范式，将外交史划分为古代外交、中世纪封建国家外交、资本主义国家外交、第一次世界大战后的“新外交”，以及无产阶级外交等历史阶段。但不同的是，它对中国外交的历史源起做出了一个颠扑前识的明确表态（表1.5）。

表1.5 近代外交学界关于“外交历史起源”假说

哈罗德·尼科尔森《外交学》	杨振先《外交学原理》	外交学院2004年版《外交学概论》
如果把外交当作是处理一群人和另一群人之间关系的正常行为，那它早在人类有历史记载以前就存在了。	凡外交关系，必须有二个以上的独立国家相互对峙，始能发生。古代民族，各自隔绝，自尊卑人，不屑与交，此时必无外交可言。	外交作为国与国之间的交往和干涉，不是现代才有的现象，而是古已有之，甚至在产生国家之前，就已经有外交的萌芽。

如上所述，杨振先于1936年完成的《外交学原理》主张：“古代民族，各自隔绝，自尊卑人，不屑于交，此时必无外交可言……吾国古代，亦复如是。清代以前，可不必言。”而1980年以鲁毅为代表的外交学者，在中国第一部外交学专门教材——《外交学概论》中，不仅沿袭了萨道义与尼克尔森的观点，更直接继承了民国国际法研究的成果，将早期使节分为“会盟之专使”“聘问通好之使”“通命示整之使”“庆贺吊丧之使”。尽管没有展开进一步论述，但借助阶级分析理论的延续，中国外交学接续了中国古代外交遣使的传统。

本时期历史学研究还有一个突出特征，即海外中国学的兴起，为中国历史学注入了新的思想资源。广为人知的“朝贡制度”因哈佛大学费正清 1941 年与邓嗣禹合发的论文 *On the Ch'ing Tributary System* 而蜚声海外，他们认为，就历史而言，“不平等”不代表“无外交”。费氏运用年鉴学派的“区域分析法”，收罗了各国宫廷文献，并在此基础上构建出以差等性和稳定性为特征、宗主国与藩属国的关系为核心的“朝贡制度”。

值得提及的是，这一广泛影响国际关系学界的 Tributary System，在国际关系学界中被译为“朝贡体系”。“体系”是国际关系理论中至关重要的概念，本身是结构及其内部要素间的互动共同构成的统一体，也是“层次分析法”的对象。然而，历史学界一直未认同将 system 译为“体系”，而将其转译为“制度”或“体制”。历史研究的旨趣不在抽象的“结构”，而是专注于研究为文字或具体器物记载的“制度”。譬如在国内外历史学界均颇有影响力的《文史哲》杂志，即在 2019 年国际版第 2 期将该文翻译为《论清朝的朝贡制度》，并且指出：“朝贡制度理论为我们理解古代亚洲政治提供了一个很好的工具和视角，朝贡制度逐渐成为研究古代中国对外关系的主流分析模式，长期左右欧美、日、韩学界的相关研究，并对中国学界产生重大影响。”如前所述，历史学界一直致力于推进中国古代对外关系史研究，但其理论重点放在“制度”上。体系研究与制度研究的着眼点不同，前者不可能摆脱理论的引申与发散。但若套用制度研究的评价标准，这种“发散”是不受欢迎的。原本，两种评价机制是可以共存的，然而，译法上的细微差别，常常在研究中被忽略，从而使后续的评价机制交错紊乱。在现有的研究中，这一问题也是随处可见的。

就学说的具体内容来说，相较“城邦国家”理论对封国间扁平状结构的假设，“朝贡制度”理论从一开始就肯定了差等制背景中的外交关系。由此，朝贡使团被吸纳至中国古代外交研究的视野之中。在海外学者中，康灿雄(David Kang)的《西方之前的东亚》重点关注东亚地区的朝鲜、日本、越南和中国四个重要国家的相互关系，并以专章讨论次级国家间的等级秩序与相互关系，以朝贡使团为主线，勾勒出东亚地区的政治秩序；岩井茂树的《朝贡·海禁·互市》阐述了使团的贸易职能与明、清两代朝贡制度的主线逻辑。然而，上述研究均表现出明显的以朝贡同经济贸易相结合的特性，尤其是日本学界的相关研究，受到了滨下武志的《近代中国的国际契机——朝贡贸易体系与近代亚洲经济圈》中体现出的以朝贡和贸易相结合的经济史导向的影响。本时期制度化的专门研究，仍然由大陆历史学界力推。譬如李云泉著《朝贡制度史论——中国古代对外关系体制研究》、徐东日著《朝鲜朝使臣眼中的中国形象》、何新华著《最后的天朝：清代朝贡制度研究》、程尼娜著《汉唐东北亚封贡体制》和《古代东北民族朝鲜制度史》等，无不高度关注朝贡使团的构成与演变。这一领域的研究多对朝贡体系的结构特征进行外交学方向的解读，并力图证明在边疆史地研究与中国古代外交研究之间，实际还是存在适当张力的。当然，基于明清而归纳的朝贡制度与春秋邦交的性质截然不同。但就整体而言，这一路向的史学研究比较注重等差序列作为外交结构带来的稳定结果。“朝贡使团”说由于同时兼顾了中国古代对外关系史的理论成果与外交学的既有框架，很快成为当代中国外交遣使研究的首要对象。

但费正清开辟的“朝贡使团”说，在理论上的困难，即是关于外交本质的反对声浪。譬如坂野正高在《现代外交分析——情报、政策决定及外交交涉》一书中，依照朝贡体系内宗主国与藩国的尊卑，推定中国外交始于晚清。他谈到：“外交是对等的独立国家间关系的现实，它不是纵向关系，而是横向关系。”这一结论蕴含如下假设：朝贡体系只是王权的延伸，中国古代没有外交的根本原因是古代天下中没有主权国家间的平等关系。许纪霖从侧面印证了这一说法，即“从时间的延续性而言，中国是以中原为中心的政治-文明共同体；从地域空间的角度说，中国又是一个多民族、多王朝、多个国家并存的空间复合体。”在这个共同体中，既包含了直辖的郡县，又包含了册封、羁縻、土司等地，还统领了各藩属国，形成一个文明共同体，而非一个国际社会。川岛真进一步认为，至晚清政府设置总理衙门并将其转型成专门的外交部时，中国外交才完成从纵向关系向横向关系的转移。他说：“清末总理衙门各国事务衙门的设立可以定位成横向关系的转移，而后来设立外务部。外交部就可以认为是这个转移的结束或完成。”清末“文明国家化”的改革，意味着中国从朝贡体系中的封建王朝走向现代国家，在这个基础上，中国的外交历经了四阶段：“夷务”“洋务”“外务”和最后的“外交”阶段。徐中约断定古代王朝亦无外交关系，只有藩务和夷务。李云泉认为朝贡体制以君臣尊卑的等级差异为核心，同近代西方外交大相径庭，而“外交”现象是西方主导晚清变局的直接产物。他们否定了外交起源的古代路向，将外交限定于晚清开始的现代外交转型，只有在“外交”这一领域取得理论上的突破，才可能回答上述反对者所关心的问题。

（2）结构现实主义理论进路与量化历史研究进路

中国古代外交问题在新时期的复苏，源于研究范式的更新与西方国际关系理论大量引入后引发的学科思考。这一时期，中国学界对新范式的吸收是全面的。对汉斯·摩根索（Hans Morgenthau）、肯尼斯·沃尔兹（Kenneth Waltz）、亚历山大·温特（Alexander Wendt）、查尔斯·蒂利（Charles Tilly）等人及代表性学说的介绍，学界依靠结构现实主义、建构主义和比较历史研究等新的研究工具，对春秋诸侯国的独立主权做出了更进一步的界定。尤其是沃尔兹：

> 看得更远一些……譬如中国的战国时代……便会发现无论什么类型的政治实体，只要存在自由竞争，那么体系的本质特征和形式特征都会是类似的。

沃尔兹将中国的战国时期也纳为一种国家间的无政府状态，这是国际关系形成的核心特征，它亦为中国的外交研究指示了一条路向，即借助国际关系研究的原理，将古代外交研究与结构现实主义视域中的国际关系耦合，以规避历史学研究对外交主体资格（主权国家）的质疑，这是本时期外交学研究的一大特色。

从时间上看，本时期第一个自觉使用该方法建构“中国古代外交研究”的学人，是北京大学的叶自成。从 20 世纪 90 年代中期开始，学界方开始借鉴西方国际关系的历史和理论，对中国外交的起源、基本概念、理论和主要特色等进行了开拓性的阐发。叶自成在 1997 年发表的《试析中国地缘政治理论和实践的特色》中，已指出早在两千多年前，中国就已经产生了地缘政治的思想；在 2001 年发表的《中国春秋战国时期外交思想研究的几点想法》中，他又号召："应当对中国外交思想进行系统整理与总结。"两年后，系统梳理春秋战国时期外交的著作《春秋战国时期的中国外交思想》出版。这些研究在学界起到了相当影响。就范式建设的角度来看，叶氏的主要贡献是将国际关系学的概念工具与历史研究相结合。他力主从国际体系出发，就实际的国家行为体展开外交活动研究，开了风气之先。2017 年以来外交学院袁南生教授的《中国古代外交史》与暨南大学何新华博士的《中国外交史》相继出版，一定程度上均受裨于国际关系学概念工具的广泛运用。

但上述研究对中国古代外交研究的深远意义，也体现在另一个方面，即揭开当代学界围绕"早期国家的主权"的系列讨论。尽管自 1988 年裴默农于《历史研究》上发表《春秋外交人才的遴选》时曾明确指出："春秋是当时所了解的中国大地，即'天下'范围内主权国家林立的时代，国际关系之复杂，外交活动之频繁，在世界史上是罕见的。"但他未继续展开围绕"主权国家"的论述。十年之后，叶自成在《地缘政治与中国外交》一书中，于第三章"夏商周和春秋战国——地缘政治在中国的全盛时期"，对中国传统外交的主体与时间提出了一些同裴默农相近的观点。而 2003 年始的一系列研究，对春秋时期诸侯国具有独立主权做出了全面论述——春秋时期有主权国家，那么国家之间的关系自然是外交。这一观点激起了更大的争鸣，支持方如王日华，他认为诸侯国是独立的前国家实体，彼此之间可能构成古代的国际关系。商榷意见如桑东辉，他指出春秋时期的诸侯国不是完全的主权独立国家，也不是完全没有独立主权属性的附庸国，他们应当是半独立的邦国。反对方如杨恕，他坚持认为，春秋时期的诸侯国仍然是周天子的附庸国，不享有任何意义上的主权；辛万翔和曾向红在其论文《春秋战国时期的国家和国家关系》中指出：“在诸侯国内部，国君从分封土地起就无法对领土范围内的土地实施控制，即还广泛存在封建的地方割据因素；官僚体系仍然是家族式的，国君的叔伯和兄弟与国君分享着权力。总之，一方面周王室的权威并没有像战国时期那样消失殆尽，另一方面诸侯国的国内也没有形成战国时期的君主专制中央集权结构，春秋时期的诸侯国不能称之为主权国家。”毕竟，中国曾历经春秋战国时期、三国两晋南北朝时期与五代十国三个较大的分裂时期，但并不是其中每一种关系都可以归为外交，其中既有分封诸侯国间的邦交行为，又有统一强大王朝衰微而导致的军阀割据，还有外族入侵导致的政权对立。而在“分久必合，合久必分”的史观统摄之下，诸侯邦交、封建割据与华夷关系常交织在一起。关于“主权归属”的讨论并非老生常谈，而是在对传统政治语境中国家主体标志的追问过程中，将一个原本仅属于国际法学界内部的学理更迭，拖入到国际关系研究的视野内。

一百年前，中国古代外交研究始于国际法学界，然而沧海桑田，百年后国际法学界已修正了早先的观点，并退出了中国古代外交的讨论。1935 年，民国时期的国际法学界与政治学界曾就“主权是否可分”之问题展开激烈的论争。国际法学界由于建立尚早，且与海外国际法学界联系紧密，强调国际关系中的主权应当受到限制。熊元襄、宁协万视主权的相对性为理所应当之事;孙云畴甚至认为主权观念的高扬是破坏国际法的根本原因,他指出:“主权思想和国际法思想,在最近一百年中,虽则是都很发展,然而彼此的方向却完全背道而驰,甚至互相冲突,互相排斥。”这类观点可以在奥本海(Lassa Oppenheim)所著的《奥本海国际法》中窥见始末:“国际法的进步、国际和平的维持,以及随之而来的独立民族国家的维持,从长远来看,是以各国交出一部分主权为条件的,这样才有可能在有限范围内进行国际立法,并在必然无限范围内实现具有强制管辖权的国际法庭所确定的法治。”可以看出,奥本海追溯了16世纪以来国际法的发展历程,才总结出上述各国对国际法的普遍看法。然而,这一观点却受到了政治学界的猛烈抨击。赵奉生于1931年发表《从国际方面观察国家主权》一文,强调“国家主权底存在,便等于取消了国际法,要承认国际法底真实,便等于取消了国家主权。”赵氏的观点并非一家之言,其文一经发表,就代表着当时政治学人的共识。即便再有学人积极主张主权与国际法限制的和谐共生,譬如马德润指出国际法无损于各国之自立。由于救亡求存的时代主题与现实政治的积极反哺,后继的国际法发展已经呈现出对完整主权的理论偏好,而这一旨趣又决定了后继国际法学界对“中国古代外交”的扬弃态度。

国际法元老王铁崖先生曾于1981年版的《国际法》中指出:“有了国家,国家之间就必然有往来关系,也就必然在不同程度上形成一些有拘束力的原则、规则和规章……尽管在古代,国家之间往来关系不多,而且往往处于战争状态。但是,只要它们有往来,它们就有尊重使节,信守条约等原则和制度。”国际法的思想源头被一贯地上溯到了春秋时期;但在1983年版的《国际法》中，结论已改为：“古代有否国际法，是一个争论的问题。古代国家不是近代意义上的主权国家，它们之间的来往关系不多，而且往往处于战争状态，因而难以产生完整的国际法体系。但是，在古代世界，毕竟有类似国家的政治实体，只要它们有来往关系，它们之间就会产生一些类似近代国际法的一些原则、规则和制度。”而本时期国际法学界的其他同仁，亦以中国古代是否存在国际法的讨论为母题，对古代中国的主权显隐进行了充分的讨论。譬如潘抱存、刘海山、梁西、杨泽伟等学者，即以否定春秋时期诸侯国的主权性质为手段，提出春秋时期并不存在国际法这一结论。他们认为：“当时的所谓‘国’和近代世界的民族国家迥然不同。”并特别指出，春秋时期诸侯国“并不是现代主权国家的‘国’，而是受制于‘天子’的附庸。

一般也可以说，古代的‘国’主要是行政建制，而不是独立的、主权的政治单元。”春秋战国时期的邦交不是现代意义的国际关系，这一分析将诸侯国与现代国家全然隔绝开来。李家善则认为，春秋时期的诸侯与战国时期的七雄都是周天子的臣属，双方并不是独立关系。即使周王朝“令不出国门”之日，仍争相挟天子而令诸侯。诸侯国之间的关系实际是民族关系。梁西认为春秋战国时期的一些涉及诸侯国邦交的周礼，作为政治制度甚为原始，很不确定。这些诸侯国也不是一般意义上的国家，诸侯国间并未形成国际社会。因此，当时很难有一种真正国际法规则的存在。这都是从国家主体的角度进行的研究。

不过，这一时期国际学界对——如春秋战国时期的列国具有主权特征——的肯定意见也日渐增多。桑东辉将其归纳为三类：(1)萌芽说。赵建文在其主编的《国际法新论》中认为：

"中国古代是有国际法的萌芽的……所谓的'战国''列国',至多可以看成今天的类似国家的政治实体。"(2)雏形说。张文清在《国际法总论》中指出:"在古代中国,春秋战国时代,各国之间就互通使节,订立同盟以及进行斡旋、调停、仲裁等解决争端的活动……这些都是国际法的雏形。"肯定了春秋诸侯间的遣使等交往行为符合古代的国际法原则,因而属于外交行为。(3)确然说。譬如先秦史专家李衡眉在《春秋战国国际法述略》中认为春秋战国之世确乎存在国际法。列国间的政治地位不同于各国的内部治理,不是由地位尊卑构成的等差关系。可以看出国际法学界在这一时期,形成了更丰富的观点。

由前述学界争鸣激荡出的"诸侯国是否是主权国家"这一问题,不仅折射出国际法学界的百年易变,亦首开风气不为师地点出后继中国古代外交研究的核心问题。可以说,正是基于这一问题的不同理解,才激发了新世纪头十年间学界围绕"中国古代外交"展开的国际关系理论进路和计量历史研究的偕同演进。在此我们继续阐述国际关系理论进路的历史发展。

如前所述,沃尔兹的结构现实主义对中国古代外交的启发作用是深远的,但先秦诸侯国是否具有主权,仍然是一个绕不过去的话题。对此,清华大学阎学通及其研究团队采用迂回曲进的态度解答了这一问题,即春秋时期诸侯国即便没有完整的主权特征,亦表现出了高度的独立性。此时,应当放弃对春秋诸侯国独立主权属性的追索,或从一个较低的层次,将春秋诸侯国的关系解释为"国家间关系",这一理解接近于国际法学中的"萌芽说",又与数十年前任教于清华大学的萧公权一脉相合。萧公权由政治学转入历史学,其在代表作《中国政治思想史》中指出:“封建与专制两者之思想有一共同之特点,无论其内容如何,均以‘天下’为对象……故严格言之,‘天下’时期一切政治关系皆为内政,而无国际间之外交。至封建改为专制,则并春秋时代,形似外交关系之聘吊盟约,亦完全归于消灭。”肯定了聘吊盟约在结构上与外交关系的相仿,并默许对盟会朝聘等作出外交学维度的解读。由此亦可见清华治学之传承所在。在这一领域耕耘多年的阎学通借用国际关系理论的理论架构,将春秋时期的国家间关系加以整合,并用中国古代固有的思想资源补充西方国际关系理论,追求国际关系理论的抽象性与普遍性。具体而论,阎学通借助春秋诸侯国围绕周礼展开的交往活动,以及同时期诸侯国间的和议、盟誓、战争的相关性分析,指出在摩根索等人强调的权力要素和国家实力以外,政治领导因素还应分为争斗型、进取型、守成型和无为型。同时,依照国家实力这一概念,亦可以分为小国、地区大国、崛起国与守成国四个不同的类型,其间存在着多种性质的官方关系,比如结盟、战争等。但从崛起国和守成国这一层面上看,决定其国家战略和对外政策的核心要素是“道义”,亦即道德性因素。这是“合法崛起”理论的核心,亦即从春秋时期“挟天子以令诸侯”的政治行为中发展出的政治权威理论;至于相应的“合法干涉理论”“以身作则理论”“等级规范理论”与“战略均衡理论”等,都是对西方进攻性现实主义理论的补充与调和。

平心而论,本时期清华学派主要精力多集中于国际关系理论的创新之上,并未直接涉及中国古代外交研究;况且,国家利益是国家对外决策的基础,也是“国家”形成的标志之一,他们强调先秦时期还未形成“国家利益”。但国际关系理论的运用势必为古代外交研究创造了理论上的先行条件。本时期国际关系与外交学界用以拓展中国古代外交研究的主要路径，就是结构现实主义及其对国际无政府结构的阐释。而对这套顶层理论的阐述愈深入，影响愈深远，其对中国古代外交的助力便愈强——由于将结构现实主义的范式引入先秦国家间分析，并重视周礼等道义要素对各国行动的限制和协调，外交被同样重构为春秋诸侯国家间关系的一环。因此，尽管未谈及中国古代外交，阎学通及其清华路径仍发挥着无出其右的影响。

不仅如此，阎学通还极力推进社会科学范式对历史思想资源的统摄作用。他总结道："中国现实主义者运用现代科学研究方法，借鉴中国古代政治思想传统和历史经验，创造出一些新的国际规范理论。"阎氏尝试以社会科学范式重组中国历史资源，并强调与全球国际关系理论的对接。在这里，社会科学的研究方法，尤其是对历史的量化统计，是特别为之称道的——清华路径并非当代学人的妙手偶得，从学科史的背景来看，仍源出自民国时期清华大学历史系的"新史学"浪潮。彼时美国的历史社会科学化研究风潮，由留美的蒋廷黻等带入清华，成为当时与德国史学相平衡的一股新风。史学与西学，尤其是社会科学间的关系是复杂的。然而，清华历史学诞生之始，学人多怀着史学能社会科学化的信心，组织起系统的史料学与全新的研究范式。尽管百年易过，二者仍然在艰难地追寻合流。史学界的社会科学化情结，伴随三次史学革命而沉浮扬弃。

历史学可否社会科学化？早先梁启超著《中国历史研究法》，直接将历史学称之为历史科学，并将史料作为历史科学得以建立的根基。梁启超曾诚心服膺归纳法的重要作用，但在治学的后期，他对史料学的信任，却大打了一番折扣。“新史学派”在社会科学化的问题上信力极强，但建树颇乏，大多流于西学概念的转贩与史学理念的开新，却从未来得及真正地运用科学方法从事研究。直到第二次史学革命开始前，傅斯年自欧洲归国，连同胡适等海归派发起了历史学研究范式的革命，“历史社会科学”的讨论才得以赓续。此时，大力推动这一潮流的，还不是当时的北京大学或以现代考古学之原则主持殷墟发掘的中央历史语言研究所，而是清华大学的学人社群，包括援引社会科学理论与方法入历史研究的张荫麟、改革课程布局的蒋廷黻与礼聘而来的雷海宗。后两位对中国古代对外关系研究的影响尤为深远。

作为历史学家，蒋、雷两位在外交学界与国际法学界的影响极大。原因在于蒋延黻当时力主史学社会科学化的“新史学”，蒋氏的主要成就在于整理晚清和民国时期的历史。外交学界迄今仍在沿用他“中国外交始于晚清”的基本精神。他强调治史要同经济学、比较政治制度一起学习。同样，受学于蒋延黻的费正清在回到哈佛之后，结合在蒋延黻处求学所整理的庞大档案，以跨区域研究法为主要研究方法，实现对年鉴学派打通史学与社会科学、推动史学社会科学化的主张的切实回应。至于雷海宗，早在海外求学时，即以社会科学与史学合流的逻辑，写下《中国古代的外交》一文，并收入《伯伦史论集》一书。整体来说，史学社会科学化的声势曾非常浩大，但是，综合运用社会学、经济学和历史学等方面进行跨学科研究，最终还是要面对一个问题，史学研究的根本对象是孤立的个体事件，以归纳、演绎等方法在历史的发展中追求某种规律，或者某种目的，势必违反了“求实”的基本要求。

然而，中国古代外交，本身就是门“非常规”的交叉学科。譬如现代语境下的“中国”和“外交”都是后起的概念，而《二十四史》与外交现象却古已有之。为了厘清在中国历史上“封建王朝”“割据政权”“少数民族”与“多民族国家”之间的关系，历史学界不得不一反常规地用现代术语来解释古代的政治主体与政治活动。此外，中国古代外交的研究对象并不是更为具体的国别政治或官阶制度，而是抽象的国与国关系；不是典章制度、盟约遣使、国家战争、对外政策等政治活动的总和，而是两个或多个具有对等性特征的政治主体之间展开的官方往来。概而言之，中国古代外交研究的对象是抽象的，与社会科学的研究对象是相关的。至于历史学强调“一事不重现”的还原精神，不能用于抽象的研究中，它的对象必须为具象的历史事件。这一矛盾无疑刺激了相应的研究方法的革命。在过去，关于史料的科学统摄了“历史科学”的内涵：或引入档案学和图书馆学，推进档案的收集和整理；或引入借助科学工具与自然史观念的考古学，将历史研究从安乐椅拉向田间；至于经济学等近代社会科学方法相参照而研习，则是本时代“量化研究方法”最突出的特征，它亦进入了中国古代外交研究的视野。

如前所述，传统的史官传统强调对历史事件和政治思想的记录，即“左史记言，右史记事”，不见长于统计工具与算法，但是详尽的文字记录亦为针对历史文献的量化研究提供了基础。通过对特定朝代的遣使次数、战争次数、盟会次数、朝贡次数及相应政治事件进行分析，并从中寻求正负相关关系的量化统计方法，在中国古代外交研究领域中也逐渐流行起来。包括“春秋战国时期国家间战争数据库”（王日华）、“量化历史研究数据库”（陈志武）等一系列量化数据库相继成型，而王日华与漆海霞的论文《春秋战国时期国家间战争相关性统计分析》也是对这一研究方法的自觉运用。通过对春秋时期和战、聘问、盟会等关键变量的统计，以及相互之间的正相关性分析，量化历史试图还原一个记载之外“客观而真实”的历史。

然而，量化研究的数据库建立，同样面临着几乎难以回避的困难：量化历史数据库的统计数据基本来自《二十四史》，二手文献与现代汇编，迫切需要与历史学中的一手史料两相参考。以讨论明代与日本外交和战争所涉及的相关社会经济背景为例，要考量明代与日本的国力，势必涉及经济问题。然而经济史研究的基础文献比较薄弱。以明代一侧为例，管汉晖曾指出数据都主要来自正史：“明代的历史文献主要有《明实录》《明史·食货志》《大明会典》《万历会计录》等几种及各种地方志，《大明会典》是以《万历会计录》为基础撰写的。《万历会计录》中的数据相对比较准确，却只有有限的几个年份，《明实录》中的数据记载更全，因为目前还无法找到比《明实录》更完整的历史记载，所以，对明代的研究还需要在《明实录》的基础上进行，再结合地方志等其他史料对这些数据进行校准。”然而，实际情况是，《明史》由清人所写，而非明人所著，从史料的一手与二手来看，可靠性似不太充分；《明实录》中所记税赋银两总额，虽已成了体系的记录，而具体的数据仍然需要横向断面的数据支撑，譬如太仓库研究就要涉及洪武时期《诸司职掌》、万历《太仓考》以及《万历会计录》等专门著作，此外，万历中后期户部尚书赵世卿的《司农奏议》、崇祯初年户部尚书毕自严的《度支奏议》《石隐园藏稿》、崇祯时期户部尚书倪元璐的《倪文贞集》等户部官员在奏疏议折中引用的准确数据。但数据库建设还未完善至这一层面。另一方面,明代的货币经济的成型亦晚。嘉靖中后期的抗倭战争促使军事动员体制的变更,由于雇佣兵数量的激增,催生军饷的折算制度进一步由实物粮饷转为白银货币,这就促使了货币化财政体系的诞生。在此之前,白银是否能作为最直观的经济指标运用于历史 GDP 的计算,是有争议的。正是由于量化研究方法所需的数据库在建设过程中有过粗、过广、过疏的情况,研究成果尚难以进一步推广,因此阻碍了中国古代外交在社会科学领域的进一步发展。

需要指出的是,中国古代外交研究不等同于中国古代国家间关系研究。尽管就学科史而言,二者的分野一直不甚清楚。其一,民国时中国国际关系学科草创,在各个高校中,国际关系史与外交史就一直是同质而异名的关系。譬如 1922—1926 年南开大学徐谟开设“中国外交史”,1923 年北京大学政治学系周鲠生开设“政治与外交史”,1924 年后广州大学(即今日中山大学)开设“近代外交史”,所讲的并非外交,而是国际关系史。以当时清华大学的课表为例(表 1.6),可以看到,清华大学所设课程没有专门的“国际关系史”,所授欧洲的国际关系史均以“近代史”“现代史”“19 世纪史”冠名,而所授东亚的国际关系史则均命名为“外交史”。可见自民国始,外交与国际关系两门学科便一直处于相当的混淆之中。其二,外交学与国际关系学的研究对象颇有重合。尽管“外交”并不完全附庸于主权国家,但仍是一个相当严苛的概念,它特别排除了国家间战争与冲突等激

表 1.6 清华大学课表举例

大学	类别							
	国际关系史		国际法		国际关系核心内容			
					国际政治与外交学		国际组织	
	课程	教师	课程	教师	课程	教师	课程	教师
国立清华大学	近代中国外交史	蒋廷黻	国际公法	王化成	国际关系	王化成	国际组织	王化成
	中国近代外交史专题研究							
	近代中日外交史	王信忠	国际公法判例					
	西洋通史	刘崇鋐						
	欧洲 19 世纪史							
	西洋现代史	齐思和	条约论					
	俄国近代史	葛邦福						
	欧洲海外发展史		国际私法	燕树棠	外交程式			

注：卫琛、伍雪骏、刘通：《百年炮火中的未竟之学——对民国时期国际关系研究与教学的回溯》，《世界经济与政治》，2011 年第 11 期

烈的国际活动，专以使节活动、和平谈判、国际会议等“温和”的活动为研究对象，并且强调外交代表的资质问题等历史细节的考究。而这些细节往往为国家间关系研究的宏观视野所忽视。因此，作为一门专门性的研究，我们仍有必要细致地甄别二者的差异，以求严谨构建起中国古代外交研究的框架。

第二章
“中国古代对外关系”对“中国古代外交”的理论影响

我们已在上述章节中回顾了漫长的学术史，并窥见中国古代对外关系与中国古代外交的前世今生，二者从源起、发展、核心理论与代表人物等方面大相径庭。归根结底，中国古代对外关系隶属历史学门下，而中国古代外交是外交学研究的延伸。同时，我们亦发现二者的关系相当亲近。众所周知，清季学科在草创时期相当薄弱，惟历史学特别发达，陈寅恪、陈垣等甚至主张中国历史学应与强势的法国汉学一争雌雄。在这一特殊的学科语境中，人文学科与社会科学的草创大多依托于历史学的发育，以学说史或学科史等方式来追溯自身的学科定位，譬如中文与哲学二科，皆借助学科史大纲来确定自己的研究目标与学科任务。在这样的背景之下，民国外交学与历史学之间的关系，甚至可以用“血浓于水”来形容。

从学科构成上看，成型于民国时期的中国外交学有两个来源。一个是外交学理论的引入。中国外交学的建立，整体上因循了“外文原著——中文译介——本土原创”之规律，其基本理论范式均为舶入。1936 年，杨振先完成《外交学原理》；1937 年，刘达人完成《外交科学概论》，二书成为民国外交学创立之标志。从内容上看，杨振先以约翰·福斯特的《外交实践》与萨道义的《外交实践指南》为近代外交学独立之标志，并有志效仿《外交实践指南》，将“元首”“中外外交部”“外交官”“领事官”“外交会议”等外事活动分条分章详加介绍，是专门的外交学概论。至于刘达人之著，名为“外交科学”之作，实为国际关系学方面的作品，但长处在于将国际关系学的基本理论框架整个纳入近代中国的学科建设之中：以“规范视野”总领国际法与理想主义道德原则，以“纵向视野”包含外交通史、外交国别史、外交断代史、外交政策史、外交思想史与外交进化史，以“横向视野”将国际关系学与外交学的各个研究对象一一并举。由于照搬现成的国际关系学体系，外交学的建构得以跳过漫长的探索期。但亦因如此，它也潜移默化地接受了自相矛盾的历史观。

另一个就是历史学的深刻影响。如前所述，早期的外交学理论都具有历史眼光，并将希腊和罗马时期的使节制度都列为外交的历史活动，但自丁韪良后，学界大多不承认中国古代以春秋时期为代表的邦交体系。这一强烈的否定态度显然来自本土学者，尤其是历史学界。尽管历史学与政治学本就有深厚因缘，譬如西方国际关系学，即建立于欧洲国际关系史之上。但这一点在中国近代学术界的草创中表现得更为特殊：中国本就有悠久的史官传统，东西方的交流互鉴起步亦极早，在外交学正式建立之前，便已有西北边疆史地学派，及法国、德国、日本等国汉学研究围绕中西交通与四裔之学积攒起的丰厚成果，譬如雅裨理(Abeel David)所著《1830—1833 年居留中国和邻近国家日记》，阿禫尔(Abel Clarke)所著《1816 年和 1817 年在中国内地旅行和往返航行记事》和安立德(Arnold Herbert)所著《欧美人对远东问题的解释》等书。中西学者的成果各自哺育出现代历史学的一支，边疆史地研究不仅自成一派，还刺激了历史地理学的发展。但是，“新史学革命”中断了史官传统的传承，另起炉灶，构建起中国近代史的理论框架。西人观华的成果，即伴随着这一历程而成为正统史料。譬如民国早期的外交史，多借鉴马士的《中华帝国对外关系史》，较少吸收清廷的档案材料，“偏科”相当明显。具体到中国现代外交学的创立，即便在 1902 年，《时务报》就提出了“中国宜设外交学”的口号，但本土外交学的正式创立却是以《筹办夷务始末》等清代外交活动史料为标志的。借助《筹办夷务始末》与前人编纂的《皇极经世文编》等政论对朝贡制度与现代外交的辨析，“外交学”才明确了自身的研究对象，特别是将自身同“中西交通史”和“中国对外关系史”等领域区分开来。故此，我们可说，历史学对中国外交学研究的影响之深，超乎一般之想象。

在这样的背景下，中国古代对外关系的影响，堪称“适逢其会”。从时间上看，中国古代对外关系的兴盛亦在民国时期。顾颉刚在 1945 年总结评价民国史学三十年之发展时，认为其成就集中于六个方面：“一、考古学和史前史的研究，二、中外交通史和蒙古史的研究，三、敦煌学的研究，四、小说、戏曲、俗文学的研究，五、古史的研究，六、社会史的研究。”其中头三项都与中国古代对外关系密切相关。其中第二项和第三项不难理解，但值得注意的是，中国近代考古学发扬光大，固然是历史语言研究所的李济以考古学之方法率队开掘安阳殷墟为范例。此外，考古学的域内生根，亦借助了“中华文明西源说”之公案。1914年，成立不久的民国政府致函邀请瑞典人类学家安特生(Johan Andersson)访华，并于1921年主持开掘河南洛阳以西新近发现的大型遗址。安特生为拉克佩里“中华文明西源说”之支持者，试图通过比较仰韶村彩陶残片与土耳其出土的中亚安诺彩陶，以及乌克兰出土的特里波列彩陶在纹理和构型上的特征，复兴拉克佩里的“中华文明西源说”。他在1923年完成的初次仰韶出土挖掘报告——《中华远古之文化》中提到：“因仰韶遗址之发现使中国文化西源说又复有希望以事实证明之。”在遍访甘肃三大谷底之遗迹后，安特生完成了籍彩陶为载体的中华文明西来理论。这一结论引发了当时国内学界的不满，但当时的学人亦感到，要推翻安特生的理论，就必需有同样有力的论证。1931年，梁启超次子梁思永学成归国，并将考古的眼光投向了安阳。他在安阳高楼庄发现了著名的“后岗三叠层”，即仰韶文化、龙山文化与商文化由下而上的三叠层，证明了中原文化的传承性与一贯性，进而从整体上摧垮了“中华文明西源说”的根基。中国考古学的建立，即受中西文明因果关系而催生，本来亦是中西交通史的展开。民国历史学成就有六，而中国古代对外关系史有三，其影响之强势可见一斑。

具体来看，中国古代对外关系研究对中国古代外交研究的影响有三。

一、核心概念的影响——以“帝国”为例

中国古代外交研究本是国际法传入中国之后的成果，亦是西方社会科学理论范式本土化过程中涌现出的一个成果，故此体现出非常鲜明的范式先行的特征，即以国际关系现成之概念，来“揉捏”相应的历史事实。然而，作为工具的“概念”，本身亦是发展和演化的。一方面，不同学界对同一概念的界定是有出入的；另一方面，即便是同一学界，对同样一个概念，也会有不同的理解。中国古代对外关系与中国古代外交学，在研究对象上，有一定的重合，即使用的概念工具亦偶有相合，但“失之毫厘，谬以千里”。这种潜藏其下的谬误，多方面干扰了中国古代外交研究的路向，现举一例以明之。

在费正清等人的研究中，“帝国”是一个很重要的概念，如叶理绥与马克·曼考尔等人先后主张的“中华帝国无邻居”，既是海外汉学就中西交通史提出的重要主张，又是坂野正高等学者主张“中国外交始于晚清”的理论依据。然而，这个概念从源流上看，既非中国固有语境之术语，亦非西方政治学理论的推论，而是由传教士和汉学家在向欧洲推介古代中国时，因帝制与幅员等可视性因素而挪用的西方概念。换言之，这种概念的比附是直观的，而非理性的。只是一俟进入人们的思想图式，便沉淀下来成为最为基础的范畴工具。它的形成和推广是知识-权力结构的，而非学理的。从西方世界早期对“帝国”的理解来看，这个词主要是围绕“霸权”而展开的。芬纳的《统治史》认为：“通常来说，‘帝国’统治往往意味着某一特定时期内在文

明世界重要地区的政治和精神霸权，我们接下来会引入地域、种族、语言和宗教等各种标准。”在这里，国土的幅员与人口的多寡无疑是“帝国”的物理标志，除此以外，可为参考的就是复杂的政治等级制度与治下的多民族构成，这四条基本构成了“帝国”的现代含义。

由这一概念出发，“帝国”逐渐被结构化，譬如 1986 年提出“民主和平论”的迈克尔·多伊尔在《帝国》一书中提到：“帝国是两个政治实体的互动体系，其中一个是支配的中心（dominant metropole），它对另一个即从属的边缘（subordinate periphery）的内外政策（即有效的主权）施加政治控制。”甚至于“帝国是一种正式或非正式的关系，在这种关系中，一个国家控制着另一个政治社会的有效政治主权。它可以通过武力，通过政治合作，通过经济、社会或文化的依附性来实现。帝国主义无非是建立或维持一个帝国的过程或政策”。可以看出，多伊尔的“帝国”经历了一个由实存的政治主体而转向单向的依赖关系的过程，而这一虚化的“关系”正力图套用在历史与现实中所有国家间依附关系之中。单泛化的同质比较显然不适用于历时性的研究，其根本原因在于，将“帝国”泛化为政治的依附关系，就相当于实质上取消了“帝国”研究的必要性。国际关系理论研究，尤其是结构主义的研究，都强调取消研究对象的特殊性，这种理论喜好与比较政治研究针锋相对。在这一语境之中，现代政治所取得的进展，包括政体研究以及主权理论等政治学的基础研究，都淹没在结构性的相似中。

尽管中西方的交往或可追溯至罗马帝国时期，但最为直接的接触却是从 17 世纪开始的。在这个过程中，“帝国”是一个逐渐被塑造出来的形象。换言之，海外汉学界对清代是否为“帝国”的看法，实可商榷；而他们对明、清以前的历史乏善足陈，以至于以欧立德为代表的美国“新清史派”主张割裂清代与前代的延续性，而将清代专门视为一个独立的“帝国”。而另一方面，包括海外汉学界和国内学界，又习惯性地将“帝国”倒推至上古时期的中国，乃至于将其和考古学意义上的“广域王权国家”匹配起来。我们暂不评价上述观念的理论价值，仅阐明如下观点：“帝国”概念的引入，实是中国古代对外关系研究中的副产品，而这一概念的引入，又导致了一定的消极影响。

从时间上看，早期传教士对“中国”之认识，亦立足于显著的疆域标识。相较欧洲林立的王国，中国明清时期政治的“大一统”对传教士感官上造成了极大震撼。曾德昭于1642年完成《中华帝国志》，书中为沙勿略神父准备的“献辞”就提到：“这个王朝(Monarquia)有十五个省，每个省都是一个巨大的王国(un capacissimo Reyno)。”不仅如此，在正文中出现的189个王国中，还有25次用来指称当时为《明史》“外国传”中记录的鞑靼、朝鲜、日本和已列入“西域列传”中的乌斯藏(原文中使用的“吐蕃”于明代已几近废弛)。曾德昭的“中华帝国”有时用作“王国”的同义词，有时则为高于诸王国的政体。至于中国皇帝为何能长期统治幅员如此广阔的王朝，则是曾德昭重点向欧洲引介的部分：“中华帝国(Imperio Chino)如何长期地保持令人羡慕的稳定，就要看如何遵循律法和古礼，尊卑自别(尊者自尊，卑者自卑)，拒绝锦衣美食的奢靡了。”可以看出，曾德昭之“帝国”，是运用欧洲固有的政治概念，从外在的视角勾勒中国的概貌，而非就中国政治作出的深入研究。传教士以观测者的身份,来关照陌生的政治环境,这无可厚非。

相较曾德昭,利玛窦本时期对中华帝国的阐述更为近代化。从其遗作来看,利玛窦认为“中国”与诸王国有所区别。“中国”之所以为帝国,并非其统御多民族,而是“中国”是个纯净而单质的帝国:幅员辽阔,统御诸多王国,具有鲜明的尊卑差异与复杂的等级制度,这已赋予了其相当的“帝国性”。但这一帝国已有相当明确的文化身份标志与语言特征,以及相通的风俗与律法:“以无上权力统治此大国者,称‘天下之主’(即天王),这是因为他们误以为自己广袤国土的边境,几乎达到了‘天下’所有的曲曲折折(滨海)界限的缘故。它的为数不多的邻国此前很少被弄清过——直到欧洲来通商时,这些国家连名称也不值得一提。这在我们看来有些奇怪,不过我们(欧洲)的君主当中有这么多人,从未有过中华大帝国那么大的统辖权,却采用(与其)同样的,煊赫的头衔,如果被某个中国人看到了,他也一定会感到惊奇。”(此处系用中国人民大学清史研究所曹新宇、黄兴涛两位学者的译稿)利玛窦还提到了中华帝国对北方鞑靼入侵的抵抗,并于此将“帝国”视为一个没有固定边界,但却有高度身份认同与通行语言的政治文化体。除了对中华帝国是否有明确“疆域”这一问题存在一定认知上的模糊以外,利玛窦几乎依照夷夏之辨的基本逻辑重新梳理了对“中华帝国”的认知。在他笔下,中华帝国是一个强大的单一制政体,以区别华夷的逻辑来分治麾下的诸王国,而不是由多民族王国共同构成的罗马帝国式的复合制政体。相较而言,曾德昭的中华帝国观却是圣奥古斯丁“上帝之城”与但丁“世界帝国”的延续,他将罗马帝国视为政治学中帝国的范本,以某种特定的道德机制来约束治下的诸多民族,但却赋予各部族充分的自治权。这样的帝国类似于某种“有秩序的世界观”,但实际是罗马帝国的东方翻本。

利玛窦的中国帝国观更加偏向于某种与民族国家相比照的古代国家。宗教立场虽使他不至于卷入民族国家主权特征的论争,但从强调疆域、人口与身份认同等思想要素上看,他又似乎将“帝国”视为一个具有相当的民族国家特征的古代政体。我们可以从历史语言学的角度来窥测这一点。利玛窦强调汉字的功用,并设法通过拉丁文注音和汉字的图例印刷对汉字加以介绍。譬如在解释“天下”这一概念的时候,利玛窦既使用了意译,如“universum regnum”;又使用了音译,如“Thien-hia”。其间还特别强调了汉语的统治地位。就传教士对儒家典籍研习来看,汉字在中国的神圣地位,是不容忽视的。理雅各在其《尚书》的译本序言中,就特别介绍了《尚书》之“书”的来源:

> When Ts'ang Kee first made characters (shoo), they were, according to their classes, resemblances of the objects, and therefore called wan (delineations); that afterwards, when the forms and their sounds (or names) were mutually increased, they were called tsze (begetters); and that, as set forth on bamboo or silk, they were called shoo (writings).

这一段是理雅各对许慎所著《说文解字·叙》“仓颉之初作书,该依类象形,故谓之文,其后形声相益,即谓之字。字者,孳乳而寖多也,著于竹帛,谓之书,书者如也”的翻译与引用,但字里行间仍然肯定了汉字的不二地位——既然汉字是《尚书》的书写语言，具有万世经典的地位，那么“书同文”自然是中国统一的标志。美国汉学家倪豪士（Nienhauser William）翻译《史记·秦本纪》，即忠实地将“书同文”译为秦统一六国的表征之一：“He unified the measurements of capacity, weight, and length. Carts all had the same width between wheels, and writings all used the same characters.”从比照的观点看，欧洲国家的单一语言思潮，仅出现于民族国家兴起之后，至于罗马帝国时期，其麾下同时流行的是多种语言。故而中华帝国理当视为一种东方政体，历史语言学的研究亦加深了这一认识。譬如唐代中原地区的唯一语言为汉语，而在回鹘地区则至少流行包括汉语、粟特文、古叙利亚语、八思巴文、回鹘文、突厥文在内的多种语言。著名的《九姓回鹘可汗碑》由汉语、粟特文和突厥文三种语言写成。可见至少在利玛窦眼中，“中华帝国”已初步具备了类民族国家的政治特征。

上述关于“帝国”的理解，在当代派生出了两类不同的含义：“结构的帝国”与“政体的帝国”。前者是去历史化的结构性命题，是大航海时代之前欧洲人对于世界秩序的想象。这里的“帝国”不是一个国家或政体，而是一种国家之间的组织关系与普遍秩序，是一个较“国际体系”更高一级的分析层次。而后者则是根植于历史的政体研究，是对国家的具体研究。“政体的帝国”聚焦于民族国家政体的对比，试图将帝国理解为一种单一制民族国家与相应的主权理论诞生之前的有效政体。这两类理解相继开拓了中国古代外交研究的新方向，但随后又快速地走向了自我否定的尴尬境地。

就“结构的帝国”而言，叶理绥于1963年发表于法国《第欧根尼》杂志的《中间的帝国，遥远的帝国，没有邻居的帝国》(“The Middle Empire, The Distant Empire, The Empire Without Neighbours”)提出了一个关于古代东亚的经典命题，即“中华帝国无邻居”。在这里，“中华帝国”不是一个有明确疆域意识的古代国家，而是东西方文化交汇所依赖的枢纽。正是由于其处在东西交错、南北通衢的十字架中间地带，各类文明皆能于此交汇，而亦因距离源流过于遥远，无法取得对其他文明的辐射优势，从而折衷为一种极为独特的文明结晶。这种结晶就被命名为“中国化”。叶理绥认为，基督教文明与军事民主制、伊斯兰文明与商业、东方亚述教会的神秘主义与多元文化宽容通过蒙古人种这一分布广泛的群族广泛传播，并在地缘枢纽处沉积。因此，在欧洲人的大发现，乃至蒙古人的入侵，都没有给中国文化带来什么新鲜的东西。构成亚洲大陆的文明要素，包括伊斯兰教和基督教，早就间歇性地注入了中国文明，并在积累起一定的优势之后，以质变的形式影响了中国文明的下一步走向。这种传播的路径，在文字史成型之前的时候，就已经通过自叶尼塞河至蒙古境内的人种大迁徙奠定了雏形。他将阿舍利石器文明分为四大板块：非洲板块、欧洲与近东板块、印度与东南亚板块、印度支那与中国朝鲜半岛板块，蒙古人种当时占据了整个亚洲的北方，并且联通了东亚与欧洲。通过他们，早期欧洲的影响得以曲折地抵达东亚。而“中国”是由西伯利亚地区迁徙而来的蒙古人种，与世居于华南地区的马来人种日渐接触之后形成的新的政治文化体。

叶理绥的观点受到了以哈佛燕京学社为核心的一派中国

学研究的欢迎，马克·曼考尔认为，“中华帝国无邻居”即代表了晚清士人的世界秩序观，他指出：“中国的士大夫并不认为朝贡制度（汉语中原本没有对应词）是自成一体或者有别于儒家社会其他制度的一种综合性制度。他们对中国或中华文明也不这么看。在他们眼里，只有文明与野蛮之分，而且他们认为，文明与野蛮可以互相界定，也就是说，不文明的就是野蛮的。”他进一步认为，依照中国士大夫的观念，中国不是一个国家，而是东亚文明社会的管理者；皇帝不是一国的统治者，而是宇宙空间之中、衔接天上与人间的神圣角色。因而向皇帝进贡，是承认世界秩序的适当利益，即“朝贡承认的不仅是（甚至不一定是）中国的优越文明，而是文明本身，它的顶峰是皇帝，他作为天子，是人类社会与宇宙之间的结合点。觐见皇帝时需要通过恭行朝贡利益来表示承认这些基本原则。”通过“帝国”的稀释和泛化，进而将其转化为某种不定型的文明制度，“朝贡制度”与现代外交之间的差异，得到了形而上层面的解释，进而将“朝贡制度”也吸纳为中国古代外交的一种形式。而这无疑模糊了“外交”活动的本质，使作为一个严谨概念的“外交”为“对外关系”所替代。

然而，作为政体的“帝国”亦将中国古代外交研究引入了歧途。当“帝国”一词在无孔不入地渗透于中国历史的话语体系时，或脱胎于历史上的罗马，或脱胎于结构主义，这个为近代传教士急不可待地用于观照中国的概念，几乎从来没有真正吸纳过中国的思想资源。从罗马的政制来看，长期以来，罗马帝国对境内外诸多族裔的管理，是通过法律方式来实现的。换言之，罗马帝国在很长一段时间内，都没有给予外邦人以本国公民的法律权益。德国历史学家蒙森认为,罗马与不同外族相处的唯一合法方式就是战争,唯有通过有期限的停战协议才能暂时中止这一状态。战争期间,异乡人没有公民权,只能被俘为奴隶;而为了商业贸易的缘故,罗马帝国可以以停战方式宣布“和解”,此时的外国人即转化为罗马法认可的、享有宾客权利的人。在这里,帝国显然是为了贸易的利益而推行和解政策的。值得注意的是,在这里,“法律”明确规定了本国公民与外国人之间的“差异”。和解状态下的外国商人具有贸易方面的某些特权,以及一整套适用于他的诉讼制度,以方便其就维护合理的商业利益而展开论述。这种赋予一定法律权利的做法,罗马人称之为“礼遇”,“礼遇”与程度更甚的“友好”,都在法律程序上给予了外国人相当的方便。仔细观之,“礼遇”赋予了外国人自由居住在罗马领土上的权利,以及万一在遭受审判时予以庇护的权利。

不仅如此,借助共和国时期的《关于阿里斯科皮奥斯的元老院决议》(*senatoconsulto de Asclepiade*),受到“礼遇”的外国人获准在罗马或自己本国应诉,以选择遵循何种律法。在“友好”关系中,罗马境内的外国人甚至可以选择在自由和友好的第三方城市应诉,并免除为罗马服务之后收缴的各种税金。然而,即便是“友好”关系中的外国人,在享受相当的特权之余,仍未取得同罗马公民相同的法律权利。尽管外国人的权利不会因为宣战而取消,但其应诉机制仍与本国公民区别对待。法律对本国人与外国人的区别对待,尤其是在应诉与惩罚机制上的区别对待,是罗马帝国与麾下各王国关系的最有力佐证。这种区别,即便到了 212 年卡拉卡拉敕令(Edict of Caracalla)颁布之后，也仍然存在（指非罗马公民可以选择本国法庭以本国法量裁）。

然而，秦汉两代律法，特别是刑罚，没有体现出身份的差异。1975 年，湖北云梦出土睡虎地秦简有《属邦律》，即秦代管理夷人的律法。《属邦律》出土时竹简散落，内容多脱落，混淆而难以辨识，其间唯有一条可明确识别，即秦吏登记和管理当时因罪籍没或连坐流放之夷人的法条。值得注意的是，该法条与秦规定管理因罪籍没之秦人的法律，如《金布律》《司空律》的内容是前后一致的——《属邦律》规定："道官相输隶臣妾、收入，必置其已禀年日月，受衣未受，有妻毋（无）有。受者以律续食衣。属邦。"即必须注明流放夷人已领取粮食的日期、领取的衣物、婚配的情况，以及是否持续发放。而其支取物资的标准，就是《金布律》："禀衣者，隶臣，府隶之毋（无）妻者及城旦，冬人百十一钱，夏五十五钱；其小者，冬七十七钱，夏四十四钱……"从两套律法的呼应来看，夷人同秦人的执法身份是一致的。至于汉时律法大抵从秦，不仅保留了五刑，还基本沿袭了秦代的律法。1983 年，河北张家山出土一批汉代竹简，其中即有《奏谳书》。《奏谳书》是司法记录，记载了从春秋至汉高祖时期的二十二宗案例，其中汉代的十六个案例均有审理全程的详细记录，其中即包括一则高祖时期蛮人毋忧因逃避戍守处斩的事情：

> 十一年八月甲申朔己丑，夷道介、丞嘉敢（谳）之。六月戊子发弩九诣男子毋忧，告为都尉屯，已受致书，行未到，去亡。·毋忧曰：變（蛮）夷大男子岁出五十六钱以当繇（徭）赋，不当为屯，尉窯遣毋忧为屯，行未到，去亡，它如

九。·窯曰：南郡尉发屯有令，變(蛮)夷律不曰毋令为屯，即遣之，不智(知)亡故，它如毋忧。·诘毋忧，變(蛮)夷大男子，岁出賨钱，以当繇(徭)赋，非曰勿令为屯也，及虽不当为屯，窯已遣，毋忧即屯卒，已去亡，何解？毋忧曰：有君长，岁出賨钱，以当繇(徭) 赋，即复也，存吏，毋解。·问，如辤(辞)。·鞫之：毋忧變(蛮)夷大男子，岁出賨钱，以当繇(徭)赋，窯遣为屯，去亡，得，皆审·疑毋忧罪，它县论，敢(谳)之，谒报。署狱史曹发。·吏当：毋忧当要(腰)斩，或曰不当论。廷报：当要(腰)斩。

高祖十一年(前196年)，夷人毋忧授命屯兵而逃丁，为发弩吏"九"押解至官。都尉作为军事司法官员审理此案。其间，都慰诘问毋忧为何逃丁，毋忧援引《蛮夷律》为自己辩护。依照秦汉时颁布的《蛮夷律》，夷人每年缴纳五十六钱，应免除徭役与赋税，我不知为何征召我去屯兵，因而逃走了。都尉反问道，《蛮夷律》规定岁钱可免徭役，而非兵役，何况你已收到了征召文书，上面已经注明了你须屯守，为何还要逃亡？毋忧回复，夷人君长，每年纳岁钱，因此不仅免除了徭役，还免除了兵役。除此之外，我没有什么可以辩解的。由于涉及《蛮夷律》的特殊规定，以及夷人首领的法律特权，都尉在审讯结束之后，将此作为疑难案件上报朝廷，等待朝廷颁布的解释。

我们可以看出，《蛮夷律》作为专门颁布给"夷道"(即秦汉两代对新纳四夷地区而设立的州府级行政机关)的法条，赋予夷人一定的特权，即缴纳岁钱，免除徭役。但这一条款是否可以扩充解释，以免除兵役？夷人首领缴纳岁钱之后不仅免除了徭役，还免除了兵役，这一特权是否可以扩展到全体夷人身上？夷人如若犯法，其惩罚是否同内地子民一样？《奏谳书》记载汉廷的最终裁决是腰斩，即否决了法律特权，但对其与汉人的身份区别并没有给予充分解释。我们只能通过同等罪名的判例，来比较二者的差异。汉代向北地匈奴用兵极多，军队的调遣常有“失期”，譬如张骞：“骞以校尉从大将军击匈奴，知水草处，军得以不乏，乃封骞为博望侯。是岁元朔六年也。后二年，骞为卫尉，与李广俱出右北平击匈奴。匈奴围李将军，军失亡多，而骞后期当斩，赎为庶人。”张骞失官，是一个极好的比照案例。阎步克于《中国古代官阶制度引论》一书中指出，中国古代官僚享有相当的法律特权，秦汉时，这种特权主要围绕“爵本位”展开：“‘爵本位’的传统，在秦汉时还浓厚残留着，所以法律特权辐辏于二十等爵级的情况，相当突出。爵级可以用来赎罪减刑。”张骞之所以失侯，不是被褫夺封号，而是以爵位抵罪。

这种因爵而授的特权，亦见于毋忧案。毋忧向都尉申诉其君长以钱抵兵役，但从结案的判决来看，抵役的特权是由其君长的爵位授予的，而不是其夷人的身份而授予的。此外，张骞为汉人，由关内管辖；毋忧为夷人，由夷道管辖，统摄的政治机构虽不同，但判决却是一样的。本来，汉朝于境内调遣人力征发戍守，应属国内事务，然而“失期即斩”这条军法，却同时通行于汉人和蛮夷之中。当事人并非故意逃避徭役，仅是主观上未能分清徭役和戍守，仍会被判腰斩。就法律而言，汉人与活动于该地区的夷人没有区别，但贯穿经学的华夷之辨，始终作为政治文化的一部分流传，而不是以固定律令或政治制度传世。在罗马帝国的体制中起决定性作用的物理标志，在汉代的统治中难觅踪影，以至于用政体的帝国来描述中国古代的王朝，实在无法准确分辨对外关系与内部治理之间的区别。费正清在《中国的世界秩序》论文集中形容这一情况：“‘贡’字既用于外来异族统治者的‘朝贡’，也用于国内事务之中。如每年从长江下游运往北京的‘漕米’或‘贡米’，或者清朝科举制度中通过捐纳获得学位的‘贡生’，不论我们怎样翻译这些术语，它们显然在帝国政府的内外事务中都在使用。”可以看到，无论是哪种“帝国”的理解，都无法恰如其分地描述中央王朝与周边国家之间的关系，或以“朝贡制度”一言以蔽之，或混淆国内治理与国家间关系。由此可知，“帝国”这一伴随着海外汉学研究传入的概念，对中国古代外交研究的遮蔽作用，是相当明显的。

二、研究方法的影响——以“中国”为例

核心概念上的混淆，只是中国古代对外关系对中国古代外交研究的诸多影响之一。除了概念工具，研究方法的影响也尤为深刻。近世中国学术的主流，以现代学术体系为根骨，在此基础上消化排列固有史料。但伴随着学术界的百年沉积，原有的以现代学说之概念，直接对应本土史料的“嵌套”法，局限性却愈来愈大。严复译《穆勒名学》，在“引论”中曾提到：“界说者，抉择一物所具之同德以释解其物之定名也。故必尽其物所具之德而喻于心，夫而后知抉择以为此界。”近世学术舶入中国，肇始于“概念”体系的革新。

然而西学东渐时，“概念”的嫁接工作推进得殊为草率。王国维在批评辜鸿铭的翻译活动时指出：“幸而其所用之语，意义

甚为广莫，无论说天说人时，皆可用此语，故不觉其不贯串耳。若译之为他国语，则他国语之与此语相当者，其意义不必若是之广；即令其意义等于此语，或广于此语，然其所得应用之处不必尽同。故不贯串不统一之病，自不能免。”语义的模糊，对务求精确的概念建构而言，是极大的理论困难。

自丁韪良始，中国古代外交研究的旧有路径有二：一种先行界定某一时期存在“国家”，“国家”的对外使节即可归为“外交”；另一种则袭承了制度研究的旨趣，以“使节”等为关键词，剖析中国古代王朝的对外遣使故迹。然而，这两类研究的局限性都殊为明显，自上而下的视角更关心外交研究的宏大命题，例如国家角色的界定，古代王朝对外政策和安全战略研究等，对遣使制度的研究投入稍显不足，遑论对“盟会”等非传统外交活动的深入剖析。制度研究看似“根正苗红”，但以遣使研究为例，中国古代政治制度之惯例，无论是向外遣使，还是国内巡查，均可派遣使者，譬如周代盛行分封制，在对诸侯属地不直接行使管理权的前提下，天子定期派遣乐工搜集民谣，称为“观风俗使”；而汉代在完成郡县制改革之后，仍全盘继承周制，推行“遣使巡行”制度，且延续至南北朝。若望文生义地以“遣使”制度作为唯一的研究对象，那么无论如何也无法归纳出外交遣使的核心特征。

这一路径的失真，实际已为学者注意。前述费正清在朝贡制度的研究中，指出“藩”这个字有多义。一方面，从本字出发，它有“保护”之义；另一方面，又有“分封之采邑”的意思在其中。不仅如此，音同而义近的“蕃”和“番”又为“藩”增加新的含义，即“化外册封之王”。既然藩王与蕃王都有封地，朝贡制度就实际并行于国内与国外事务之中。这里，由于概念与实际存在的语词嵌套不畅，古代外交的探索路向自然受挫。又譬如国际法学者主要是以中国古代之史实，来套西方既成之概念，且为迎合西学，对史料多有裁取。陈顾远有言：“学者依其事实，抒发其理想，各自成其国际法之系统，不必尽合事实，亦有助于国际法在学理上之存在也。吾人以溯源为事，不应徒重事实，亦应兼采理论。”这一思路为历史学界质疑。历史学界曾对此颇有反思之意。1931 年，陈寅恪著成《吾国学术之现状及清华之职责》，强调“具有统系与不涉傅会”，即有系统解释，以免失之于滞。这里的系统解释，就是强调运用现代西方治学的“良法”，发掘观念与史事间的内在联系。以西学套嵌中国古代固有之史料，虽然为中国近世以来社会科学建立的主要路径，但“嵌套”亦有粗精之分。政治活动虽强调共性，对西来范式的拣取，理应建立在史料的精研上。对西来的研究范式不加拣择地套用，会妨害史料的价值。就中国古代外交遣使这一支的研究来看，统系之说既要充分联系史实，又要准确把握外交学的理论脉络，其界定标准理当“中西结合”，两相参照。

通过对制度研究的学科史回顾，我们得以发现，固有的研究范式，尤其是概念的机械嵌套，极大地动摇了中国古代外交研究的根基，甚至颠覆了中国古代外交研究的合法性。过去做中国古代对外关系研究，大多根据史书“四夷传”和各朝礼仪典章，将中原王朝与周边政权之间的遣使研究作为主要对象。向达直接从汉代开始讲起，以汉朝与西域之间的通使作为中国古代对外关系的起点。这种做法粗略看来确实像模像样，毕竟包括钱穆在内的历史学家，都曾以汉廷作为中国历史上第一个中央政权。1989年,山东大学陈尚胜在《中国古代对外关系史的中外界限和分期问题》一文中对这一问题反思道:"为什么会把中国古代民族关系史混淆于中西交通史或者中国古代对外关系史呢?根本就在于人们对'中国'理解的差异。"中国古代对外关系史作为一门学科,起源极早(可追溯至明代传教士对景教的研究)。但改革开放后,它才开始认真地反思"中国"的问题。以1981年"中国民族关系史研究学术座谈会"的召开为标志,谭其骧先生为古代"中国"做了一个较为权威的界定:

> 我们是如何处理历史上的中国这个问题呢?我们是拿清朝完成统一以后,帝国主义侵入中国以前的清朝版图,具体说,就是从18世纪50年代到19世纪40年代鸦片战争以前这个时期的中国版图作为我们历史时期的中国的范围。

20世纪影响最大的中外交流史著作,譬如玉尔德的《中国道程志》、张星烺著《中西交通史料汇编》与方豪著《中西交通史》等,都将"中国"界定为中原地区的封建王朝。谭其骧与当时的复旦大学历史地理研究所做出的卓越贡献之一,就是界定了何为历史视域下的"中国",主持编订《中国历史地图集》。上述工作开始于1955年,起初只是想将杨守敬的《历代舆地图》予以重绘,仅收录中华王朝的直辖版图,即春秋至明代的汉地十八省,至于西北与东北边陲均未收录。然而重绘工作开始之后,才感到不能机械地沿用杨守敬等封建时期华夷关系指导下的中国观,仅绘"汉地十八省",亦不能只包括秦、汉、隋、唐、宋、元、明六家中原王朝。而正是在对中国历史疆域的追索，即历史地理学的刺激之下，谭其骧等人才决定将这一工程易名为《中国历史地图集》，扩展到“何为中国”的讨论上去。

杨守敬的思路撇除了春秋战国、三国两晋南北朝与五代十国等为代表的大分裂时期的理论地位。谭其骧在研究中指出：春秋时期的周王朝、晋、郑、齐、鲁、宋、卫等自认为中国，而将秦、楚、吴、越视为蛮夷。然而秦统一中国之后，这一观念就被颠覆了，秦楚等地成为了“中国”不可割舍的部分。南北朝时期没有正统，南朝自认为继承东晋的衣钵，而将北朝贬为“索虏”；而北朝既占据了中国之故地，而模仿秦之入关，以自己为中国，将南朝贬为“岛夷”，双方皆自认为中国。宋代以辽、金、夏为蛮夷，而在元人眼中，这些都是中国，甚至于借由哈拉和林南了解中国的欧洲人，都以为“契丹”(Cathay)就是中国。从历史的角度上看，“中国”的具体内涵总是在被不断地推翻，但作为整体概念的“中国”却一直延续了下来。倘若只有大一统王朝才能对应中国，那么历史上时长接近一千年的分裂时期里，孰又为中国？割据政权(如曹魏)对四夷的关系，和各政权彼此之间的关系(如曹魏与孙吴)有什么本质差异？中国古代对外关系无法回答这一问题；而中国古代外交研究尽管将自身谱系至春秋，亦未细究大分裂时期的“中国”意有何指，然而这一段历史富有细究的理论价值——原本，以《三国志》的视角所记载的魏、蜀两国虽长期并立，但从政治合法性的角度上看，曹魏政权在称帝前一直以汉臣的身份“挟天子以令诸侯”，而蜀汉政权则以血统来论证自身合法性，双方就其本质只是各自占据土地的豪强，无谓“互相承认”的问题。称帝之后，曹魏强调其正统性来自汉王室的让渡“禅让”，而蜀汉则强调其正统性来自汉王室同宗的“血缘”，彼此互斥叛贼。《魏书》所书吴、蜀事均只录人名（如“闰月，孙权破刘备于夷陵”），不书国号，也未记述外交维度的双边承认。从上述斗争来看，双方一直处在封建割据的兼并战争之中，谈不上所谓“外交”，只有“一统”与“偏霸”。因此历代类书总结知识体系，莫不将这一时期的蜀汉列入“闰位”或“偏霸”部。

但环顾当时，吴、蜀两国则互遣聘使。正始元年（240 年），魏建中校尉梯俊出使倭国，有奉诏、赐赏、封贡等礼仪，蜀汉与吴的往来也有类似的章法：蜀汉称帝后，昭信校尉费祎使吴“奉旨称使”，身负政治任务。尽管此时孙权尚未称帝，蜀与吴之间在名义上并不对等，但蜀所遣之使同为校尉，既奉帝诏，又称使者。此外，吴立国后，也称蜀之国号。《三国志・吴主传》记孙权曰：“吾待蜀不薄，聘享盟誓，无所负之。何以致此……会闻魏还而止。蜀宁可复以此有疑邪？又人家治国，舟船城郭，何得不护？”值得注意的是，孙权此时已称帝，但仍与蜀互称国号，并互有“聘”“享”“盟”“誓”等袭承自春秋时期的邦交礼节，这与魏、蜀之间的往来形成鲜明对比——从政治合法性的角度上看，三国均为地方割据的豪强，推动的也是以统一为目的的兼并战争，然而，这一史观在文献述录中，却被“汉贼不两立”的表述遮蔽了。

在中国古代对外关系研究的视野之下，“中国”是一个国家。1842 年以前，清王朝的对外关系主要由礼部和理藩院共同管理，其重心在西北、北部具有传统威胁的少数民族；对南部地区，包括自东南沿海登陆的葡萄牙人，是比较懈怠的；同时，对国际政治局势几无认识。美国人高理文(Elijah Bridgeman)在《美理哥合省国志略》中批评:“华人不好远游,致我西国之光彩规模,渺无所见,更不知海外更有九州。”理雅各在《左传》英译本的序言中,也严肃批评中国人不知中国之外还有多国。

然而在中国古代外交研究的视野下,“中国”是一类地区秩序,是东亚文明制度的代称。清道光二十二年(1842 年)《南京条约》、光绪二十七年(1901 年)《辛丑条约》均强迫清王朝废除传统的朝贡模式,而以平等的外交礼仪同列强相处。不仅如此,士大夫的外交官化,更直接将世界政治局势与国际格局知识带回母邦。在这样的时代背景下,开明士绅以春秋列国和欧洲列强的相似性为基础,议论国际政治形势——继严复将春秋列国与近代国际政治加以比较之后,前述冯桂芬所著的《校邠庐抗议·重专对议》又将海外诸夷同春秋各国作比较,依据有二:一是当时世界诸强林立,彼此角逐;二是诸国之上有国际法,诉诸战争之前,两国必有出使和辩论。除开这个比喻本身,以春秋诸侯国同当代各国比较,蕴含了一种比较历史的萌芽,即现代国际政治亦是中国“固有”之传统。清代曾任驻日副使的士大夫张斯桂为美国丁韪良所译《万国公法》作序,亦有言曰:“间尝观天下大局,中华为首善之区,四海会同,万国来王,遐哉勿可及也。此外诸国,一春秋时大列国也……秦并岐丰之地,守关中之险,东面而临诸侯,俄罗斯似之。楚国方城汉水,虽众无用,晋则表里山河,亦必无害,英、法两国似之。齐表东海,富强甲天下,美利坚似之。”以“周礼”比附国际法,以春秋诸侯国比附欧洲列强,这一做法固然流于表面,但无疑代表着晚清士大夫共同的思想倾向:古代中国的政治与当代的世界政治是同质的、统一的。基于国家与国家之间的对应，“均势”理论和国际法这种孕育于欧洲政治思想背景的制度，才具有普世性。晚清以春秋诸侯国同列强相比附，这一思维惯性继承了知识阶层在面对明末随金尼阁七千种西方丛书传入中国的科学技术知识时，提出的“西学中源”的说法。但同时，西方的思想资源在传入中国时，也需要与本土固有的思想传统相“格义”，才能迅速传播。

然而，这一类对“中国”的理解，很快就遭到了大一统派的批驳。梁启超指出：“我支那人，非无爱国之性质也。其不知爱国者，而不自知其为国也。中国自古一统，环列皆小蛮夷，无有文物，无有政体，不成其为国，吾民亦不以平等之国视之。故吾国数千年来，常处于独立之势，吾民之称禹域也，谓之为天下，而不谓之国。”这里他引入了两个极其重要的变量。首先是对国家的解释。如前所述，以中国为一个国家也好，或多个国家形成的地区秩序也好，所倚重的，莫不是现代意义上的“国家”概念。游览欧美诸国之后，梁氏特别介绍了布伦奇利的近代国家学说，强调中国古代没有实存的“国家”。他在1900年发表的《少年中国说》中指出：“夫国也者何物也？有土地，有人民，以居于其土地之人民，而治其所居之土地之事，自制法律而自守之，有主权，有服从，人人皆主权者，人人皆服从者。夫如是斯谓之完全成立之国……夫古昔之中国者，虽有国之名，而未成国之形也。或为家族之国，或为酋长之国，或为诸侯封建之国，或为一王专制之国。虽种类不一，要之其于国家之体质也，有其一部则缺其一部。”梁氏论断在民国时激起很大反响。晚清时只知朝廷而不知国家的青年，民国时均积极地投身于国家的理论建设与政治实践当中。他们可说推动了近代中国“主权”和“民族国家”的建设，并大多认同梁启超关于中国古代国家的看法。梁漱溟在《中国文化要义》中亦言：“像今天我们常说的‘国家’、‘社会’等等，原非传统观念中所有，而是海通以后新输入底观念。旧用‘国家’两词，并不代表今天这涵义，大致是指朝廷或皇室而说。”梁漱溟的措辞比较含蓄。他强调作为思想工具与政治概念的“国家”是舶来的，而非原生的。吕思勉也指出：“古所谓国者，亦与今异。其存亡，以有采地以奉祭祀与否为断，而不以土地主权得丧为衡。”这一看法在很大程度上影响了后继史学界的共识。

没有国家主体，就没有实质上的外交。那么大分裂时期的邦交活动要如何理解呢？自梁启超以来，历史学界给出了一个替代方案——“民族”。毕竟当时“民族国家”的概念振聋发聩，历史语言学基础上的中西交通史研究特重边疆与少数民族研究，“单一民族国家”的假设亦极大地满足了革命党人驱逐清人统治的政治需求。当上古史研究的民族集团话语整体取代早先的国际法体系时，中国古代外交的研究随即束之高阁。原本中国传统政治不重“民族”之说，仅有“华夷”观念，且“华夷”意不在种族生理之限制。惟自拉克佩里“中华文明西源说”的谱系，斯宾塞《社会通诠》的翻译与清季民初“驱除鞑虏”思想的相互映射，使“民族”集团而非“国家”渐为上古史研究之焦点。刘师培基本接受了拉克佩里的主张，力主“中国人种西来说”，特别将民族迁徙作为重建中国上古史的线索。在《中国历史教科书》中，屡屡以《春秋命立序》与《山海经》等作为历史之旁证，勾勒出一整幅华夏民族东进的迁徙史。

那么,什么是“民族”? 作为中国古代对外关系研究的主要范式,“民族”是一个民族学,乃至人类学视域中的概念。在不同语境中,民族有两个不同含义:第一个含义来自于 nation,亦即身份认同,大致以国境为界的文明群体。例如“中华民族”,就是国家身份认同的表达。查尔斯·蒂利(Charles Tilly)指出,在欧洲的民族国家形成过程中,国家政权建设和民族形成(nation building)是不同步的,强大的民族国家往往先于民族形成,而中国的情况则相反。“中华民族”是先于 nation-state 形成的“中国”身份与国族表达,而不是某个具体的族裔、群区或群落。第二个含义来自于 ethnical group,亦即血缘特征与社会文化风俗区分开的族群。在中国的学术语境中,这两个不同的概念时有互文。在中国,新的主体民族的身份觉醒晚于现代国家的建立:作为政治主体的“中华民族”在概念的内涵上有别于传统的大汉族主义,但它与各个民族之间在文化传承等方面的关系,并没有得到充分讨论。也就是说,“(在许多的多民族国家中)国族仅仅是一种形式,而非完整的族体单位,并不是真正意义上的民族。”

一个虚体的、政治学维度的“国族”与多个实体的、人类学维度的“民族”之间,存在着一定张力。比如从民国起,中国民族学研究内部形成了数个不同风格的学术流派,其中以顾颉刚、傅斯年为代表的“史学派”,从四夷史、边疆史和制度史的角度研究民族的源流、演变及身份认同问题。“史学派”于 20 世纪 30 年代在《益世报》的副刊《边疆周刊》发表《中华民族是一个》一文,强调自晚清以来,三民主义中的“民族主义”应与时俱进,中国本部汉满蒙藏回,都是一个中华民族,以应对当时复杂的民族主义思潮——日本借“民族自决”理论的幌子策动东北地区的“伪满洲国”分裂，并不断煽动云南地区的傣族、独龙族、傈僳族头人响应东南亚“大泰王国”口号分裂，威胁战时陪都重庆的后方安宁。这一时期民族学研究的成果直接影响了中国的政治关切。而以费孝通的《江村经济》为代表的“燕京学派”，则以少数民族群体、社区及民族共同体作为研究对象，运用人类学的田野调查等方法进行研究。费孝通撰文指出：从西方词源中的 nation，race，state 和 clan 出发，强调民族本身的客观性质，中国有具体的民族，而不应聚焦于一个“中华民族”的共同身份。费氏认为：“族群”强调相似的生理特征、活动地域与内部封闭的社会文化传统。它是可以跨国界的，譬如中国的傣族与泰国的主体民族泰族、中国的朝鲜族与朝鲜半岛的朝鲜民族、中国的俄罗斯族与俄罗斯联邦的俄罗斯族等。一个多民族国家的内部分裂是由各族群间的政治、经济不平等所造成的，而打破不平等是维系各民族团结与国家统一的唯一办法。顾氏和费氏的论战，指向的两个不同含义的“民族”，对政治研究造成了干扰。

民国时期，胡适、傅斯年等人推动了以新史料、新方法和新工具为主导的第二次史学革命。在这一过程中，史学界涌现出民族研究的极大热情。蒙文通与傅斯年则几乎完全主导了以“民族”理论研究中国上古史的浪潮。传统中国的谱系是由《尚书》谱就的，即所谓“三代一元论”。《尚书》作为六经之一，据传记载帝王言行，其核心史观可以被概括为“中心扩散论”，即从中原地区向四周逐渐扩散。夏与商为中原固有之政权，周人则自西而来，但在政治、文化与身份认同等方面都继承了夏、商二代，因而被正统。三代前后相继，均为中国之起源，又坐标在洛阳盆地一带，从地理上看，是当时黄河流域的中部，典型的中央之国。因此，这就是以统一王朝为“中国”的思想起源。

经学体系在清末的解体，却为历史学的发挥提供了空间。由于五经都作为旧中国的历史被摒弃了，新的学说自然试图弥补中华上古史的空白。其中，蒙文通 1927 年著的《古史甄微》影响不大，但完成的时间最早。难能可贵的是，他并非曲意贩卖西人概念以求捷径，而是在追索古籍记载的过程中，发现隐藏于十三经中的线索。在《古史甄微》中，他以《孟子》中的十三处记载为例，列举了《汲冢书》和《山海经》对此的不同记载。然后以“齐鲁”“三晋”“楚”三方学术旨趣的不同，来解释这一分歧：“六经、《汲冢书》《山海经》，三者称道古事各判，其即本于三系民族传说之史固各不同耶。”由文献记载的不同出发，他由各类史料区分中上古中国的三族：“海岱——泰族”“河洛——黄族”与“江淮——炎族”。其中东方沿海的泰族源起时间最早，最后灭于炎族和黄族。但(至少据他认为)泰族富于思考、醉心天文、地理与自然知识；黄族是一个尚武的组织，具有优秀的军事动员能力和统治技巧；炎族则崇尚神秘学与鬼怪信仰。三族融合于一起，就形成了早期的中国，而三族之合一则迟至夏代。

在这一基础上，“中国”的形成是一部族群迁徙与相互冲突的历史，中心在于民族的兴起、消退与融合。第一阶段以渤海地区为中心，天下之“中”为泰山；第二阶段在山东，齐鲁两国的故地是上古时期军事政治商业中心，天下之“中”为嵩山；第三阶段皆转移至黄河流域，以洛阳盆地为中心进而扩散，天下之“中”为华山。可见“中国”在此是部族的“中心之国”。尽管仍将“中国”视若中心，但已是一动态变化的概念。然而，相较蒙文通的著作，民国时期成就最高、影响最大的是傅斯年著的《夷夏东西说》。

以顾颉刚为代表的“古史辨派”曾高举“中华文明多元起源论”的旗帜，完全以“种族-地理”理论建构中国上古史。在这一民族集团的分析视野中，没有国家理论的发挥空间。顾颉刚主张怀疑和取消《尚书》等文字材料的经典地位，又破除“华夏中心扩散论”和“三代一体论”等旧有史书固着之信念，将上古史的历史揉碎，再由近代历史学家重新拼接。在这之中，相当重视民族史的谱写，古史辨派将中国史研究同西方流行的历史语言学和“种族-地理”理论相结合。然而疑古亦应有据，对五经的厌弃本身就导致了另一个极端——疑古派不仅解构了中国发达的文字传统，否定了夏、商两代的存在，还否定了早期国家的实存。直到李济开掘的殷墟证明商代确有其事，疑古主义的思潮才受到一定遏制。童书业在《春秋史》中也着力于研究春秋时的“主体民族”。他首先着眼于研究作为一体多元的国族——“中华民族”的起源，将春秋诸侯国按族别分为殷人、周人和十一夷族，再论证春秋时期的诸侯国都是国家。在“统一局面的酝酿”中，他指出周代之前的所谓国家，都只是氏族同盟的集团。周之封建制确实是统一王权下的分封统治。吕思勉进一步指出：“古无今所谓国家，抟结之道，惟在于族，故治理之权，亦操诸族。”一反晚清张斯桂为《万国公法》作序之精神：“间尝观天下大局，中华为首善之区，四海会同，万国来王，遐哉勿可及也。此外诸国，一春秋时大列国也。”即用国际关系来比附春秋诸侯国的基本假设。而这一进路中，影响最大的当属傅斯年。

傅斯年的历史主张和古史辨派有相当的疏离。傅斯年早年亦曾笃信疑古，但在李济挖掘殷墟之后，面对现实证据，傅斯年转而树立了对古史的信心。当然顾颉刚等人的论证，在理论上为傅斯年铺设了一个重要的前提——中国的历史不是一元民族的一脉相承，而是多元中心的复合影响，即不同文明的辐射圈交叉辐射的交集。傅斯年的历史观念在留德期间便已受到了德国历史学界种族史的影响。在1934年完成的《周东封与殷遗民》一文中，他说道：

> 试以西洋史为比：西罗马之亡，帝国旧土分为若干蛮族封建之国，然遗民之数远多于新来之人，故经千余年之紊乱，各地人民以方言之别而成分化，其居意大利、法兰西、西班牙半岛、意大利西南部二大岛，以及多瑙河北岸，今罗马尼亚国者，仍成拉丁民族，未尝为日耳曼人改其文化的、语言的、民族的系统……遗民之不以封建改其民族性也如是。

傅斯年基本以罗马帝国的兴替来比拟殷商的兴替，以封建制来拢聚原本民族性不同的各个部族，再造新的身份认同。同样借助比较历史研究的基本精神，他用“种族-地理”理论的逻辑主线，将殷商与周人解释为两个不同的系统。整个所谓“三代”，就是上古中国的东、西对峙史。在夏朝时，夏人居西，而夷人在东；在商朝时，商人居东，而戎人居西；至于周人，又恢复到殷之遗民与夷人在东的格局。而《尚书》所记载的一元论，更像是某种全神堂，由周人吸纳先人思想资源，以定一统而造。“民族集团”至此成为上古政权更迭的关键变量。

若以“民族”代“国家”，便为中国古代外交研究设置了极大的理论障碍：“中国”很容易等同于“汉人建立的中央王朝”，这样，大量非汉人建立的，或虽由汉人建立，但与中原王朝没有直接联系的小国就被忽视了。实际上，除了元、清两代之外，古代中国仍然存在着不少由汉人建立的、与中原汉人王朝没有联系的国家，以及由少数民族建立的、与中原王朝有密切联系的国家。前者如高昌国，先后由阚伯周、张孟明、马儒与麴文泰统治，但历次臣服西凉、北凉、柔然、北魏、西突厥，还曾断绝同中原汉人王朝一切往来；后者包括由李存勖建立、以光复唐朝为旗号的后唐。后梁、晋（即后唐前身）、吴（杨溥）与前蜀四分天下，但攻灭后梁与前蜀的后唐最有望一统天下，该朝为沙陀族所建，并非汉人政权。在这一基础上，学界将统一王朝时期的边陲小国建构为少数民族政权，是缺乏学理依据的。

从学理上看，西来学说不仅外在地重塑了中国固有之史观，还进而影响了原本强势的经学传统。当近代历史学以舶来的“种族-地理”理论解释中国政治的源流与发展之时，华夷之辨自然成为格义的驳口而为学界重视。而晚清至民国时的经学余绪激于时变，就同盟会“驱逐鞑虏、恢复中华”的主张而改弦易辙，力排汉学（古文经学）影响而尊宋学。比如南宋胡安国之“春秋学”，便有最为激烈的“尊夏攘夷”色彩。南宋因金人掳走徽宗、钦宗二帝，特严防华夷之辨，深恨夷人：“圣人谨华夷之辨，所以明族类，别内外也。”清编四库全书在收录胡安国著时将该段文字整体删去。清圣宗尤为不满自南宋后风行士人三百年的胡氏春秋传，于康熙三十八年（1699 年）诏王掞、张廷玉纂三十八卷本《御制之春秋传说汇纂》，其用心于《四库全书总目提要》中可见："钦惟圣祖仁皇帝道契天经，心符圣义，于尼山笔削，洞鉴精微。虽俯念士子久诵胡《传》，难以骤更，仍缀于三《传》之末，而指授儒臣详为考证。凡其中又乖《经》义者，一一驳正，多所刊除。至于先儒旧说，世以不合胡《传》摈弃弗习者，亦一一采录表章，阐明古学。盖以圣人之德，居天子之位，故能荡湔门户，辨别是非，挽救百年积重之势而反之于正也。"尽管胡安国的"春秋注"被大幅度删改，但其所代表重华夷之别的注经精神却下沉至民间。

在人皆以为清代华夷之辨业已废弛的时候，天平天国运动激发了乡野士人心中潜藏的宋学因子。汪士铎痛心疾首地记下了绩溪士人的大逆言论："此间士人有以本朝为夷者，不知宋明之人身受其害，尤为言之，身为人臣而敢言之，有是理乎？"与功名之士不同，游离于清行政机器之外的地方士人，许多成为了后来的反帝革命党人。而华夷之辨的思潮便于清末波涛汹涌地卷裹州府，刘师培在叛变前亦曾为革命党人之前驱，致信清巡抚端方中说道："光汉幼治《春秋》，即严夷夏之辩。垂髫以右，日读姜斋，亭林书，于中外大防，尤三致意，窃念天下兴亡，匹夫有责；《春秋》大义，九世复仇。"可见刘师培的民族主义立场，虽受德国传来"种族-地理"历史观影响，亦有"春秋"大复仇说的影子。

以民族之立场，合华夷之辨，结果就是对从内部将中国传统政治解构为民族集团的改易与汉人中原王朝的张扬，尤其是将本来丰富的各国关系归拢为抽象而单一的非华即夷。谭其骧先生批评这种观念的影响："历史上同时存在两个以上的中国政权时，那就得承认事实上当时几个国家对峙，谁也管不到谁，不能硬说中原王朝管到了边区民族政权。有些同志要把吐蕃说成是唐朝的一部分，这是违反历史事实的……我们只能认为吐蕃、匈奴、突厥、回纥是历史上中国的一部分，但不能说它们是汉唐王朝的一部分。”这种说法是非常精辟的。由于以汉人建立的中原政权为“中国”，进一步将属于“中国”的边疆民族少数政权或剔除、或臣纳于汉人当时建立的中原政权。这种视角极大地妨害了历史与政治的正向结合。

本来，民族关系与国家间关系，在中国历史上应当是长期并存的。譬如杨联陞曾指出，从《二十四史》的目录修订情况来看，中国在 1800 年以前早有更为典型的国际交往，这种交往既不以民族为单位，也不是以帝国为单位，而是以模糊的国家主体为单位。在实然的政治史中，古代中国是能清晰区分这两个层面的政治主体的。以宋代为例，辽圣宗统和二十三年（1005年），宋、辽签澶渊之盟，以辽萧太后为叔母、辽圣宗为弟，两国依例通使、输银、开市。从制度上看，既非羁縻，亦非朝贡，正是对等的以国家为主体的“和聘”，至于具体的内容，后文在专章中会予以进一步阐释。

中国古代对外关系研究的核心概念，对中国古代外交研究造成了极强的辐射，而这种辐射影响并不完全是正向的。作为两门源起不同、旨趣不同但研究对象互有交叉的学科，中国古代外交与中国古代对外关系的融合历程并不融洽，以至于中国古代外交一门脱胎于外交学研究的学科，日渐落入被边缘和“证伪”的田地。由此，概念工具的重审与再锻造，亦成为中国古代外交研究必须迈过的门槛。

三、学科建制的影响

中国古代对外关系的强盛影响，还表现在学科构成上。尽管截至目前，中国古代对外关系史还没有开设本科专业，但其学科的发展历程却已超百年；相较之下，中国古代外交虽然出现稍早，但学科建制一直没有完成。那么，这段时间内，通行于国际关系学以及相关历史学科的，是中西交通史或中国古代对外关系史。

就国际关系研究来看，国际关系一门学科本就是历史学与国际关系史的交叉产物。1919 年，威尔士的阿伯利斯特维斯大学（Aberystwyth）设第一个国际关系教席，这可视为国际关系学的萌芽。国际关系学的成立本就依托于历史学，而中国近代学科的建设更受其裨益。因此，民国时期的高校国际关系学研究，便在近代国际政治研究之外，寻找中西相通的历史遗迹，以探究古代中国的失败教训和潜藏的知识资源。以当时的北京大学和燕京大学课程为例（表 2.1），可以看出，当时的国际关系史课程设置还未成熟，已开课程分为三部分。(1)欧洲近代史。民国时期的西方国际关系史基本都以近代欧洲史面目出现，所设课程仅分两类，中国（包括远东）近代史与欧洲近代史，具体内容包括殖民史、国别史和藩属史。这部分课程的设置既需要反映社会政治的客观需求，亦要在体例上模仿当时的欧洲国际关系学科，因此设置了诸多欧洲史和远东史课程，至于其他地区，如北美、澳洲、非洲等则不见于各校所设课程之中。(2)专门的外交史。民国时期的外交史，尤其是中国外交史，都是从晚

表 2.1 当时的北京大学和燕京大学课程

大学	类别							
	国际关系史		国际法		国际关系核心内容			
					国际政治与外交学		国际组织	
	课程	教师	课程	教师	课程	教师	课程	教师
国立北京大学	中国外交史	张忠绂	国际公法	何水信 王化成 燕树棠	远东政治	张忠绂	国际关系及组织	徐辅德
	西方近代外交史							
	西洋近百年史	陈同燮						
	欧洲殖民事业发展史		国际私法	蒋廷黻	外交习惯	康光良		
	中日外交史	蒋廷黻						
	日本史	李宗伟	中外条约关系	严鹤龄				
	中西交通史	张星烺						
	西洋十九世纪史	刘崇鋐						

（续表）

<table>
<tr><th rowspan="3">大学</th><th colspan="8">类别</th></tr>
<tr><th colspan="2" rowspan="2">国际关系史</th><th colspan="2" rowspan="2">国际法</th><th colspan="4">国际关系核心内容</th></tr>
<tr><th colspan="2">国际政治与外交学</th><th colspan="2">国际组织</th></tr>
<tr><th></th><th>课程</th><th>教师</th><th>课程</th><th>教师</th><th>课程</th><th>教师</th><th>课程</th><th>教师</th></tr>
<tr><td rowspan="9">燕京大学</td><td rowspan="2">外交史</td><td rowspan="2">坦康</td><td rowspan="2">国际法</td><td rowspan="2">徐淑希</td><td>国际政治</td><td>坦康</td><td rowspan="4">国际行政及组织</td><td rowspan="4">坦康</td></tr>
<tr><td>现代外交</td><td rowspan="6">徐淑希</td></tr>
<tr><td rowspan="2">西洋外交史</td><td rowspan="2">徐淑希</td><td rowspan="3">国际司法制度</td><td rowspan="7">坦康</td><td>中外关系</td></tr>
<tr><td>西洋外交</td></tr>
<tr><td>远东近世史</td><td>洪煨莲</td><td>外交策略</td><td rowspan="5">国际联盟</td><td rowspan="5">严鹤龄</td></tr>
<tr><td>英国藩属史</td><td>谢迪克</td><td rowspan="4">外国人地位</td><td>邦交研究</td></tr>
<tr><td rowspan="3">17 世纪至 1815 年欧洲</td><td rowspan="3">李德瑞</td><td>外交程式</td></tr>
<tr><td rowspan="2">泰西各国政治制度</td><td>严鹤龄</td></tr>
<tr><td>钱泰</td></tr>
</table>

注：卫琛、伍雪骏、刘通：《百年炮火中的未竟之学——对民国时期国际关系研究与教学的回溯》，《世界经济与政治》，2011 年第 11 期

清时期开始的。(3)古代交通史。北京大学设置“中西交通史”或可归诸对张星烺的影响,但燕京大学亦开设了中外关系和邦交研究两门课程。实际上,从学理上观照中国与西方在旧世的交流,对近代中西交流,尤其是基督教的社会影响,以及地缘政治理论(如陆权论)研究的推进,有着相当明显的积极作用。民国时期的国际关系学课程已自觉地引入了古代中外交流的相关内容,实属难能可贵。然而,这些课程均属中西交通史或中外关系史,其研究范式是语言的、民族的,而非政治的、国家的;其概念工具亦难以嵌入外交学研究之中。故此,中外关系史研究的影响,遍布国际关系学科的建制中,整体遮蔽了中国古代外交的发展。

自 1920 年第一门中西交通史课程在北京大学落地以来,中西交通史课程在各个大学开设的时间,前后延续了 27 年,而于各大学开课的教师又多是师生或同门关系,因此同样作为一门未能建制的学科,中西交通史自诞生始持续地发挥着自己的影响力。尽管在许多大学它被归诸于历史学科,依李孝迁在《民国时期中西交通史课程的设置》一文中的梳理,具体情况如表 2.2 所列。

我们可以从上表中窥见一些有趣的细节。首先,顾颉刚虽特别推重中西交通史在民国时期的成就,但作为一门大学课程仍非常稚嫩。在各地学校名目林立的课表中,中西交通史或中外关系史的具体内容是不一致的。有些学校开设的是文化交流课程,有的则是历史地理与交通往来方面的课程。虽然课程名称的巧立势必与任课教师的特长相关,但中西交通史还没有成为一门有“通用”标准的基础课程,亦无可争议。它没有统一

表 2.2　民国时期中西交通史课程的设置

主讲者	课程名称	所在学校	年份
曹馥珊	中国与亚洲诸国交通史	北京大学	1917 年
陈衡哲	欧亚交通史	北京大学	1920 年
张星烺	中西交通史(中外文化交通史)	北京大学、清华大学、燕京大学、辅仁大学、厦门大学、北平师范大学	20 世纪 20—40 年代
佚名	东西交通史	东北大学	1928 年
佚名	西方文化东渐史	大夏大学	1928 年
张星烺	欧化东渐史	辅仁大学	20 世纪 30—40 年代
佚名	东西文化交通史	中国公学	1930 年
郑鹤声	欧亚交通史	中央大学	1930 年
郑师许	中西交通史、中国域外交通史	上海交通大学、勷勤大学	20 世纪 30—40 年代
周传儒	东西交通史	东北大学	1931 年
王国秀	东西文化交通史	大夏大学	1931 年

（续表）

主讲者	课程名称	所在学校	年份
陈受颐	近代中欧文化接触史	北京大学	20 世纪 30 年代
向达	明清之际西学东渐史	北京大学	1934 年
孙毓棠	东西交通史	河北省立女子师范学院	1934 年
向达	中西交通史	北京大学、浙江大学、西南联大	20 世纪 30—40 年代
郭廷以	中西交通史	中央大学	20 世纪 30—40 年代
张维华	中西交通史、清前期中俄关系史	齐鲁大学、国立女子师范学院	20 世纪 30—40 年代
叶国庆	中西文化交通史	厦门大学	1936 年
朱谦之	中国思想及其对于欧洲文化之影响	中山大学	1936 年
翁独健	中西交通史	中国大学	20 世纪 30 年代
姚从吾	中西交通史	西南联大	1944 年
冯承钧	中西交通	北平临时大学	1946 年
韩儒林	东西交通史、中俄交通史	中央大学	1944 年、1947 年
白寿彝、向达	中西交通史	云南大学	1947 年
方豪	中西交通史，十七、十八世纪中西交通史	遵义浙江大学、辅仁大学	20 世纪 40 年代

的教材、教纲和评教标准，这与其他已经成为主干课的兄弟课程命途迥然。参考1940年民国时期教育部颁布的《大学科目表》，时人确实未将“中西交通史”列入官修章程，这就意味着，“中西交通史”的建制还没有彻底完成。不过，仅就已有的成就来看，依托张星烺和方豪在史料汇编与理论框架领域的贡献，和向达对中欧交流的大力补充，中国古代对外关系史已经形成了完整的理论框架，还能直接同海外汉学进行对话，不过在人才培养和教育部门的认定方面，还欠缺一些火候。这一历史问题在中华人民共和国成立之后，得到了进一步解决。1981年，中外关系史学会的成立亦复从学术组织与社会保障层面，为中国古代对外关系史保驾护航，使得长期以来中国古代外交研究的基本史料、学科旨趣和基础假设都取材自中国古代对外关系，连“中国”“对外关系”的理解皆舍外交学现有范式而不用，跟从历史学的指挥棒舞动。这种强有力的影响，从外在环境的因素上看，与学科建制的先进和后进是直接相关的。

但是，中国古代对外关系的发达，却意外地论证了中国古代外交研究复苏的必然性。改革开放后，中国古代对外关系研究的进一步发展，直接推动了中国古代外交学科的建制。换言之，推进中国古代外交的学科建设，并不是刻意求新而曲造新说的后果，而是由于中国古代对外关系研究跨越历史学与国际关系学两门学科的局限，意图承担推进国际关系与外交学研究的重任，但又苦于理论工具不足而提出的客观呼吁。

伴随着20世纪80年代西方国际关系学的涌入，长期徜徉于史学范式中的中国古代对外关系史，蓦然发现它必须运用陌生的范式来回答一个陌生的问题。黄靖等人在20世纪80年代总结中国古代对外关系研究的已有成就时，指出中华民族对外交往的层次性问题：“任何国家的对外关系，皆有官方和民间两条渠道。中国亦然。但两种对外交往的形式所起到的作用和发生的影响，往往表现出较大的差异。由官方组织的政治、军事、经济、文化诸方面的对外活动，都希图达到某种既定的目标。其对外政策的制定与实施，实际上是其对内政策的向外延伸，因而有着不可变更的原则和一整套实施措施。正是这种目的性与完整性，决定了官方对外关系的产生与发展，是一个连续不断的过程。目的性、完整性、连续性，是官方对外活动所具有的显著特点。而其中的一些准则和策略，经过时间的考验和选择，凝固成为中国古代传统的外交原则和方略，为历代王朝所继承。”这里的“外交政策”便是一个标准的国际关系术语。钱其琛主编的《世界外交大辞典》(世界知识出版社于 2005 年出版)，将其定义为：“一个国家处理国际问题和对外关系，进行对外活动所遵循的基本原则、方针和行动准则，他是由各国政府中央决策机构或其他行动体的最高决策机构根据国际形势和战略格局的变化而制定的，目的是为了一定利益，或落实一定利益，或落定一定时期的战略任务，争取有利的国际环境。”可以看出，对外政策的基点是国家利益。

然而，查其往昔，“中国古代没有国家”，自然没有对外政策的基点“国家利益”。毕竟，梁启超作为中国近代历史学的先驱，彻底地否认了“中国古代有国家”的假设，故而，由国家学说派生的诸多政治学研究范式派不上用场。黄靖等人通过对传统中西交通史研究的细致分析，一针见血地指出中国古代对外关系研究的既有优长，依然无法承担其背负的学科使命——从已有的成就上看，中国学界对史料的发掘整理、考证和校注已到达了相当的高度，然而分析性的研究力量仍然孱弱。古代中国官方对外关系的发生、目的、制度、结构、评价及其分析的相关工作成果颇为不足。不仅如此，连基本的概念工具都未能很好地凝就。因此，概念工具的引入势必呼吁中国古代外交的建构，以提供更为趁手的理论工具。

我们还可以看到，过去的中外关系史，由于理论范式的不同，未曾意识到官方交流与民间交流的并存，在国际政治学层面的重要意义。官方层面的交流一定是与对外政策密切相关的，要围绕特定的目标或利益而展开，它不完全是被动的；至于民间交流影响极大的活动，如鉴真东渡，固然引发了国家之间在政治和文化上的巨大影响，但就其本质而言，和宏观的对外政策关系不大。不仅如此，在官方对外交流中，分属军事（战争）、经济（通商）和文化（取经）交流的活动，也要与同时期的外交活动（进表、遣使、会谈和订盟）区分开来，否则肯定无法明确历史研究的对象和目标。陈尚胜即在《中国传统对外关系研究刍议》中指出："只要涉及（到）历史上中国与外国之间的关系，包括政治、经济和文化等方面的关系，都是中外关系史所要研究的内容，从一定程度上说，中外关系由于把它研究的内容规定得过于庞大，也是造成它缺乏一个规范体系构架的重要原因。"固有的中国古代对外关系史，由于缺乏协助研究的政治、经济等专门框架，在察觉到古代对外关系的自然分层之后，自然难为无米之炊。

历史与国际关系学的范式以孰为主？依照中国古代对外关系史在长期发展中积累的经验，答案已经略具雏形——依据史料有一说一，这类研究只能限制于王朝制度的静态还原；唯有灵活运用政治学基本概念，才能将研究从刻板的静态还原，推进至宏观的整体研究，但政治学概念基本都是舶来的。如前所述，“国家”“主权”“对外政策”等术语，都是舶来语，而无论运用多少史料，翻阅多少典籍，只要运用上述概念对中国古代历史加以描述，就势必落入历史学与国际关系学的交叉视域之下。时殷弘教授曾以中国古代的外交战略研究为例，讨论历史学研究与国际关系学之间的应然关系，他认为，“历史的方向意识”是国际关系学科研究的主导，亦即历史应同时兼任“研究对象”与“指导思想”两个角色，而研究的范式应当以国际关系学为主。“国际关系学必须以国际关系史学作为基础和主要内容，而国际关系史学也必须以国际关系学包含的种种理论性范式。”“历史基础论”强调运用不断更新的政治学概念工具分析中国古代史，才能进一步推动中国古代的政治研究。关于历史与国际关系研究二者关系的思考，在此是一种自觉的反思。而这种反思，是基于历史学研究的内生发展，而自主孕育的。

第三章
“中国古代外交”的定义

迄今为止，中国古代外交还没有一个合适的定义。结合前述外交学经典定义与中国古代对外关系研究的相关成果，我们拟将“中国古代外交”的概念界定为：

> 公元前770年至公元1842年，运用非暴力政治手段，以对等性原则，处理以汉语作为外交语言的国家之间的关系，有时也推广到以非对等性原则，处理汉语作为外交语言的国家之间的关系，或者更简单地说，是指和平手段处理那些使用汉文来书写外交文件的古代国家间的事务。

这个定义中的时间观念并不难理解。将源起的时间厘定在前770年，是考虑到中国记述外交活动的一手史料主要集中于春秋时期，而早于春秋时期出土的甲骨文与金石材料，记述的大多是具体的历史事件，而非系统的、宏观的中国古代外交记载；就结束的时间上看，则以1842年《南京条约》的签订为节点。2006年商务印书馆编订《清代外务部中外关系档案史料汇编》，在《中英关系卷》第一册中，以埃兰·福斯特(Alan Frost)、迈克尔·奥斯本(Michael Osborne)和裴丽昆的《一八四二——一九一一年中国与外国列强的交往与纷争》为代序，该文以1842年《南京条约》的签订作为中国卷入世界体系的时间起点："一八四二至一九一一年在中国历史上只是短暂的一瞬。然而，正是在这一时期，中国被卷入了日益扩大的全球政治和经济体系之中。中国被迫以前所未有的方式与外界接触，随之而来的是主权和自信的丧失。"关于1842年的界定，亦考虑到谭其骧主编的《中国历史地图集》就1840年重要性的论述。

但此处我们借用《南京条约》签订的时间为节点，理由略有不同。从表象上看，第一次鸦片战争之后，以《南京条约》为代表的一系列不平等条约，拖曳着中国步入沉重的"条约体系"。尽管就清廷本时期的政局来看，这样的让步仍是"羁縻"的变体，而非真正地俯首认输。清廷在当时仍有相当的力量与列强博弈，与后来风中残烛的半殖民地半封建王朝尚不可目为同类。但就外交体例而言，《南京条约》以及后续的《天津条约》已经涉及外交活动，诸如西方官员与清朝官员的位次尊卑、全权委任与增开领事馆等问题，尤以外交语言的通约和英文底本对汉文译稿的强约束性这些文书问题，比较突出地折射出了整个华夷体制的变化——从近代史的分期来看，有学者认为，1860

年总理衙门的设立是转变的结束；而以川岛真为代表的日本学者则认为，中华民国时期外交部的成立，才标志着中国外交进入近代化的历程。

但我们认为，清廷就对外关系的转变是一个连续的过程。就1842年以来形成的条约体系，尽管有清廷依据羁縻制度笼络外国、维护国体的成分，可本时期“条约”已不再依照中国固有的外交传统，而是依据列强的意图，仿照国际法的惯例，正式签订和执行条约。19世纪的奥斯曼帝国正是以这样的方式，正式地纳入了欧洲的外交体系。进而言之，就外交文书的格式来看，清廷所拟对外国书的称谓、抬头和书写格式都开始发生变化。外交学虽然旨在解释人类外交活动的普遍规律，但其着眼处却是国家排序、国书格式与使节行为等细节；而自克里米亚战争(Crimean War)以来，英国一直试图将中东地区的胜利推广至远东，将中国变为第二个俯首卷入欧洲国际秩序的奥斯曼帝国。这是所谓“东方问题”的延续。借助于签订特权条约，英国开始了将远东的“异教国家”并入欧洲外交体系的进程，这一进程是从驻华使节的名称设置开始的。故而我们意将中西相互折衷的“条约体系”，作为现代外交传入的开始，而将中国古代外交的终结划定在1842年。

“对等性”原则亦不难理解。“对等”是一个在国际关系中早已形成的概念，又称“互惠”，其原意是一个国家基于另一个国家某种待遇，而另一国家据此给予相称的回报。它的核心是“平衡对称”。对等不是简单的形式对称，而是实质上的对称。“来而不往非礼也”，在没有产生“主权平等”关系的前现代欧洲，“对等性”是各国间外交的核心精神。

在这一定义中，最容易引起争议的部分在于“使用汉文来书写外交文件的古代国家”，从定义上看，这是对“中国”的扩展解释。“中国”曾长期等同于汉人建立的中原王朝，后来又被扩展为1840年前自然形成的中国版图，比如以明清为原型的朝贡制度便依据这一基底形成。然而，中国古代外交强调“对等性”这一核心特征。明清时朝贡制度的核心，在于等级尊卑的不平等实质。在这一“中心-边缘”框架中，外交作用被弱化，而作为政治和经济活动主要形态的朝贡成为了理论的核心。而这种明显的不平等关系，如何成为“外交”的研究对象？

不仅如此，“何为中国”的问题正变得愈发激化。在春秋时期，何者当为“中国”？中国是指某一个居于正中的诸侯国，是指周天子所统御的所有诸侯国构成的“天下”，还是指通行华夏礼乐制度的所有国家彼此间的关系？作为中国政治思想史学科奠基人的萧公权显然支持第二种假说，他将周天子统帅的“天下”视为一个国家，并认为诸侯国间的关系属于中国的内政而非外交。然而，倘若我们坚持这一“外交”的定义，那么包括宋、辽、金等重要历史时期的国家间关系都无法被正确地理解，比如在魏晋南北朝乃至于五代十国期间，“四夷传”所记录的对外关系应如何分类？与北魏同时，北燕与高句丽之间的关系是否应当视为中国古代对外关系？而这一关系同辽国与高丽的关系有何区别？由中国古代外交研究的对象来看，“中国”这一主词往往不是指一个政体，而是以三次大分裂时期以及宋时为代表的复数的“中国”。换言之，“中国”指的是一个区域国家组成的集合体。

一、作为研究基本单位的“国家”

构成“中国”的国家具有何种共性？为回答这一问题，有两个相关联的要素至少应予以考量。首先是“国家”。梁启超曾指出，中国古代素无国家，亦无国民和主权，只有王权与宫廷的私有利益。余英时也转述过这样一则稗史：在 1839 年鸦片战争前夕，英国贸易代表与中国广东地方官员在谈判时，曾提到中国是一个“国家”，而清人懵懵懂懂，不知就里。诸多学人以此为据，认为传统的中国没有“国家”之说。但实际上朝贡体系的历史原型仅为明清两代，且尤以清代为主。丁韪良在研究中国古代外交时，特意避开了明清的政治体制，将古代外交的源流谱系至春秋。史华慈(Benjamin Schwartz)曾这样评价这一时期：“在春秋战国时期，出于各种实际目的，中国人的世界是由相对独立的诸侯国构成的，这些诸侯国在某些方面与 15 世纪和 16 世纪欧洲出现的邦际体系相似(相似性超过古希腊的城邦体系)。我们甚至发现，这个时期出现了邦际体系的许多因子，包括国际政治学的基本原理和争取集体安全的努力等等。”换言之，大分裂格局之下，分立的各势力内部亦蕴含着主权的表征，尽管这一时期它表现得不尽如后世那么明显、突出。

从周礼制度、权力分封乃至于土地荒政层面，对分裂时期的“国家”问题进行的研究可谓前贤云集；然而，百余年间，更迭三朝的学术界也未曾就此得出一个放诸四海而皆准的结论。但历史作为一个鲜活的综合体，即便在直接证据湮灭的情况下,也可能从其他层面找到印证。正如德国社会学家诺贝特·埃里亚斯(Norbert Elias)在欧洲近代国家研究中所指出的:国王亟需终止其对封建贵族的依附,市场经济的发达、允许军队维持的成本从土地转移至金钱,这些因素推动了常备军的诞生。同时,国王维持在军事和战争上的强力,促动了绝对主义国家的出现,这也是欧洲近代民族国家的雏形。他将欧洲金本位的成熟作为近代国家发育成熟的标志。同样,“主权”作为一个政治概念,在古代中国并不彰显,但古代货币体系却至少有三个要素同“主权”观念相关联。

首先,自春秋时始,仪式与礼节就是政治合法性的核心组成部分。比如汉朝董仲舒著《春秋繁露》,言及自三代以来王朝合法性的体现之一,就是服色与历法:“古之王者受命而王,改制称号正月,服色定,然后郊告天地及群神,远追祖祢,然后布天下……然而三代改正,必以三统天下。”国号、服色与历法作为政治仪式的一部分,被赋予了神性,而这种神性又成为了王权政治合法性的体现。与此相应,货币的形制既是国家经济职能的体现,又是政治合法性的体现。

美国的佛教研究专家芮沃寿(Arthur. F. Wright)在解释隋代政治合法性的过程中,提到从中华帝国的历史上看,政治文化实际是改朝换代的合法性问题的关键。没有一种普遍遵循的文化传统,就不可能有成功的政治统治。而作为政治合法性的组成部分,度量衡的统一、文字的统一、货币的统一、建筑物的标准和适用于生活的普遍规则等,都必须得到皇帝的重视。《隋书·食货志》记载隋文帝铸钱一段,即特别体现出了古代货币形制的政治意蕴:

> 高祖既受周禅，以天下钱货轻重不等，乃更铸新钱。背面肉好，皆有周郭，文曰‘五铢’，而重如其文。每钱一千重四斤二两。是时钱既新出，百姓或私有熔铸。三年四月，诏四面诸关，各付百钱为样。从关外来，勘样相似，然后得过。样不同者，即坏以为铜，入官。诏行新钱已后，前代旧钱，有五行大布、永通万国及齐常平，所在用以贸易不止。四年，诏仍依旧不禁者，县令夺半年禄。然百姓习用既久，尚犹不绝。五年正月，诏又严其制。自是钱货始一，所在流布，百姓便之。

这段记录蕴含了货币与政治在合法性上的理论联系。第一，隋作为统一王朝，其政治合法性来自后周。自后周“禅让”杨坚帝位之后，隋所铸铜钱亦因循后周，定为五铢钱。第二，隋连颁政令，禁止除隋五铢之外的钱币流通，凡伪铸及前朝旧钱一并融化、重铸。这都为之前统一王朝的货币体系所论及。第三，也是最重要的一点，是隋之五铢继承自后周，而后周之五铢又继承自北齐，北齐之五铢袭自魏。与之相应，南朝之钱殊为多样，梁有五铢、女钱、东钱、长钱、四柱；陈有六铢、鹅眼，两柱。

南北朝时，北方之正统袭承自北魏，而北魏自太和十九年(495年)，孝文帝拓跋宏即铸太和五铢。北朝政权虽屡屡变动，但货币的形制一直被视为政治合法性的体征之一而被历朝沿袭。反观南朝，由于其政治合法性袭自东晋，其起源同北魏不一，因此，南朝通行货币不同于北朝。货币的形制映射出政治统治与货币规则二者之间的实质联系。由此，货币体系与国家权力才真正地衔接了起来。

如果货币的形制与政治合法性相关，古代国家的主权属性就有了一个可资借鉴的新视角。在“内政”视角下，封建割据仍然受限于一个更高的政治合法性因素，因此，货币体系具有造型上的同质性与流通上的排他性，但独立国家之间不受这一因素限制，各国的货币形制不必一致，还可以在彼此之间流通。《史记·平准书》有言：“虞夏之币，金为三品，或黄，或白，或赤；或钱，或布，或刀，或龟贝。及至秦，中一国之币为等，黄金以溢名，为上币；铜钱识曰半两，重如其文，为下币。而珠玉、龟贝、银锡之属为器饰宝藏，不为币。然各（钱币）随时而轻重无常。”三代时期货币种类极多且同时并行。尽管《史记》对虞夏时期货币的描述是错误的，如吕思勉认为：“《史记·平准书》云‘虞夏之币，金为三品，或黄，或白，或赤；或钱，或布，或刀，或龟贝’数语附着简末，必后人记识，窜入文本者也。”但自秦开始统一为金的论述还是基本符合史实的——考虑到广域王权国家需要在其统治的范围内推行统一的、稳定的货币体系（否则无法有效组织大规模的市场贸易），自秦汉开始，货币的形制、重量和成分被统一管理是逻辑上的必然。

贾谊之谏汉景帝禁民之私铸钱，即有言曰：“民用钱，郡县不同：或用轻钱，百加若干；或用重钱，平称不受。法钱不立，吏急而壹之虖，则大为烦苛，而力不能胜；纵而弗呵虖，则市肆异用，钱文大乱。苟非其术，何乡而可哉！”仅轻重不一的问题，就可能破坏交易市场的秩序。故而，王朝势必要垄断货币权，这就包括货币的形制、发行与铸造的权力。汉景帝未采纳贾谊的建议，结果混乱的货币系统与分散的铸币权成了诸侯王叛乱的保障。

可以说,货币的发行和形制统一是王权统一的逻辑结果:一个强有力的王朝势必在全国范围内集中推动某种特定的官定货币,以作为最强有力的流通载体。如隋末曾同时通行五铢白钱与线环钱,而唐代为解决隋末遗留的经济问题,废除旧钱,统一铸新钱,并对钱的成分、轻重、形制作出明确规定。《新唐书》在《食货志》记曰:"武德四年,铸'开元通宝',径八分,重二铢四参,积十钱重一两,得轻重大小之中,其文以八分、篆、隶三体……盗铸者论死,没其家属。"唐朝认识到货币管控的重要性,尽管民间盗铸等违法行为依然存在,但铸币已有定则——新钱一旦推广,则对旧币采用赎买、作废等政策,以保障货币形制的统一和货币发行权的垄断。"显庆五年,以恶钱多,官为市之,以一善钱售五恶钱,民间藏恶钱以待禁驰。乾封元年,改铸'乾封泉宝'钱,径寸,重二铢六分,以一当旧钱之十。逾年而旧钱多废。"这就是两种新旧钱交替政策的相关记录。

在这里,统一王朝在一段时间内(一般情况下)推行单一货币制,即便推行多种货币,或另铸新币,也会通过经济或政治手段推动货币更迭,以确保对货币发行与流通的垄断。这种货币体系的统一化,尤其是发行和形制统一,是统一王朝王权在经济领域的突出特征。既然统一王朝中的货币形制都具有统一性,从逻辑上讲,不统一的货币形制就可能成为王朝分裂的表征——可以发现,春秋时期的货币形制与统一王朝的货币形制有着本质区别。古代中国的货币实际起源于东周,而如前所述,尽管春秋诸侯国的货币体系先于大一统王朝而出现,但由于古代史官系统始终强调以周为统一的广域王权国家,而春秋诸侯国不过是周分封制下的国家组成部分，因此，政治观念中的春秋货币理应同样具有同王权相统一的形制特征。

依文献记载，春秋时期的货币形制本应高度集中，且规格亦有定法：“泉（即钱，作者注）始盖一品，周景王铸大泉而有二品。后数变易，不复识本制。至汉，惟有五铢久行。”也就是说，汉人以为周代货币只有一种形制，直到周景王铸出第二种形制的货币。这说明作为古代政治思想圭臬的经学系统，述录周代货币时，所沿用的仍然是统一王朝的货币思想。无独有偶，《汉书·食货志》进一步认为，周代货币的统一制式——“钱圜函方，轻重以铢”，是由吕尚制定而后世奉为圭臬的。然而，据出土的春秋时期文物的考证，却为人们展现出截然不同的货币形制。在大分裂的历史背景中，出土文物中地域相邻而经济联系密切的国家通常能沿用相似币制，但各国间币制仍不统一；至于具体形制则是由不同地区的经济生产类型及文化传统所决定的。《汉书·食货志》述录：“凡货，金钱布帛之用，夏殷以前，其详靡记云。”商朝商业贸易虽已发端，但并未发掘出当时通用的金属货币。西周的货币也未成形，仅以贝玉等器，或以实物货币如谷帛等作为结算媒介。吕思勉综合《说文解字》《礼记》等文献记述，指出南方渔民多得贝类，作为货币通行于天下。周作为稳定的农耕文明，使谷帛布匹取代贝类成为新的实物货币，与此相应，农业耕作的农具农器便也成为货币的形式。依各诸侯国的经济与文化特点，这一时期稳固的货币体系分为流行于黄河流域的布币系统（即布币与空首币），东方的刀币系统（即齐刀、燕刀）和南方的楚币系统。同时，在每一系统的流通区域内，各国钱币也有不同之处。

如布币分为平肩弧足（周）、耸肩弧足（晋）与斜肩弧足（周、郑）等，其分类甚细。但整体来说，分布情况如表3.1所列。

表3.1　春秋时期货币分布概况

形制	出土地点、数量	所属
布币	1. 河南扶沟古城镇遗址井口铜鼎内藏银币18枚，其中空首布币一枚，至迟为春秋中期；短型实首布币六枚，春秋晚期	周、郑、晋国在春秋中期通用货币
	2. 河南汲县山彪镇春秋墓出土空首布币674枚	
刀币	1. 河北、辽宁西部、内蒙古南部、山东北部	狄、戎与燕国在春秋中期至战国中期通用货币
	2. 山东北部，多者数千枚，少者几十枚，面文携“齐之法化”“节墨之法化”“莒”等字眼	齐、莒国在春秋时期通用货币
贝币	1. 山西侯马上马村13号墓出土青铜贝1 300枚，包金贝32枚	晋、齐、鲁、莒国在春秋时期通用货币
	2. 河南辉县琉璃阁甲墓与六〇号墓出土包金贝千枚以上	
	3. 山东曲阜林前村春秋晚期墓出土青铜贝588枚，另有碎贝200片	
	4. 山东临淄磁村一号墓出土青铜贝147枚	
	5. 山东沂水刘家店一号莒国墓出土金贝65枚	
戈币	浙江绍兴地区出土数千枚青铜戈	越国在春秋时期通用货币

来源：王贵民、杨志清：《春秋会要》，北京：中华书局2012年版，第631页

从考古发现上看，考古学发掘的遗址时间集中在春秋时期，与《周礼》所记述周景王铸币发生于春秋中期是相一致的，但货币形制却与《周礼》记述的情况大相径庭。这反向证明了当时春秋诸侯国并未受到强有力的王权统摄，其货币体系因诸侯国的独立而互不隶属。

为什么会出现这样的情况呢？它首先与货币的发行主体相关。春秋时期货币的诞生，并不是为“广域王权国家”框架内的商品流通而生，相反是为王国与诸侯国解决饥荒与物质短缺问题创立的调动物资的信用凭据。当我们将铸币的源头追回至周景王铸大泉时，发现周景王与单穆公之间就“大泉”有这样一番对答——“景王二十一年，将铸大钱。单穆公曰：‘不可。古者天灾降戾，于是乎量资币、权轻重，以振救民。民患轻，则为之作重币以行之。有母权子而行，若不堪重，则多作轻而行之。亦不废乎重，于是乎有子权母而行，小大利之。’”从这里可以看出，春秋时货币发行的主体不是周天子，而是王国与诸侯国。《左传》记“隐公六年，冬，京师来告饥，公为之请籴于宋、魏、齐、郑，礼也”。春秋之礼，天子遭饥亦只能请籴于诸侯。同样，诸侯国彼此之间也依赖于“乞籴”和“请粜”等政治化的经济行为购买粮食。如《左传》记：“僖公十三年，冬，晋荐饥，使乞籴于秦。秦伯曰：‘其君是恶，其民何罪？’秦于是乎输粟于晋。”由晋之饥乞籴于秦，天子之饥请籴于邻，可知春秋时期的粮食流通主要依靠买卖而非调动，这不符合集权语境中国家治理体系下的国家权力特征。对比战国时期诸侯国处理境内饥荒的方法，可以鲜明地识别出上述差异，如《孟子·梁惠王上》记梁惠王治国内饥荒：“河内凶，则移其民于河东，移其粟于河内；河东凶亦然。”在王权遍及的范围内，赈灾粮食可以靠权力调运而非货币赎买，但春秋货币却是服务于松散的王国与诸侯国的“国家间贸易”，这意味着春秋时期的诸国经济体系并非同一国家体系中的地区间贸易，而作为货币发行与经济主体的诸侯国是独立的国际人格。同时，大饥荒使得布帛粟米这类实物货币无法交易，因此不得不诉诸信用货币，这既是春秋时期货币诞生的主因，也从侧面反映春秋经济体系中的诸侯国的高度独立性。

其次，在货币体系中，与国家主权特征密切相关的第二个特征是“通兑”，春秋时期各货币间不依靠某种更高的本位币通兑，这也是货币发行主体为诸侯国的一个明证。尽管春秋时期的商业贸易非常发达，如《左传》记晋文公重耳对（楚子，即楚王）曰：“羽毛齿革则君地生焉，其波及晋国者，君之余也。”但讽刺的是，彼时并存的多种货币是封闭流通的，既不依从某种成文的兑换原则来流通，也不以周之王畿所通行的货币为本位币。本来货币的职能就是流通，即便一个国家因封建制需要形成多个封国，由于国内市场的客观需求，货币形制也应当是统一的，这样才能保证贸易的顺畅。退一步说，即便发行方因特殊的地理文化因素而发行独特的货币，但在一个最高权力下，为履行货币的流通职能，周朝应出现一个最高的本位币，或至少拟定货币的通兑原则，才能保证贸易的顺利开展。然而，春秋时期并未实施上述经济措施。著名经济史学家、已故的傅筑夫教授认为，各国之货币“不适用于各国疆界之外，也就是不能充当全国性的流通手段。在各种货币中，只有黄金是例外，它既具备了作为货币的所有功能，又是唯一能够超越列国国界，通用于全国的货币”。春秋时未出现通用的结算货币，尽管此时的货币也包括了周之王畿通行的布币，但从文献与考古的双重印证上看，春秋时期刀币、布币与楚币等一直平行，没有形成某一相对强势的共同货币，这种情况一直持续到秦统一六国。此外，傅筑夫还认为，黄金是春秋时期的共同货币，但在这里，黄金实非货币。《汉书》所记：“太公为周立九府圜法：黄金方寸而重一斤；钱圜函方，轻重以铢；布、帛广二尺二寸为幅，长四丈为匹。故货宝于金，利于刀，流于泉，布于布，束于帛。”这明确了金与币之间的区别，即以铸币作为货币媒介，而以黄金作为贵重商品。《周礼·玉府》记玉府“掌王之金玉、玩好、兵器……凡王之献，金玉、兵器、文织、良货贿之物，受而藏之。凡王之好赐，共其货贿。”不仅将收藏金玉的玉府与管理货币的外府的职权完全区分开来，还明确了金在春秋时期并非更高的本位货币，而是与《诗经》所言“氓之蚩蚩，抱布贸丝”一般，是实物交易的一种，春秋时期不存在某种特定的共同货币或本位货币。

这一时期，货币的兑换和流通主要依靠两种方式来实现。第一种是区域货币的复合流通，譬如布币和刀币流动区域的重合。北方地区的刀币与布币就常在同一时期的春秋遗址出土，著名历史学家王毓铨将其总结为：“刀布并行流通，是我国春秋战国时期北方各诸侯国之间货币流通领域中一个较普遍而且较复杂的货币流通现象，”即“刀布并流”。同时，在考古学对出土文物进行时间检测时，发现至少河北省文安、丰宁、承德、徐水等十三县城，内蒙古的凉城、赤峰、敖汉旗、土默特左旗五县市，辽宁省的建平、建昌、辽阳、沈阳、抚顺、锦州等十六县市，以及山西、北京等地都出土了同期流通的刀币与布币。结合上述理论,刀币系统和布币系统可能并存在这一区域的国家之内,其中任一种货币都可以承担地区贸易的结算功能。第二种可能是钱币依照含铜量或重量进行直接兑换,如清代乾隆年间余杭地区即发现数十枚武、卢氏空首布。此外,河北保定及北京也发现过空首布。在刀布共同流通区域外出现的不同体系货币并存现象,说明当时的钱币流通也可能依照实物货币结算的方式进行,即将质量和重量而非币值作为不同货币交换的依据。毫无疑问,无论哪种结算方式,都指向的是春秋时期各货币体系的独立,而这种独立完全取决于货币的发行方,即独立的诸侯国。基于上述前提,可以发现,春秋时期货币的形制之所以保持多样性,是因为对诸侯国而言,跨境贸易无须依靠某种统一货币,仅需依靠公认的等价交换机制就能实现。而本位货币的缺失,无疑凸显了春秋时期货币体系平行而各自孤立的经济特征。

推而广之,关于国家承认的争论围绕主权与国际社会展开。但从中国古代的政治认同上看,上述原理的运用受到很大阻碍。这是由于对主权特征的理解出现了偏差所致——由于先入为主的文化观念将“大一统”当成贯穿中国古代王朝兴衰的主线,史官在述录王朝的政治合法性来源时,会不自觉地将封建割据与国家并立这两种性质不同的分裂形态归为一类,即强调本朝政治与前朝或某一朝之间的继承关系。至于诏书、律令等政治文书等,因涉及政治利益,口径常常是“正统”而含糊其辞的。然而,正如芝加哥大学社会学系赵鼎新教授所指出的——在历史发展中,非企及性后果常常成为历史发展的因素。在中国古代,与主权息息相关的国家承认,部分通过货币体系的特征来表现。由于货币体系承载着国家间贸易与市场经济的基本职能，它必须同时得到国家权力的加持与跨国市场的承认，才能成为通用货币，二者缺一不可。其一，货币本身的形制即是中国古代政治合法性的组成部分，假如不同形制、不同发行方的货币得以通过复合区域流通，或以直接兑换等方式在不同政权间交换，本身就意味着各个政权间的互相承认。春秋诸侯国之间的货币流通淋漓尽致地体现了这一点。至于不同发行方发行形制相似的货币，并禁止在不同政权间流通，就一定导向多个政权间互不承认的事实（即封建割据），蜀魏的关系就颇为接近这种结构。其二，尽管三国时期的货币体系非常孱弱，譬如台湾“中研院”史语所全汉昇研究员从经济史角度，将这一时期定性为“汉末以后，中唐以前，一共五百多年的中古时期，实在是一个自然经济占优势的时代；它有别于此时期之以前（汉代）货币经济的相当发展，更有别于此时期以后货币经济的兴起”（即著名的“中古自然经济”的论断）。但是，这一时期的货币体系兼蓄了两种不同分裂体系的特征，具有相当的比较价值。三国货币的特征，通过对唐之后的分裂体系的历时性比较，也能充分地体现出来。五代十国承唐而来，北方五代通行唐制开元通宝，同时，梁唐两代也新铸开元通宝以示政权之合法性来源（晋、汉、周铸币极少）。南方十国中，有三国未铸新钱，直接使用唐制开元通宝，蜀、闽二国钱币在制式与名称上与唐制开元通宝关联甚深。而使用相似货币制式的国家，都将自身合法性建立在唐之上。同时，在跨境结算中，由于各国政权彼此互不承认，以及各方铸币量不一的经济因素，各国货币并不流通，仍主要采用布帛等实物替代结算。可以说，古代中国的货币流通着实体现出与“主权特征”密切相关的“国家承认”的特征。

最后，货币形制多元化还折射出中央经济管理机构的缺位。如前所述，统一货币势必要借助于更高一级的政治权力才可实现。但反观整个春秋时期，货币体系一直是孤立而分裂的。依《周礼·天官》记，周代应有专职管理货币的官员，即“外府”十五人。外府的职责为“掌邦布之入出，以共百物，而待邦之用，凡有法者。共，王及后、世子之衣服之用。凡祭祀、宾客、丧纪、会同、军旅，共其财用之币资、赐予之采用。”“外府”作为王室官员负责管理周朝货币的流入与流出，如购置王室穿用与会同、赏赐诸侯等活动中所需之财物。应当说，它的存在是统一王权掌握货币系统的制度保障。然而，从实际官制上看，春秋时期的周王室没有中央经济管理机构。依据《左传》《公羊传》《穀梁传》和《国语》等书的统计，《周礼》与春秋官制有着很大的差异。在这些记载中，周之王室累计出现“三吏”“大宰”“宰”“师”“大史”“内史”“行人”“尉氏”“司徒”“侯”“宰旅”“御士”“膳夫”“舌人”“伶人”“家宰”与“家大夫”十七种官职二十三条，但未言及“外府”；有类似官职的只有鲁、宋、郑三国，如昭公三十二年，子家子将昭公临终所赐之物还予府人，这里的府人即为藏府之人。尽管社科院历史学所杨志清研究员总结旧说，认为此处的府人兼蓄大府等五个官职，但从《说文解字》及《左传》所见三十处“府”，除人名外，均为官家藏物之所或藏人之囚牢。《左传》中的“府人”即保管文书、贵重品或军械的职官，与钱币管理的职能无关。春秋时期的周王室没有中央货币管理官员，甚至没有中央经济管理机构，因此无法控制各诸侯国的货币体系。

货币体系的互相孤立是中央经济管理机构缺位的必然结果之一。这也说明了诸侯国的经济不仅在事实上独立，在官员统治上也互不隶属。这种与经典文献记载相左的政治现实，鲜明地反映了当时的两个特点：第一，春秋时期的经济结构也是扁平状的，贸易完全围绕平行的独立诸侯国展开，同时，各诸侯国间没有更高一级的中央管理制度或仲裁机构；第二，春秋时期包括经济管理在内的官僚制度并不如政治文献所记载的，是一统王朝内部严密的“中央-地方”关系，而是不同国家间的各自为政，即职官之间没有跨境的隶属关系。根据政治文献与历代注释的观点，周代的官职制本应起到别尊卑的作用，既保障行政效率，又强化“君—臣—民”的关系结构。萨缪尔·芬纳点出了官僚系统的本质：“官僚系统的‘渗透’是两个因素的功能。首先是它承担任务的范围，其次是领薪酬的专业行政人员向下、向村庄和向城市社区的延伸范围。”从这个定义上看，完善的官僚系统是国家集权的必要条件，但从对职官系统，如经济官员的研究中，可以很轻易地发现政治文献所记载的官职与春秋时期的实际官职间存在着极大差异，诸侯国与周天子之间在官僚结构上具有同构性，而非隶属性。《春秋左氏传·桓公十七年》记：“天子有日官，诸侯有日御。日官居卿以底日，礼也。日御不失日，以授百官于朝。”日官与日御是职官的一部分，而各自有服务的对象。周礼亦未规定二者之间的隶属关系。“祝”亦是如此。定公四年(前 506 年)，子鱼与卫灵对答，曾言及“且夫祝，社稷之常隶也。社稷不动，祝不出竟，官之制也”。为何“祝不出竟”是官之制？因为这里的“社稷”是指祭祀社稷之庙，而祝即是司祭的官员。依据注释，天子与诸侯都有各自之“社稷”，因此“祝”的职责是相互独立的。同时，除非社稷之庙外迁，否则“祝”不能越境。这进一步说明诸国之“祝”并未形成“中央-地方”式的上下等级关系。从周之职官制来看，北京大学历史学系教授阎步克指出：“层级的增加有利于集权与控制，‘扁平’将造成权威的分散，而且管理宽度的减小与管理人员的增加，能明显强化监管，尽管此时的行政效率下降了。”从职官的设置来看，春秋时期的职官完全没有形成层级体系，这凸显了诸侯国在经济、军事等方面的自主性特征。在这种情况下，经由货币体系所提出的独立性特征，是具有高度的主权特色的。

由上述货币形制、发行主体和监管机构等方面呈现出的特点，直观地指向诸侯国在经济上的主体地位——这一时期货币并未出现如汉、隋、唐等大一统时期由中央加以统一的货币制式。因此可以说，春秋时期的经济活动，实际是围绕诸侯国各自的独立人格展开的，而它的形成机制又取决于货币发行方的独立。这些都从侧面印证了春秋诸侯国的“国家资格”。尽管这些在货币体系中体现出来的独立性特征，还不足以比肩后世的“主权国家”，但货币的形制、发行和监管毕竟是国家职能的体现，后者对前者有一定的提示功能。然而，长期以来，二者被史官混淆一处。具体来说，由于“大一统”的影响，史官更多地注重于叙述大分裂时期各朝代与大一统王朝之间的继承关系，割据中的双方互不承认；而古代中国的“主权国家”的雏形则体现出扁平性特征，可能处于互相承认关系之中，“改朝换代”意味着告别前代，但未必总是合法地继承前代。这一政治结构绝非金字塔式的朝贡制度能一言以蔽之的。

依据国际法的一般原则，界定“主权”的一个重要特征，是国家之间的互相承认。《奥本海国际法》将此归纳为：“既然国际法的根据是各文明国家的共同同意，单纯具有国家资格并不意味着具有国际社会成员的资格。现为国际大家庭成员的国家，或者是创始成员，因为国际法是通过习惯和条约而在它们中间逐渐成长起来的，或者它们是在产生时被原先存在的成员所承认的成员。一个国家只有经过承认，才是而且成为一个国际人格者。”可以看出，在国际法视野中，主权作为国家的核心属性，也受到国际承认的影响。一旦这个国家没有获得国际社会的承认，在外交或相关行为中，它便不可能履行对等基础上的正式交往。因为包括政治外交在内的正式涉外行为，不依据某一个国家的单方面意志，而是要双方都形成同意才能达成。

尽管先入为主的文化观念将“大一统”当成贯穿中国古代王朝兴衰的主线，史官在述录王朝的政治合法性来源时，会不自觉地将封建割据与国家并立这两种性质不同的分裂形态归为一类，即强调本朝政治与前朝或某一朝之间的继承关系。然而，正如赵鼎新所指出的：在历史发展中，非企及性后果常常成为历史发展的因素。在中国古代，与主权息息相关的国家承认，部分通过货币体系的特征以表现。由于货币体系承载着国家间贸易与市场经济的基本职能，它必须同时得到国家权力的加持与跨国市场的承认，才能成为通用货币，二者缺一不可。

当然，这只是一个旁证，目前尚不能视为最有力的证据。盖因其就中原的货币史出发，货币体系与主权特征，确有一定关系。但若要援引其对中国古代外交研究的全貌进行进一步说明时，势必旁及古代的朝鲜半岛与日本，如统一新罗时期、高丽王朝时期和朝鲜王朝时期的货币流通，才能以理服人。目前，这一工作还有待完善。故而，现下展开的货币体系的研究，仍应视为某种旁证，但旁证材料的累积，可以由货币体系进至出土文物，以形成合力，从整体上推进“国家”这一工具概念对中国古代外交研究的整体作用。就这一层面而言，“国家”工具对中国古代外交的界定，还是能发挥相当的作用的。

二、作为研究主要对象的“中国”

阐明了“国家”的适用性后，再一个需要加以解释的概念，就是何为“使用汉语来书写外交文件的古代国家”。在之前的研究中，我们阐明了一个观点，即这一学科中的“中国”不是指一个立足于中原的统一王朝，而是特殊时期一个区域中带有某一突出共性的国家群的总和。那么，使上述国家成为“中国”的核心特征是什么呢？细而论之，这个问题又可以进一步分为——“外交语言的区分标准是否具有足够的代表性”“外交语言的区分标准是否适用于古代中国”“外交语言的区分标准如何界定中国古代外交的主体”三个问题。

1. 外交语言的代表性问题

外交语言自诞生时，即以地区间“最普遍的语言”为媒介，在各国间尽可能准确地传递信息。尽管各民族有自己的民族语言，但在区域内，由于一国或一类国家集团的强盛，历史上的语言在推广和使用中，仍在客观上依从了共同语与方言的自然区分，将某种共同语提升为通用的外交语言。在外交的诞生地欧洲，18 世纪以前的外交语文是拉丁文，至少在中欧和西欧地区，拉丁文是最早推广的地区共同语。由于罗马帝国的影响，以及后继以拉丁文为正统书写语言的教廷的存在，各国国家在外交文书的往来之中，均以拉丁文为唯一语言。直到 16 世纪初，一切以英文、德文或意大利文等民族语言拟定的法规都为国内法，尽管当时英格兰和苏格兰没有合并，而两国间已通行英文；同时没有完成统一的普鲁士与周边国家可以使用德语；但只有两种文字可以被用于订立国际条约，亦即拉丁文与法文。1648 年，对现代国际政治影响极其深远的《威斯特伐利亚和约》签订，唯一使用的官方语言就是拉丁文。不仅如此，1670 年 7 月英国与丹麦的条约是用拉丁文签订的，甚至 1711 年，斯图亚特王朝的安娜女王还在用拉丁文与同盟国通信，派遣出席乌特勒支大会的特使的全权证书，也是用拉丁文写就的。

18 世纪，外交语言出现了稍许变化，一方面，民族国家体系的成熟促使各国在外交活动中更多地考虑本国语言问题的尊严与对等交往；但更为重要的是，作为共同语的外交语文在这一时期的重要性不减反增，由拉丁文转为法语。值得指出的是，外交语言的形成并非法律强制形成的，而是各国依照约定，形成的具有法律规定力的官方文书（至少可以用于签订文书）。这既符合国际关系理论中关于“国际无政府状态”的想象，又从事实上强调“外交语文”的自发性和客观性。各国并非出于行政强制命令，使用同一种语言进行外交，说明这种共同语的形成，既不违背主权国家的独立，也不必然指向“统一”的史观；同时，统一文字的使用，亦体现出殖民主义世界体系形成期间，区域内部的文化特征。换言之，这一时期主动使用拉丁语或法语作为外交语言的国家都是“欧洲国家”。这一特征充分过滤了各国内部在政体、主体民族和文化特征等方面体现出的差异，提炼出了外交学视野下“欧洲”的共同特征。1748年，英国、荷兰、法国在艾克斯拉夏伯和约中加入一条附注：在和约中使用法文并不损害缔约国保有以其他文字签订约本的权利。至于1864年维也纳大会中的蒇事文书第120款中规定如下：

> 本条约各约本一律采用法文，参加签订本文件的各国认为采用此项文字对将来并无拘束，各国将来议订条约，有权采用它们在外交上所惯用的文字。本条约不能引为先例以违反业已成立的惯例。

民族国家体系的成熟使原有的外交语言在性质上发生了变化。原本拉丁文之所以成为欧洲唯一的共同语，多托赖拉丁文版《圣经》的传播。由于上述定本的通行，在自6世纪以来的头三个世纪中，通俗拉丁文吸收了大量各地的语料素材，使其几乎被同化为某种罗曼语；但古典拉丁文仍保留了自己的特征，成为了唯一国际性的语言。14世纪初期，但丁仍然要依靠拉丁文著作为意大利语写就的民间文学正名。《论俗语》（*De Vulgari Eloquentia*）恰如其分地指出为何拉丁文会成为当时唯一通用的国际语言。尽管近代外交学崛起的世纪，即15世纪，伦巴底诸邦已经进入了集体嘲弄古典拉丁文的文艺复兴时代，但此时的“僵化”和“做作”只是针对中世纪鲜活的拉丁语文学而定的，其程序化与固定化的语法结构正适用于政治和法律文书。

民族国家的出现，重新定义了包括拉丁文在内的外交语言的地位和作用，但亦未取消作为中间语的外交语言存在的必要性。尤其对于重视避免外交纠纷，有效传递消息的外交而言，情况更是如此。如1753年3月，英、法与西班牙三国协调跨国捕获权问题，法国专员主张要求退回英方提出的备忘录，其理由是这一备忘录是由英文而非法文写就的，他要求坚持各国使用法语从事一切外交活动的习俗传统。英方照会法国政府驳斥这一主张时说道：“一切国家在相互交往中有用中立国语文的权利。法文由此被用于与神圣罗马帝国的诸侯和其他外国的交往中。如果凡尔赛宫廷认为和英王陛下的往来宜于用拉丁文，英王愿意立即同意。”原本欧洲各国只有一种国际通行的文字，并且各国都以这一文字为典雅的象征，故而在严肃性和实用性上都得到了足够的保障。然而民族国家兴起之后，各国为了在保全本国语言的尊严的同时，又能继续外交文书的往来，所以依从外交惯例，保留了双方共同使用中立国语言作为外交语言的地位。外交语言的权威性由此而得以保留。

直到世界体系的完全成型与全球范围内的民族国家独立浪潮的席卷，各大洲之间某种习俗中的共同语才逐渐退出历史。即便是作为最普遍使用的英语，也不再享有如18世纪法语或早出的拉丁语一般，于各国间的接受度。因此，尽管在日常交流中，各国外交人员大多采用英语作为日常交流语言，但在正式场合，尤其是签订条约等场合之中，各国莫不以本国语言作为唯一的签约语言，再采用交换文本的方式，将双边或多边签订的外交文书保留下来存档;而作为中介作用的外交译本,其地位和作用均不能同本国语言写就的底本相比肩。

尽管今天的外交实践,已经不再诉诸作为共同语的某一特定语言了。但回顾外交史,外交语言作为历史上外交活动必然伴随的文化现象,是研究历史上外交活动主体的显著标志之一,如在欧洲国家仍以拉丁文为外交语言的时代,法国曾与奥斯曼帝国签订《奥斯曼帝国和法国友好与商业条约》。1536 年 2 月,法国特使让·弗赖特(Jean de Foret)与奥斯曼帝国特命全权大臣易卜拉辛(Ibrahim Pasha)签订《奥斯曼帝国和法国友好与商业条约》(*Traité franco-turc de 1536*),而这份条约却是依照交换文本的方式签订的,盖因奥斯曼帝国对当时的欧洲抱有相当的优越感,坚持使用奥斯曼土耳其语(如奥斯曼苏丹穆拉德三世于 1579 年 9 月写给英国女王伊丽莎白一世的外交信函,仍坚持了这一惯例)。欧洲的外交史大家莫沃特(R. B. Mowat)指出,"单边外交"这个术语就缘起于奥斯曼帝国拒绝使用作为欧洲外交共同语言的法语,也拒绝与基督教国家平等相待的做法。然而,在 1856 年的《巴黎和约》中,会议的全程记录是由法语完成的,奥斯曼帝国批准签署了由法语完成的和约原本。不仅如此,第 7 条还规定:"奥斯曼帝国被正式纳入欧洲社会及其公法体系,为此,欧洲各国将尊重并保障其政治独立及领土完整……"这一声明成为解释克里米亚战争结束与"东方问题"解决的标志,宣告了奥斯曼帝国完全融入欧洲外交体系。1986 年,奥斯曼帝国颁布《奥斯曼帝国公共教育条例》,新成立的奥斯曼大学采用法语进行法式教学。法语也成为新成立的外交部翻译处的第一外语。不难看出,外交语言在此处又发挥了鲜明的标识功能。

就中国外交学建立的历程来看，外交语言的重要性被或多或少地忽视了。成书于 2004 年的《外交学概论》在论及“外交语言”一节时，将主要的精力花在对“语言修辞”的强调上，作为我国对外工作语言的汉语应当充分地注意语言艺术，只有在“外交与外语”一节中谈及了作为普遍工作语言的英语。至于民国时期杨振先编纂的《外交学原理》一书，则完全未讲外交语言的内容。书中所引用的外文词汇则基本为英语，少数地方援引法语。近代中国忽视作为历史现象的外交语言的地位及影响，自然情有可原。一方面，如前所述，中国外交史是从近代史中独立出来的，而近代史记录条约体系时期中外签署的条约都是以换文的方式进行的。尽管在奥斯曼帝国时期，尚未进行全面改革的帝国也雇佣兼任翻译与中间人的“dragoman”从事对欧的外交工作，但至迟在 1865 年，奥斯曼帝国已经接纳法语为外交语言。而在中国，欧洲同清廷乃至于民国时期的外交条约，都是以双语或多语完成的。即便总理衙门敕令成立京师同文馆，其基本精神也是培养译员从事翻译工作。在此工作语言与条约语文之间的差异，还是很明显的。

进而言之，之所以采取换文而非沿袭欧洲外交之惯例，将当时表意最为准确的法语作为清廷和民国的通用外交语言，理由固然是语言学的。19 世纪比较研究法使语言学研究成为一门科学，而研究的凭据之一就是音位的替换关系。19 世纪初期，历史比较法在语言学中开始流行。原本语言和语义之间的关系，是人类各个大社群内部自己约定的，不同社群之间理应没有可比性。但如果在不同社群所用的不同语言中，发现了大量音近和形近，乃至于语法功用都可能相近的词，这一拨语言内部就应当存在着某种亲缘关系。王力先生在《汉语史稿》中举例："例如德语的'妻子'是 Weib，英语的'妻子'是 Wife，德语的'小牛'是 Kalb，英语的'小牛'是 Calf 等，我们可以由此找出 b 和 f 的对应规律；英语的'舌头'是 Tongue，德语是 Zunge，英语的'十'是 Ten，德语是 Zehn，我们可以由此找出 t 和 z[ts]。这样就可以建立德语和英语和亲属关系，它们同属于日耳曼语系。"奥斯曼帝国自建立始，至塞尔柱王朝时期，使用的宫廷语言和国内的行政公文均为波斯语；16—17 世纪奥斯曼土耳其语地位上升，但波斯文仍占重要地位；19 世纪奥斯曼帝国依据《巴黎和约》被纳入欧洲外交体系后，国内最重要的第二语言为法语。可见，尽管奥斯曼土耳其语属阿尔泰语系突厥语族，与流行于欧洲大陆的印欧语系（除以芬兰语为代表的乌拉尔语系）没什么亲缘关系；但波斯语和法语却是不折不扣的印欧语系成员。

从图 3.1 我们可以看到，波斯语属印度-伊朗语族，同拉丁语和法语有亲缘关系。而大部分时期，奥斯曼帝国的贵族集团都受希腊文化艺术的影响，对欧洲语言和文化并不陌生，因此从交换文本到通用语言的转换期不长。但汉藏语系则完全独立存在，除译经时大量接触到的梵文和少量古波斯文外，汉藏语系交流较多的是闪含语系下属的闪米特语族，特别是希伯来语与阿拉伯语；阿尔泰语系下属的突厥语族、蒙古语族与通古斯语族等，如唐时回鹘通行汉语、回纥语、突厥语、粟特语、古叙利亚语，古波斯语等。语言系统的隔阂，使欧洲推行通用语言的成本过高，难以为继。因此自中国近代史迄，清廷签订的各

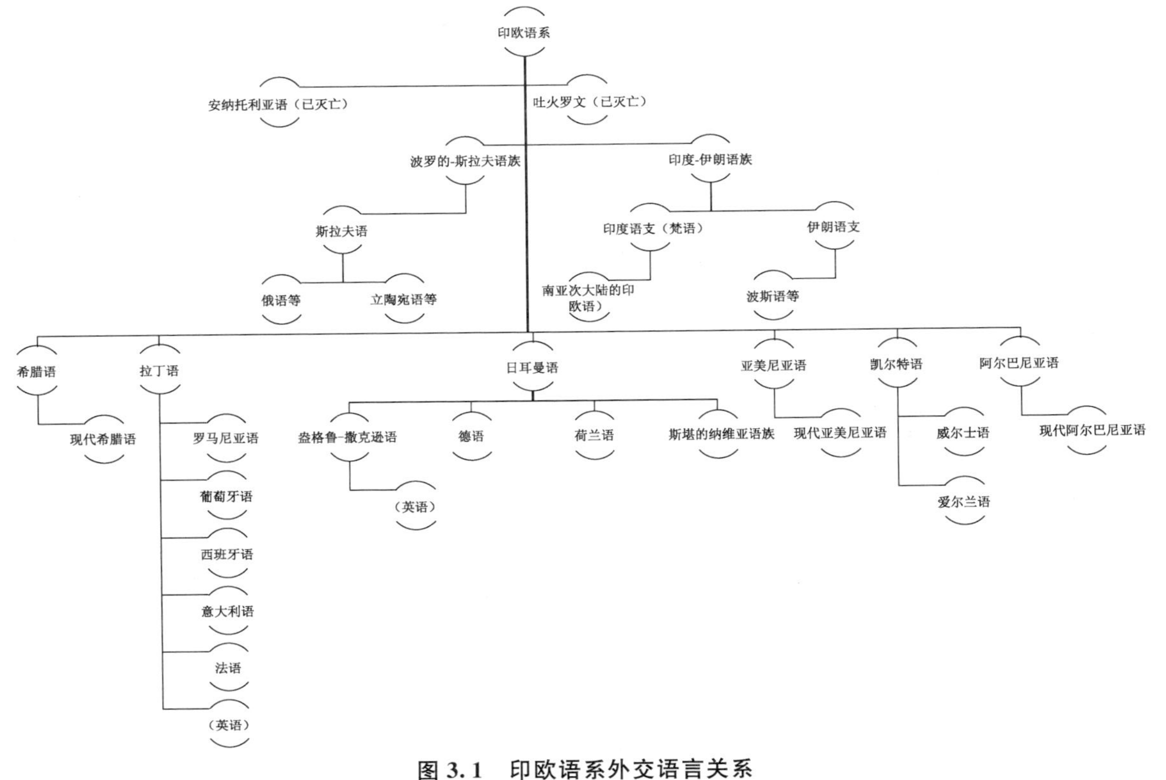

图 3.1 印欧语系外交语言关系

项条约均为换文与译本并用,而欧洲国家并未对此表达异义。即便到了晚清时,英、葡等国的外交书信仍以双语并行的方式投递,即包括原文、译本在内一式两份的换文。如宣统元年(1909 年)英国驻华公使朱尔典敦促从速商定苏杭甬铁路至外务部信函,即为汉文写作,并遵照清人竖排竖格、自右向左的信函写法。该函抬头为"径启者",落款为"朱尔典启",是一封标准的汉文书信;而朱尔典同年为沪杭甬铁道工程物料事宜致外务部照会则分中文、英文两版,其中英文版抬头为 Your Highness,落款为朱尔典签字,全文为标准 Courier 字体,从左至右横向书写。可见此时中英外交文书仍然遵循换文制。中英之间的外交书信,亦可见于中葡关系的文书存档。其中汉文书写的材料占大部分,间或有相当数量的葡萄牙文和西班牙文文书。外交语言问题在整个 19 世纪的东亚表现得都非常突出;欧洲各国基本都是以换文形式同日本、朝鲜等国进行外交谈判。而作为一种外交体系的映射,东亚地区的国家始终没有被卷入欧洲外交体系,而是依从自 1864 年维也纳大会蒇事文书第 120 款所订的——各国均保留以本国文字签署外交文件的权利。这也就意味着,19 世纪东亚各国逐渐融入的并非狭义的欧洲外交体系,而是广义的由欧洲主导的、脱胎于欧洲外交体系的国际体系。中国外交学自建立始便已处于世界体系的框架之中,对于外交语言的关注自然逊位。然而,就外交史的回顾而言,外交语言确为世界体系形成之前,外交体系与身份资格最显著的外在特征之一。

2. 外交语言的标准是否适用于古代中国的问题

从源流上看,外交语言是源于欧洲特定文化背景的政治产物,具有相当的独特性。如中国历史上并未出现过共同语的内部分化,作为四夷的边疆民族所使用的语言亦不止汉语一种。王力先生在《汉语史稿》中指出:“汉语和同系的其他语言的关系,不像俄语和其他斯拉夫系语言,英语和其他日耳曼系语言,法语和其他罗马系语言的关系那样密切。汉语在几千年来始终保持着它的统一体,不曾分化为几种语言(像拉丁语分化为法语、意大利语、西班牙语、葡萄牙语、罗马尼亚语那样)。这个统一的语言经常把汉族人民团结在一起,成为今天的伟大的汉民族。”由于与同语系中其他语言分家极早,汉族自形成后,一直扮演着民族共同语的角色。秦始皇时期的“书同文”,甚至成为大一统的物理符号。而与汉语分家的其他语群,也逐渐形成了自己的聚落乃至国家。从表面上看,汉语的功用主要是“别人我”与“大一统”,即中央王朝所使用的民族共同语。下面我们简单地回顾一下汉藏语系的发展。

由王力先生总结出的这一图表(图 3.2),从语系上恰好对应古代中国与西南和南方诸夷之关系。至于日语和朝鲜语,其源起则颇为复杂,在语汇上,日语和朝鲜语大量吸收了汉藏语系下属的汉台语族的词汇,同时也受到阿尔泰语系下属通古斯语族的深刻影响。但就源起而言,还是保持了高度的独立性,同汉藏语系没有派生关系。就下图的分布而言,我们可以得出某种较为直观的印象:一方面,使用其他语群的聚落,成为了中国之外的其他国家;另一方面,又因为地缘和国力等因素,成为了古代中国的臣属国。在这种大相径庭的文化背景下,以外交语言作为划分古代中国外交的标准,是否合理呢?

对这个问题的回答,亦须围绕外交活动的本质特征展开。

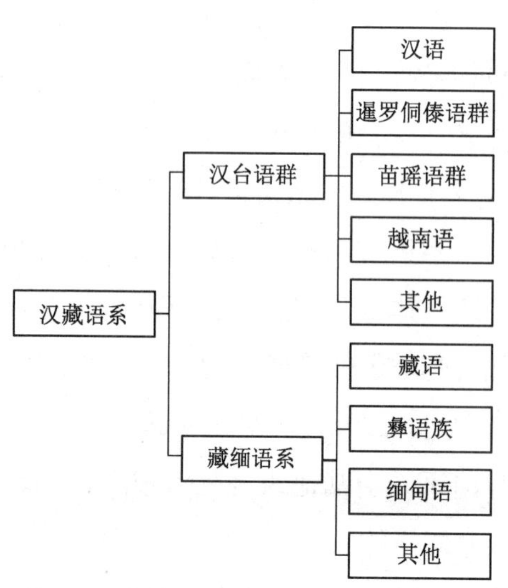

图 3.2　汉藏语系的发展

如前所述，外交主体是具有相当主权特征的古代国家，而这种国家分立，不仅存在于语言不同的华夷之间，还存在于语言已通的华夷国家，以及有亲缘关系的华夏诸国之间。外交语文作为外交活动的记录，自中国古代外交出现之时就已出现了。

迄今为止，在记载中出现最早的中国古代外交活动，当属“盟会”。尽管当时诸侯间有“朝聘”“盟会”等不同礼仪，但“盟会”以其突出的对等性特征，被视为中国古代外交之起点。依据田兆元所总结的盟誓研究的视角，我们发现，在春秋时期的盟会活动，就已催生了外交语言这一重要标识。首先，“盟”“会”“誓”三者间，素来有极为密切的联系。杨伯峻曾考察盟誓产生的全过程，认为经过杀牲、读盟、饮血、藏盟等步骤，盟才最终诉诸于誓(这里的誓相当于盟的文书)。誓需要参与的诸侯口头念出，以飨祖天，而同时亦须见诸文字。《周礼·大司寇》

说道:“凡邦之大盟约,莅其盟书,而登之于天府。大史、内史、司会及六官。皆受其贰而藏之。”明确了盟书会统一收入“府藏”(即周代的仓库)。《春秋左氏传·襄公十一年》记“凡我同盟:毋蕴年,毋壅利,毋保奸,毋留慝,救灾荒,恤祸乱,同好恶,奖王室。或间兹命,司慎司盟,名山名川,群神群祀,先王先公,七姓十二国之祖,明神殛之。”在历经了系列的歃血及涂血仪式后,各方必须要以约好的盟誓请告上天,形成的文书应有副本,由参盟者带回本国各自保管。如上所述,各国就政治事务达成的公约,是盟誓的重要组成部分,而文书作为盟誓的载体,是不可或缺的。尽管盟誓的各个环节会有变化或简省,但载书、宣读盟书与坎牲加书(将文书原本同祀牲一同埋葬)的环节,必定贯穿所有盟誓活动。除盟之外,“会”亦可约誓,如“嗟!我友邦冢君越我御事庶士,明听誓”(《尚书·泰誓》)是孟津之会的誓辞。凭借“誓”,我们可以直观地对盟会的各方角色加以分析。在践土之盟中,“晋重、鲁申、卫武、蔡甲申、郑捷、齐潘、宋王臣、莒期”为司盟及史官誊录入册;而侯马遗址所见五十九篇残片拼出的盟誓原文为:“章敢不闭其腹心以事其室,天(不)敢不尽从嘉之明,定宫平时之命,天(不)敢不□□改□及哀卑不守上宫者天(不)敢有忘腹。赵□及其子孙、□庄之子孙、□□之子孙、通□之子孙、敷□其子孙于晋邦之□者,□群呼明者,吾君其明极,□之麻夷非是。”也在记录盟誓内容的同时,记录了与盟各方的信息。1980年,河南温县武德镇西张计村出土的圭形石片亦有盟书,同坑盟书仅参盟人名有异。从春秋时期所见的盟誓记载与出土文物的合证来看,盟誓伴随着萌芽时期的中国古代外交而诞生,这说明外交文书从一开始就内嵌于中国古代外交的正式活动之中，外交语言的意义辨析至少有坚实的物质载体作为旁证。

盟誓作为中国古代外交的主要形式，在历史的发展中成功地延续了下去，并于后世持续地发挥影响。尽管华夏国家通行汉语于理无碍，以汉语为盟誓语言亦顺理成章，但春秋时期的盟会并不仅限于华夏诸侯之间，当时的诸侯和四夷间也有盟会。作为外交活动的盟会，在体例上是完全一致的，这一点非常关键。“盟会”作为一种机制，在历史中亦有所延续。试举《三国志》蜀、吴两国的政治活动为例，《三国志·吴书》曾记孙权曰：“吾待蜀不薄，聘享盟誓，无所负之。何以致此？……会闻魏还而止。蜀宁可复以此有疑邪？又人家治国，舟船城郭，何得不护？”值得注意的是，孙权此时已称帝，但仍与蜀互称国号，并特别以“聘”“享”“盟”“誓”等袭承自春秋时期的邦交礼节作为双方取信的标志。如吴之孙权曾与蜀汉结武昌之盟，《三国志·吴主传》记曰：“且古建大事，必先盟誓，故《周礼》有司盟之官，《尚书》有告盟之文，汉之于吴，吴信由中，然分土裂境，宜有盟约……今汉、吴既盟之后，戮力一心，同讨魏贼。”这里的“古建大事，必先盟事”和“裂土分境，宜有盟约”指的就是“盟会”制度与国家主体的对应关系。依田兆元在《盟誓史》中所作的梳理，盟会除春秋战国时期以外，还在魏晋南北朝时期、晚唐五代十国时期非常兴盛，直至进入了元朝之后，由于大一统王朝的强盛，盟会作为一种享有高度自治权的政治实体间的行为，才逐渐消失。

在与“遣使”和“盟会”的互相映照中，“盟会”与古代国家实体之间的关系更能得到进一步凸显——仍以盟会中的蜀、汉为例。蜀汉称帝后，昭信校尉费祎使吴“奉旨称使”，身负政治任务。尽管此时孙权尚未称帝，蜀与吴之间在名义上并不对等，但参考正始元年（240 年）建中校尉梯俊出使倭国，有奉诏、赐赏、封贡等礼仪，蜀汉与吴的往来亦效仿上述章法。蜀所遣之使同为校尉，既奉帝诏，又称使者，而吴亦称蜀之国号。因此，以互相承认为前提的盟会、古已有之的遣使与互不承认的兼并相对比，无疑更为鲜明地展现出“聘享盟誓”的外交行为与“汉贼不两立”的兼并态势之间的差异。宋时胡安国注《春秋》时，特别嫌恶华夏与夷狄的盟誓，对鲁隐公二年（前 721 年）“公及戎盟于唐”大发议论曰：

> 是故以诸夏而亲戎狄，致金缯之奉，首顾居下，其策不可失也；以戎狄而朝诸夏，位侯王之上，乱常失序，其礼不可行也；以羌胡而居塞内，无出入之防，非我族类，其心必异，萌猾夏之阶，其祸不可长也。

但《春秋》记华夏诸国与四夷盟会，至少有三处。除上述之外，还有隐公二年“秋八月庚辰，公及戎盟于唐”，桓公二年“公及戎盟于唐”，以及僖公三十二年“卫人及狄盟”。从胡安国的愤懑可知，盟会给予了各方以平等的地位，这势必造成华夷之辨中理想金字塔结构的崩塌，使原本低于华夏的戎狄能够以“位侯王之上，乱常失序”。而我们已知这种伦常的覆常，恰是对等性关系的萌芽。上述盟会本应依礼制留下誓文，可惜作为一手史料的誓文早已亡佚，不知能确知其书写语言是否确凿为周之文字。但就温县盟书与侯马盟书的出土参照来看，早期外交文书势必以汉字写就，其原因同诅盟的效用和神圣性有关：作为宗教仪式的一部分，春秋盟誓强调“天谴”。中国的文字系统始于殷商，最初就是求卜时龟胄受热开裂而形成的“神谕”。从人类学的角度上看，汉字是由宗教符号升华而来。周后流行的“仓颉造字说”虽然淡化了神谕的色彩，但亦强调其“象形”之义。清代段玉裁注释“文”：“（文：错画也。）……黄帝之史仓颉见鸟兽蹏迒之迹，知分理之可相别异也。初造书契。依类象形，故谓之文。”因此，春秋时期的盟誓书以汉字，亦是对神的敬畏。春秋时期的盟誓，告神的对象并不完全一致。凡上帝、百川、群山皆能入盟，然而四方群山之神又一统于“帝”（周人时为“天”），故而四方或有各自方言，但在文书上须为统一之文字，亦即自商周以来形成的“甲骨文—金文”的体例。针对这一问题，葛兆光曾经在《中国思想史》中指出：“这套仪式把这种来自‘宇宙’的自然秩序投射到‘历史’的社会秩序之中，把人类社会的等级秩序在仪式上表现出来，并通过仪式赋予它与自然秩序一样的权威性和合理性，这样，仪式就有了特殊的意味。”以仪式的神圣性为基准，盟誓意味着与盟诸方之间进入了以国家为主体的对等关系。从学理上看，这足堪外交语言的起源。

过去外交语言的界定作用之所以不甚重要，是因为外交研究承袭了中国古代对外关系的基本假设。只要与中原王朝发生了联系，就可算作中国古代对外关系，然而这一分类法并不适用于大分裂时期的国家间关系。如情况复杂的西北地区的政权，龟兹的主体民族为龟兹人，这是高加索人种的一支，而非东亚常见的蒙古人种。依据库车出土的婆罗米木简来看，他们在唐代突厥化之前，使用的主要语言为吐火罗文，也是印欧语系的一支。于阗国由尉迟氏统治，其主体民族为斯泰基人，与周围的高加索人种略有不同。《北史·于阗传》有言：“自高昌以西，诸国等人，深目高鼻。惟此一国，貌不甚胡，颇类华夏。”使用的语言为伊朗语族下的于阗语，亦和龟兹国使用的吐火罗文一般。

高昌国在两汉时属西域都护，西晋时属凉州，十六国时先后为前凉、后凉等统御。但在南朝至隋的漫长时间中，高昌国一直由汉人统治，尽管曾与中原汉人王朝断交，但主体信仰为佛教，说汉语，并推行汉人官制，是一个边陲汉人政权，且相较北方鲜卑族建立的诸政权，与中原文化的渊源更深。上述三国与北魏的关系，固然可以列入中国古代对外关系，同时三国的故地亦在1840年前并入中国自然发育的版图之中，属于中国的一部分。但这三国之间的关系，是否也如三国时期吴、魏、蜀一般，能自然列入中国古代外交的研究视野？

为回答上述问题，我们实际区分了“汉语”和“汉文”两个概念的不同用法，并将“汉文”书写的外交文件作为使用外交语言的标准。“汉语”是包括口头语言和书面语言在内的整体概念，如传统的音韵、文字、语法等，都包含于“汉语”中，并且这一概念更强势地包含了文字尚未形成之前的口头语言；而“汉文”则特指书面文字，包括作为基本书写单位的“汉字”和作为书面语言的“中文”。在中国古代外交的定义中，我们使用的是后者，而非前者，以避免在历史语言的研究中遭遇更多的理论困难。

从“汉语”来看，作为汉藏语系分支的汉语是同苗、侗、傣、藏等语言并立的，由作为主体民族的汉族使用的共同语。使用这一标准，不仅将“中国”的概念复归于汉人建立的中央王朝这一狭义的理解上去，还导致一个历史语言学的困难无法解决，即历史上的周边民族，一部分确实保持着一个民族一种单一语言的习惯，如唐代的吐蕃；但另一部分则同时通行多种语言，如唐代的回鹘和黠戛斯。这些同时并存的民族的语言现象是不一而足的，以当时的回鹘为例，其内部所使用的语言并非汉语，而是当时已经成型的突厥如尼文。1969 年，苏联考古学家克里亚施拖尔内(S.G.Klyashtorniy)在蒙古国赛列维地区发现了由大粒大理石雕刻而成的"塞维列碑"，石碑以粟特斜体文和突厥如尼文记述了鄂尔浑回鹘史；1915 年，苏联学者弗拉基米尔佐夫(Boris Yakovlevich Vladimirtsov)于蒙古阔索郭勒盟的铁兹河上游发现"铁兹碑"；1957 年，蒙古国考古学家道尔苏吉荣在蒙古国境内杭爱山的铁尔浑河流域发现"塔利亚特碑"，该碑由牟羽可汗撰写，记录其父磨延啜可汗生平，兼论骨力裴罗事迹，亦由突厥如尼文写成。可见最迟至唐时，北方突厥、回鹘与黠戛斯等国已有成熟文字，且以民族文字记载国内政务与宫廷记事。

然而于中原方面与隋唐的交往，古来考察极详，隋唐两代在对外事务中如何与使用突厥如尼文的北方各国交往？从史料上看，突厥等国对唐文书均是由汉文节写的。隋开皇五年(585 年)，东突厥沙钵略可汗请求与隋结盟，以沙漠作为两国之界，以结睦邻，进表曰：

> 突厥自天置以来，五十余载，保有沙漠，自王蕃隅。地过万里，士马亿数，恒力兼戎夷，抗礼华夏，在于北狄，莫与为大。顷者气候清和，风云顺序，意以华夏其有大圣兴焉。

况今被沾德义，仁化所及，礼让之风，自朝满野。窃以天无二日，土无二王，伏惟大隋皇帝，真皇帝也。岂敢阻兵恃险，偷窃名号，今便感慕淳风，归心有道，屈膝稽颡，永为藩附。虽复南瞻魏阙，山川悠远，北面之礼，不敢废失。当今侍子入朝，神马岁贡，朝夕恭承，唯命是视。至于削衽解辫，革音从律，习俗已久，未能改变。阖国同心，无不衔荷，不任下情欣慕之至。谨遣第七儿臣窟含真等奉表以闻。

进表以汉文结表，全文收于《隋书》。不仅如此，《白氏长庆集》记白居易代拟宪宗致回鹘可汗书，抬头为“皇帝敬向回鹘可汗”，全篇亦为汉文写作，而同时回鹘与唐的进表与书信亦为汉文。

从外交语言的物理标志出发，我们得以直观地发掘出潜行于民族汇集的分裂格局之下，中国古代外交的本质特征——尽管各民族有自己的语言，并已将其运用于宫廷文书、可汗表记等，但外交文书却主要以汉文书写，这是自觉进入“中国”体系最具代表性的象征，亦贯穿了古代中国的始末。前述东突厥、回鹘与黠戛斯等国尽管通行多种文字，但对华进表必须使用汉文，这是一例。北魏与慕容氏建立的前、后燕等已高度汉化的政权彼此之间所进表章，亦为汉文，这是二例。实际上，自春秋始，四裔致中原的正式书信进表便都由汉文拟就。《史记·匈奴列传》记：“汉遗单于书，牍以尺一寸，辞曰‘皇帝敬问匈奴大单于无恙’，所遗物及言语云云。中行说令单于遗汉书以尺二寸牍，及印封皆令广大长，倨傲其辞曰‘天地所生日月所置匈奴大单于敬问汉皇帝无恙’，所以遗物言语亦云云。”即便与汉敌对之时，匈奴的对汉文书仍以汉文书写，而这也是我们将其列入中国古代外交研究的原因之一。

需要特别指出的是，外交研究的对象不是具体的国家，而是国家间的关系。如在王朝大一统时期，汉匈关系是古代外交的研究对象，但匈奴同龟兹、鄯善、月氏等西域诸国的关系，若形成的文书以本国语言写就，且旨在解决匈奴与各国关系问题的，便不宜作为中国古代外交研究的对象。此外，各国君主若因次一级政治事务，也可能以本国语言向汉人致信，如敦煌卷子 P.t 1082《致归义军仆射张淮深书》，为甘州回鹘可汗以回鹘文口述，记录者翻译为吐蕃文，而投递至当时的藩镇节度使张淮深处。张淮深所率军队据守沙洲对抗吐蕃，通晓吐蕃文并不意外，而甘州回鹘可汗的致信虽同为政治文书，但并未上升至外交层面。故不书以汉文，亦可理解。上述文书应收录至外交研究的史料集内，作为研究历史背景的补充。无独有偶，在后世的北朝各国完成汉化之前，都未用汉文作为对外活动（诏表章）的通用文字，而现存文献记载中亚群族中最早使用文字的，正是后来建立北魏的鲜卑拓跋部。《隋书·经籍志》还曾记录当时以鲜卑文书写的书籍，虽然这些书籍均已散佚。以汉文文书为中国古代外交的衡量标志，对于中国古代外交的界定工作而言是极其重要的。某一特定国家可能在不同的外交体系中扮演不同的角色，而在转换不同身份的时候，文书语言是最显著的特征。在汉代前期匈奴控制西域诸国的时候，匈奴为该区域的政治中心，不会使用汉文作为外交文书的主要语言，但在与汉朝的交往中，必须使用汉文。而且，这一现象同民族政权的强弱没有直接关系——辽、金、西夏与宋的外交文书都自觉使用汉文，不必考虑宋的力量消长，标志着这一时期外交活动都是在“中国”的体系中进行的。

除上述两例外，在高句丽与百济、新罗和柔然等已有自己语言的国家之间，外交文书亦由汉文写成，这是三例。具体来看，前述的两个例子，如西域诸国之于匈奴、甘州回鹘之于凉州吐蕃，基本还是同一区域中的民族间的关系，在外交文书通行汉文之前，已经具有相当的文化共性。这种语言的通用可能只是中原文化的辐射影响，而非外交体系的全面覆盖。换言之，在语言与主体民族完全不同的区域之间，汉语是否仍为各方通用的外交语言？如在鲜卑民族内部政权之外，其他少数民族政权与鲜卑政权的文书往来，是否仍然使用汉语？就唐时东北与西北政权的互动关系上看，这个答案是肯定的，同时，这也进一步说明作为抽象体系结构的中国古代外交的合理性。

现存文献对柔然起源最权威的记载见于《魏书·蠕蠕传》：“蠕蠕，东胡之苗裔也，姓郁久闾氏。始神元之末，掠骑有得一奴，发始齐眉，忘本姓名，其主字之曰木骨闾。”正光五年(524年)十一月，因部族内乱而避难北魏的柔然可汗阿那瓌，曾面禀北魏孝明帝元诩以柔然与魏同源说。尽管众说纷纭，且柔然治境亦有包括突厥在内的众民族，但总体而言仍是鲜卑别部，柔然语同鲜卑语之间也应有高度的相似性。然而，柔然人的文字形成却很晚。尽管鲜卑部南下之后，漠北分布最多的是处于游牧阶段的突厥人部落，柔然此时亦吞并了不少突厥语部落，但突厥如尼文并未成为柔然的官定文字。相反，柔然在与刘宋、高句丽和北魏的外交文书中，大抵使用汉文。前述孝明帝时期，北魏国书已推行汉体汉文。在对等国家中推行“盟”“书”，在朝贡国家中推行“诏”“册”，故而同北魏进行官方交往，亦必使用汉文。柔然与刘宋之间的关系，在早期没有通行文字时，便是由高句丽代行的。《宋书·高句骊传》：“征东大将军、高句丽王、乐浪公琏，世事忠义，作藩海外，诚系本朝，志剪残险，通译沙表，克宣王猷。宜加褒进，以旌纯节。”刘宋加封高句丽王，其中有一条理由——“志剪残险，通译沙表”。什么是“沙表”？480年，柔然国相邢基祇罗向南齐进表曰：“拓土载民，地越沧海，百代一族，大业天固。虽吴汉（漠）殊域，义同唇齿，方欲克期中原，龚行天罚。”柔然自称为“漠”。当时鲜卑族已大举南下，进入黄河流域。突厥和契丹还未崛起，兴盛于草原的只有柔然政权。可见柔然在刘宋之后已逐渐掌握汉文，并将其作为外交文书的主要语言。而这一历程，由刘宋的册书来看，是通过高句丽来推进的。

高句丽建国甚早，于前37年（西汉建昭二年）建国，主体民族为濊貊、扶余和肃慎等。高句丽的疆域横跨汉江与辽河，其建国的神话记录于好太王碑。大致是扶余王室庶出的朱蒙携部众建立起的国家。朝鲜半岛长期以来有自己的语言，在新罗统一半岛之后通行新罗文，其为现代朝鲜语的基干。而在新罗统一半岛前，高句丽通行的方言可能属于扶余语系，新罗和百济的语言则分两个维度——上层贵族持扶余语，底层大众则使用由古韩语源出的方言语种。同时，朝鲜半岛境内通用的文字却只有一种：汉文。前述好太王碑是由汉文撰写的，1979年于韩国忠州发现的高句丽碑也是由汉字书写的，而其记录的是高句丽与新罗间的关系，并非与汉的关系。对比唐代回鹘和黠戛斯等国发现的诸如叶尼塞碑在内的一系列石碑。回鹘等国在记录北疆事务的时候，还区别使用突厥如尼文，新罗、百济和高句丽三者则通用汉文作为记录文字。

尽管朝鲜半岛的语言分布存在着相当明显的“口笔不一”现象，即朝鲜半岛的语言依照政权自然区分为扶余语系和朝鲜语系两个不同的系统，而文字却只有一个系统，即汉字系统。自 1931 年平壤彩箧塚被发现至今，韩国境内的 1 590 余件木简全为汉字写成。这部分由包括汉四郡木简、三国时期的百济木简和新罗木简、8 世纪统一新罗时期的木简，以及李氏朝鲜时期的木简。其中能辨认的朝鲜三国至统一新罗时期的木简为 450 件。从这批木简的情况来看，所使用的文字为汉字。无论是各地出土的《论语》木简，还是百济《佐官贷食记》中的“佃目之二石上二石未一石(个人姓名＋食品的支给额＋上纳二石＋未纳一石)”。即便李氏朝鲜王朝的木简，也使用汉字标记货舱的位置(如“罗州广兴仓”)、税粮的种类(如“白米”)和计量(如“十五斗”)，而当时朝鲜语与朝鲜文字均已问世。无论如何，这一别立于语言的文字系统使朝鲜半岛极早地融入“中国”主导的外交制度，直到朝鲜半岛的三国时代的结束，“吏读”才出现。然而，当“吏读”已运用于公私文书中时，汉文仍然是朝鲜半岛的正式外交文书。应当说，正是高句丽将汉字带往柔然的，并且汉文的引入，很可能就是为了外交事宜。

柔然地处北陲，南下之路为北魏所阻截，不能直通南朝。但从对外政策上看，与北魏的长期敌对，促使它更趋向远交近攻的对外战略。柔然的版图“西则焉耆之地，东则朝鲜之地，北则渡沙漠，穷瀚海，南则临大碛”(需要指出的是，仍不与高句丽相接，其中为契丹与库莫奚所隔)。高句丽当时国力强盛，四处征讨。高句丽好太王碑记与新罗、百济、日本、东扶余和肃慎等的战争，却与柔然保持了长期和平。472 年，百济王上表北魏，揭露高句丽与柔然之间的地下同盟："高丽不义，逆诈非一，外慕隗嚣藩卑之辞，内怀凶祸豕突之行。或南通刘氏，或北约蠕蠕，共相唇齿，谋陵王略。"该表收录于《魏书·百济传》，可见其时高句丽与柔然的联盟关系已经形成。无论是结盟、通使，还是表章应答，都需要用到文字。依据柔然向刘宋、南齐与北魏等国的进表来看，这些表、章亦都由汉文写就，因此也就说明汉文至迟在唐时便已成为中国古代外交的通用语言，而通用语言的形成，如前所述是外交体系形成的一个重要标识。

以汉文为外交文书，并非朝鲜这一古代"模范朝贡国"的专属特点，近古日本的重大对外活动也体现出了这一点。尽管未将明清两代作为中国古代外交研究的主要对象，但两代之间的重大对外事件，仍有极其珍贵的研究价值。以外交文书为例，明代丰臣秀吉与朝鲜王朝围绕万历朝鲜战争往来的书信，都由汉文写就。尽管《万叶集》在 8 世纪时便已成型，但考察丰臣秀吉向朝鲜和琉球两国递交的国书，其制式、文字与中国无异。《宣祖修正实录》记丰臣秀吉国书：

> 日本国关白丰臣秀吉，奉答朝鲜国王陛下。（鹿苑寺西笑兑长老制之，以大高檀纸书之）。燕书熏诵，卷疏再三。抑本朝虽为六十余州，比年诸国分离、废世礼、而不听朝政，故予不胜感激，三、四年间，伐叛臣、讨贼徒、及异域远岛，悉归掌握。窃按予事迹微陋小臣也。虽然予当于脱胎之时，慈母梦日轮入于怀中，相士曰，日光所及，无不照

> 临，壮年必八表闻仁风，四海蒙威名者，其何疑乎？依由此奇瑞，作敌心者，自然摧灭，战则无不取，既天下大治，抚育百姓，怜悯孤独，故民富财足，土贡万倍千古矣。本朝开辟以来，朝廷盛事，洛阳壮丽，莫如此日也。夫人生于世也，虽历长生，古来不满百年焉。郁郁就居此，予不屑国家之隔山海之远，一超（朝）直入大明国，易吾朝风俗于四百余州，施京都政化于亿万斯年者，在方寸中。贵国先驱而入朝，有远虑无近忧者。远邦小岛在海中者，后进者不可许容也。予入大明之日，将士卒临军营，则弥可修临盟也。予愿无他，只愿现佳名。

朝鲜柳成龙的《惩毖录》卷一《朝鲜史料汇编》收录了这一国书，而这份文稿透露出许多与外交制式相关的问题，如“阁下”一词。宋代高承著有《事物纪原》，收录宋代包括自然、政治、礼乐、社会诸名称的释义与来源，提到“阁下”为政治文书中称呼三公的头衔。朝鲜称日本为“殿下”，“殿下”特指诸王，因称谓之不同，朝鲜遣使不愿携书回国，在据理力争之后，日本方修改了称谓。此外，日本国与朝鲜王朝的外交文书是由中文书写的，即便在日本意欲发动朝鲜战争以入侵明朝时，亦未打破古代外交之惯例。这一点与明治维新后日本进入近代化历程，并坚持以日文文书同清朝往来的逻辑截然不同。由此亦可窥见古代外交之终结与近代外交之崛起的更替标志。

3. 以外交语言为标识，关于中国古代外交主体界定的问题

如前所述，中国古代外交的主体既包括华夏诸国，也包括

四夷国家。然而，由于各民族的发展程度不同，有的发展起步较早、发展成熟，有的则较为晚熟。因此在某一特定的时间段中，就会同时出现国家间关系与非国家关系，如柔然与北魏形成了国家间关系，而此时的突厥与柔然的关系便是部族与宗主之间的关系。同时，就某一民族而言，伴随着历史的发展，亦经历了部族与国家等不同的政治发展阶段，如唐与契丹之间的关系，是王朝与部落间的关系；而宋与辽之间的关系，则是国家间的关系。中国历史的漫长过程与各民族的发展程度不尽相同，为中国古代外交研究带来了一个问题——如何在华夷之辨的语境中，进一步区分国家与国家，以及国家与部族间的关系。或者，我们依从固有的语境，将其称呼为四夷与外国的界定问题。

关于四夷的论述，在中国传统的政治语境中展开最早，论述亦最详。《礼记·王制》写道："中国戎夷，五方之民，皆有其性也，不可推移。东方曰夷，被发文身，有不火食者矣。南方曰蛮，雕题交趾，有不火食者矣。西方曰戎，被发衣皮，有不粒食者矣。北方曰狄，衣羽毛穴居，有不粒食者矣。"依周司空之职，在天下教化之内，有异于华夏者，即根据其居住、饮食、服饰、语言、居住条件与形貌特征等，定为四夷。《礼记》是十三经之一，其对四夷的划分主要集中于服制、饮食、居住等角度，这一视角也贯穿了《春秋》《孟子》等典籍。《孟子》记："吾闻用夏变夷者，未闻变于夷者也。"何者为"夏"？《春秋左传正义·定公十年》说："夏，大也。中国有礼仪之大，故称夏；有服章之美，故称华。华、夏一也。"从这里可以看出，"中华"与"裔夷"的区别，在于是否有作为成熟政治制度的"周礼"与文明象征的"华服"，亦即文化的发展程度。从单一文明观的视角衡量来看，“天下”之中，聚落阶段较为初始的，就是“夷”；较为成熟的，就是“夏”。

那么外国与四夷之间的区别呢？由于“五经”系统未涉及“外国”之概念，二者的区别，前人没有学理上的界定，相关的证据，鳞爪散落于二十四史等相关典籍。但借助目录研究，我们可知四夷和外国之间，有一条日渐明晰的沟壑（表 3.2）。

表 3.2 正史所载四夷对外国的演进

书目	四夷	外国
《史记》	20	未列入
《汉书》	66（实列 15 支）	未列入（实列 51 国）
《后汉书》	42	未列入
《晋书》	29	未列入
《魏书》	91	未列入
《隋书》	38	未列入
《旧唐书》	45	未列入
《旧五代史》	未列入	12
《新唐书》	59	未列入
《辽史》	未列入	2
《金史》	未列入	2
《宋史》	88	28
《元史》	10（其余散见“地理”等传）	未列入
《明史》	99（依“土司”官职）	145

从咬文嚼字的角度上看，早先的天下语境中没有外国，仅有四夷，大概因“国”这一概念主要用于“封国”。傅斯年以为，殷商之世，民族集团面临政体的更替，而封国正是跨越民族，形成新

身份认同的关键。四方民族的发展水平不一，有些部族拥抱周礼，而有些部族则相对地拮抗周礼，因而形成了赤狄和白狄。如春秋时期唯一一个真正意义上由四夷建立的国家——鲜虞人建立的中山国。但战国之后，四夷与外国两个概念便已并行。这一现象肇始于汉，发明于元，勃兴于明。《史记》作为前四史的第一史，在《齐太公世家》《蒙恬列传》等篇中论及姜尚御莱夷、蒙恬平匈奴等靖边之举外，又列“南越”“东越”“朝鲜”“西南夷”“大宛”列传共五篇，记尉佗、无诸、卫满等 19 国，其源或从氐、或从越、或从燕、或从匈奴，主要由七雄外迁或汉时归附的边陲民族构成。

尽管《史记》的目录未专设“外国”一目，《汉书》在袭承《史记》分类之余，极大地扩充了西域诸国的版图，也明确使用“国”来称呼当时西域的鄯善等地。略计其数目，四夷之外，《汉书》列入西域 51 国，含各国之户(家族)、口(人口)、兵、官；所记各国起源，明确其均非匈奴之流裔，而是与中国起源完全不同、并独立存在的外国(标志为“异俗”)。可以说，《汉书》在观念中已经粗略地界定了二者：所谓“四夷”，是指三代以来，在血缘、文化和政治等方面与中原政权有紧密联系的部族；“外国”则是在如上方面与中原政权互不隶属，但后来由于经济亲昵或实力吸引等因素，形成了羁縻、朝贡等关系的远方之邦。

另一方面，四夷与外国之间，又存在着相互转化的关系。从文献载体上看，虽然“夷”与“西域诸国”并行于《汉书》，但在目录的编次上没有严格区分。《后汉书》舍弃了《汉书》的叙事，不再言及西域各国的起源，直接从汉武帝设都护府讲起，这是将外国重构为四夷的思路。《后汉书》将“西域”与“东夷”“西羌”“南蛮西南夷”并列“蛮夷”的“正统”倾向，持续影响了《魏书》（北魏）《隋书》《旧唐书》《新唐书》等篇。直到宋人编《旧五代史》，才根据当时的政治现实重列“外国”一目。

元人所编《宋史》，从体例上将蛮夷与外国并列。自《宋史》后，明人所编《元史》曾废“外国”目，然而清人所编《明史》又重列之。由此可见，蒙古、女真两族入主中原，在华夷观念、世界版图与诸国关系上，都提出了与中原王朝“以汉为尊，四方皆夷”不尽相同的政治理念。

不仅如此，这种理念也是政治现实的直接反映。宋后“外国”有两个来源。一是随着航道的开拓与全球殖民体系的建立而进入中华视野的国家，如明所记“佛郎机”“和兰”“意大利亚”三国，前所未闻。除此之外，利玛窦亦将欧洲殖民活动的探索成果，包括五大洲与《万国全图》进贡明廷。故而《明史》记曰：“言天下有五大。第一曰亚细亚洲，中凡百余国，而中国居其一。第二曰欧罗巴洲。中凡七十余国，意大利亚居其一。第三曰利未亚洲，亦百余国。第四曰亚墨利加洲，地更大，以境土相连，分为南北二洲。最后得墨瓦蜡尼加洲为第五。而域中大地尽矣。其说荒渺难考，然而国人充斥中土，则其地固有之，不可诬也。”这里所记世界之五大洲，即 Asia，Europe，Africa，America 和 Australia 的音译，比佛教《阿含经》所言“四大部洲”图式更为妥帖现实。不仅如此，天主教（非唐时景教）明前未传入中原。《明史》始知“天主教”为欧洲诸国之信仰，隐而与儒家礼教之中华相对比。彼时所见的外国，就其概念而言，与当代对外国的理解，几乎是一致的。

另一类外国，则是四夷在离心作用之下的重构。原本前四史至《旧唐书》，大多只将中华之外的民族列入蛮夷。然而，随着时代的发展，宋后对四夷进行了更为细致的划分：西南诸夷设土司或道台等机构进行分治；而传统的“朝鲜”“日本”等四夷，由于政治完善，册封日久，地位不凡，因而亦被列入外国。纵观历史，我们可以清晰地看出——元之后的外国，除随传教士互通而为中国所知的欧亚国家外，基本都是对原有四夷的再定义。宋后四夷外化为外国，既是对《汉书》“夷”“外”并列思路的解释，又是对华夷之辨的补正。

区分中国古代外交视域下的“夷”与“国”，其标准不是等距定亲疏的朝贡制度。换言之，既非物理方位（距皇都的远近），亦非血缘与族别标签，夷夏杂居的史实与“五经”描述的“等差”有出入。从理论上看，四夷是一个基于地理位置与文明差异的概念，而地理位置是朝贡关系中“五服”的核心基础（图 3.3）。《荀子·正论》说：“封内甸服，封外侯服，侯卫宾服，蛮夷要服，戎狄荒服。”蛮夷与戎狄距离王畿最远，由侯卫扼守。这表明了在传统政治思想中对四夷的定位。四夷自三代起便威胁着中

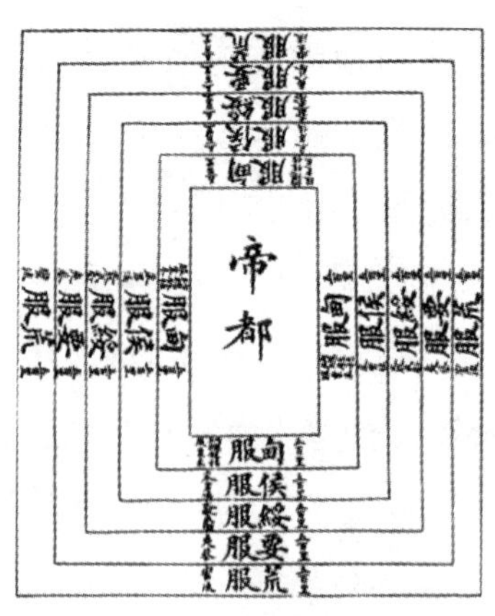

图 3.3　清代《弼成五服图》所记四夷与五服

原王朝的安全与稳定,曾一度迫使商、周两朝迁都。周设侯国,很大程度上是要御四夷,如西陲之秦、东海之齐,都有抵御戎夷的军事任务。从社稷安全的角度考虑,四夷具有较强的军事实力与掠夺野心,而与诸夏比邻而居的地理分布,给王室带来了深远的安全隐患。因而依据距离和文化的亲缘关系,将蛮夷与中原分别开来,是具有相当的政治意义与安全考量的。

然而,“夷夏混居”自周始就逐渐成为社会政治生活的常态。前8世纪许,周与犬戎的交战导致了西周灭亡。伴随着平王东迁,赤狄和戎族等大举进入中原,且与诸夏杂居。一方面,活动的戎狄进入了周的故土,如《史记·秦本纪》所记:“戎无道,侵吞我岐、丰之地。秦能攻逐戎,即有其地。”《左传·宣十五年》:“六日癸卯,荀林父败赤狄于曲梁。辛亥,灭潞。”这都是描述四夷与中国杂居的情况。另一方面,高度开化的狄人在中原地区甚至建立政权,例如白狄鲜虞部在今太行山以东地区建立起中山国(鲜虞),包括肥国、鼓国、仇由国等属国,与晋、燕比邻而居。随着四夷大规模涌入中原,五经观念中的“荒服”逐渐被“乱夏”所取代。

血缘和族别亦不足以成为四夷和外国相区分的标志。原初时期的四夷与中华亦有亲缘关系,或共宗谱,或有联姻。尽管这更倾向于一种文化观念,而非种族事实,但在夷夏之辨中,这一观念有力地维护了天下秩序的内聚机制,如周人自先祖不窟逃难于豳后,便与犬戎同俗,而周建立之后,华夷通婚也常见于史料。《史记·秦本纪》记录:“初,周襄王欲伐郑,故娶戎狄女为后,与戎狄兵共伐郑。”周天子尚且与夷狄通婚,春秋时晋献公更娶赤狄女,生文公重耳与其弟夷吾。自汉以后,华夏同四夷之间的政治联姻愈加紧密。同时，明清时的外国，已有一部分是由原本的四夷演化而成的。依据前四史的文本，“匈奴”一族源出于夏后氏，东瓯由勾践后人统领。但明代蛮夷与外国的概念之所以经历了重组，并不是中华的单方面调整，也包括四夷在长期的历史进程中，伴随民族意识的变化而自觉地整合。如四夷之一的日本，虽然德川幕府时期风行宋学，但是以古学派为代表的部分民族立场思想家，也在夷夏之辨问题上做出了同前人完全不同的选择，如伊藤仁斋强调身份认同中的文化价值本位：“苟有礼义，则夷即华也，无礼义则虽华不免为夷，舜生于东夷，文王生于西夷，无害其为圣也。九夷虽远，固不外乎天地，亦皆有秉彝之性。”仁斋的立场，是对夷夏之辨的改造，将华夷的差别限制于文化价值与文明体系层面，扬弃血缘与亲族的条件限制。这一内生的逻辑进路，承接经学中的以夏变夷论，类于元、清两代的立场，是对四夷与外国观念的拓展与深化。

相较上述标准，汉文作为四夷与外国的区分标志，尤其是论定中国古代外交中的国家文书的标志，是更有说服力的。鲜卑、突厥、契丹、蒙古、女真五族在崛起之前，族内通行本族语言，并不与中原王朝相交，即便相交，亦不必非用汉文。1271 年忽必烈发布《建国号诏》，方将国号从蒙古文的“Yeke Mongyul ulus”(大蒙古国)改为汉语国号“大元”。而比照 1245 年推举贵由为大汗的忽里台大会，蒙古人仍以蒙古语为唯一的官定语言。是年，公教会派遣教皇特使兰诺 · 加宾尼(Plano Carpini)由里昂出发，参加了本次大会。他在贵由附近的营帐里居住了四个月，又于 1247 年返回里昂，并提交了《被我们称为鞑靼的蒙古人的历史》一书，其中记录了蒙古流行的语言。当时在蒙古境内流行的语言多种多样，但政治文书与对外文件都不是由汉文完成的。然而，称号大元后，大元所发出的外交文书均为汉文。至元三年(1266年)，忽必烈向日本发出《大蒙古国皇帝奉书》，并任命黑的、殷弘为正副国信使，前往日本。至元六年(1269年)又发出《中书省牒》。这两份文书不但由汉文写成，还遵奉了汉文的书信格式。《中书省牒》的发出机构为唐后三省六部中的中书省，指名颁给“日本国王殿下”，已完全为标准汉文文书。以此为标准，不同政体的蒙古和元被准确地区分开来。汉文的使用不是简单的趋时。有些族内文书使用本族文字，对外文书使用汉文；有时有些在内务外交文书均通行汉文，有些在国内和外交文书中同时通行本族语言和汉文两种。面对这样复杂的情况，我们应当如何界定呢？应当说，在外交文书中通行本族文字，并非中国古代外交体系的反证。判定的依据在于该国的外交文书是否主动提供汉文版本？不用汉文，或仅以汉文作为辅助外交书面语，均不能将其列入中国古代外交研究的范式，而是将其还原为朝贡体系的组成部分，这一点在宋朝的表章中，有相当的表征。

表章是朝贡制度中常用的一种文书，在作为外交文书递交的时候，既在礼制上体现出了一定的尊卑意识，又能传递信息。宋朝对表章审查较严，外国使节在入境前，要将表章交至沿边惯例机构，而内容、文字和形制都是审查对象。南宋庆元六年(1200年)，今泰国境内的真里富国遣使上表致宋，表为金打卷子，由国主以本国文字，黑字手书。由于只有本国文字，没有汉文副本，又没有对照文字，宋宁宗以为不合礼制，告执宰曰：“真里富国金表已见之，甚可笑。止是金打小卷子，又于木皮上别写一卷，其状屈曲，皆不可晓，盛书螺钿匣子又折一足，弊陋之甚，内有数斤缬帛。此必海上小国，如一小州之类。”右丞相谢深甫颇有经验，建议将表章交庆元府（即翻译机构）。庆元府随后上奏：“真里富国纲首蒲德修等和译语人吴文蔚将金表章辩译。表里所有木皮蕃字一轴，据蒲德修等译语，即系金表章副本，意一同，恐大朝难辨识金表文字，本国又令南卑国人书写蕃字，参合辩照。”真里富国无人通识汉文，于是用本国文字书写表章之后，再用第三方蕃文书写一遍，以方便翻译，这里作为权宜之计的蕃语，履行的亦是汉文中介之作用。考察宋代的表章记录，除真里富这类初次上表的远方之国，其他国家都以汉文为表章用语，或以本国文字完成表章后，再附上汉文副本。如三佛齐本国文字为梵文，国主以手上戒指为印，但在上书表章时，即用中国文字；占城国上表章，亦以占城文字和唐书（即汉文）一式两份；西方的大食麻啰拔国进贡象牙、琉璃等礼物时，亦准备本国文字与汉文两道表章。由此可见，汉文为外交通例文书，在宋时已是常规。宋末元初马端临编《文献通考》，收录了大中祥符八年（1015 年）注辇国所上国书，并有按语：“（注辇国）其去中国最远，又自古未尝相通，至大中祥符间始入贡，然其表文叙述有理，词采可观，略有岛夷侏离鄙俚之谈，有类中土操觚文士之笔，高丽，交阯反所不逮。窃疑史文容有缘饰，非其实也。”可以看出，汉文表章与本国文字二表同时进献，已经是宋时古代外交的基本规范了。

当然各国汉文通行水平不一，与中原地区的交往时间开始不同，汉文表章的水平亦有不同。故此宋允许各国按本国文书格式惯例书写文书，但入境时国书要统一交由庆元府加以翻译，大学士加以文饰。然而，译府的运作并不代表各国不以汉文书写文书，汉字只是作为工具，仍服膺于各国文化传统与语言习惯。所传汉字有借佛经输出者，亦有借《论语》等经典输出者，文法不一。如于阗国所进国书初译："日出东方，赫赫大光，照间西方，五百国中，絛，贯主，黑汗王。表上日出东方，赫赫大光，照见四天下，絛，贯主，阿舅大官家：你前时要那玉，自家煞是用心，只被难得似你那尺寸底，我已令人寻讨，如是得似你那尺寸底，我便送去也。"（采用蔡絛《铁围山丛谈》本）于阗为佛教国，因此有赫赫大光之说。唐时与中央王朝有盟誓，故而以舅甥关系居宋。即便是上述广元府以对译法初译的初稿，相较辽、高丽等国汉文文书，甚不雅驯，因此要由译场和大学士在文字、语法和文采上多多润色。于阗使用汉文处理官方对外文书，历史尚久。唐时先有安西都护府，后有归义军等藩镇驻扎，故而当地羁縻州府与军镇机构间的正式官方往来文书以汉文为主，其他类文书则可以双语文书通行，但汉文文书是基本的外交文书。

"举一隅而反三隅"，对于上述问题的回答，使得我们在中国古代外交的认识问题上，有了一个较为坚实的理论基点，华夏国家彼此之间的对等关系，以及华夏国家与外国间的对等往来，是中国古代外交研究的主要对象，而汉文文书及其记载，无疑也构成了中国古代外交研究的理论参照与研究基础。这是一环扣一环的。

三、中国古代外交研究的结构和对象

1908 年，奥本海于《美国国际法杂志》（*American Journal*

of International Law)所刊《国际法科学的任务与方法》("The Science of International Law: Its Tasks and Method")曾发出自信的宣言,美国"不需要借助他国学者的助力,亦可完成国际法科学的培育"。然而,在实际的操作中,他亦承认,国际法学生"一开始经常感到茫然不知所措,他们在缺少必要的科学研究方法的情况下一头扎进研究工作,既不懂得如何运用政府公文,又不知道如何检视手边已有的材料"。当时国际法学者的主要任务,就是在期刊中讨论研究工作的目标和方法,而这样的历程已肇始百年之久。范式的建立是一个统筹已有研究方法,并加以综合的过程,但也是一个从无到有的过程。中国古代外交亦是如此。从研究的体例上看,中国古代外交的重心,不在历史而在外交,亦即以外交之精神,重构历史之实践。但这一做法,亦有风险。中国近现代学术,自晚清以来,都因循着由固有史料充塞现代学科之框架的基本做法。这一点虽无可厚非,但主厨填鸭,手艺亦有不同。先以民国时期两例予以说明。

1898 年,马建忠著成《马氏文通》,这是近代中国第一部语言学著作。全书分十卷,其理论上的最大贡献是将欧洲成熟的语法理论引入汉语的分析之中。第一卷为"正名",对所谓的"字"(实词)"次"(语序)和"句读"(标点)作了介绍。《马氏文通》在理论上的框架,是参照拉丁文法搭建起来的,其大体框架影响了《现代汉语》等教材的编写。然而在当时,陈寅恪对其发出了严厉的批评:"从事比较语言之学,必具一历史观念……往日法人取吾国语文约略摹仿印欧语之规律,编为汉文典,以便欧人习读。马眉叔效之,遂有文通之作于是中国号称始有文法。夫印欧系语文之规律，未来不间有可供中国之文法作参考及采用者。如梵语稳点中，语根之说是也。今于印欧系之语言中，将其规律之属于世界语言公律者，除去不论。其他属于某种语言之特性者，若亦同视为天经地义，金科玉律，按条逐句，意义施诸不同系之汉文，有不合者，即指为不同。”19世纪比较研究法施用于语言学，在当时被视为语言学科学化的标志。然而，印欧语系为屈折语，不仅语言有语态和时态的变化，作为基于声音材料的语言，亦极其注重语序。句法成分出现的次序，不可以混乱。这完全是基于以声音材料为物理载体的语言，由于必须遵行时间的先后次序来安排句法的前后次序，才能组织起语言的缘故，故而印欧语系亦重结构副词和连接词。副词、助词和虚词在印欧语系的句法中起关键作用，然而汉藏语系为孤立语。首先，汉语言文字是迄今为止唯一通用的象形文字，主要以象形和形声法构字，字音和字形是相互孤立的。因此只要在书写中，作为图像的文字可以独立地表达意思，而不需要借助过多的副词。其次，汉语在语汇的层面，没有时态和语态的变化，其造句和表达更兼字的功能，而非语音的功能。所以不必借助时间，而以具象的图像指义。因此，“语序”和“实词”等功能，在汉语的研究中，便不应照搬。今天的《现代汉语》已经很好地兼顾这一事实，但《马氏文通》以现成的西学嵌套中国固有之学问，仍是极常见的“时髦”做派。

《马氏文通》仅为一单纯的语法教材。就其历史背景而言，欧洲汉学以比较语言学的方法来研究中外关系史，而《马氏文通》完全以拉丁文文法来重构汉语规则，很容易造成严重后果，即在“中华文明西源说”的背景下，将原本独立的语言并拢至印欧原始语的某个变体之下，这无疑是违反历史规律的。然而，《马氏文通》虽经受了如此批评，但并不代表现代学科与中国固有史料的结合是错误的，只是路径欠妥而已。同样是陈寅恪，1937 年在同吴宓的对谈中说道："熊十力之新唯识派，乃至 Bergson（亨利 · 柏格森）之创化论解佛学。欧阳竟无先生之唯识学，则以印度之烦琐哲学解佛学，如欧洲中世耶教之有 Scholasticism，似觉劳而少功，然比之熊君尤为正途确解也。"以不得已之方法借鉴舶来学科之框架，一定要有反思意识，即框架是否真实适用。虽然可以理论的补丁来解释例外之事，但不要以框架压倒史实。学问以新旧论是非，而不就细节论出入，研究是无法深入的。

中国古代外交亦以现有之框架，编排历史之故迹。外交以国与国的关系为最主要的研究对象。其中，关键的"国家""国体"等概念，来自日本；整个外交的研究旨趣也自西来。只是框架下的细目应当根据历史有所取舍。有些是欧洲外交素来就有的，中国古代也有，只是学人是否留意；有些则是欧洲素来就有，但不见于中国，或中国素来就有，而不见于欧洲。若碰上这些变例，最好的方法，就是回到外交学自身的脉络，从欧洲外交的发展角度来界定外交的核心特征。从整体上看，"辩经"本就是"师法"的延续（表 3.3）。

尽管具体篇目不一，但归纳起来，核心内容基本为五项：外交文书、外交人员、外交主体（国家）、外交行为与外交体系。同时，这五项从逻辑上可以分为三层：个人层面的外交人员与外交文书、国家层面的外交主体和外交行为，以及国际体系层面的外交体系。在这里，中国古代外交的外交学属性，使

表 3.3 编排框架对比

2004 年版《外交学概念》	1931 年版《外交学原理》	1984 年版《外交实践指南》	第二版《外交学》
第一章 外交的起源与外交的历史演变	第一章 外交	第一章 外交	第一章 正规化外交的起源
第二章 当代外交的基本准则与进步总趋势	第二章 元首	第二章 外交元首的豁免权	第二章 外交理论的发展
第三章 当代外交机构的组成和职责	第三章 外交部长及外交部	第三章 外交部长	第三章 从旧式外交向新式外交的转变
第四章 外交代表与领事代表	第四章 外交官（上）	第四章 国家的位次和类似的问题	第四章 民主的外交
第五章 外交特权与豁免	第五章 外交官（下）	第五章 君主的称号和位次	第五章 理想的外交家
第六章 当代外交的形式	第六章 外交团——海上敬礼——政治犯	第六章 海上礼节	第六章 欧洲外交的几种类型
第七章 外交交涉与外交谈判	第七章 领事官	第七章 外交往来的语言和文书格式	第七章 最近外交实践的变迁
第八章 国际会议、国际组织、国际条约	第八章 国际会议	第八章 国书和全权证书	第八章 外交程序要点

（续表）

2004 年版《外交学概念》	1931 年版《外交学原理》	1984 年版《外交实践指南》	第二版《外交学》
第九章　外交业务与技术	第九章　国际条约（上）	第九章　对外交官的建议	第九章　外交官制
第十章　当代外交与其他领域问题	第十章　国际条约（下）	第十章　拉丁文和法文用语	第十章　外交用语
第十一章　中华人民共和国外交政策的主要内容和基本原则	第十一章　中国条约	第十一章　外交代表和使节权	
第十二章　中华人民共和国外交的特色和风格	第十二章　国际公断	第十二章　外交代表的选任	
第十三章　当代外交官的素质、遴选和培养		第十三章　可以接受的人	
		第十四章　外交代表赴任	
		第十五章　外交代表的分级	
		第十六章　外交代表的豁免权	

（续表）

2004年版《外交学概念》	1931年版《外交学原理》	1984年版《外交实践指南》	第二版《外交学》
		第十七章 外交代表的豁免 第十八章 免税 第十九章 外交代表在第三国的特权 第二十章 外交团 第二十一章 使命的终止 第二十二章 大会和会议 第二十三章 条约和其他国际契约 第二十四章 教廷条约、附加条款、蒇事文件、总议定书、议事录 第二十五章 临时办法、仲裁协定、追认书	

（续表）

2004 年版《外交学概念》	1931 年版《外交学原理》	1984 年版《外交实践指南》	第二版《外交学》
		第二十六章　批准书	
		第二十七章　加入、接受和认可、保留、终止通知、登记	
		第二十八章　英联邦	
		第二十九章　联合国组织	
		第三十章　联合国、专门机构	
		第三十一章　联合国：谈判、斡旋、调停、调查、和解、仲裁	
		第三十二章　联合国：国际法院	
		第三十三章　西方国家的联合组织	

得它同肯尼斯・沃尔兹在《国际政治理论》第一章“规律与理论”中提出的分析框架有机地联系在了一起。这种联想不仅是促进记忆方式而采用的表面联想，更重要的是，作为一种基本的分析框架，三层次五对象的分类法是有助于分析研究的。

依据巴里・布赞(Barry Buzan)的观点，所谓的分析层次，强调三个方面的研究。首先是互动能力，即体系内每一个行为体与其他行为体之间的关联。其次是结构，即系统意义上的结构。要素的次序、层次所建构起的整体结构，具有要素总和不具有的意义。最后是过程，也就是循环中每个要素相互反映的程度。建立在汉文圈基础上的中国古代外交，并非一国之外交，而是国与国之间互动关系的抽象，是体系式的产物。

就中国古代外交研究的五个内容来看，应当说每一个内容都存在着有争议的地方。在过去，引发最大争议的是外交主体，亦即国家资格问题。这一点本书的前文已经详加论述，在此不再赘言，这里主要讲一讲长期以来被忽略的外交使节问题。

如前所述，遣使作为一种政治行为，曾广泛盛行于王朝的内外治理中。如汉代的“遣使循行”，即政治上派遣使者云游四方，视察国内政事。而这类“遣使”，就仪式、制度、任命等方面，与派遣至四夷的使者，几乎是一样的。外派和内遣两类任务不同的遣使，在史册典籍中混为一谈，这本身就增加了外交遣使研究的难度，长期以来，学人仅依“三礼”等典章研究为主，这便使得他们将春秋战国时的礼崩乐坏视为周礼之变体，强调“尊王”的一面，忽略了伴随社会背景变化而随之分化的使节功用。故如清皮锡瑞在《经学通义》中便有“三礼皆周时之礼不必聚讼当观其通”之说，这一理路之研究，大多不区分春秋与战国两个不同时期，因此也凸显了既有研究框架的局限。

然而，回顾中国古代外交的研究，我们可以看到，“使”之一字固然同时广泛地运用于中国古代的政务之中，却可能因为任务和对象的不同，“演化”出不同的功能结构。尼科尔森深入地发掘了外交使节的功能界定的标准，他指出：“如果一方面的使者在还没有把信送到以前就被对方杀死或吃掉的话，这种谈判显然要遭受严重的阻碍，因此在最古老的时代就建立起这样的惯例，最好是给予这些谈判使者一些为普通战士所没有的特权和豁免。”在这里，传令使赖以同军队中一般战士相区别的正是功能与赋权。尼科尔森不仅较早地将外交传统与现代外交学相接续，还描摹出外交遣使在职权上的历史演变，以此完成对欧洲古代遣使的分期，如希腊时期的演说才能、罗马时期的档案记录员与情报收集工作，以及罗马帝国晚期出现的谈判能力，正对应使节的三种历史形态——“传令官”“演说家”与“职业外交家”——“正如演说家代替了初期的传令官那样，训练有素的观察家代替了演说家。”功能差异，不仅成了外交官与其他政府官员间的区别，还成了研究外交制度的演化与改革最重要的历史线索。

这种思路就是外交研究的基本思路。丁韪良便是依据功能将春秋与战国的遣使分开，特别强调战国使节更接近于外交家：“第一批引起我们注意的是外交家是苏秦和张仪。他们并不像塔尔提比乌斯和尤礼柏蒂斯，仅是传令官和信使，其职责是传递一封信或是吹喇叭。他们都是充满了主动性的政治家。”丁韪良将申辩、谈判与影响国是等政治活动，列为战国时期“外交官”成熟的核心标志。在经学传统未曾留意的角落，发掘出外交使节的历史演进。

在《汉书》卷六十四下“严朱吾丘主父徐严终王贾传”一节，记汉武帝遣博士徐偃使胶东“矫制”，未奏报朝廷即允给胶东与鲁国自铸盐铁之事：

> 偃以为《春秋》之义，大夫出疆，有可以安社稷，存万民，颛之可也。汤以致其法，不能诎其义，有诏下军问状，军诘偃曰：古者诸侯国异俗分，百里不通，时有聘会之事，安危之势，呼吸成变，故有不受辞造命颛己之宜；今天下为一，万里同风，故《春秋》“王者无外”。偃巡封域之中，称以出疆何也？……军奏“偃矫制颛行，非奉使体，请下御史征偃即罪。”

这里出现了一个极其重要的概念——“颛行”，即“不受辞造命颛己之言”。春秋时期诸国林立，通使艰难，不及回报；而遣使参加的又多是军事盟会，事关重大。因此，遣使都有“颛己之宜”，即见机行事之权。只要符合诸侯国利益，使者可行使谈判、签约甚至军事自卫权。终军虽有意诘难徐偃，但不敢非议春秋时期“矫制”的合法性，只能从“颛行”上寻觅突破口。他指出，汉代政体不同，巡查使故应在职权上区别于外交遣使。汉代行郡县制，从东周各国的松散集合，扩展为重疆域、户籍、守备的统一“疆域”。以前，只有“出疆”外使才行专断之权，而徐偃乃“域内”巡使，不得越权。“遣使”依据功能不同，在此产生了不同的问责机制。域外使节之职权，仍以终军为例，终军后奉旨出使南粤国，说服南粤归汉。彼时南粤王与王太后均已同意归汉，惟丞相吕嘉意图叛乱："酒行，太后谓嘉：'南粤内属，国之利，而相君苦不便者，何也？'以激怒使者。使者狐疑相杖，遂不敢发……太后独欲诛嘉等，力又不能。天子闻之，罪使者怯亡决。"从问责机制上看，终军没有当机立断地诛杀吕嘉，即以"怯亡决"的名声告罪于天子。由此可见，出疆使者不会因充分"颛行"造成的后果（如杀人或动用军事暴力）而被问罪，但却会因为"不作为"和"不能充分顾全王朝利益"而被追责。

"颛行"一词，在经学史的视野之下带有贬义色彩。然而，透过这一非议的滤镜，如董仲舒在《春秋繁露》中所引对楚司马子反与宋华元背主停战之"颛行"批评："《春秋》之法，卿不忧诸侯，政不在大夫。子反为楚臣而恤宋民，是忧诸侯也；不复其君而与敌平，是政在大夫也……平在大夫，亦夺君尊。"尽管汉代儒生认为，在下的臣子不应分忧君上之事，否则是夺君之尊。但在外交的视野中，"颛行"这类"大逆不道"之事，却逐渐具备"全权委任"的特征。严格来说，"全权"与"特命"是两个独立的词汇，"特命"一词表达各国公使有资格比照大使礼遇接待的资格，而"全权"则赋予派遣使者代表君王谈判与签订条约的权力。从词根上看，"全权"起源于17世纪的"plenipotentiarius"，由pleni "full"和potentia "power"，亦即由欧洲外交实践催生的"全权证书"。以圣詹姆斯宫为签订国家间的条约颁发的一般国书为例——"兹对该员授予一切权力和职权，以便与任何其他国家授予同样权力和职权的使节、专员或全权代表来讨论、安排和缔结我们和上述国家之间的任何条约、公约（专约）、协定、议定书或其他文件，并代表我们和以我们的名义，为大不列颠及北爱尔兰联合王国签订所有获得协议和商定的事项，以及处置和办理有关的其他一切事宜，其办法、方式、效力和作用与我们亲自出席完全相同。”可以看出，“全权”在这里包含了为会议、谈判和缔约赋予的充分代表权，而与之相应，使节在辞任之后，属于公务身份的特权亦会在离开驻在国后失效。全权委任与相应的特权专属于公务身份，就政府官员的而言，是比较特殊的，是专门颁给外交使节的权力。

由此可见，外交学的框架，可以运用于中国古代之研究，只是研究框架应进一步细化。研究应求其真，而非求体例之善，尤其是“奥卡姆剃刀”这类以简明扼要见长的思维法则。它可用来翦除熟悉语境下的冗余表述，但并不适用对陌生语境的吸收和消化。学术的发展，自有其逻辑。“简单”是舶来时易于生根发芽、改易风潮的利器，但学科发展百年易过，在思想资源与理论范式的接嫁中，势必面临以精细求准确的客观要求，而这亦为中国古代外交研究的压力与动力所在。

四、中国古代外交的历史分期

一切政治举措莫不应对当下的现实问题，其中的一部分则因触及了更为深层的共性问题，而具有了一定的超越性。中国古代外交的发展亦要服从这一历程。一反固有之印象。中国古代外交的历史进程，并不是依照“萌芽—发展—成熟”这类的演进过程而展开，而且在每一个阶段，因其特定的政治现实，体现出不同的特征。故而作中国古代外交研究，必须解决历史分期的问题。中国历史发展的时间跨度太长，古代外交亦是一个既有长期的延续性，又凸显出鲜明的阶段性特征的历史现象。故而掌握准确的历史分期，是深入理解中国古代外交活动的必要条件。

如前所述，针对中外关系史的分期，向达、方豪等人已有专论，但中国古代外交的范式不同于中外关系史。中国古代外交史有赖于历史学基础的支持，但其本身是不折不扣的政治学研究，故有一定的“范式”在其间。针对外交对象的变化，外交关系的转变和使节职能的丰富等要素，中国古代外交史的发展可以分为五段。第一个阶段为前770—前221年的上古时期，其基本标志是春秋战国时期的对外关系以及“中国”群体的形成。第二个阶段为前220—581年的拟古时期，其基本标志是朝鲜和倭国首见于史录，以及匈奴政权、西域诸国、朝鲜政权、交趾-安南政权、鲜卑政权与汉族政权的往来互动，并以隋朝的建立而终结。第三个阶段为581—979年的中古时期，其基本标志是日本易名，大规模派遣遣唐使并完成大化改新；朝鲜半岛结束三国时期的纷争，进入统一的新罗时期；新近建立的、融合鲜卑人与汉人的统一中原王朝同阿拉伯帝国、突厥政权、契丹政权、吐蕃政权、西南诸国、西域诸国、朝鲜半岛及日本政权之间的密切往来。第四个阶段为960—1368年的近古时期，其基本标志是契丹政权、女真政权、蒙古政权、吐蕃政权、西夏政权、西南诸国、交趾-占城政权、西域诸国、朝鲜半岛、日本政权与汉人王朝的交往，以及蒙古政权主导的东亚秩序的形成。第五个阶段则是1368—1842年的朝贡制度时期，其基本标志是东亚地区朝贡制度的完成。每个时期均依照三个层次（个体—国家—国家间关系）的五个要素（国书语言与格式、外交使节、外交活动、国家主体与国家间秩序)作为主要的研究对象,而在每一个阶段中,中国古代外交都表现出了显著特色。

1. 上古时期

依照史料的可靠支撑,现有的中国古代外交应追溯至前770年,即以始于春秋初、结束于战国末(前221年)为标志。本时期的外交,依照上述五个要素,其突出特征为多边外交的活跃与国家间规范的早熟,而这一点不见于其他时期。

从国书、符信与外交文书的维度来看,本时期的外交文件以书信为主。如前所述,古代书信的起源本就是外交活动中的政治书信,而除却前文所列举的书信示例,作为国家间条约的盟誓也已形成了较为一致的格式,即外交语言已经成型。

本时期的使节制度受到了更为正式的国家间规范的保护,使节基本享受人身保护权与全权代表等基于外交的专门赋权,从而在职能维度同国内官吏有所区别。然而,上古时期的使节制度亦留下了两个深远的历史影响,即没有形成常驻使馆,也没有发展出职业使节。本时期使节虽已有礼仪使与专事使的区别,但基本来源都是临时指派的国内官员。由春秋时期形成的使节惯例,贯穿了整个中国古代外交。

就外交活动而言,本时期国家间活动极其频繁,然而符合外交定义的活动,主要为“盟会”和“遣使”。“遣使”是典型的双边关系,而最具特色的“盟会”是一种仅见于本时期,并同时兼顾首脑外交、多边外交和国家间公法三要素的活动,值得进一步介绍。如前所述,盟会是一种在具有高度自治权的政治主体间发生的对等活动,且这种行为严格限定于各政治主体的最高统治者之间。盟会主要兴盛于春秋时期,《春秋》载盟 105 次,《春秋左氏传》载 41 国盟 182—197 次。相较之下,战国会多而盟少,盟少于 12 次。

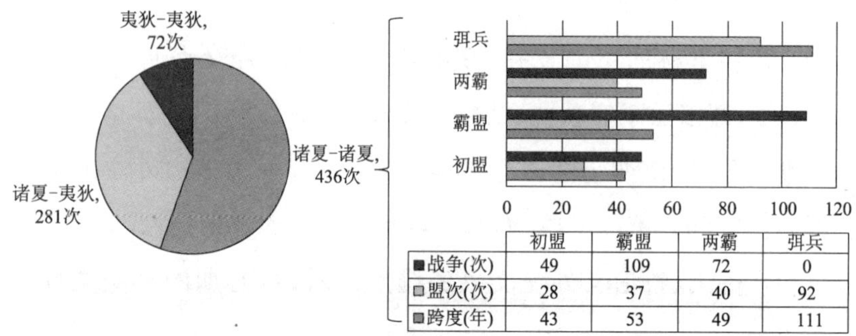

	初盟	霸盟	两霸	弭兵
■战争(次)	49	109	72	0
■盟次(次)	28	37	40	92
■跨度(年)	43	53	49	111

图 3.4　春秋时期诸夏战争与盟会

春秋时期的"盟会"与军事活动之间存在着高度的负相关性(图 3.4)。盟会次数愈多,而战争频次愈少,其功用包括协调同盟国家行动,组织统一的对外战争和制定相应的国际规范。就协调同盟国家行动而言,春秋时期在"盟"的基础上,经常建立高度统一的军事集团与互助条约。《春秋左氏传・闵公元年》记鲁闵公元年狄人伐邢。彼时齐桓公与管仲议论是否应当救邢。管仲从文化认同与现实需求两个方面建议援邢拒狄:"戎狄豺狼,不可厌也。诸夏亲昵,不可弃也……简书,同恶相恤之谓也。请救邢以从简书。"齐援邢所依据的就是助御之策。

春秋时期的合法战争只有两类。从名义上看,维护周王室的权威和打击四夷是"正义"的。西周末期戎狄灭周,并大举涌入镐京。这一事件后,政治典籍所描绘的理想蓝图崩溃,《国语》记:"王室将卑,戎、狄必昌,不可偪也。当成周者,南有荆蛮、申、吕、应、邓、陈、蔡、随、唐；北有卫、燕、狄、鲜虞、潞、洛、泉、徐、蒲；西有虞、虢、晋、隗、霍、杨、魏、芮；东有齐、鲁、曹、宋、滕、薛、邹、莒；是非王之支子母弟甥舅也，则皆蛮、荆、戎、狄之人也。非亲则顽，不可入也。”四夷在外密布于周之四疆，在内犬牙交错地嵌于诸侯国间，形成了杂居的状态。实际上，受领土要求、朝贡废弛、劳力补充与游牧经济四个因素驱使，四夷对华夏国家形成了更直接的威胁。其中，经济上的争夺，主要围绕财物、粮食与畜牧。《史记·齐太公世家》记载：“（太公）犁明至国。莱侯来伐，与之争营丘。营丘边莱。莱人，夷也，会纣之乱而周初定，未能集远方，是以与太公争国。”记太公御莱夷以卫齐的数战。此外，“朝贡”作为四夷与诸夏之间的标准范式，也是引发双方紧张状态的诱因之一。《庄子》两记虞夏时尧攻宗脍（丛枝）、胥、敖三国，而诫战国之弊。成玄英解释说：“而三国贡赋既衍，所以应须问罪。”三小国地处要服与荒服之间，对天子或不驯服，因而亡国。因此，这一时期的四夷之策，是由华夷混居，尊王攘夷的政治现实与“戎狄豺狼”的政治观念所共同促成的：桓公救卫，帮助重建楚丘。《公羊传》言：“则其曰实与之何？上无天子，下无方伯，天下诸侯有相灭亡者，力能救之，则救之可也。”本来，桓公会同诸侯，为卫建城御狄，盟会在此是华夏国家协调内部行动而采取的外交手段。

“盟会”亦可制定国际规范，尤其是多边框架中的国际规范。如《春秋穀梁传·僖公九年》记齐桓公所召开的葵丘之盟：“葵丘之会，陈牲而不杀。读书加于牲上，壹明天子之禁，曰：‘毋雍泉，毋讫籴，毋易树子，毋以妾为妻，毋使妇人与国事。’”葵丘之盟召开的背景，原本是以偏爱侧室而想要改立太子的周惠王的意图被太子偕同齐桓公等诸侯挫败之后不久离世，新继位的太子周襄王为回报齐桓公的协助，派遣大夫孔宰在会盟中赠祭肉与齐桓公，帮助确立春秋霸主的威信。秋天，齐桓公又在葵丘召开了一次盟会，召集鲁、宋、卫、郑、许、曹等国与盟。而这一次盟会便达成五条重要的约定：不能壅塞境内的河流以威胁下游的国家；不能在饥荒的时候囤粮，加剧他国饥荒；不能随意改立以长子继承制为基准的世子继承人；不能让妾升为妻；不可使宫廷女眷干预国家政治。我们可以看出，这是一个多边框架下的公约，每一个与盟国均有义务遵循公约内容。春秋时期的盟会大多为军事集团的盟约，但也有部分与政治治理和国家间协同相关的盟誓及约定。春秋时期的"盟会"活动是本时期外交的突出标志之一。

就国家主体而言，春秋时期的诸侯国都体现出了较为鲜明的主权特征。然而，最重要的是，春秋（包括战国）时期的诸侯国都是华夏国家。尽管《春秋公羊传》和《春秋穀梁传》屡以楚国等南方国家和秦国等西方边陲国家为蛮夷，但无论是楚人还是秦人，就主体民族、礼仪制度与身份认同而言，都是华夏国家的组成部分，秦国还是最终结束战国割据、开启郡县制基础上的第一个统一王朝的诸侯国。因此，《春秋左氏传》未将其列为蛮夷，说明这一时期的盟会基本发生于相同的文化观念、语言系统与政治制度的国家之间，唯有鲜虞中山国一国为白狄所建。因此这一时期的"中国"，就是指分布于黄河流域与部分长江流域的华夏国家构成的外交体系。

春秋战国时期还具有一个突出特征，不见于后世，那就是国家间规范的形成。春秋时期的国家间规范是成文规范，而非单纯的习俗，即以“周礼”为代表的一系列明确规定。周礼对当时所有国家的活动都做出了明确规定：从国家间关系到使节保护，再到外交活动中各国的等级排序，可谓巨细无遗。难能可贵的是，这些规章在春秋时期的推行是各国相互约定，而非更高一级政府借由行政命令强制推广而来的。这套体系在民国时被视为中华公法体系的遗存。上古时期的外交虽然萌生最早，但层次最丰富，体例最完全，而后世的外交活动难以望其项背。尽管使节制度的规定后期日益紧密，外交活动涉及的国家愈发众多，但在早期特别活跃的多边关系和原始公约却都湮灭于历史的进程之中。这也可以说，是对进化史观在一定程度上的拨正了。总而言之，本时期的一手研究史料虽然匮乏，且仅有汉文文献记载，但却是古代外交研究中成果最为丰富、基础最为扎实、体例最为成熟的时期。

2. 拟古时期

从秦朝开始（前 221 年）至南北朝终结（589 年）的这段时间，我们将之归诸于“拟古时期”。本时期外交活动的主体逐渐产生了变化。汉代虽然是统一王朝，并且有广阔的疆域，但体量并非无双。汉代的前期与中期都面临着匈奴这一实力相近的敌人，故而外交并未随着大一统王朝的兴起而沉寂。然而，自秦设郡县、明天下以来，作为统一王朝的汉在政治现实上面临了极其重大的转折，而这种转折亦作用于外交。

首先是外交文书。统一王朝的建立对行政文书的影响是至为深远的。由于首次出现了集权意义的中央政府，行政文书的制式便随之成为古代文书的核心要素。秦始皇是第一位封建皇帝，因而诏、令等国书亦首次出现；秦汉时期以法代礼的风潮，亦使法律文书的书写自成格式。原本在春秋时期格式较为随意的外交文书，至秦汉时已出现了文体的分化与固定格式、专门措辞的提炼。不仅如此，作为政治经典的“经学”，在汉代也已诞生。外交文书始受尊卑观念的影响。

不仅如此，文书检的出现，使外交书信由使者携带转而为邮政投递，在提高文书传递效率的同时，还促使基于书信的外交文体进入了格式化和成熟化的进程中。邮驿系统与关防系统的内部区分，也使文书系统与使节制度区分开来，这是古代外交专业化的一个物理标志。

使节的功能在这一时期也发生了分化。原本春秋时期的使节均为外交使节，秦汉时期出现了大一统的版图，而皇权的运作范围亦远超春秋时期的诸侯，因此原本华夏国家间的使节逐渐异化为循行遣使，即皇帝因巡查、赈灾、祥瑞等事件而临时派遣的事务性使节，这类使节在漫长的历史中又逐渐演化为监察人员。由于制度的变化多少滞后于政治现实的变迁，汉代使节在仪轨、制度与官衔上还没有展现出明显差异。这亦提示了中国古代外交研究的方法论革新，即以事权和职能作为动态标准，取代以制度和仪轨为对象的静态研究。这一时期外交使节的特征之一是规模的扩大。尽管使节均置正、副使，但国内派遣的巡查类人员规模并不大，海外使节则形成了使团。同时，海外使节保留了春秋以来的几乎全部外交特权，而国内巡查人员的职能则开始萎缩。

其次是外交主体。本时期外交主体的变化，是重点中的重点。一方面，华夏国家群立的局面，虽在秦汉有所反复，而在三国两晋时又基本恢复了诸侯林立的状态，尤其是三国时期，国家的主权特性凸显得亦常明显。然而，原本华夏国家间的博弈，逐渐退位于新兴的中外关系。以匈奴为代表的北方民族在崛起的过程中，历经了由游牧部族向早期国家的演进，并对汉代造成了极大的边境压力。此时“外国”相对于春秋时期诸夏盟会而言，已是一个全新的政治主题。汉匈关系的影响一直延续到两晋时期。在北人离漠南下的大趋势中，五胡入华与鲜卑崛起成为整个东晋时期乃至南北朝时期的绝对趋势。古代外交也由此从一个华夏国家的问题，转型为胡汉之间的问题——自汉后，汉人南迁与北方游牧民族政权的坐大，使夷夏之辨经历了第一次动荡。统一了全国的北方王朝，既要处理胡汉关系，又要重建夷夏之辨，本时期政治建设的功绩，全在建国。陈寅恪以为：“夫拓跋部族自道武帝入居中原，逐渐汉化，至孝文帝迁都洛阳后，其汉化程度虽较前愈深，然孝文之所施为，实亦不过代表此历代进行之途径，益加速加甚而已。”纵观南北朝之势，南朝的政权以迭代为主，而北朝的政权则以并立为主。不得不说，这是汉化程度的不同所致。然而，汉制在黄河流域的传播，于稍早时期催生了前秦、西凉，于同时催生了前、后燕，于稍晚催生了北燕。北魏与柔然虽世有渊源，但建国方略、制度截然不同，柔然则屡为北魏所制。不得不说，以异族之体，行华夏之政，这样的政权构成了魏晋时期中国古代外交的体系，并向周边进一步辐射。这一格局由南北朝至宋，维持了千年之久，其体制非但不是历史的偶态，反而是长期的主流，这无疑具有极大的研究价值。

然而，自本时期始，多边外交与通约性的国家间规范便消失于历史的长河之中，在现代外交舶入前的近两千年间，几近绝响。这一点亦应铭记于后来之研究中。

3. 中古时期

本时期包含由唐一代(618 年)与唐后的五代十国时期(979 年)。本时期的核心，是唐与周边国家间的关系。但就文书和使节制度等问题，大多继承前朝，发明不多，值得注意的是国家主体的资格问题。

唐代外交文书最重要的变化，是译员系统的发达。就历朝历代的纵向对比而言，北人、胡人与西域在唐代发挥的文化影响远甚历代。与后继的宋代北向通路受阻、全面转向海洋贸易，而使南洋国家的地位上升不同，唐代的文化交流与贸易主要依靠陆上交通，西域国家各行其是的语言系统，与外交文书的统一文字制式形成了对比。在这里，译员和译场发挥了相当的作用。

唐代彻底终结了以分封制为基础的华夏国家外交体系。自唐太宗意图推行分封制的努力为朝野挫败时，中国便彻底进入郡县制时期，封国成为了历史。但本时期四方的民族政权几乎都进入了早期国家时期。朝鲜半岛经历了由三国时期向统一新罗的转换，日本亦进入了大化改新和全面唐化的阶段。西方诸国的情况复杂一些。原本来自鲜卑的威胁消失了，但突厥、吐蕃和回鹘的崛起使国家主体的资格认定变得充满争议，突厥、回鹘与吐蕃都创立了自己的文字。而在汉藏语系国家和阿尔泰语系国家之外，同处印欧语系的波斯帝国和北天竺亦同中国发生了密切的文化联系，使得原本依托于经学体系的国际规范受到了冲击。除唐外，四方国家在此时都已经完成了佛教化，具有了与儒家不同的身份认同。尽管借助这一认同，四方国家与渐成北传佛教中心的唐代建立了较为良好的关系，但毕竟经学观念被持续地拉扯和消解。这就使对外交问题的经典解释，呈现出与前朝不尽相同的走向。

这一时期的外交活动，除了遣使，还有以都护府和羁縻州为常驻机构的政府往来，但后者经常被理解为内政的一部分。可是事实并非如此。何为建制？建制是指在边境事务的常治机构的保障下，以经济、文化与军事等手段综合保障朝贡体系的做法。都护府建制非唐始设，如汉时所建西域都护府、北魏之建四夷馆，都以靖边的军事机构与王城的使节机构等为依托。但在唐前，建制但并未成为御夷之策的主流。直至唐代，由于四夷内附现象的加剧，以及胡汉的进一步融合，才使社稷安全必须依据客观情势而加以调整。高祖即位后，唐重内务而轻外事，西北颉利可汗统领突厥挤压唐的生存空间。为巩固边防，唐接受西突厥等部的“内附”，依夷兵以抗突厥，这意味着唐王朝需拟定计划以管理内附诸夷。从具体的措施上看，建制至少包含羁縻州这样的特殊单位。羁縻州是专辟给内附诸族的建制单位，唐初时羁縻州县数量庞大，依《新唐书》记：唐时羁縻州数攀升至856个。都护府和羁縻州县的存在，使唐代的外交研究变得更加复杂和模糊。

唐代的特殊性，就在于唐既为大国，亦为中国正统。尽管唐初时北面有突厥，中后期西面有吐蕃，但任何政权均未试图撼动唐的“中国”身份。与宋迫于时局的政治妥协大不相同，唐朝在这样的格局中，保留了中国古代外交的基本体式，没有以朝贡一概取代外交，这又与明清两代不同。这一兼顾“大国”与“外交”的外交理念是如何形成的，亦是中国古代外交研究的重点之一。

五代十国时期则完全体现出中国古代外交的基本精神。无论是南方十国的并存，还是北方后晋与契丹间的关系。唐没之后，胡汉杂居的历史进程导向了统一王朝治下的境内少数民族与域外之国的不同分类：境内少数民族与州府的冲突被纳入了“内治”，而域外之国却与中原王朝等量观之，分庭抗礼。此外，对外交流的增加，拓展了汉地对“世界”的认识，使中外关系成为这一时期首要的外交关系。整体而论，中古时期并蓄了类似春秋时期林立的国家局势与类似魏晋南北朝时复杂的外国关系，形成了复杂稳定的外交体系。

4. 近古时期

近古时期的事件节点以北宋建立（960 年）为始，元朝覆亡（1368 年）为终。本时期的特征是：文书系统的标准化，使节制度的职能分化，外交国家的体量增大与秩序主导地位的争夺。

首先是文书系统。宋代号称中国历代文治第一。

从文体角度上看，古代书籍存目增量最大的两个时期，就是唐宋二代。其中，文体学在唐代的蓬勃发展，以及唐宋八大家引领的古文运动，都对政府公文，尤其是对外文书的格式产生了深远影响。宋代出现了针对不同地位国家的不同国书体。就国书的规格上看，宋与西夏、渤海之间外交文件皆归于“诏”。诏是君上对臣下颁布的命令。但在澶渊之盟后，宋对辽所颁制的文件均为“制”。制不强调文书中包含的等级尊卑，仅强调发自天子。《史记·秦始皇本记》讲道：“臣等昧死上尊号，王为

‘皇’，命为‘制’，令为‘诏’，天子自称‘朕’。”刘勰的《文心雕龙》亦表明：“汉初定仪则，则命有四品：一曰策书，二曰制书，三曰诏书，四曰戒敕。”宋辽之间的国书为“制”，实际就是对二者“兄弟之邦”关系的反映。

从机构上看，宋代的国信所、庆元府以及关防制度，使国书的投递形成了固定体系。继承唐代的译场传统，宋代对投来国书的制式保持了开明态度，但各国仍自觉地保持了中国古代外交的文化惯例。宋代的对外文书形成了从物理基础到流动程序的全面熟成，而这一制度亦被推广至所有的“中国”成员（特指辽、金、元）。

其次，使节制度的职能分化，亦是一个本时期的亮点。如前所述，汉朝推动了使节的功能分化，但职能分化是在宋代全面完成的。以宋与辽两国“和聘”为例，本时期两国的使臣往来形成了固定的制度。遣使访外，本是古例。汉匈之时除婚使外也常有宣诏使。然而，宋时和聘乃有定制，不再以互扣使者这类简单粗暴的手段进行外交报复，并在对外交往中，加强使团的人身保障。宋、辽两国遣使的制度化进程日臻成熟。从通使的种类与对象上看，使者分为常使与专使（专使就某一事而派遣）。从使节的种类来看，宋与辽、金间无婚使，依岁币、续盟、节庆等事分为正旦使、生辰使、国信使等。国信使兼营国家之事，其他十一使主营宫廷关系。同时，两国亦从制度上完善接使之举。宋设礼信所，负责迎来送往，应急监督，比汉廷使节的觐见与汇报制度要完善得多。而和聘制度作为古代的外交形式，常与协议、协商、谈判、和约等形式处理争端，如辽对宋所属十县提出领土要求时，宋使团以谈判的方式回绝了对方的领土主张,强调以“纳岁币”的方式解决问题。这一思路昭示着中古时期的盟约与和聘,从理论上和实践上都具有了与边境安全紧密相连的内在关联。

再次,从外交活动上看,本时期的外交活动几乎是中国古代国家间非暴力双边关系的总和。各国以贿买、盟约、和聘等形式,极力避免武力冲突,构建起双边和议的机制。例如,这一时期的柔远之策,主要通过宋与辽之间的盟约、和聘等机制来实现。宋辽之间的盟约特指“澶渊之盟”。1004 年,为结束澶渊之战并定幽云十六州归属,宋与辽议定“兄弟之盟”,以宋供岁币为代价,两国定兄弟之盟,由此签订和议。比较汉匈之盟,澶渊之盟亦议定了两国之间的兄弟地位,以宋为兄、辽为弟。两国之盟定,以岁币作为盟会生效的基础。相较之下,汉匈的盟约则由通婚来支撑。但是,细究其条文,我们会发现,澶渊之盟作为一种安全机制,其意义较汉匈“兄弟之盟”更具有古代外交的意义。澶渊之盟在一定程度上缓和了辽、宋两国的边界争端,还确立了以经济让利规避军事争端的做法,尽管这一做法的时评不佳。

澶渊之盟还正式建构了边市贸易的重要性,在政治活动之余,经济也被列为外交的辅助。汉通使西域,亦曾借助商贸,作为利好条件。匈奴绝和亲之道,入盗于塞,但仍倾心于边市贸易与先进的手工业制品。汉匈订盟之时,关市贸易一度成为羁縻匈奴的利饵,其规模还不大;但宋辽互市的规模,早已成为双边战争的高效稳定器。澶渊之盟后,宋、辽于雄州、霸州、安肃军、广信军等处设榷场,辽于经商之事不精,宋实际掌握了双边贸易的红利和主导权。《三朝北盟会编》记曰:“用兵之费国,享重币之利。虏(敌)自知得计,守盟修好,皆其诚心。”澶渊之盟虽屈辱,但宋乐于维持的原因,就在于边市贸易带来的红利抹平了岁币的巨账。从这个角度上看,两国实际是以和议的形式划定国界与解决纠纷。和议成为彼时边境安全的重要依凭,这是汉代“兄弟之盟”未起到的功效。当然,此时的盟约,主要为双边盟约而非多边盟约。

最后,从国际主体上看。宋代并非汉、唐一般,为无可争议的中国代表。尽管宋朝的文治在历史的纵向比较中,是当之无愧的第一。然而,从身份认同的角度来看,宋、辽两国在当时皆称中国,是因为从地理上,辽占据的是自周、秦以来黄河以北的“中国”之地,而北宋继承的隋、唐之统亦上承于北魏,这是一个民族政权,辽与其性质相近。辽之以中国自称,实际对宋造成了极大冲击,并促成了对社稷和中国关系的反思。大中祥符六年(1013年),《册府元龟》于《帝王部》将东晋和北魏并列为正统。而对于此,张方平著《南北正朔论》,继承隋唐的观点,以北魏—隋—唐为正统,陈师道亦在《正统论》中言及北魏自孝文帝后可得正统:“正统之说有三,而其用一。三者:天、地、人也。天者,命也。天与贤则贤,天与子则子,非人所能为也,故君子敬焉。地者,中国也,天地之所合也,先王之所治也,礼乐刑政之所出也,故君子慕焉。人者,德功也。德者,化也;功者,事也,故君子尚焉。”从这个角度上看,宋所面临的社稷之危并不仅是武力的侵凌。当然,从现实性因素来看,北宋也与诸国就领土问题多有纷争——宋曾力主收复由后晋石敬瑭供奉契丹的幽云十六州,盖印其政治合法性承北方(后梁、后唐、后晋、后汉、后周)之统。石敬瑭是“后晋”高祖,为称帝而将幽云十六州让给契丹，以换取契丹的支持，宋由此认为自己在道义上有收复十六州之责。与此相应，辽对十六州的归属也有微词。后周世宗有恢复版图之志，曾策动大军北伐，连取十六州中的瀛州、莫州、益津关、淤口关等两州三关，宋对此加以继承。故契丹趁击退宋北伐之机，大举南下，要夺回两州三关。这也是澶渊之战爆发的主因。西部自李继迁欲索回其兄奉上五州后，李元昊对河西走廊发动了宋夏战争；南部交趾李朝与侬智高先后发动战争，侵吞邕州。在这种情况下，"中国"的身份成为了争夺之目标。而异族国家可为"中国"，很快就为后继的历史所证实，后继的元朝在外交层面全面地实现了这一可能性。

在一定程度上，受到元朝的刺激，作为文化联接体的"中国"，在政治制度与政治观念中发生了巨大的转变。以日本为例，《后汉书》将日本初列"东夷"，盖因地处东陲，亦有对文化因素之考量。如《后汉书》记："故东夷通以柔谨为风，异乎三方者也。苟政之所畅，则道义存焉。"东夷的仁柔之风，是其与北、西、南三地夷狄在文德上的本质区别。清段玉裁所著《说文解字》亦注"夷"："夷俗仁。仁者寿。有君子不死之国。按天大、地大、人亦大。大象人形。而夷篆从大。则与夏不殊。"这里的"东夷"，就不仅是地理之谓，还有文化身份上的认可。《三国志·魏书》《晋书》《隋书》《旧唐书》均列"倭国""日本"入"东夷"目，然而，元人纂《宋史》，记外国七卷二十八国，将日本列入外国，其原因实见于《明史》："（日本）宋以前皆通中国，朝贡不绝，事具前史。惟元世祖数遣使赵良弼招之不至，乃命忻都、范文虎等率舟师十万征之，至乌龙山遭暴风，军尽没。后屡召不至，终元世未相通也。"元朝建立之后，由先秦延续下来的华夷之辨受到了极大的冲击。从社会层面上看，元人、色目人均高于南人；从国家层面，元通过武力取代宋，使得严于夷夏大防的“天下体系”从理论上被推翻。既然作为夷族而不事仁义的元可以取代宋，那么为什么同为夷族而屡事孔孟之道的日本不能登顶“天下”呢？明建立之后，朝鲜恢复了对明的藩属地位，但日本却试图将中央为夏、四方为夷的“天下中心”转移至日本。元人的入主极大拓展了“中国”的疆域，并使得“中国”从某种建立在共同语和共同伦理基础上的国家间联合体，转化为一个庞大的统一政体，原本于唐时大量存在的羁縻州府，以及宋代宽松的国书体例，在后继的明清时期都逐渐消失了。

5. 朝贡时期

在这里，我们将明清时期的朝贡制度列为中国古代外交研究的一个特例。一方面，本时期的对外关系主要结构已经固化为金字塔式的朝贡制度，古代外交作为一种强调对等性的活动，已逐渐自主流逊位；另一方面，明清时期的朝贡制度又确实源自中国的对外传统。由于中原王朝体量的扩大，以及同周边政权间的朝贡贸易的加强，这一时期的对外活动呈现出明显的等差性和稳定性，这也使明清主导的东亚日渐成为一个内部循环的金字塔结构。外交活动赖以生存的“对等性”特征日益“萎缩”，这就造就了朝贡制度的特殊性。尽管从客观条件上看，有明一代的世界意识远较前代为广。《明史》所记外国，西至意大利，相比大秦目光更为拓进，利玛窦更将当时西方殖民扩张得来的地理勘探成果——《万国全图》汇呈明廷。在这一局势面前，明对朝贡体系的维护可谓不遗余力。

明代前期因政治动机策动了大规模的远航活动，也馈礼吸引外国前往朝覲，以此拓展威信，同时设置了大量官府与驿馆以保证国际交流的顺畅。从制度和机构的设置上看，地方设市舶司管理使臣入华、朝贡、注册登记与边市贸易等责；放权礼部主客司，使其负责与各国的贡使往来，包括资费、勘籍、封印，并从整体上增加了礼部的权重。礼部自掌宗族祭祀演礼外，总辖涉外事务，而日益为六部之首。然而，明与宋对商贸的态度有差异，明初期政令商贸事宜的历史典籍，如《明实录》《国榷》《明史》等，未记商税详目，更未设市舶税。郑和下西洋，耗费600万两银钱，并无寸收。相较之下，南宋市舶司收入一年折合即可达200万贯。明代的外事花费多而入账少，这注定了其政策的不可持续。

但明所施行的诸种政策主要意义有二。一是拢聚传统“天下秩序”中的友邦，以巩固传统的中华地位。自蒙元以后，“天下”多有叛离，如日本终元之世未来朝贡。明为继宋之正统，屡有重构“天下”之心，故此在朝贡问题上颇为用心。二是以图形成相对有利于明的国际格局。有明一代，除日本作乱外，葡萄牙、荷兰与意大利三国已进入亚洲。葡萄牙不奉明王室令其复国满剌加的诏令，亦敢与明相抗。《明史》记载和兰国“万历中，福建商人岁给引往贩大泥，吕宋及咬嚁吧，和兰人就诸国转贩，未敢窥中国也”。关于本时期国书的称谓、制式，使团的规模、境遇，研究已经相当充分了。总体而论，明清时期的国际交往，已经不再依据古代外交的基本精神而展开，但它遗留下来的丰富史料，仍足以成为中国古代外交的珍贵参考，如《雅克萨条约》等的签订，具有相当的研究意义。明清两代蔚为大观的丛书和各种史籍资料,仍是极其珍贵的研究材料。但整体看来,明清时期盛行的朝贡制度,可以作为中国古代外交研究所观照的重要参考,而非其核心的研究对象。“朝贡制度”不属于中国古代外交体系,而应视为中国古代对外关系的组成部分,是可与中国古代外交分庭抗礼的。

五、中国古代外交的研究目的

中国古代外交研究的目的有二。其一是尽量兼顾历史之“求真”与社会科学范式的“求善”,并在此基础上,探讨什么是所谓的“中国学派”。过去,基于两种主观上并行的理由,一个是实用主义精神,即借“格义”的方式,将西方国际法体系介绍至中国;另一个则是在雾里看花似地远观西洋局势的时候,依其表征,而与周礼相类比,故曾出现以社会科学范式强行嵌套历史的情况。《论士衡史》一书拣选余英时对海外中国学研究的评述,极力指出:“如果治中国史现有外国框框,则势必不能细心体会中国史籍的‘本意’,而是把他当报纸一样的翻检,从字面上找自己所需要的东西。”虽然,中国古代外交研究引用的亦为外交学的理论框架,不能完全拘泥于历史,但过去以社会科学的范式简明扼要地框架历史的做法,亦应有所拨正。

中国的国际关系理论研究(包括广义的社会科学类研究)在涉及古代中国的研究中,经常会陷入两个误区。一方面,研究资料的来源极其保守,甚至相较古史辨派而言更为狭促,所凭借的典籍不过二十四史或十三经。偶有剑走偏锋之举,又陷入了史料求偏、求怪的境地,即以某时代某士大夫的个人之见,作为当时朝野之共识或时代之精神。另一方面，特好使用既有的条理化的体系来解读东方的历史材料，然而面对例外之史实的时候，又大多视若无睹。桑兵在《学术江湖》一书中评价民国时期的学风："国人接受的西学体系，基本都经过日本和美国的再条理，两国都是发达国家的后进，都曾经不同程度地兼收并蓄，也同样面临渊源各异、脉络不同的境地。因而其分科系统，均不得不抹去难以理解的缠绕纠结，整齐划一。清晰条理的结果，看似分明易懂，便于掌握，实则难免流域混淆肤浅，况且还有与中国不相凿枘的情形，必须调适改造。"这一句今日读来，亦有参照之价值。

过去讲学术，不太讲学术史。即便讲学术史，也重在讲学脉在学人社团中的传承，不讲诸多思潮彼此间的撕裂与冲突，故此缺少适度的自省意识。桑兵讲西学脉络条例分明而又不相凿枘，不光是从学人研究的经验来谈的，也是从具体的学史演进上着落的，如西方传入的"概念体系"，因切合传统经学为士大夫留下之"循名责实"的正名传统，在晚清与民国之际广为流传。但中国现代学科借助的大量基本概念，却不是从欧洲学术直接翻译得来，而是借助留日学生群体、从日本的学界中翻译过来。大量日人是先学习欧洲学术，然后再进行概念之转译。由汉字典籍中拈取一些"方便法门"予以记述，而不用担心言不尽意的情况。直到中国再由日本处接纳这些概念时，雾里看花的情况才显现出来，如"自由""国家"等和制汉语（日本人创造的汉语词汇），有的完全不见于史林，有的虽然可见于汉典古籍，意义却完全不同。当年日本学界直接学习欧洲，再创制一个中文字符，以方便记忆一个取自欧洲的概念，而中国学界则又隔了一层，通过这个中文的字符，来想象一个取自欧洲的概念。用内生于中国传统思想的譬喻来说，就是“得筌而忘兔，得言而忘意”。尽管后来的中国学界，通过大量的国际交流合作与留学培养计划，同欧美学界建立了直接联系，但早先落下的功课，却一直未加检省地留存于学科沉淀的基底之中，影响着世人对基本概念的理解。

比如“自由”一词，用途极广。就哲学而言，它曾被近代中国学界用来解释先秦庄子之思想；就经济而言，它被用以翻译自1776年《国富论》问世以来的英国的重要学派。尽管二者都有拒绝外在干预的一面，但无论就思想内核，还是基本假设，二者都大相径庭。在西方语境中，liberty 和 freedom 又派生出了诸如 liberalness，libertarianism，liberalism 等词，一方面拓展了诸如“开明”“宽容”“博雅”等词义，一方面又细化了政治上“自由主义”的传统。然而，中文词汇在翻译上述内容时就不得不扩充词数，用“自由”一词来努力包含“积极自由主义”“消极自由主义”“多元文化主义”等词义。若再将这一概念套嵌至中国的政治思想中，大抵会将“自由放任”(Laissez-Faire)与“虚无放诞”的正始玄学等同起来，进而将其比照为道家思想。仅“自由”一词，近代学界的理解便各争其是，甚至留学生群体已成一手资料的流转渠道的今天，“威权”“行政”等术语是否适用于中国政治传统，仍是众说纷纭。

中国古代外交研究的赓续，就是对这一根本问题发展的写照。早期的中国外交研究坚持了外交学的研究框架，但受困于历史资料的不足，在历史学及其门下更为专业化的史料学、文献学和考古学的席卷之下，很快就没落了。严格依照历史学研究方法起家的中国古代对外关系学科，尽管占有最充分的史料与相对发达的学科支持，却亦因概念工具的缺位，不得不搁置对古代王朝的对外决策的解释工作。中国古代外交研究的复苏，本就是充分汲取学科史上的两次重大挫折而发生的。一方面，对外交学范式的理解，理当更为深入。从外交学理论的萌生与欧洲史的相互对照中，进一步推动对外交史的学理解释，借用早期西学文献传入的翻译工作为喻，是由"硬译"进至"意译"。另一方面，对史料的占有和历史学研究的相关成果，了解要更为深入，甚至于可以运用历史研究的方法，来补正外交学研究的前提和假设。就外交学研究而言，国际学界固然是对话的主要对象，但中国古代外交研究的重点，亦要落在"中国古代"(或者说"古代中国")四个字上。与深耕于传统中国研究的中文、历史和哲学三界展开对话，乃至于争论。中国古代外交研究的发展，从某种程度上讲，就是对国际关系学界关于"中国学派"的争论的一次试验。

中国古代外交研究的第二个目的，则是借花献佛，支撑起中国外交思想与中华经典视域下国际关系经典概念等研究的进路。历史发展并没有所谓的目的，但历史的研究却有其目的。陈垣醉心于中外关系史研究，并不仅为史论史，亦有现代化的动机。1943 年 9 月，陈垣在教学中又有札记，堪堪两百余字，内容却很重要——"或问：现在中国史应当如何写法？答曰：一方面要发挥本民族之伟大精神；另方面要指摘历朝政治之缺点。处处说明社会进化之原理，及国民与国家之关系。目的在造成现代式的国家，与各国享平等之幸福。此现代本国史之作法也。"七七事变前，陈垣治史的特色是严谨缜密；七七事变后，陈垣的抗战史学开始扣住时代的命门，强调历史研究与现代化之间的关系。治史是否应有特定之目的，各家议论当然不同，但陈垣又走回“以史为鉴，可知兴替”的传统之中，绝非无的放矢。中国近代学科的建立，其核心是“破旧立新”的学科革命，即破除经学的影响，包括学科体例、解释模式与理论旨趣，以输血的方式照搬海外既有之学科。在这样的背景下，以社会科学为代表的西来学科，同固有之历史没有什么内在联系。研究中国古代政治传统，或剩下批判之意义，或只凭理论之兴趣，就其对当代政治的积极影响，着实存疑。

然而，传统政治的影响，并不会完全附贰于组织的延续。即便古代政治的体例已基本湮灭，但政治文化仍进入了后世的思想图式中，并赋予了一定的超越性——由于漫长的历史对东亚地缘政治和社会组织形态的塑形，中国古代政治思想在今日仍然具有一定的理论价值。关注到这一点的学术社群亦有之，如提倡“共生”理念的上海共生学派，主要从概念的角度切入，对国际关系理论的固有话语体系加以改造；如上海外国语大学金应忠教授提出以“一物两体”的传统理念构建新时期的中国对外战略；复旦大学苏长和教授、潘忠岐教授，上海外国语大学武心波研究员等先后就“共生”“势”“公”“和”“五缘”等概念，做了国际关系与国际战略方向的引申。这批以“共生”为取向的国际关系学人目前仅是一个松散的团体，但其共同的特点，是正视社会科学的工具性与重视思想资源的价值导向性——既主张避开历史学的门槛限制，又拒斥社会科学对历史资源的单方面改造，通过平衡社会科学、历史学与政治学概念工具，推进新范式的建设。这实际是中国古代对外关系研究发展到新阶段时体现出的新特征。

然而，思想与史实之间的关系，相对比较复杂，但思想就整体而言，是历史的一种映射。尽管这种映射机制的形成是较为独立的，如亚里士多德研究城邦政治之时，帝国也凭借马其顿的亚历山大之手而迅速膨胀，而亚里士多德对“帝国”完全没有理论兴趣。但从另一方面而言，思想亦不可能凭空生成，如港台第二代新儒家代表人物牟宗三曾试图将儒家的思想资源同制度化的政治建设联系起来，但却屡次失败，其原因在陈特的笔谈中有提及：“虽称赞三代，然不以其家天下为然。惟如何能制度地实现公天下之公，则始终想不出办法。因此，儒家在对政道方面是无办法的。政道是对政体而言。禅让之公天下乃属政权问题。在此方面既无办法，故顺现实的政体而以治道方面的政治思想补救之。”儒家思想自孔子始即重人治而轻法制，强调圣人之治的风俗化淳，尤其是内于心的人性、人情和人心的地位；对外在的强制规范并不看重。也正是由于“六经”看似无所不包，却不包揽制度建设，康有为才不得不效仿基督教的建制，以改立儒家为孔教。由此可见，思想史研究的对象包罗万象，但并非天马行空。

从某种层面上看，看似自由无拘的思想仍固守着形而上学的基本原则，即“存在不能诞生自非存在”。倘若在历史上中国不曾有过对外的平等交往的历史，那么能有多少外交思想，委实值得商榷。从这个角度上看，中国古代外交研究，是更进一步的中国古代外交思想研究，乃至于是中国古代政治思想研究的理论铺垫与必要前提。这一目的，亦是中国古代外交研究的取向所在。

第四章 中国古代外交研究的史料学

一、外交与史料

之前已经说到，今天我们常用的“外交”这个词，是“Diplomacy”的汉译，而二者在翻译语境中的结合，实际是晚清时人的首创。当然，就具体的时间点而言，学界仍有不同的看法。第一种观点是，以“外交”译“Diplomacy”，早见于光绪五年(1879年)薛福成所著《筹洋刍议》。薛氏在《敌情》篇中说道：“而今日之中国断不能得之于西人者，何也？彼西人之始至中国也，中国未谙外交之道，因应不尽合宜。彼疑中国之猜防之，蔑视之也，又知中国之可以势迫也。于是动辄要求。”也就是说，今天的大清国不可能从西人手中得利，为什么呢？西方刚进入大清国的时候，大清国还不懂外交之理，所以进退举止都不符合国际惯例。西方由此怀疑清廷猜忌防备他们，甚至蔑视他们，又知道清廷会因强势而屈服，所以动不动就提出领土和特权的要求。在这里，薛福成就赋予了“外交”这个词以现代的含义。

第二种观点认为，同治三年（1864 年），美国人丁韪良主持翻译惠顿（Henry Wheaton）所著的《万国公法》，在第二卷《论国自然之权》的第一章“论其自护、自主之权”之下的第九节“希腊被虐，三国助之”中，惠顿援引了 1827 年英、法、俄三国敦促希腊与土耳其两国复合的公约，其文详曰：“第一条云：‘三国驻土耳其之公使，联名公备文书与土君，许代为折衷定议，并令彼此立即罢兵，听候公议。’第二条略述英、俄前议希腊之内政外交也。第三条云：‘此事细目，并土地、疆界等情，须三大国与之另议而定也。’”这一句的意思是，英法俄三国公使就希腊与土耳其的纠纷签订了公约，公约的内容包括三条公约和一条密约。而第二条中的“外交”一词，就几乎完全采用了现代语义。当然，这一例在《万国公法》中尚是孤证。相较而言，全书最常用的是“会盟”“交往”“交际”等概念。直到 1866 年，英国驻华公使阿礼国（Rutherford Alcock）以外交照会的形式，递交了由当时的使馆参赞威妥玛（Thomas Wade）所递交的《新议略论》，威妥玛在《略论》中说道：“中国内患甚深，外交或有未至失和，大概亦皆冷淡……盖其内政、外交两节，今已互结，不能分论，此系今时与古不同之要处也。”到了这里，“外交”这个词才算第二次出现。

当然这一次出现的意义是非凡的。总理衙门在整理赫德、阿礼国与威妥玛等进呈的“两议”后，由恭亲王奕䜣上折，进奏清穆宗（即同治帝）并两宫太后，奏曰：“所陈内治、外交各种利弊，反复申明，不无谈言微中……由该督抚大臣各就各地，亟早筹维，仍合通盘大局，悉心妥议……请预筹遣使之道，并与各国君臣相见礼节，密慎妥定，切宜周备，此外交第一要义。”在这封奏折中，奕䜣也用了“外交”的讲法，更重要的是，清廷亦为此发出了一批上谕，谕旨评论赫德与威妥玛所进之论：“（二人）所陈内治、外交各种利弊，反复申明，不无谈言微中……请预筹遣使之道，并与各国君臣相见礼节，密慎妥定，切宜周备，此外交第一要义。”奕䜣的请奏与朝廷的上谕都明明白白地用了现代意义的“外交”。至此，现代语义的“外交”才正式进入近代中国的政治话语体系，从这个角度上看，1866 年奕䜣的奏本及清廷的上谕，才应视为“Diplomacy”与“外交”的正式结合。在 19 世纪 70 年代丁韪良主持翻译的外交手册——《星轺指掌》，及李鸿章所呈一系列奏折等重要文件中，袭为政界之成例。

做中国古代外交研究，最主要的材料是历史文献，而这一路径基于中国极其发达的史书传统。相较于其他文明长期口口相传的史诗和“萨迦”，古代中国的历史文字记录出现得非常早，这就使得中国史研究有着极其丰富的文献资料。但做文献不等于简单地打开数据库，搜索某个特定的字节，再将这个字节最早出现的时间当成某一观念的起点。实际上，找到了关键概念之后，研究人员还需要回到文献，上下通读一遍，才能确定一个字确切的含义。当代的外交学研究特别注重外语的修养，往往忽视古代汉语也是一门工作语言。实际上，研究中的望文生义，很容易走入死胡同。就以“外交”为例，咬文嚼字地看，

“外交”二字之连用，早在春秋战国并两汉时期，就形成了惯例。这个词可以追溯到成书于春秋时期的《墨子》和成书于汉代的《礼记》。当时通行的“外交”这个词的讲法，就是“外交”的本义——《墨子》的《修身》篇先讲到：“近者不亲，无务来远；亲戚不附，无务外交。”这里“外交”是什么意思呢？《墨子》成书的时间早，注疏又不多，很少引人注意。直到清代，孙诒让著《墨子间诂》为《墨子》这本书作注，后人才能较好地读懂它。书中解释“外交”这个词，就说到：“古多称父母为亲戚，详《兼爱下》篇，此则似通内外族姻言之。”也就是说，《修身》篇中的“外交”，特指姻亲关系中的异姓，这与现代语义的“外交”几乎没有关系。

相较之下，《礼记》所记载的“外交”才与古代的通使相关，但《郊特牲》这篇所讲到的“为人臣者，无外交，不敢贰君也”，谈到的是一国之大夫对本国国君的操守和职责。所谓“外交”，这里是一个贬义词：

> 朝觐，大夫之私觌，非礼也。大夫执圭而使，所以申信也；不敢私觌，所以致敬也；而庭实私觌，何为乎诸侯之庭？为人臣者，无外交，不敢贰君也。

《郊特牲》讲的是汉人想象中的朝觐礼节。所谓“朝觐”，指的就是诸侯国与诸侯国之间的某种政治礼节，以及由此体现出的两国间的等级差异。需要特别指出的是，《礼记》记录的其实不是真正的周礼，只能作为周代政治研究的参考——因为《礼记》成书于汉代，基本上确定是汉人写的著作，其中加入了很多对统一王朝的想象。回到这段引文，其内容主要是说明在春秋时期诸侯国之间就已经有通使的惯例了，国君可以任命某一大夫代替自己出使他国。但依据周礼，在出使的过程中，这个使节仅相当于国君的替身，是一个功能性的传声筒（必须携带玉圭），因此，要特别注意不能与具有高度灵活性和自主性的近代西方使节相混淆（如不得参加大夫间的私人宴请，不得以私人的身份上庭与他国国君对答，只能当庭交代己方国君的旨意），否则就是"贰君"。

在春秋时期，"外交"是极坏的名声，历代统治者都会将其上纲上线为谋反之罪。因此，尽管"外交"二字也可能出现在1840年以前清廷的谕旨中，但在1865年奕䜣所进的这批奏折之前，上谕即便用了"外交"二字，也一定是兴师问罪，绝非就事论事。仅举一例，《大清会典》第一〇四卷《礼部·朝贡通例》写道："康熙五年题准，凡外国奏疏不得交付前往使臣带来，令专差官交该督抚转奏。六年定，外国投文到该督抚，该督抚即开阅原文议题……康熙六年题准，凡督抚、提镇等官不许擅自移文外国。"这就是说，外国使臣上奏之文书，不能直接交由朝廷，而要从其口岸登陆的督抚转奏，而督抚同时不得与外官通私人书信。这是清代的律例，叫作"人臣无外交"。犯了这条律例，是要被治罪的。

这一政治传统中的"外交"显然不是什么嘉辞。马士曾在《中华帝国对外关系史》第一卷中记载清朝两广总督卢坤与英驻华上午总监律劳卑（William Napier）打的笔墨官司。卢坤指责过律氏赴任不久，就一个人孤身进入广州城，并向衙门亲自投递官方文书，这种做法是大大的"违例"："天朝大臣，均不得与外夷私通函信。"无独有偶，前述丁氏主持翻译的《星轺指掌》，在付梓次年（1877 年）就通过日本驻朝公使花房义质传入朝鲜，但最早使用“外交”的朝鲜士大夫李裕元，尽管受高宗国王之命，才与清廷的李鸿章保持私人通信，却于 1881 年经朝鲜各府司联名参劾，以违背“人臣无外交”的罪状流配平安道。所以，1865 年以前的“外交”，从词义上看，并未被赋予“Diplomacy”的含义。

那么，“Diplomacy”的内在特征又是什么呢？我们可以从两个维度对这个问题进行考察。首先需要指出一点，相对于“外交”这一古老的政治活动，“外交学”的概念实际相当晚近。尽管与外交相关的文献出现得很早，如吉恩斯索珀（Maurice Keens-Soper）在《卡里埃与外交理论》一书中梳理出 1625—1700 年欧洲出版的 153 部外交专业文献。由于这一时期外交已经成为了欧洲各国重要的国际行为，与外交相关的专业文献也自然大量涌现。但这些历史文献围绕“外交”这一行为的学术探讨较少，都不是外交学研究的专业文献，更近似于外交官的职业培训手册。

作为一种政治活动，现代外交是在 15 世纪的伦巴底诸邦之中诞生的，具体的时间节点，可以追溯到米兰公爵弗朗塞斯科·斯福扎（Francesco Sforza）向佛罗伦萨派遣常驻公使团，这开启了外交现代化的进程。尽管当时的米兰公国在制度上仍是王国和帝国下属的自治邦，并非独立的主权国。它却已向热那亚和佛罗伦萨两个共和国派遣了常驻使团。从这个角度来看，外交的一个重要特征是仍然保持了政府与政府之间的关系。

通过文献的追溯，我们可以轻易地发现，1840 年之前朝廷的官方文书继承的是中华传统政治文化一脉相承的“政统”，它完全独立于西方政治传统。在这样的语境下，“外交”和“Diplomacy”两个词没有任何联系。所以，1865 年恭亲王奕䜣及清廷所颁上谕，才是“外交”一词现代化转变的具体节点。中国古代外交研究本非历史学研究，也不是一般的训诂学研究，它的研究对象应当是外交学研究的理论对象，服从外交学的一般规律。有一些史料虽然同外交直接相关，但它们主要是当时的士大夫与使臣在个人日记和未出版的手稿中记录的思想活动，没有影响到朝廷的对外政策，也没有发挥应有的历史影响，甚至没有在当时的士人活动中流露出来。对这些资料的运用应予以充分注意，否则无法有效区别开观念中的朝贡与实际的邦交二者的区别。如前所述，我们不以薛福成的《筹洋刍议》，而以奕䜣的奏折和清廷的上谕为“Diplomacy”正式进入中国政治语境的标志，并非单纯由于奕䜣的奏折递交得早，而是由于薛福成的著作理当归于对外关系思想史研究的范畴，而奏折与谕旨则归入对外关系史的研究。这也是“Diplomacy”内在特征所决定的——只有明确了它，才可能进一步明了奏折与上谕在对外关系研究中具有的特殊地位。

一方面，在清季中央文书的流通中，奏折是殊为重要的文体。康、雍时的清廷以奏折为核心，军机处之协助为最突出特点；至同治朝虽有改革，但重大政事仍依托于奏折，只是朱批和用钤的权力由皇帝转移至八位赞襄政务大臣，后又由东宫、西宫二太后夺权而已。奏折本身的特殊地位并没有什么变化。另一方面，同治五年(1866 年)，穆宗方十岁，正是同治一朝“垂帘听政”时期。此时奕䜣所上奏折，由东宫的慈安太后阅后自

“蒙”字上钤“御赏”章，后传至西宫的慈禧太后自“奏”上钤“同道堂”章，再转入军机处商阅，由议政王并军机大臣一同拟出初步办法，再向两宫太后请示，最后于次日下发。这一流程不同于咸丰以来皇帝会同军机处御批奏折的标准流程，特以太后和总领晚清总理衙门事务的恭亲王之意见为准。由此，“外交”一词才得以摆脱祖制中的贬义，而上升至官方用语的高度，进而宣告“外交”一词在中国的落地生根。这在学科史中的意义，是殊为深远的。

借由对“外交”的语义在官方文书中演变的考察，我们才得以真正确定“外交”作为一个重要的概念，何时才在中国的政治传统中生根发芽。旧时朝廷的文书档案，就如同活化石一样，完全记载了一个政治观念从萌芽到定型的全过程，而这很好地体现出了中国古代对外关系研究领域的几条基本原则。首先是“史料”的基础地位。狭义的“外交”（Diplomacy）作为一门发源于近代西方的政治活动，传入中国也至少百年了，而在追溯百年外交史的历程中，我们几乎都是依靠那个时代的史料，以重现中国外交发展进程。历史的追溯都必须依靠可靠的史料——“史料”这个概念，常见于历史学研究。如我们意图了解春秋时期的历史，这时所要借助的就是这个时期遗留下来的物质材料，以及当时的人留下的文字记录。

如前所述，本节对“外交”这个词所作的历史维度上的考究，可视为中国古代对外关系史研究的一个典型案例，对它的研究至少涉及如下三个问题：①在外交学的研究中，史料应当扮演一个怎样的角色；②在外交学的研究中，史料的选择应当遵循怎样的标准；③外交学的研究有哪些史料。而对于这三个问题的回答，合起来就成了中国古代对外关系研究的主要内容。

在上述问题中，第一个问题无疑是最基础的。外交学与史料之间有着怎样的关系呢？一个耳熟能详的回答是，史料是外交研究，或至少是外交史研究的基础。毕竟“Diplomacy”这个词本身就是从“文书”演变而来的。从词源学的角度来看，英语中的“Diplomacy”来自于法语的“Diplomatique”，这个词在 18 世纪晚期才出现，是法国人生造出来的词，源生于希腊语“diplōma”（对折的纸）的“Diploma”，曾指官方文书与公告，但 1695 年莱布尼茨（Gottfried Leibniz）编辑出版《万民法典》（*Codex Juris Gentium Diplomaticus*），因包含了诸多外交文书，才使“Diplomatic”这个衍生出来的新词在政治语境中转义为外交，而后法国的文化界模仿“Aristocratie”（贵族）一词，在“Diploma”的基础上造出了“Diplomatique”。因此，尽管从词义上看，“Diploma”与“Diplomacy”并没有自然的衍生关系，但外交文书以其脍炙人口的影响力，成为了“外交”一词的词根，足见外交与史料之间密切的联系。可以说，脱离了文书、档案、政治文件这类物质载体，外交学就不可能成为一门严肃的学科。由此，我们可以打一个形象的比方，史料作为一个“预设值”，是“内嵌”进外交研究的语言体系之中的。

当然，对“Diplomacy”在词源学上的考究，还远不足以囊括中国古代对外关系与史料之间的密切联系。如从文体学的角度上看，中国古代“书信”的这一信息交流的现象，不仅诞生于春秋时期，其本来就是大夫与大夫、国君与国君间的外交文书。刘勰在《文心雕龙》中指出：“三代政暇，文翰颇疏，春秋聘繁，书介弥盛。‘绕朝赠士会以策’，‘子家与赵宣以书’，‘巫臣之责子反’,‘子产之谏范宣’,详观四书,辞若对面。”《春秋左氏传》全文收录的上述四封书信中,秦绕朝在信件中向士会表现,晋朝欺骗秦国的计策,已为秦之谋士洞悉,只不过未见采于君上;郑子家向赵宣子致信,是为了阐明郑国没有背叛晋国,若晋朝执意怀疑郑国,只会令郑亡国;郑子产写信给晋国范宣子,是为了讨论晋国向他国征收税赋问题,都是政治文书。相对而言,只有吴巫臣予楚子反的书信,是围绕私人恩怨的。然而,巫臣此时已为吴大夫,训练吴国战车以伺报复楚国,故而,仍以攻破楚国为条件。褚斌杰在《中国古代文体概论》一书中进一步指出:“从这些书牍的内容和写作的目的看来,与后世一般所称的书牍文,有很大的不同;从传递消息的角度看,它们有书信的性质,但从内容和功用上说,它们实际上是外交辞令的书面化,或略等于列国之间交往的国书。”也就是说,在中国传统的文化语境下,书信不仅可归入外交文书研究,甚至于书信的起源就是外交文书。这种载体上的姻亲联系,使史料在中国古代外交研究之中,自然地占有了一个相当重要的地位。

二、中国古代外交的史料学原则

如上所述,一方面,中国古代外交研究需要相当的文献功底,研究人员不仅需要熟悉相关的历史文献,还要有刨根究底的精神;另一方面,文献的挑选不能随意为之。中国古代外交的史料与中国古代史的史料,乃至于中国政治制度史研究的史料都是有所出入的。其中有些史料属于民族史和边疆史研究,而不能归入中国古代对外关系研究;有些史料虽然涉外,但却不能归于“中国古代外交”的领域，更不能列为“外交学”的研究史料。史料的准确选择，本身就能帮助学人避开对外关系史研究中的“伪问题”。

过去研究中国古代外交，学界可能从自身喜好出发，针对某一创新点用功，对文献的选择较为粗浅。从百年国际关系学界的发展来看，固有的研究，首选《礼记》和《春秋》三传，先秦诸子或前四史(《史记》《汉书》《后汉书》与《三国志》)，这是学界沿袭百年的传统(表 4.1)。

由此可知，过去学界所用的基础文献，数量少，时间早，新人在注疏中发展出来的思想观念容易被忽视。如法家的代表作，在汉代有十家(部)二百十一七篇著作，然而，到了《隋书·经籍志》仅有六部七十二卷；墨家从汉代的六家八十六篇，增加到了唐初的三部一十七卷。先秦时儒、道等家的代表作，还不足以涵盖中国的传统思想资源。相反，目录学记载了中国古代知识的体系化成果。史料不需要考其源流，“善本”“宋版”等知识亦非必要，唯重于历史记录的真实，最好已有前人悉心整理的数据库以供分析。因此，要推动中国古代对外关系研究的思想资料扩容，就需要一反传统，将注意力从先秦诸子的思想中转移开来，并投入到更齐备的历史文献的梳理中去，否则，就可能出现疏失、过窄、泥古和错谬等问题。所谓“疏失”，主要是指对文献的梳理不够清晰，挂一漏万。在研究断代史时，仅选择直观如“四夷传”等篇目，忽略散布于人物传记中更为详细的记录。所谓“过窄”，主要是指研究时只看正史而不注重私修史书与个人文集里未经删改的史料，又或者忽略了对外关系的朝廷主体，只选取士大夫个人的疏章谏议，忽略朝廷的诏令和礼宾

表 4.1　国际法与国际关系思想的早期史料

<table>
<tr><th></th><th>核心概念</th><th>主要方法</th><th>核心理想</th><th>主要文献</th><th>代表作</th></tr>
<tr><td rowspan="3">国际法</td><td>国际法</td><td rowspan="2">价值判断研究法</td><td rowspan="3">均势</td><td rowspan="3">《万国公法》
《星轺指掌》
《公法便览》
《公法会通》
《陆地战例新选》
《公法总论》
《各国交涉公法论》</td><td rowspan="3">《中国古世公法论略》
《古代中国的外交》
《春秋公法比义法微》
《春秋公法内传》(民国初)
《春秋国际公法》(民国初)
《国际法与古代中国第一章：思想》(民国初)</td></tr>
<tr><td>公法</td></tr>
<tr><td>战争</td><td>实证分析研究法</td></tr>
<tr><td rowspan="3">国际关系思想</td><td>天下</td><td>诠释学与考证</td><td rowspan="3">“大同”</td><td rowspan="3">《春秋公羊传》
《春秋穀梁传》
《礼记》
《周易》</td><td rowspan="3">《书古微》
《穀梁春秋经传古义疏》
《孔子改制考》
《新学伪经考》</td></tr>
<tr><td>王道</td><td>文本重构</td></tr>
<tr><td>公理</td><td>典章制度的建构</td></tr>
</table>

文书。所谓“泥古”，就是在理论研究中只选择十三经及官修二十四史原典，对补充纠谬的注疏和义证重视不足。所谓“错谬”，是指用“伪书”来研究某一时期的外交，借助渗入后人想象的文献来重现某一时期对外关系的历史风貌，这一点同冯友兰在《中国哲学史史料学》中提出的四个原则相对应，他认为：

> 第一步的工作是收集史料，这一步工作的要求是“全”。第二部的工作是审查史料，这一步工作的要求是“真”。第三步工作是了解史料，这一步工作的要求是“透”。第四步的工作是选择史料，这一步工作的要求是“精”。

我们可以看到，史料是中国古代外交研究“有之不必然，无之必不然”的必要条件。在掌握了史料之后，仍然需要正确地释读，否则，即便掌握了充分的史料，也只能沦为索隐之学或寻章摘句老雕虫的训读。然而，如若没有在史料上下功夫，不求全备，不辨真伪，那么研究亦可能走入死局。

美国学者罗友枝（Evelyn S. Rawski）曾发表《再观清史：清朝在中国历史上的重要性》，同时欧立德（Mark C. Elliott）出版了《满洲之路：八旗制度与清代的民族认同》，又与米华健（James Millward）主编《新清帝国史：内陆亚洲帝国在承德的形成》等，提出了清史研究的三个“新观点”，即全球化视角、满族因素的重要性及强调使用满语和其他少数民族语言的重要性。其中，“满族因素的重要性”是依靠满语与满文文献呈现的。“新清史”依据近两百万份的满文档案，指出“满洲帝国”高于传统的“中国”，实际是一有别于中原王朝的“外来帝国”，这一观点是否可靠？

还原到直观的史料层次，我们可以很容易地得出结论：撇除马嘎尔尼自世宗朝的来访所做出的丁点变例，有清一代的对外政策仍主要沿袭自中华传统政治制度，满蒙治理事务在帝国事务中占比甚小。这一方面可资借鉴的有清一代的政治文书。晚清政治文书的满文档案数量不可谓寡。照统计，中国与日本保存下来的满文档案有 200 万件以上，而古籍则有 1 000 种，数量亦不可谓不多(表 4.2)。

但细究其内容，上述文档亦不过帝国治理事务中的一小部分。以 2013—2017 年中国满文档案汇编的整理管中窥豹：我们可以看到满文档案的内容主要可以归类为起居注、宗教文书(天主教与藏传佛教)与边境事务，数量极大。但相较同时期的汉文写就的政治文献与档案，这个比例就失衡了。清乾隆年间敕修多部书目，规模最大的《四库全书》向各地收缴图书10 000余部，择 3 500 多部编成《四库全书》,《总目》记 3 461 部；未收录书目 6 793 部，择其题目与摘要收入《四库全书存目》。世宗还敕令编纂以宫廷藏书之中宋元刻本为基础的《天禄琳琅书目》(422 种)与《宛委别藏》(现存 160 种 780 册)，至于档案就更不可尽数。尽管清末档案经八国联军与内部官员的反复洗劫，损失惨重，但总数仍在 3 500 万件左右(桑兵认为大陆地区档案馆藏有 2 000 万件)。以史为鉴，可以通今。通过对政治文书的数量和种类加以分析，我们几乎可以确定涉边事务在这一时期仍然主要因循固有的中原王朝的基本模式，并未表现出不同于前朝的根本特征。

表 4.2　2013 年至 2017 年 9 月满文档案汇编一览表

<table>
<tr><th>序号</th><th colspan="2">名称</th><th>册数</th><th>作者</th><th>出版社</th><th>时间</th></tr>
<tr><td>1</td><td colspan="2">《满洲实录》</td><td>8</td><td>辽宁省档案编</td><td>辽宁教育出版社</td><td>2012</td></tr>
<tr><td>2</td><td colspan="2">《清代新疆满文档案汇编》</td><td>283</td><td>中国边疆史地中心、中国第一历史档案馆合编</td><td>广西师范大学出版社</td><td>2012</td></tr>
<tr><td>3</td><td colspan="2">《蒙译清朝前期理藩院满文提本——顺治、康熙》</td><td>1</td><td>额尔木图译</td><td>内蒙古人民出版社</td><td>2013</td></tr>
<tr><td>4</td><td colspan="2">《清代东归和布克赛尔土尔扈特满文档案全译》</td><td>1</td><td>吴元丰、乌・叶尔达、巴・巴图巴雅尔主编</td><td>新疆人民出版社</td><td>2013</td></tr>
<tr><td>5</td><td rowspan="3">《中琉历史关系档案・嘉庆朝》</td><td>三—五</td><td>3</td><td rowspan="6">中国第一历史档案馆</td><td rowspan="6">人民出版社</td><td>2013</td></tr>
<tr><td>6</td><td>六—八</td><td>3</td><td>2014</td></tr>
<tr><td>7</td><td>九</td><td>1</td><td>2015</td></tr>
<tr><td>8</td><td rowspan="3">《中琉历史关系档案・道光朝》</td><td>一—二</td><td>2</td><td>2015</td></tr>
<tr><td>9</td><td>三—五</td><td>3</td><td>2016</td></tr>
<tr><td>10</td><td>六—八</td><td>3</td><td>2017</td></tr>
<tr><td>11</td><td colspan="2">《黑图档・乾隆朝》</td><td>24</td><td rowspan="2">辽宁省档案馆编，赵焕林主编</td><td>辽宁省档案馆、线装书局、北京线装图书有限责任公司联袂推出</td><td>2015</td></tr>
<tr><td>12</td><td colspan="2">《黑图档・雍正朝》</td><td>30</td><td>线装书局</td><td>2015</td></tr>
</table>

（续表）

序号	名称	册数	作者	出版社	时间
13	《清初西洋传教士满文档案译本》	1	中国第一历史档案、中国海外汉学研究中心合编；安双成编译	大象出版社	2015
14	《满洲实录》	2	辽宁省档案馆编	辽宁教育出版社	2015
15	《满文〈满洲实录〉译编》	1	祁美琴、强光美编译	中国人民大学出版社	2015
16	《黑土档・咸丰朝》	17	辽宁省档案馆编	线装书局	2016
17	《黑土档・嘉庆朝》（上、下）	58			
18	《雍和宫满文档案译编》	2	赵令志、鲍洪飞、刘军编	北京出版社	2016
19	《清代阿拉善和硕特满文档案选编》	10	内蒙古自治区阿拉善左旗档案史志局	国家图书馆出版社	2016
20	《故宫博物馆藏版清乾隆满文大藏经》	109	故宫博物院编	故宫博物馆出版社	2016
21	《黑龙江将军衙门档案》	2	中国历史档案馆满文部，黑龙江档案馆，黑龙江社会科学历史研究所	黑龙江	2017

《新清史》的部分结论，正是强行将区域研究方法和语言政治等“比较政治”方法纳入史学研究方法，将史学地视为社会科学化的产物。尽管重视语言工具，符合比较政治制度研究的范式，但脱离了史学训练与史料支撑的比较研究，就可能会批量化地制造概念。因此，在史学与社会科学相结合的领域，重要的是研究工具的多元与研究史料的规整。史料可靠，围绕史料的研究才具有更强的说服力。因而，史料的考辨和史料学的建设，应当严格遵循史学研究的规范。先建立起史料学，在此基础上进行进一步的自由研究。晚近史料数量众多，内容繁杂，则至少要建立起种种目录，以便检索运用。史料学的建设成果可以商议、批评、修改，但是没有一种或数种中国古代对外关系的史料学书籍，则断然不可能建设起中国古代对外关系史。回首 20 世纪 30 年代，正是由于张星烺先生建立起《中西交通史史料学》，向达的《中西交通史》才能真正蔚然成说。史料的甄选、考订、编纂和结集是一门水磨工夫，政治学与国际政治研究素不熟悉。但有了史料学，中国古代外交研究才有一个基础。

不过，虽然名为“史料”，中国古代外交研究的基本原则和历史学研究中的史料截然不同，甚至就某种角度而言，二者的宗旨是相反的。如求“全”。冯友兰认为：“历史学家收集史料，必须尽可能把他所研究的问题有关的史料都收集起来。如果有较早的史料而他不知，却引了较晚的史料，这叫做‘陋’。如果有与他的结论相反的史料，他便需要加以解释，不能视而不见，或佯为不知。”在之前的论述中，我们也曾谈到研究“过窄”的问题。中国古代外交对史料来源的拓展，同历史学强调对史料的充分占有，在逻辑上是同源的，尤其是如若有同某一研究既有结论相反的史料，绝不能视若无睹，应当予以详细解释。但就是否要将研究相关的所有史料都搜集起来？是否一定要引用较早的史料，而不引用较晚的史料？这里也有一定的说法。

历史学研究，强调旁证的作用。大抵因为历史越久远，直接的史料就越少，而传世的文献大多由后人润色加工，失去了记录历史的忠实性。因此单条史料不能完全说明问题，要依靠多条史料相互参照。由此，学界的研究甚至形成了某种惯例，即要说明一条历史，至少要找到三条相应的史料，这样才能保证研究基础更为可靠。然而，并非经学框架内生的中国古代外交，在各式文献汇编中都没有专门条目，只能于瀚漠烟海的零散史录中甄取选录，故此甄别尤为重要。一方面，甄别史料的范围要适当扩大，相较之下，固有的研究视野太窄，文献收录得亦较少，许多重要的文献未得到重视；另一方面，中国古代外交的史料亦应以求精求准为主。就中国古代外交的研究而言，史料的意义不在于单纯地求真，而是为了说明外交活动确有其事，至于外交活动特征之外的细节考证，均属锦上添花，并非必要。因此，一条史料能说明的事情，在其他史料没有做出重大补充的情况下，不必引入过多的参照材料。简言之，中国古代外交的史料拓展，重在史料的“准”，即能锁定最具有说服力和代表性的史料，这一点比“全”更加重要。

中国古代外交的史料求“准”，但不求“早”。一般来说，史料越早越齐备，其记述也最贴近史实。中国古代外交需要建立在史实的基础上，因此求“真”的精神不可少的。然而，尽管愈早出的史料愈能贴合史实，但这个“早”所迎合的仍然是符合论的标准，它所追寻的是历史记述同历史事实之间的贴合，就如同以发现请假条来论证某日某人曾经请假的这个事实。但中国古代外交研究所追寻的“真”，其标准明显更严苛。因为古代史料受史观影响极深，史家在著录历史的时候好臧否。在王号(爵号)等问题上，可能会依当时的正统观有所“修正”；同时，原始史料是分散的，而晚出的史料可能会将散落在其他传记中的材料一并补全。我们仍以柔然史为例，来阐述这一问题。

作为北魏劲敌和突厥宗主的柔然人，从族属上看，可能也是鲜卑的分支，建国于漠北，历史上对它的著述不少。成书于永明六年(488年)的《宋书·索虏传附芮芮虏传》，天监年间(502—519年)的《南齐书·芮芮虏传》都是最早记述柔然国的史籍。除此之外，天保五年(554年)的《魏书》有《蠕蠕传》，可惜原本《魏书》有大量章节散佚。除它之后，还有贞观三年(629年)的《梁书·芮芮传》，显庆四年(659年)的《北史·蠕蠕传》和《南史·蠕蠕传》。不仅如此，其他史书，如典志、方志和类书等亦有所录。如唐代许嵩著《建康实录》，记述汉末至六朝间事，即抄录和改写了《南齐书·芮芮虏传》；杜佑的《通典》，北宋乐史的《太平寰宇记》，王钦若的《册府元龟》，南宋郑樵的《通志》，马端临的《文献通考》和清代何秋涛的《朔方备乘》都有所收录。如若要以最早的史事为记录的话，应当选择《宋书》与《南齐书》，毕竟其成书更早，且同为正史，当代中华书局有校订本，市面上也很好获得。然而，唐人修订《通典》时，却主要采用《魏书》的记述。这是为何呢？

就史料而言，这是由于《魏书》相较《宋书》，在文本证据同思想史背景等比较中体现的优长而定的。换言之，即同时有内证和外证。先看内证。南朝史书记柔然国史，较北朝更短，南朝史大抵将柔然之名记为“芮芮”。诚然，柔然国曾遣使至宋、齐二朝，《宋书》《齐书》记“芮芮”，应是因南方的音调来记录柔然国使者的自称。《南齐书》记载柔然国与南朝陆路交通之路线，如柔然遣使，向来采用的西路便是顺黄河河道进入关中地区，经河南道达到益州（成都），再沿长江进入建康。而这样的路线北史是不载的。同时，南朝由于继承了汉晋经学的精神，在官阶制度、文书往来等政府组织和公文形式上，嗅觉较北朝更为灵敏。《南齐书·芮芮虏传》记录柔然的部分职官（如“国相”），且明确地记载其职能。以希利垔（“宋世，其国相希利垔解星算数术，通胡、汉语，常言南方当有姓名齐者，其人当兴”），邢基祇罗为代表。希利垔精通星象巫术，而星象天文之学在古代亦属重要政事，如汉代张苍即以此定历法；邢基祇罗则代表可汗向宋进表，意味着他是柔然政府的最高外交代表。北朝史待柔然国则较倨傲，柔然国主曾依附孝明帝元诩，因而对其政治结构的记录，不若南朝史细致。但纵然有上述优点，今人治史，仍以《魏书》为代表的北朝史，作为记述柔然汗国历史的主要材料。《魏书》称“柔然”和“蠕蠕”，其中“柔然”是车鹿会率领部众的自称，直到孝文帝厌恶柔然人屡次同北魏作对，且族内社会生活粗放原始，方称其为“蠕蠕”。也就是说，柔然国进入南朝的视野时，至少已是一个能派遣使团的成熟国家，而北朝则见证了其由奴隶和部众转化为国家的历程。后世各朝史书依据正统观的影响，自觉地选择沿袭，各自继承了“芮芮”或“蠕蠕”的叫法。这两种叫法不过转音之别，然追溯之历史却长短不一。文本的内证，在此已成为最重要的表征之一。

就历史背景而言，北朝史相较南朝史亦更可信。柔然始祖木骨闾为鲜卑拓跋氏之骑卒，甚至名字都是拓跋氏所赐。北魏为拓跋氏建立之政权，对柔然史所知理应较南朝而更深广。不仅如此，柔然建国后，与北魏长期为邻，多有战争。5世纪始移民“投化”北魏之人，亦不胜枚举。因此，北魏史臣对柔然的了解，应当是相当深入的。就此而言，史料的求“准”，未必同求“早”一致。中国古代外交研究，还是要以求“准”为核心。

求“准”意味着简明扼要，与广占史料、大加比对的“求真”之风势必有所牴牾。那么如何在简省力气、专注外交分析的同时，又尽可能地实现求“准”的目的呢？这就涉及中国古代外交研究的第二条原则，求“专”。现代学术多借助信息技术的发展，从20世纪的胶卷、光碟存储至21世纪的云计算和大数据，搜索文献的效率可谓越来越高，甚至可以说，今日学术进展的一大基石，是建立在以传统史料学、现代图书馆档案学和信息管理学为基础的知识分类体系之上的。古代知识相较现代，其精密程度远不能及。至于交叉学科所亟需的史料，又散落各处，没有成型的知识框架。因此，求“专”既是理论研究的门槛，亦是刚需。那么，如何契合这一方面的需求呢？如果我们将视野从“求早”“求真”中移开，投向专门整理的古代知识体系，就能很快地确定古代史料的第二个来源，即通典和类书。在此仍以柔然国为例。就正史的角度而言，《魏书》《北史》《宋书》《梁书》《晋书》和《南史》都记录了柔然国的国史，但各依立场，史实记载取舍不一。北朝史对柔然的起源和来龙去脉记载得较详细，南朝史则收录了唯一一篇柔然汗国的对外文书。然而，还有一些与之相关的记载，散见于其他的纪传体之间。一一搜寻，工作量实在太大。然而，唐代杜佑所著《通典》，已有较为详尽的总结。《通典》的“蠕蠕”条，主要收录《魏书》和《北史》的内容，囊括柔然早期的兴起，即隶属拓跋部至社崘举部迁徙漠北的柔然部时期；大檀称汗的建国时期，北魏神䴥二年（太武帝拓跋焘执政时期）柔然与北魏的战事，一直到郁久闾丑奴因宠信巫女地万，杀死其子祖惠而招引外敌败亡。不仅如此，其中还收录了袁翻向元诩所进表文，主张北魏应削弱柔然国势，同时支持阿那瓌与婆罗门二主并立。原表收录于《魏书·袁翻传》，《通典》将其辑录于一处，一目了然。

《通典》有许多长处，但也有短处。一个短处是，杜佑只收录了北朝史书，而没有收录南朝史书，不仅如此，对柔然国史的记录也有较大的删录。幸而这一缺点为北宋时成书的《册府元龟》弥补了。王钦若等奉敕编修的《册府元龟》成书于大中祥符六年（1013年），为北宋“四大类书”之一。《外臣部》的“种族”“土风”“和亲”和“备御”四节专门收录了柔然国的内容，而涉及柔然的散见史料，如朝贡、通好等，也分门别类地收入于《外臣部》的“朝贡”“助国征讨”“褒异”“降附”“通好”“征讨”“交侵”“鞮译”“悖慢”等类下。《册府元龟》在北宋“四大类书”中规模最大，篇幅最多。“种族”与“和亲”取自北朝史，“土风”取自两朝史的《梁书》，其余散见史料，均取于《魏书》《北史》《宋书》《南齐书》《梁书》和《南史》等，体例已非常完备。换言之，掌握了这些，对历史上的柔然国及其对外关系，就能形成一个较为全面的认识。并且，通过对这些史料的分析，极有可能进一步提炼出中国古代外交的历史实践。求“专”无疑成为中国古代外交研究的准则之一。

求“准”，求“专”，再加上原有的求“透”，自然形成了中国古代外交研究的基本原则。在这之上，才能建构起中国古代外交研究的史料体系。

三、外交的史料类型：出土文物与外国史料

如前所述，外交学的兴起极大地依托于历史学的整体兴盛，故而史料甄选的基本原则，亦脱胎于史学。梁启超于 1902 年指出：“今日泰西同行诸学科中，为中国所故固有者，为史学。”由此，罗志田指出：“由于史学为中国所固有，较易学习和从事，结果各新学术门类无意中仍走入史学一途。”在学科成型的早期，史料的选择是与范式的成型互为因果的。黄靖等在回顾中国古代对外关系史之时，指出这一领域已累积的材料包括正史、“会要”、类书、档策、舆地总览、游记、笔录、野史见闻，同时也搜集古希腊、罗马、波斯、印度、阿拉伯的史书、论著、游记、地理书、信件与论集，并木简、铭文、图像、雕像和钱币等出土文物。我们大致可以将其归纳为三类：①中央政府库存档案，即包括敕修史书，历代编纂的“类书”与起居注，朝廷议事的策论与档案，奉命编修的舆地总览；②涉边事务知识阶层的学术专著与个人笔记，包括士大夫的笔记小说与僧人的游记；③出土文物。其中，第一部分材料的价值最大，尤以正史和类书为要。简而言之，古代外交研究的史料，并非只有文献一途，但文献无疑是其中最重要的部分。除此之外，还有出土实物与外文史录两个分支。

先说出土实物。出土实物是个大类，从坟冢、遗迹和航道等地下文物的聚集地出土的器皿、物什、货币、兵器等物品，都可以算作出土实物。以前的学问尤重带有文字的出土物，并由此诞生了传统的“金石学”，但在傅斯年组织“中央历史语言研究所”，并主持了殷墟的开掘之后，现代考古学逐渐取代了传统金石学的地位——无论是否携字，出土的器皿用具，乃至于考定年代的土层，都可算为文物。在这些文物中间，于中原之外发现的钱币、武器、墓葬中出土的记载了游记或功勋的石碑等，对中国古代外交研究而言都有相当价值，尤其补史册之阙。魏晋之前，东亚地区的文字系统只有早熟的汉字，其他文明虽可能已有形成的语言，但迟迟未能形成文字，或者文字系统还不发达。虽然能撰写体裁较精悍的碑文，却还无力撰写长篇历史，因此主要依靠中原王朝的史籍来记录历史。这些历史颇有华夷之辨的色彩，遮蔽了外交的事实。相较而言，出土文物能较好地还原历史的真实。那么，有哪些出土文物可以被引为史料呢？

由于经济发展的程度不同，每一时期的出土文物类别与数量均有不同。春秋战国时期的考古资料，以携字文物为主，又分为陶器、青铜、玉石和战国晚期出现的简帛。

青铜器是一个概称，并不单纯指青铜鼎。《周礼・考工记》记载了周人已知根据合金比例之不同，能制造出六类硬度不同的铜锡合金，分为礼器、乐器、武器和日常生活用具。其中，携字较多的有煮肉用的鼎，煮饭用的鬲，盛饭用的簋，盛酒用的尊、爵、方彝和卣，调酒用的盉，盥洗用的匜。这些既是炊具，也是礼器，主要用于宗庙祭祀、随葬和涉外礼仪。出土于诸夏国家与四夷交界地带的青铜器，有很大概率为重要的政治事实的记录。如 20 世纪 50 年代开掘的河南信阳长台观楚墓，提供了春秋后期晋、楚、陆浑戎三者之间的史迹，对研究春秋时期的联盟与战争有一定的作用。河北平山有中山国墓葬，在出土的 19 000余件文物中，有 50 多件携字铜器，特别记述了中山国派相邦讨燕国，并夺得土地之事，是研究春秋战国时期唯一一个蛮夷国家的史料。

除了礼器，比较重要的还有乐器、钱币和符玺。先秦时期的乐器使用的场合虽然多，但均与诸侯活动相关。尤其是行人接待各国使者时，席间必须赋诗，以为外交辞令，乐器是不可或缺的。先秦时的乐器有钟、钲、铎、鼓、錞和铙，上有刻字的为钟。钱币则是诸侯国内外均会使用的流通媒介，具体情况前文已述。符玺在先秦有两种含义，书信写完之后，要用封泥贴合，然后用印信封上，收信人先检查封泥上的印信图像有没有被破坏，这是符玺的一种含义；另一种则是使节出行时所携带的印信，依靠该印信通行水陆。安徽寿县出土的鄂君启节，就是楚怀王赐给鄂君的铜节，上有四段铭文——一段 165 字，为水路通行的符节；其他三段为 150 字，为陆路通行的符节，都与对外活动乃至外交息息相关。

春秋时除铜器外，比较重要的还有玉石。殷商时期的占卜和祈神多使用龟甲与牛骨，但春秋时期流行的盟誓，大多刻在玉石上，如山西曲沃的侯马盟书。1959 年，山西考古所对侯马地区的新田遗址开始勘探，并发现至少五处发掘地点。1965 年冬发现第一批玉圭写成的盟书，记录赵氏的重大政治事件，为晋国政治研究的重要材料。其重要性我们已在之前的章节中有所展示,在此不再赘述。

在玉石之外,最重要的出土文物就是竹简。将竹劈成长而窄的篾片,再用线串联起来,组成了竹简,而用木头如法炮制的,就是木简。从文字上这被称为“册”,而将数“册”放在案牍上,就形成了“典”。册是象形字,而典是会意字。两字在甲骨时期就已出现,说明竹简很早就使用了。《尚书》有所谓的“尧典”,成书时间虽然未定,但在孔子之前早已形成,就是一个证据。典册在造纸发明之前,是最常见的书籍载体。但由于笨重和不耐火等因素,后期被纸张全面取代,原始典籍反而是依靠墓葬出土的方式才保留到今天。

先秦时期比较重要的竹简有湖北云梦睡虎地秦简,1975—1976 年初,云梦县出土了 12 座战国末年至秦的墓葬,在其中的第十一号墓中出土了 1 155 支竹简与 80 张残片,简文由秦隶而非小篆书写,包含八种十类文献:《编年纪》《语书》《秦律十八种》《效律》《秦律杂抄》《法律答问》《封诊式》《为吏之道》与《日书》两种,其中《编年纪》与《秦律》均为秦统一六国前的作品,记载的政治、法律文书,对于研究秦国与秦朝包括《蛮夷律》在内的法律与政治条文有着不可忽视的理论价值。《秦律十八种》为秦朝文献,内容广泛,但比较重要的是投递文书的规定和管理四夷事务的机构“属邦”的职务。睡虎地秦简小组将其编为《睡虎地秦墓竹简 10 种》,文物出版社于 1990 年将其出版。

帛作为染织用料,也运用于书籍的书写。尽管帛书易朽坏,但通过墓葬恒温恒湿驱虫的环境,保存下了相当一批材料。其中对中国古代外交研究影响较大的有战国时期的《战国纵横家书》《春秋事语》和汉代的《地形图》《驻军图》。应当说,出土文物在春秋时期扮演的角色，丝毫不比传世文献逊色。在中国古代外交研究的路径中，春秋战国时期的出土文物应当得到相当的重视。

秦汉时期的考古资料也非常重要。尽管汉代的知识体系已经得到了初步整理，正史已经开始编订，究尽知识脉络的目录亦已形成。但秦朝的焚书运动与楚汉争霸等战争亦严重破坏了秦石室的藏书，汉代的藏书工作几乎是重新开始的。这一时期的文献史料传世不多，大量记述秦汉法律制度与对外活动的书籍遭到焚毁，出土文献在这一阶段仍然发挥了不可忽视的作用。秦汉时期的出土文物有简牍、帛书、画像石、画像砖、石刻、封泥、印章、铜器、陶器、漆器和货币等。封泥、印章等研究多收入金石学的研究中，可以参考容庚编纂的《秦金文录》和《汉金文录》等。本时期比较重要的出土文物，主要是竹简和木牍。

汉代出土简牍，代表为山东临沂银雀山汉墓竹简。1972年，银雀山发掘两座汉墓，其中一号墓出土了 4 942 枚，大部分为先秦时已经成书的兵书和军法，都是对外用兵的管理举措。但现有的出土汉简中，墓葬所出的竹简比例不如边塞汉简出土量大。1906—1908 年，英国人斯坦因在敦煌县外汉代边塞遗址发现了 706 枚木简，收入沙畹《斯坦因在新疆沙漠中发现的中国文献》与王国维、罗振宇著《流沙坠简》。1913—1915 年，斯坦因再度来到西北，又在敦煌和酒泉地区各发现竹简 84 枚与 105 枚。马伯乐的《斯坦因在中亚第三次探险的中国古文书考释》与张凤的《汉晋西陲木简汇编》第二编收录了这批汉简。1944年，夏鼐等人赴甘肃考古，并在敦煌获取了 43 枚汉简，简影收入了夏鼐的《考古学论文集》中。同年，向达与阎文儒在玉门关遗址发现了48枚汉简，真品现存于台北的“中央研究院历史语言研究所”。中华人民共和国成立后，敦煌汉简的发掘一直在延续。1979年，马圈湾烽燧遗址出土汉简1 217枚；1990—1992年，悬泉置遗址出土汉简20 000余枚。由于前后九批汉简共出土25 000余枚，这批汉简被合称为敦煌汉简。

就中国古代外交研究而言，敦煌汉简，尤其是悬泉置一批汉简提供了大量生动的史料。汉简记录了西域南、北两道的国家，包括楼兰(鄯善)、且末、小宛、精绝、扜弥、渠勒、于阗、皮山、莎车、蒲梨、疏勒，与车师、孤胡、山国、危须、焉耆、乌垒、渠犁、龟兹、姑墨、温宿、乌孙、大宛的交往；不归西域都护府管辖的康居、大月氏、乌弋山离和罽宾等国，以及从未见于史载的祭越、折垣等国。悬泉置汉简中，有七枚简组成康居王使者册，详细记录汉元帝永光五年(前39年)康居使者自酒泉进贡骆驼的讼案。其中使者供述康居历次进贡，关戍均有酒食供应，而地方官吏要与使者共同登记贡品的价值。然而，这次不但没有食品接待，地方官员还排挤使者，独自评定礼物等级，将进贡的珍品白骆驼定为常见黄骆驼，肥骆驼降级为瘦骆驼，因此上书朝廷申诉。朝廷下文至敦煌，要求查清事实。不仅如此，悬泉置汉简还记录了大月氏双靡翖侯、休密翖侯派遣使者到达汉地的事迹。这类记载对中国古代外交研究的意义极其重大。二侯为大月氏攻占大夏之后，管理大夏故地之贵族，并非汗王，但却得以派出贡使朝觐汉朝。这是对汉代外交形态研究的核心史料之一。

除敦煌汉简外，还有居延汉简。1930—1931年，由中国和瑞士共同组成的西北科学考察团，在内蒙古境内额济纳河流域的汉代遗址，发掘出 10 000 枚左右的汉简，1972 年对“档案室”遗址的发掘，出土了自王莽天凤元年（14 年）至东汉建武元年（25 年）的各种簿籍 70 余册与简牍 900 枚，后来又逐渐出土了大量简牍、簿册合计 20 000 余枚。20 世纪 30 年代出土的大批汉简现保存于台北，但简影可见于 1980 年中华书局出版的《居延汉简甲乙编》。居延汉简记载边塞事务，势必涉及汉朝与周边政权之间的关系。甘露元年（前 53 年）乌孙内乱，乌就屠自立为昆弥，汉宣帝特下诏书曰：“立元贵靡为大昆弥，乌就屠为小昆弥。遣长罗侯将三校屯赤谷。”这批汉简将其记录了下来。同敦煌汉简一般，居延汉简也记录了后来西域的 50 个属国，以及接受册封之事：“自驿长至将相王侯，皆佩汉印绶，凡三百七十六人。”简牍记录了正史未曾收录的一手资料，正史有时对西域地区的国名和地名阙疑，而简牍重视记录这些史事。戍守汉简记录为备战匈奴而设置的军事屯田及相关制度，也是关于匈奴关系的一手资料。相较正史，甚至有更重要的学术价值。

除了简牍，汉代文物中比较重要的，还有铜镜。中国的铜镜自殷商迄，便已制成，但直到汉代才出现铭文镜，而当时的铜镜已用于赏赐日本岛来的使者。东汉与曹魏时期赐予传说中卑弥呼女王的铜镜有百枚之多，预计其中已有一些从日本的古坟出土。如以日人难升米为首的邪马台国使团，便受到了曹魏的重视，曹魏赏赐其精美的丝帛、黄金、铁刀与铜镜。而三国时期东渡日本的工匠，亦造出了大量吴镜。铜镜上的铭文包括纪年和诗句，可以部分体现铜镜的来源和背景。因此，对汉代铜镜的研究，亦是早期外交活动的有力参照。

汉后的出土文物重要性逐渐降低，其根本原因在于书籍系统的日渐发达。汉代经历了第一次图书的系统整理工作，并形成了目录学的传统。汉代之前的图书未曾考订具体数量，但传世文献数量不多。刘歆整理出《七略》，这是当时校定皇家藏书的总目录，包括 13 269 卷，也是汉代的官藏总目，基本囊括了当时的天下书籍。曹魏与西晋的藏书一脉相承。太康元年（280年），王浚攻占建业，吴国的书籍亦归于西晋。西晋一朝图书总目上升至 29 945 卷，远超汉代。

东晋书籍收藏遭到极大破坏，惠怀之乱焚尽天下图书，东晋王室又东渡，舍弃藏书于江北。东晋重新搜集藏书，数量为 3 014 卷；北方姚秦藏书 5 000 余卷，合计 8 000 卷，仅有西汉藏书半余。谢灵运造《四部目录》，使官府藏书数量大为增加。直至梁藏书最多，在侯景之乱和梁元帝焚书两厄之前，四部藏书为 23 106 卷，接近西晋时藏书。北朝风俗质朴，藏书甚少，历经四朝不断累积，至北周时，方有 15 000 册。但 581 年杨坚发动政变，建立隋朝，随后平定陈朝，搜集天下图书，总成36 708卷。

唐宋时期天下藏书到达高峰，除了碑文等一手史料，文字书写和记录方式几乎覆盖了社会生活的边边角角，文字史料成为了最权威的资料。唐代开元时期，藏书已达到 51 852 卷，唐人自家著述 27 127 卷，欧阳修著《新唐书・艺文志》记唐书 79 221 卷。北宋建崇文院，以院中三馆为藏书馆，又建“秘库”用以藏书。尽管历经馆火焚烧，书籍却很快重修，北宋前后藏书 73 877 卷，同时在库的最大藏书量为 30 669 卷，亦是无出其右。唐宋高峰之后，后世藏书数量大抵不少，即便是文教凋敝，社会尚武的元代，藏书也有 24 008 册。文字史料的勃兴，自然使出土文物的重要性下降。南北朝后出土文物中重要性较高的材料是碑文。同时，元后外国资料的出现，亦极大地丰富了中国古代外交研究。

“碑”之名始于青铜器盛行的周代。当时的碑没有文字，主要有两种不同之质料的碑，发挥不同的作用。周代的墓所用木碑来引绳下棺，是工具性设施，但有个很好听的名字——“神道碑”。因为它同时也是一个物理标识，方便人们寻墓凭吊。庙门前用石碑，用以牺牲的祭品绑在石碑上，碑后有凹槽，用来引血入盆，是祭祀用具。周代石碑没有文字，西汉时才有少量文字。东汉至北朝时期，石碑被大量用来刻字。碑分方形的主体碑身、碑首和碑座。正面为阳，背面为阴，侧面较窄的部分叫侧，都可以刻字。碑首称首，碑座称趺，工匠经常将其做成莲花浮雕、鼋或赑屃。碑文刻字有讲究，一般的规矩是首刻题，阳刻正文，阴刻人之题名。前述东汉至北朝时期，最常见的碑文是墓志铭，用以记录个人生平与功勋。鲜卑拓跋部与突厥人，以及朝鲜半岛的三国均喜用碑。北地民族用本族文字刻碑的，一般记述部族内部事宜；用汉文题碑的，都基本与出使、受封和战争等对外行为相关。如前所述，北魏时期成书较少，主要以搜集散落于黄河以北的经学典籍与前人著述为主；而鲜卑政权下的河东三族，本是居于陇西、关内等的汉人士族，深受经学熏陶，因而保存了一定数量的经史书籍。

碑文一般不见于图书目录，都是散记，只有专门针对碑文的研究专著，才会总集散落各地的碑文。但自从界碑出现之后，记录两国分界、结盟、姻亲的界碑和纪念碑，就变得极其重要了。即便是文教极盛的时期，出土文物的意义不若先秦时那么关键，但碑文的价值却未受丝毫的削弱。在这里，我们以唐蕃会盟碑为例，来阐述碑文的重要性。

唐蕃会盟碑于823年立于拉萨大昭寺前，碑高一丈四尺五寸，碑阳向西，而与中原地区的碑阳朝向不同，以表唐在吐蕃东面。碑文由汉文和吐蕃文书写，右侧汉文，左侧吐蕃文，相互对照。汉文竖行，每行六十四个字，共六行；吐蕃文横行，由左向右写七十七列，字数不固定。碑文依照唐代习俗，唐、吐蕃二国国主名前空三格，而每条盟约之间空一格。碑文正文依汉文如下：

> 大唐文武孝德皇帝与大蕃圣神赞普，舅甥二主商议社稷如一，结立大和，盟约永无沦，替神人俱以证知，世世代代使其称赞，是以盟文节目，题之于碑也。
>
> 文武孝德皇帝与圣神赞普，猎赞陛下二圣舅甥，濬哲鸿被，晓今永之屯亨，矜愍之情，恩覆其无内外，商议叶同，务令万姓安泰，所思如一，成久远大喜，再续慈亲之情，重申邻好之义，为此大好矣。今蕃汉二国，所守见管本界：以东悉为大唐国境，已西尽是大蕃境土，彼此不为寇敌，不举兵革，不相侵谋，封境或有猜阻捉生，问事讫，给以衣粮放归，今社稷叶同如一，为此大和然，舅甥相好之义，善谊。
>
> 每须通传彼此驿骑，一往一来，悉遵曩昔旧路，蕃汉并放将军谷交马，其绥戎栅已东大唐，祇应、清水县已西大蕃，供应须合舅甥亲近之礼，使其两界烟尘不扬，罔闻寇盗之名，复无惊恐之患，封人撤备，乡土俱安，如斯乐业之恩，

垂于万代，称美之声，遍于日月所照矣，蕃于蕃，国受安，汉亦汉，国受乐，兹乃合其大业耳，依此盟誓，永久不得移易，然三宝及诸贤圣，日月星辰，请为知证，如此盟约，各自契陈，刑牲为盟，设此大约，倘不依此誓，蕃汉君臣任何一方，先为祸也，仍须仇报及为阴谋者，不在破盟之限，蕃汉君臣并稽告立誓，周细为文，二君之验证以官印，登坛之巨，亲署姓名，如斯誓文，藏放玉府焉。

以上可以看出，碑文实际约定了三事：吐蕃与唐的划界问题，规定互不侵扰；双方捉生的释放问题；驿使路线与后勤供应问题，并约定了双方的舅甥而非父子君臣关系。《册府元龟》等书均未收入碑文原文。通过对碑文的解读，我们可知唐时吐蕃与唐的对等关系，和约内容及其双方利益所在。这是真正的一手史料。不过，现有的碑文总集，许多都列为金石学和古代书法资料，对其外交学方面的价值还不甚留意，导致对作为政治文献的界碑和盟碑的专门总集，数量稀缺。目前以碑文补充外交史料，大多还是一事一议，即针对某一特定研究，在海量的历史资料中找碑文，没有固定的史料集，方便即取即用。

唐代之后，外国资料亦成为中国古代外交研究的核心史料，在此必须有所述录。

就中国古代外交研究而言，外国的文献资料价值是相当高的。中原王朝的史料受正统论的影响，对周边政权的国家化进程着力不够。来自周边政权的史书则能较好地中和华夷之辨的视角，提供一个更为符合外交史实的解释。但是，就文字形成的时间来看，古代周边政权的文字形成，相对于中原地区，相当晚近。即便在宋辽时期辽国已完成了契丹大字和小字的创造，其最主要的史料载体仍是墓志铭，即碑文。莫说辽宋时期的高丽史书由汉文书写，至迟至明朝万历年间的日本关白丰臣秀吉，在与琉球国王和朝鲜国王的书信中，使用的亦为汉文。另一种意义上的外国资料，即完全由本国文字书写的涉华史书，在元后才出现。

宋辽时期出现的首部外国研究资料，是之前我们曾提到的《被我们称为鞑靼的蒙古人的历史》。这部行记是兰诺向教皇递交的报告，包括了蒙古的地理、气候、风俗、习惯、国家起源、军事制度与对外战争。其时元朝尚未建立，该史料为研究蒙古族与蒙古汗国的重要参考材料。中国社会科学出版社 1983 年版出版了译注本的《出使蒙古记》，由英国人道森(Christopher Dawson)编纂，吕浦翻译，收录了这一报告。与此相关的还有鲁不鲁奇于 1255 年完成的《鲁不鲁奇行记》，亦收录于《出使蒙古记》，中华书局 1985 年还出版了一个单行的译注本。

元代最著名的外国史料，莫若《马可·波罗行纪》，其书四卷。由威尼斯人马可·波罗(Marco Polo)在狱中口述，狱友鲁斯蒂谦(Rustichello da Pisa)笔录。该书真伪存疑，在记述中有许多不尽不实之处，但大体符合元朝早期的城市风貌，并且对欧洲海外殖民运动影响甚剧，因此也是研究中国古代外交的参考资料之一。该书译本极多，但较为权威的是 1936 年上海商务印书馆的译注本和 2001 年上海书店出版社的中译本。

本时期的外国史料，还有两部较有价值的西方见闻录——《海屯行纪》《鄂多立克东游录》。2019 年中华书局将其编为一册，编入“中外关系史名著译丛”，二书均成书于大蒙古国——大元时期。《海屯行纪》由亚美尼亚人乞剌可思·刚扎克赛(Kirakos Ganjakeci)撰写,记录了亚美尼亚国王海顿一世(Het'um I, King of little Armenia)于1254—1255年东游蒙古的记录,海顿一世当时参加忽里台大会,并受到了大汗的欢迎。与此相关,亚美尼亚的历史学家海顿(Het'um the Historian)撰写的《鞑靼史》,亦记录了中国("契丹")的情况。《鄂多立克东游录》的作者鄂多立克(Friar Odoric)为圣方济各会修士,1322—1328年在中国游历,并博览了众多城市,包括泉州、福州、杭州、南京、扬州、宁波、临清、北京和内蒙古托县等地,记述了元朝中西交通的路线,尤其是驿站、信差与交通系统,有一定参考价值。

本时期最重要的史料,是由伊尔汗国宰相,波斯人拉施德丁(Rashid-Din Hamadani)于1310—1311年编纂的《史集》,该书分三集。第一集为蒙古史,分三卷,第一卷为突厥蒙古部族志,下册为成吉思汗纪,第二卷为大蒙古国至大元帝系,第三卷为三大汗国可汗纪。第二集世界史部分再分四卷,记录波斯、伊斯兰哈里发国、突厥、中华、犹太、印度等民族史。第三集为地名纪略。全书第一卷价值最高,为伊尔汗国所藏档案与学者口述史写成,是典型的一手史料。商务印书馆于1983—1985年根据苏联蒙古史的俄文译本出版了中译本。

元代外语史料极多,亦是涉华外交史料记述的时间起点。后继的明清两代,尽管本身不是中国古代外交研究的直接对象,但外文史料于此时蔚为大观,应当引起高度重视。

明代外文资料数量增多,其依托于东亚各国的史学系统的发展,以及欧洲传教士的进入。本时期东亚地区与欧洲的史料齐头并进,就与中国发生直接联系的国家而言,有《大越史记丛书》《高丽史》与《满文老档》。

越南潘孚先受王命修补《大越史记》，以 1225 年陈太宗始，至 1427 年明朝放弃交趾终，全书共十卷本。成书后又命吴士修重编，最终于 1479 年成书，名为《大越史记全书》。该书记述了宋、元两朝与越南的关系，而为日本学界重视。东京大学东洋文化研究所附属东洋文献学中心在 1985 年出版了编校本。

李氏朝鲜亦于此时编订一百三十九卷《高丽史》，按照二十四史的体例编纂，记载高丽王朝自 918 年建立，至 1392 年灭亡，历经 34 王。该书世家有四十六卷，志有三十九卷，列传有五十卷，记载了相当多与辽、宋、金、元四国间的关系，历史价值极大。朝鲜半岛非常重视这一古史，首尔亚细亚文化出版社在 1990 年有影印本。齐鲁书社有 1996 年《四库全书存目丛书》本。两本书保留了大量国内史料，虽成书于明代，但记录的多为前朝史事，在研究近古外交时，要予以高度重视。李氏朝鲜还编订了《李朝实录》，记录李朝太祖而至仁祖 16 位国王，及与朝鲜、明、清、日本的关系，有着比较详细的记述。

《满文老档》很早便用于历史研究。清人入关前，以满文书写族内文件。《满文老档》即官方编年档案。档案有一百八十卷，从 1607 年开始撰写，于 1636 年结束，主要记载后金的建立与努尔哈赤同明的战争。中华书局于 1900 年出版了该书影印版。

本时期比较重要的欧洲文献，有利玛窦的《中国札记》和门多萨的《大中华帝国志》等，具体内容前文已有论及，在此不再详述。至于清代的外文文献，由于欧洲汉学，尤其是法国汉学的兴盛，以及中西交通史在清代的兴起，前文大有详述，于此亦不再赘述，感兴趣的读者可以参考张星烺编的《中西交通史料汇编》四卷本，中华书局有2003年简装本。

上述史料挂一漏万，都是研究中国古代外交极其重要的史料。无论是其中哪一种，都有深入挖掘的价值。应当说，有了这些材料，中国古代外交研究才是完整的研究。不过，在这两类史料之余，还有一类史料，数量最大，占比最大，影响也最深，值得专门论述，那便是以二十四史、通典和类书为代表的古代文献。以下专章论之。

四、外交的史料类型：传统文献

传统的"文献"二字，与西方的document有所出入。document指文件，在史料中意兼文字材料与档案二义。现代图书馆学脱胎于近代学科图书馆学，包括图书馆专业知识（包括目录学、版本学和知识分类理论）、信息管理、信息系统、档案学和文献学等。传统的文献学仅是图书馆学中的一支，研究中国古代的文献形态与流变，与档案学平级。我们所说的文献学，就是图书馆学下属的文献学，亦即与中国古代文献相关的学问。

"文献"二字与和制汉语新造的词语，如"社会""主义"，颇为不同，是一个根植于中国古代文化传统，并很早就用作专有名词的词汇，但它在严格意义上是"两个词"而非一个词。"文献"二字见于《论语·八佾》："子曰：夏礼，吾能言之，杞不足征也；殷礼，吾能言之，宋不足征也。文献不足故也。足，则吾能征之。"文献二字，指的是成文的材料与解读文书的贤才，其用途则是说明古时已失传的礼仪。可以看出，今天所使用的“文献”一词，就是过去“文献”词义的自然延伸。

由文献二字派生的文献学，则包含了作为物质载体的书籍的方方面面，从纸张、版式、装帧到内容的校勘、辑佚与目录学，都归属于文献学的研究范围。今日史料之中对档案的重视，并不完全包孕于文献学的传统之中。历代著史，多依据起居注而作，这里的起居注颇有些历史档案的意思。汉代起居注记录皇帝私生活，汉后起居注则注重皇帝言行，至宋代起居注有一大变化——既记录言行，又记录政事，堪为宋代朝廷事务的第一手资料。但这只是近于档案。对严格意义上的档案，则未必足够重视。

光绪三十四年(1908 年)冬，光绪帝及慈禧太后相继去世，年幼的溥仪继位，国家交由醇亲王监政，此时要履行摄政王礼。上代摄政王多尔衮其时已远，大内档案未曾保存，故而臣子上奏曰库档无用，应焚毁一些，腾出仓库以存新档，朝廷应允这一要求。当时海宁人章梫在档案残页中发现了一张宋代皇室宗谱的残页，由罗振玉辨认出来历。顿时档案中有宋版书的传闻便传播了开来。张之洞紧急遣人抢救这批档案，将其札束后移至敬一亭露天存放，但并未遣人看守。张之洞本为《书目问答》的作者，对旧有文献颇有了解，但不懂档案之价值，只是首肯罗振玉的结论，并且心疼其中的宋版书，莫使散佚。清廷文官均科举出身，有文献学知识，但没接受图书馆学的教育，因此好奇前来翻检书页，也主要是为了寻找其间残留的宋版书和明版书。当这小部分资源告罄之后，便以为没有价值。档案资料几乎被卖入纸厂重新化浆。

罗振玉有档案学的眼光,组织抢救了这批档案。但其时日本各大财团、满铁公司和美国哈佛大学燕京学社等均以巨资搜求中国史料。如清末私人藏书大家陆心源,搜集宋、元版书15万册,亦绝不借外人坊刻复制。然而光绪三十三年(1907年),其子陆书藩因庚子救援难民,欠款甚巨,家中投资亦失败,无力回天,不得不出售其父皕宋楼藏书以回笼资金。日本静嘉堂闻讯以10万元购买陆家全部藏书,此后皕宋楼书尽归日本,极其深憾。哈佛大学燕京学社甚至募资10万美元,聘请斯坦因第四次来到中国"考察",而知识学界群情激奋,由当时"中央研究院"与一干学人上书民国政府,阻止斯坦因入境,甚至要求取消其护照。斯坦因第四次中国考察遂告中止。但海外收购浪潮一波高似一波,对罗振玉本人及档案保护机构造成了极大的经济压力。罗振玉运用这批档案中比较重要的一部分,编成了《史料丛刊初编》,但当这批档案辗转至藏书家李盛铎处时,由于再找不到宋、明等善本书,李盛铎又要卖出这批档案。陈寅恪领当时"中央史语所"集资洽购全部档案,最终将这批文档留在北京。虽然陈寅恪与傅斯年搜集档案,与当时怀疑正史、而以档案发掘真实历史的革命心气有关,但对于档案的重视,不得不说是其新史观所决定的。

不同的史观视角下,新旧史料的意义和价值亦不同。过去重文献,主要指书目的价值,一重"善本",就是校雠精,错误少,不残缺的本子。当然,作为文物,这些书目的价值又别有体现。就收藏的目光来看,唐书贵于宋本,明本贵于清本。文物收藏的硬通货是年岁,除此之外就是稀缺性。太常见的文物,就算时间古旧,也不如稍晚而稀缺的文物。但这种善本是价格的贵重，不是作为书籍的价值的体现。书目的善本，就是指精校寡谬，或按杜逊泽先生所说，“精注精校，不缺不讹”。二重“著述”，历朝历代的著作，都注重围绕经典而展开的阐发，其中阐发最精的，就称为当时文林的翘楚。从“六经注我”到“我注六经”，中国古代图书总集的形成，从来以经学的注疏为先。至于知识体系化的成果，或者照述前人意见，大多视为末流，讥之为“炫博”或“獭祭鱼”。三重经典。天下图书以经学第一，其他各部均不过经学之补遗。尤其史学，甚至于晚清时章学诚提出“六经皆史”，亦不过借经学之地位来提升史学，使其不复为边角之学。然而，中国古代外交的文献选择，完全跳脱了这三者，而是以以往不甚重视的文献为基准。各种原因，前文已有详述。在此，仅列出史料的最主要文献。

中国古代外交研究的基础史料，由二十四史、“十通”与类书组成。作为正史的二十四史，重要性很好理解。尽管民国治史有不看二十四史的传统。章太炎也批评曰：“今之讲史学者，喜考古史，有二十四史而不看，专在细致之处吹毛求瘢，此大不可也。”但是，对外关系的主体是国家和中央政府，使节亦出于王朝意志。因此，在中国古代对外关系史的研究视域中，中央政府的政治档案，包括皇帝本身的起居注，是研究中国古代对外关系最可靠的材料。如前所述，“外交”在中国的出现，应当定为1864年《万国公法》的译讫，还是1866年清廷答复二公使的上谕？从时间上看当然是越早越好，然而，这里援引的“外交”是指以中央政府间的平等对外关系，尽管《万国公法》亦受清廷所托翻译，但《万国公法》不是政治文件，不能将“外交”这个词的传入等同于“外交”的传入。而这一点，不仅需要历史学与国际关系学在概念工具上的互动，最重要的是，依照概念本身的特性，针对性地安排史料的层次。而这一点上，正史(及相关的会要与档策)具有最高的优先级。由于二十四史名气最大，流传亦最广，在此可不必详述，仅谈及一些粗浅的版本信息。二十四史为《史记》《汉书》《后汉书》《三国志》《晋书》《宋书》《南齐书》《梁书》《陈书》《魏书》《北齐书》《周书》《隋书》《南史》《北史》《旧唐书》《新唐书》《旧五代史》《新五代史》《宋史》《辽史》《金史》《元史》《明史》，共计 3 217 卷，约 4 700 万字。其中《宋书》《南齐书》《梁书》《陈书》《魏书》《北齐书》《周书》《南史》《北史》九种均为南北朝时史事，《宋史》《辽史》《金史》都在讲宋代，只是立场不同。早期的二十四史没有标点，1959—1977 年，中华书局出版了第一版点校本“二十四史”，这也是现在使用范围最广的一版，研究时也应尽量使用这一版。接下来我们主要介绍一下大家可能不太熟悉的“十通”与类书。

自 7 世纪起，中国的思想世界开始了体系化进程。这是知识世界自我增殖到一定程度的必然结果。汉代第一次总集天下图书，并编订目录，然而官藏书籍的数量，到了西晋就已较汉代藏书翻了一倍。光靠阅读原书已无法窥见天下学术的总貌，因此势必要在体系层面做些文章才能形成稳定的知识结构，并探寻零散而冗杂的具体知识间的内部联系。同时，分门别类地搜集知识，也方便知识体系的专业化，这对于注重传统的制度典章和注重积累的工匠知识等科目而言，是至关重要的。

依照这一逻辑，知识体系的构建工作便按照“拆分—重组—专门”的路径演进，将原本散佚于不同著作中的零散知识，以及前朝史书中虽有分类但不及延续的科目总汇在一处，这就构成了类书。类书在思想史和学术史研究中本不受重视，其原因不外是类书本身是知识总集，不收录书籍版本信息，不考究善本，只将各书所论的天文、地理、政治知识分门别类地编排在一起。因此，部分从事文献研究的学者对此嗤之以鼻。然而，“以其所用者重，而所要者轻也”，类书的长处，在于其“数据库”一般包罗万象而便于检索“巨细必举”“不加筛选”，本身就避开了前述史观的影响，方便后人拣选。考察史实，举例甚繁，且各事例往往分散。郭长颖曾举例指出类书的检索功用：“类书则分类编排各种史料，资料集中，一索即得。例如有关历代‘蝗灾’的文献，《古今图书集成·历象汇编·庶征典》一百七十九卷至一百八十二卷‘蝗灾部’就汇集自周桓王开始到清康熙为止三千多年间各朝史书所载蝗灾资料共计三百四十则，这些原始材料散见各书，类书全部辑录，查检十分方便。”类书既然是知识总成，对于研究而言，自然是极好的助力。

类书的优长，我们在前文柔然国的考释中，已经有了直观的认识。但类书虽名为知识总集，实际上成书的核心逻辑不一，体例不同，质量参差不齐，甚至有的书连出处都不标注，使得类书的挑选本身就成了一种工作。毕竟，类书的种类委实太多，就算将其数据化，也会得到相当庞杂的数据库。庄芳容先生的《中国类书总目初稿》按 15 种近代图书总目，计算类书数目为 766 种；唐建华先生主编的《类书的沿革》记载类书 263 种。之所以数量相差巨大，大抵因为类书在流传中多有散佚与焚毁，遗留至今的五不足一，但就总量而言也已非常惊人。因此，在研究之中，仍要斟酌底本，以质量最高，最具有参考意义的丛书总目为基准，其他为参考。

类书是遍摘群书的词、句、篇、段，予以拆分，再按照共同主题编排的作品，对原书词句一般不做改动，或改动很小。它包罗百科，但查找时不凝练词义，只引述某时某书之义。所以，不能将类书当成辞典，认为它可以提供一个现成的释义，而至多视为史料总集，借其搜集相关的历史材料。依据类书的用途、收录史料的来源、成书时间与保存是否完好四个要素，我们推荐三部类书，作为研究的主要参考。

类书据传源自曹魏时成书的《皇览》，但早已亡佚。隋代曾有《修文殿御览》，该书成为唐宋两代类书的基础，但亦已散佚。唐代类书有《北堂书钞》《艺文类聚》等，但体例和囊括的内容没有宋代多。宋代类书，突出代表为四大部：《太平御览》《太平广记》《文苑英华》与《册府元龟》。其中《太平广记》的特色，是摘录野史故事，故而被称为小说家之渊海。真正适合中国古代外交研究的是《太平御览》一千卷和《册府元龟》一千卷。

《太平御览》一书，综合前代《修文殿御览》《艺文类聚》等书编纂而成，并且极好地反映了当时的知识门类，是北宋太宗时期李昉等文臣奉旨编修而成的类书。其书摘引 2 579 种前书，分 55 部 5 426 类，所引证之书，不拘正史，也有文学总集，各朝诗赋乃至于小说故事，面目极广。偶引小说，并非离经叛道，不务正业。试举《太平御览》所列诸目，如表 4.3 所列。

《太平御览》虽有 55 部，但明显将思想资源分门别类地“装入”不同的主题，以供检索阅读。不仅如此，它还包含两个重要的成就。类书的编纂自曹魏始发端，多兴盛于大分裂时代，自然更为充分地反映出当时诸国并列的现实。同时，基于“述而不作”的原则，类书不会对内容作史观方面的编排，而仅以目录

表 4.3 《太平御览》目录

<table>
<tr><td>自然</td><td colspan="4">天部(十五卷)</td><td colspan="4">时序部(十九卷)</td><td colspan="8">地部(四十卷)</td></tr>
<tr><td>皇权</td><td colspan="4">皇王部(四十一卷)</td><td colspan="4">偏霸部(十八卷)</td><td colspan="8">皇亲部(二十卷)</td></tr>
<tr><td>人事</td><td colspan="4">州郡部
(十八卷)</td><td>居处部
(二十五卷)</td><td>封建部
(五卷)</td><td>职官部
(六十七卷)</td><td>兵部
(九十卷)</td><td colspan="3">人事部
(四十三卷)</td><td colspan="3">逸民部</td><td colspan="2">宗亲部</td></tr>
<tr><td>学术</td><td colspan="3">礼仪部</td><td>乐部</td><td colspan="2">文部</td><td colspan="2">学部</td><td colspan="5">治道部</td><td colspan="3">刑法部</td></tr>
<tr><td>神怪</td><td colspan="3">释部</td><td>道部</td><td>休征部</td><td>咎徵部</td><td colspan="4">神鬼部</td><td colspan="6">妖异部</td></tr>
<tr><td>外事</td><td colspan="7">奉使部</td><td colspan="9">四夷部(二十一卷)</td></tr>
<tr><td>器用</td><td colspan="2">珍宝部</td><td colspan="3">布帛部</td><td colspan="2">资产部</td><td colspan="2">百谷部</td><td colspan="3">饮食部</td><td colspan="4">火部</td></tr>
<tr><td>方术</td><td colspan="2">仪式部</td><td colspan="2">服章部</td><td>服用部</td><td>方术部</td><td>疾病部</td><td>工艺部</td><td colspan="3">器物部</td><td colspan="3">杂物部</td><td>舟部</td><td>车部</td></tr>
<tr><td>百科</td><td>兽部</td><td colspan="2">羽族部</td><td>鳞介部</td><td>虫豸部</td><td>木部</td><td>竹部</td><td>果部</td><td colspan="3">菜茹部</td><td colspan="3">香部</td><td>药部</td><td>百卉部</td></tr>
</table>

的时间为内容简单的分类。价值观上的中立，使得作为资料集的类书相较二十四史提供了更有价值的参考。其中《太平御览》首将“对外活动”作为专门的知识予以列出，它包含了“皇王”“偏霸”“皇亲”三类目录，效法前朝（北齐武平三年，即 572 年）编定的《修文殿御览》，这里的偏霸就是与同所谓正统“后魏”并立的北齐，南朝宋、齐、梁、陈等政权；不仅如此，《太平御览》还从知识架构层面完善了对外活动的对象——“偏霸”与“四夷”。《太平御览》之前，类书一直没有单列“偏霸”与“四夷”。盖因曹魏以来，各政权之间的“正统”之争压过了夷夏之辨。东晋南渡之后，大规模修缮类书的一方又多为北地政权，因而“四夷”作为一个瓜田李下的概念而遭摈弃。但在宋代，原有的部族渐多建为国家，除了最为强大的北方诸国与宋朝就“谁为中国”展开的论争外，南方诸国无意挑战宋朝的“中国”地位。故此，《太平御览》编入“偏霸”“四夷”和“宗亲”三部，从目录上完善了对外关系的对象。而这类古代检索工具书，无论从体例还是内容上看，都是相当有价值的史料。

当然，《太平御览》的史料在具体的文字上多有脱漏，甚至谬文。但这些体例上的问题，不妨碍其作为中国古代外交研究所具有的特殊价值。《太平御览》的多个版本都已归日本所有，但 1935 年商务印书馆曾依宋蜀刻本影印了一套，1960 年中华书局重新根据商务本影印为四大册，为当下最善之版本。就非历史学系的研究者而言，《太平御览》已为香港中文大学中国文化研究所附属中国古籍研究中心研发的《汉达文库》所收录，已经有了电子版。日本宫内厅书陵部收藏汉籍集览全文数据库也将其电子化，这是很大的福音。唯独许多字库未收录的异体字等用图片格式代替，看似保全了原字，实际上极其有碍搜索。单纯以数据搜索成果来做学问，结果可能是灾难性的。因此，在学有余力的前提下，对原著有所翻检，是有很大帮助的。

正确地运用数据库化的类书，无疑对研究有很大的助力。尤其类书的查阅，同简单的电子书搜索还不一样。简单地搜索原著，就会碰上词语的耦合，如某概念源自和制汉语，但在古籍中恰巧有相同的排列，研究人兴致冲冲地搜集完语料材料，最终却无功而返，甚至误导研究的方向。桑兵亦曾指出："今人在探究这些近代新名词时，常常会利用现在科技手段的发达，通过各种检索系统查询古籍之中是否存在以及何时出。在研究者看来，只要找出顺序相同的排列组合，就可以认定这次名词古已有之，然后再寻绎意涵和用法的变化。这样做看似具有一定的合理性，其实很大程度上混淆了事实。"但类书是依照古代汉语的实词来排列的。在里面出现了的固定搭配，就一定是知识体系中的成型理念；没有出现的固定搭配，有很大的概率不是常见搭配，或并不成词。这一点信息，或许可以帮助以社会科学宗旨研究中国古代的学者，更有效地厘定合宜的概念。

第二部要推荐的是《册府元龟》。同《太平御览》不同，《册府元龟》完全是一部政治类书，不仅文选材料均取自宋前十七史，间杂经、子，不录其他杂书，关注的重心就在君臣问答之上。这一点从名字就能看出来。"府"是周代的仓库；"册"是竹简，以盟书和典册为代表的图书都要归于府藏；"龟"是殷帝卜问国家大事的载体；"元"则有第一，最初，最大的意思。《册府元龟》本就有政治文书之义。宋真宗景德二年(1005 年)，王钦若提总编修工作，与 15 人共修此书。这本书分 31 部 1 104 门，虽只取 17 史，但篇幅却超出《太平御览》一倍，而且专注于古代政治，因此可用史料极多。甚至于翻阅二十四史之前，可以先按门类阅读检索《册府元龟》。其大目分为：帝王部，闰位部，僭伪部，列国君部，储宫部，宗室部，外戚部，宰辅部，将帅部，台省部，邦计部，宦官部，谏诤部，词臣部，国史部，掌礼部，学校部，刑法部，卿监部，环卫部，铨选部，贡举部，奉使部，内臣部，牧守部，邻长部，宫臣部，幕府部，陪臣部，总录部和外臣部 31 大部。其中与中国古代外交直接相关的有闰位部、僭伪部、列国君部、宗室部、奉使部和外臣部六部。“闰位”即贰君，亦由宋一代“正统论”中得其统而未得其正之朝代，譬如秦朝，又如三国时蜀汉与孙吴；“僭伪”多为南北朝时少数民族分立的政权；“列国君”与“宗室”君为分封制时期所封诸侯国，以春秋战国为始；“奉使”为古代遣使之记录；“外臣”则是羁縻州府与册封之外国记录。《册府元龟》六大部下依不同政治活动，分出不同门类，是中国古代外交的核心材料(表 4.4)。

表 4.4　《册府元龟》六大部

部	目
闰位部	卷一百八十二　闰位部 · 总序 · 氏号 · 诞生 · 名讳
	卷一百八十三　闰位部 · 勋业
	卷一百八十四　闰位部 · 勋业第二
	卷一百八十五　闰位部 · 勋业第三
	卷一百八十六　闰位部 · 勋业第四
	卷一百八十七　闰位部 · 勋业第五

（续表）

部	目
闰位部	卷一百八十八　闰位部·绍位·年号
	卷一百八十九　闰位部·孝德·奉先·尊亲
	卷一百九十　闰位部·姿表·智识·聪察·器度·才艺
	卷一百九十一　闰位部·法制·政令
	卷一百九十二　闰位部·文学·好文·颂美
	卷一百九十三　闰位部·崇祀·弭灾
	卷一百九十四　闰位部·崇儒·崇释老
	卷一百九十五　闰位部·惠民·仁爱·恤征役
	卷一百九十六　闰位部·建都·封建·勤政·诫励
	卷一百九十七　闰位部·朝会·宴会·庆赐·纳贡献
	卷一百九十八　闰位部·耕籍·务农·节俭
	卷一百九十九　闰位部·命相·选将
	卷二百　闰位部·倚任
	卷二百一　闰位部·祥瑞
	卷二百二　闰位部·祥瑞第二
	卷二百三　闰位部·徵应
	卷二百四　闰位部·知子·知臣·念良臣
	卷二百五　闰位部·巡幸·畋游
	卷二百六　闰位部·礼贤·好贤·奖善·养老
	卷二百七　闰位部·恩宥
	卷二百八　闰位部·恩宥第二
	卷二百九　闰位部·钦恤·念功·宽恕·宥过·悔过
	卷二百十　闰位部·旌表·明赏·延赏
	卷二百十一　闰位部·求旧·继绝
	卷二百十二　闰位部·招谏·纳谏·听纳·推诚
	卷二百十三　闰位部·求贤·命使

（续表）

部	目
闰位部	卷二百十四　闰位部・权略・训兵 卷二百十五　闰位部・招怀・和好・却贡献 卷二百十六　闰位部・征伐 卷二百十七　闰位部・交侵 卷二百十八　闰位部・失政・疑忌・恶直
僭伪部	卷二百十九　僭伪部・总序・姓系・年号 卷二百二十　僭伪部・形貌・聪识・令德・才艺 卷二百二十一　僭伪部・勋伐 卷二百二十二　僭伪部・勋伐第二 卷二百二十三　僭伪部・勋伐第三 卷二百二十四　僭伪部・奉先・孝友・宗族 卷二百二十五　僭伪部・世子 卷二百二十六　僭伪部・知人・宽恕・恩宿・戒惧 卷二百二十七　僭伪部・谋略・倚任 卷二百二十八　僭伪部・崇儒・务农・好文・礼士 卷二百二十九　僭伪部・政治・求谏・听纳 卷二百三十　僭伪部・褒赏・庆赐・饮宴・交好・和好・怀附 卷二百三十一　僭伪部・征伐 卷二百三十二　僭伪部・称藩 卷二百三十三　僭伪部・好土功・悔过・矜大・失策 卷二百三十四　僭伪部・兵败
列国君部	卷二百三十五　列国君部・序・建国・锡命・奉先 卷二百三十六　列国君・部嗣袭 卷二百三十七　列国君・部嗣袭第二

（续表）

部	目
列国君部	卷二百三十八　列国君部·智识·谋略·任谋
	卷二百三十九　列国君部·政令·任贤·有礼
	卷二百四十　列国君部·勤王·献捷·救患
	卷二百四十一　列国君部·崇祀·旌表·礼士
	卷二百四十二　列国君部·听谏·明赏
	卷二百四十三　列国君部·务德·宴享
	卷二百四十四　列国君部·休徵·戒惧·悔过
	卷二百四十五　列国君部·朝聘·姻好
	卷二百四十六　列国君部·盟会
	卷二百四十七　列国君部·盟会第二
	卷二百四十八　列国君部·攻伐
	卷二百四十九　列国君部·攻伐第二
	卷二百五十　列国君部·攻伐第三
	卷二百五十一　列国君部·攻伐第四
	卷二百五十二　列国君部·复邦·训练·御备·交质·行罚
	卷二百五十三　列国君部·识暗·奢僭·信谗
	卷二百五十四　列国君部·失政·失礼
	卷二百五十五　列国君部·失贤·拒谏·害贤
（节选）宗室部	卷二百六十二　宗室部·总序·封建
	卷二百六十三　宗室部·封建第二
	卷二百六十四　宗室部·封建第三
	卷二百六十五　宗室部·封建第四
奉使部	卷六百五十二　奉使部·总序达王命宣国威
	卷六百五十三　奉使部·称旨

（续表）

部	目
奉使部	卷六百五十四　奉使部·奖恩名望廉慎知礼 卷六百五十五　奉使部·智识 卷六百五十六　奉使部·立功招抚 卷六百五十七　奉使部·机变 卷六百五十八　奉使部·才学论荐举劾 卷六百五十九　奉使部·敏辩 卷六百六十　奉使部·敏辩第二 卷六百六十一　奉使部·守节 卷六百六十二　奉使部·便宜请行绝域 卷六百六十三　奉使部·羁留死事 卷六百六十四　奉使部·失指辱命挫辱专恣受赂
外臣部	卷九百五十六　外臣部·总序种族 卷九百五十七　外臣部·国邑 卷九百五十八　外臣部·国邑第二 卷九百五十九　外臣部·土风 卷九百六十　外臣部·土风第二 卷九百六十一　外臣部·土风第三 卷九百六十二　外臣部·官号才智贤行 卷九百六十三　外臣部·封册 卷九百六十四　外臣部·封册第二 卷九百六十五　外臣部·封册第三 卷九百六十六　外臣部·继袭 卷九百六十七　外臣部·继袭第二 卷九百六十八　外臣部·朝贡第一 卷九百六十九　外臣部·朝贡第二

（续表）

部	目
外臣部	卷九百七十　外臣部·朝贡第三 卷九百七十一　外臣部·朝贡第四 卷九百七十二　外臣部·朝贡第五 卷九百七十三　外臣部·助国讨伐 卷九百七十四　外臣部·褒异 卷九百七十五　外臣部·褒异第二 卷九百七十六　外臣部·褒异第三 卷九百七十七　外臣部·降附 卷九百七十八　外臣部·和亲 卷九百七十九　外臣部·和亲 卷九百八十　外臣部·通好 卷九百八十一　外臣部·盟誓 卷九百八十二　外臣部·征讨 卷九百八十三　外臣部·征讨第二 卷九百八十四　外臣部·征讨第三 卷九百八十五　外臣部·征讨第四 卷九百八十六　外臣部·征讨第五 卷九百八十七　外臣部·征讨第六 卷九百八十八　外臣部·备御 卷九百八十九　外臣部·备御第二 卷九百九十　外臣部·备御第三 卷九百九十一　外臣部·备御第四 卷九百九十二　外臣部·备御第五 卷九百九十三　外臣部·备御第六 卷九百九十四　外臣部·备御第七

（续表）

部	目
外臣部	卷九百九十五　外臣部·交侵 卷九百九十六　外臣部·鞮译纳质责让 卷九百九十七　外臣部·状貌技术勇鸷悖慢怨怼残忍 卷九百九十八　外臣部·奸诈 卷九百九十九　外臣部·入觐 卷一千　外臣部·强盛

由细目来看，研究人员几乎可以按照这个类别按图索骥地去寻找合用的史料。但是，《册府元龟》美中不足之处在于，所引史料均未标注原文。因此，要保证引文的准确，仍然要确定其原始出处，才能加以引用。

除了上述两部极有帮助的类书之外，还有一部，为清代陈梦雷于康熙四十年（1701年）十月至四十五年四月编纂的《古今图书集成》。究其根本，前两部书虽然好用，但成书于宋，宋后的历史无法再加收录。故此不得不再找一部晚出的类书，以补全新增的历史。在类书中，《古今图书集成》规模最大，约1.6亿字，仅次于已散佚的明《永乐大典》。陈梦雷在编订时，雍正即位，流放其至东北。雍正指定蒋廷锡重新编校，但在重新进表时，已无修书人名，陈梦雷之功因而不传。该书有5 020册523函，体量之大，世所罕见，但收录各式掌故最全。前述蝗灾即托赖《古今图书集成》艺术。该书分六汇三十二典，第一历象汇下分乾象典、岁功典、历法典与庶徵典共120部；第二方舆汇下分坤舆典、职方典、山川典与边裔典共1 187部；第三明伦汇下分皇极典、官常典、家范典、交谊典、人事典、闺媛典共2 987部；第四博物汇下分艺术典、神异典、禽虫典、草木典1 120 部；第五理学汇下分经籍典、学行典、文学典、字学典 235 部；第六经济汇下分选举典、铨衡典、食货典、礼仪典、乐律典、戎政典、祥刑典、考工典共 450 部。在几乎全文抄录的情况下，标出出处，以便核查。除了文献量太大，其余质量极高，是从事这一领域研究最好的资料来源。李约瑟(Joseph Needham)正是依靠这部类书来撰写其成名作《中国科学技术史》的。《古今图书集成》现在比较容易看到的版本有 1934 年中华书局出版的 800 册版，该版在 1985 年由中华书局和巴蜀书社影印出版了一次。此外，该书也已被电子化，只是其数据库的检索方法亦同前述类书相似，要加以注意。

类书并非万能灵丹。如其对具体历史的记载虽然全面，但却不做信息的提炼，条条史料简单放在一块儿，无论冗余重复，还是自相矛盾，统统不做解释。因此，用作资料索引尚可，若要详细铺述，势必需用多方参考的原始史料，甚至是不见于类书的史料。同时，作为包括自然与社会的古代知识的总集，虽然包涉极广，但体量未免太大。凡事都先查类书，事倍功半，但好在中国传统知识体系的演进，亦根据自身的特色，演化出了裨益历史与政治研究的分支。隋唐之际的类书编目，颇有考究。一方面，书籍的书目在不断地增加。《隋书·经籍志》记隋代藏书有 36 708 卷，相较汉代的藏书增加了三倍。但书籍的分类却锐减至四类。汉代图书的搜集多依靠刘向和刘歆父子，二人编辑整理了汉代皇室藏书，并按照一定的体例，撰写了目录总集，被称为“七略”。这里的“七略”包括了作为总目的“辑略”，其余的六略分别对应汉代六类不同的知识体系：“六艺略”包含周易、书、礼、乐、春秋、论语、孝经和小学；“诸子略”包括儒家、道家、阴阳家、法家、名家、墨家、纵横家、杂家、农家、小说家；“诗赋略”包括屈赋之属、陆赋之属、荀赋之属、杂赋和歌诗；“兵书略”包括兵权谋、兵形势、兵阴阳和兵技巧；“数术略”包括天文、历谱、五行、蓍龟、杂占和形法；“方计略”包括医经、医方、房中和神仙。这六类实际就是当时天下学术的分类法，而到了《隋书·经籍志》中，尽管书籍的数量增加，知识的分类却变窄了。《隋书·经籍志》是较早地按四部分类法来进行图书分类的目录，它包括：“经”部之易、书、诗、礼、乐、春秋、孝经、论语、纬书、小学；“史”部之正史、古史、杂史、霸史、起居注、旧事、职官、仪注、刑法、杂传、地理、谱系、簿录；“子”部之儒、道、法、名、墨、纵横、杂、农、小说、兵、天文、历数、五行、医方；“集”之楚辞、别集、总集。《七略》中的“诸子略”“兵书略”“数术略”和“方计略”合并为“子”部，完全取消了技术知识的独立性，并凸显出“经”部和“史”部的繁盛。体例上的转变，预示着知识体系结构的调整，智力资源倾斜至人文知识与政治制度，便可能使这一领域率先进入专门化的阶段，而《十通》亦就此诞生。相较于作为研究基础的“类书”，《十通》是我们研究中国古代外交（尤其是外交主体、遣使活动与国际秩序）的主要文献。

《十通》是自唐代始，十部专门记载政治典章制度沿革与变化的专著。从史学的体裁上讲，唐代首先出现了“会要”这一形式，亦即断代史中的国家生活与政治活动，分门别类地加以论述的作品。《通典》则重经典政治制度的纵向发展，要从政治制度的起源一直回顾至当下，历史线索极其清晰。《通典》的体裁由唐人发明，以应和唐代政治文体兴盛的时代潮流。因此，唐代杜佑的《通典》，南宋郑樵的《通志》，宋末元初马端临的《文献通考》，号称“三通”，代表了中古至近古时期政治领域知识框架的专门化倾向。自马端临后500年的时间内，通典类文体再没有出新。直到清代乾隆年间接连出现六部新作，且全部模仿“三通”，包括号称“续三通”的《续通典》《续通志》和《续文献通考》，以及号称“清三通”的《清朝通典》《清朝通志》和《清朝文献通考》。民国时期，刘锦藻再编纂《清续文献通考》，凑成“十通”。

从体例上看，“三通”都具有一些相似性。从正史和当时的类书体例上看，作为一种体系的中国传统政治，都是从天文地理展开的，亦即理想的政治结构是对信念中的自然结构的模仿和映射，这是基于形而上学的知识观。政治观念的转变对历史研究而言，是非常关键的。因为对自然结构的模仿，其动机出于德行，而非利益；在这样的政治假设中，现代政治学以市场经济理性人为出发点的“政治-经济”分析结构没有办法直接使用。但是，《通典》体现出了知识追求的取向转变。《通典》先列“食货”，所谓“理道之先，在乎行教化；教化之本，在乎足衣食”，充分地体现出现实政治的运行规律，而非立足于颠扑不破的经学理想。从思想的传承来看，这是《史记·管晏列传》“仓廪实而知礼节，衣食足而知荣辱”的继承，同时也是对《论语·颜渊》的德政传统，亦即“子贡问政。子曰：‘足食，足兵，民信之矣。’子贡曰：‘必不得已而去，于斯三者何先？’曰：‘去兵。’子贡曰：‘必不得已而去，于斯二者何先？’曰：‘去食。自古皆有死，民无信不立’”的反动。

从内容上看，《通典》有二百卷，分为食货、选举、职官、礼、乐、兵刑、州郡和边防八种 1 500 余条记事,引用典籍超过 200 种。杜佑重视礼制,因此论篇幅而言,“礼”在《通典》中占了一半以上的篇幅,所喜在边防中记录周边民族政治与外国活动,颇有条理,方便摘引。但整体来说,《通典》还是对唐代政事着力最深,对历代回顾笔力较少。目前最好的版本为 1988 年中华书局版,以供使用。

《通志》为南宋郑樵所纂,有二百卷,分类的方法效仿正史,有“本纪”一十八卷,记述历代帝系;“年谱”四卷,“略”五十二卷,“世家”三卷,“列传”一百一十五卷,载记八卷。这种分类方法其实不太友好。类书本应按照知识条目,而非人名辞典,排列所用知识,才能提高翻检效率。《通志》的体例则将就其事,只有“略”是按照知识体系的方法排列的。“略”分二十类,有氏族、六书、七音、天文、地理、都邑、礼、谥、器服、乐、职官、选举、刑法、食货、艺文、校雠、图谱、金石、灾祥、昆虫草木。与典章相关的内容基本取自《通典》,文字上反而更加删简,因此只有参考的意义。现存较好的版本,有中华书局 1986 年重印的 1935 年中华书局《万有文库》十通本。

《文献通考》为宋末元初马端临所纂,有三百四十八卷,这部《通考》在史观上有大进步。他以为历史在继承(因)之中,应当有所变化(会通),而通典之类史著,就是在历史的变化中发掘出良心发展的动因。《文献通考》明显意识到了“治”与“制”之间的差异,认为前代史家莫不重视“治乱”兴替,而忽视了典章制度。《通典》虽然冠以“通”名,但记述亦只以天宝年间为精,前朝典章用工莫不粗糙。因此,他力图重写一部贯穿历史的典章考释之作,也就是《文献通考》。

《文献通考》对中国古代外交研究的参考，体现在两个方面。首先是体例。《文献通考》有二十四类考，为田赋、钱币、户口、职役、政榷、市籴、土贡、国用、选举、学校、职官、郊社、宗庙、王礼、乐、兵、刑、舆地、四裔与新增的经籍、帝系、封建、象纬和物异五类。可以看出，相较《通典》，《文献通考》将四裔与封建并举为一目，在其目下分门别类地将上古至宋代的典章沿革罗列出来，对研究工作有很大的帮助。不仅如此，依照《文献通考》的体例，它在每一目罗列出历史材料后，又加上了自己的评论与考语，具有很好的思想启发作用。

除此之外，题名中的"文献"，亦继承《论语》"文献"之本义。引经据典就是所谓"文"，广集各人议论就是所谓"献"；不仅收录固定的政治典章，还收录有宋一代奏章、奏议与名臣议论。这就使文献的来源扩大了一倍——"先取当时臣僚之奏疏，次及近代诸儒之评论，以至名流之燕谈、稗官之记录。"尤其是宋代材料，许多都是一手。应当说，《文献通考》相当有价值。现存较好的亦为中华书局1986年重印的，1935年中华书局《万有文库》十通本。

"三通"完成之后，多年间没有续作。因此，到了清代，当时的朝廷便想将唐至清的典章制度沿革续上，因此命当时名臣嵇璜、纪昀、张廷玉、刘墉等编纂。六部通志类作品都是同一时间完成的，只是侧重点有所不同。"续三通"主要讲唐至明时典章的沿革，是所谓"前朝故事"；而"清三统"只讲清代一代之典章。我们依照这个规律，将其分期加以诠解。

先讲"续三通"。"续三通"中，《续通典》一百五十卷为嵇璜、刘墉撰写，纪昀校订，体例照搬《通典》，仅分开了"刑"与

“兵”为九部，记唐肃宗至明崇祯十七年典章的沿革变化。《续通志》六百四十卷，作者与前完全一致，但记录的时间有些不同。纪传体仅收唐初至元末人物，不收明代人物，以避政治忌讳；“略”则自五代始，收录至明末。《续文献通考》二百五十卷，由张廷玉、齐召南撰写，纪昀校订。记录南宋嘉定年间至明崇祯十七年的典章。“续三通”中，内容其实是大部重复的。凡南宋嘉定年至明崇祯十七年(1644 年)的内容，都是以《续文献通考》为主体，其他两部搜集的史料，没有超越这部之藩篱。所不同的，也就只是时间包含不同，因此收录史料不同。这三部共同作为唐至明典章沿革的专门素材，有很大的价值。但就其本身而言，无论是体例，还是目录，均没有太多可说之处，建议作为基本研究材料。

“清三通”亦以《清朝文献通考》为中心，其他两部的内容未有出《清朝文献通考》者。尽管创新点不够，但作为清代基本研究史料，亦是合格的。清政府为了“清三通”，动用了大量档案材料，包括收于库房的档册、国史馆材料、不示于人的起居注等。如选举、职官与学校等，就采用了《大清会典》，各部《则例》与馆藏档案；宗庙祭祀则取材于《清实录》《起居注》等。在清代，《清实录》是密典，编成之后直接收入内府库房，廷臣都看不到。清朝灭亡之后，《清实录》才流传出来。《大清会典》倒是刊印了出来，可流传得也很窄。若不动用国家力量，是很难搜集齐全这些一手材料的。

“清三统”中，《清朝文献通考》有三百卷，用力最勤，由张廷玉、齐召南、嵇璜和刘墉撰写，纪昀考订。起于清初，终于乾隆五十年(1785 年)。根据当时的清代政治现状，加入了八旗田制、银色银值、回都普儿（二者均为钱币名）、外藩、八旗官学、崇奉圣客之礼与蒙古王公目。至于不合于清朝的历史陈迹，如均输、和买、和籴；选举中的童子科和军事中的车战，都被删去了。这种体例的删改，也辐射到了另外两家。《清朝通志》一百二十六卷，由嵇璜和刘墉撰写，纪昀校正。在体例上，《清朝通志》终于取消了同正史体例相同的本纪等目，仅留下"略"，使得翻检变得方便许多。《清朝通典》一百卷，作者如前例。"清三统"较好的本子同"续三通"一样，都是中华书局1986年重印的，1935年中华书局《万有文库》十通本。

整体来说，二十四史、类书和"十通"，构成了中国古代外交研究的主要文献。当然，依照中国古代外交研究的三个层次、五个对象，未来或能进一步地在其间归拢出更为精简的篇章作为研究对象。但上述文献的列举，本只是一个较为粗略的研究范围。挂一漏万，在此范围之外的文献有颇多遗珠，不能偏废。只是在引用上述范围外的文献时，需要对史料的真伪和性质先做一个说明，以彰显拾遗史料的价值，才能更好地运用文献材料。由于中国古代外交研究不是一门历史学的研究，史料只能靠发掘，没有现成的传统分目以沿袭，故此只好依照王国维先生"二重证据法"式的逻辑，以出土文物或外国资料同经典文献相对照。所以，厘定大致的史料范围，亦只是为方便研究，简省人工，提高研究的针对性，不宜要求过严。我们再提供一些补充性的史料，作为史料的补正。

五、史料的补充（以朝代为单位）

二十四史、类书与"十通"为中国古代外交研究奠定了较为厚实的理论基础，但史料的搜集并未戛然而止。首先，纪传体始于汉代，先秦和秦朝当时的史料均不在二十四史之内，这是“掐头”;《明史》之后，没有《清史》，这是“去尾”。尽管明清两代在中国古代外交中，目前仍算作附录，但春秋时期却很重要，这就不得不找其他的史料来补充。此外，即便被后人尊为二十四史，正史的水平也是参差不齐的。整体来说，前四史水平极佳，而《宋史》《明史》则口碑欠佳。《宋史》由元人脱脱等修，元代文教稍逊，资料也多有散佚。《明史》由清人所修，清代虽然考据训诂等汉学盛行，但《明史》修得极其仓促，挂一漏万，风评亦差。所以，在二十四史之外，又有一些比较重要的史料，可以补充说明古代外交的情况。在此我们依照历史分期，予以稍许增补。

1. 春秋战国时期

春秋时期的书籍，尤其是私人著述，从绝对数量上来说并不多，其中绝大多数都已为我们所熟知。它们或多或少地反映了春秋战国时期的政治和社会现状，因此都可以用以参考。但其中最为直接、最重要的是《春秋》及其三传，《国语》《战国策》和《周礼》。

《春秋》的经文形成得很早。作为经学体系中的重要分支，《春秋》体系的构成历经了相当漫长的过程。就成书来看，《左氏传》《公羊传》和《穀梁传》成书的时间都晚于《春秋经》。其中《公羊传》与《穀梁传》成书于汉代，《左氏传》托作者为鲁国史官左丘明，这点没有定论。就史实来看，《春秋经》极短，惜字如金，对记载之史事没有解释。后世注家又多将其神圣化，认为

《春秋》一字寓褒贬，不可易动，因此难读。《左氏传》内容最详尽，解释颇为得力，而且不如《公羊传》和《穀梁传》一般大兴笔墨，借题发挥。晋朝杜预故将《春秋经》与《左氏传》合编为《春秋经传集解》，是《春秋左氏传》的集大成者。唐代孔颖达在此基础上又总结新注，纂为《春秋左传正义》四十卷，收入清代“十三经著述”中。

《汉书·艺文志》说道：“《春秋》古经十二篇，经十一卷”。《左氏传》严格依照每位国公的生卒，将《春秋》分为隐公至哀公十二卷。不过，其中闵公只立了两年，然后被害；《公羊传》与《穀梁传》以闵公和庄公合为一卷，以符合“三年无改于父之道”的教诲。《公羊传》《穀梁传》以议论儒家思想为主，对历史记述不多，但在诸如葵丘之盟等史事上论述颇详。不仅如此，诸如董仲舒、何休等今文经学家对古代外交特征的非难，反而深入了关于外交活动本质特征的讨论。就中国古代外交研究而言，当以《左氏传》为主，参考其他二传，比较合理。关于版本，最好使用中华书局 2009 年的《十三经注疏》，尤其是做引用。不过这是影印的清嘉庆刊本，打开之后是竖排格子的缩影本。平时阅读的话，可以自己选取其他的版本。

除了《春秋》之外，本时期还可以作为史料的还有《国语》。该书依据司马迁《史记》的说法，也是由左丘明所著，分列周王室与诸侯国各国史事，特别注重《晋语》，内容超过了全书一半。《国语》记录了从周穆王征犬戎至韩赵魏三家灭智伯的 196 条史实。因为可以同《左氏传》相参照，康有为当年曲解古文经学为伪书时，还曾认为《左氏传》原本是《国语》的一部分，是刘歆将其从原书中拆出来编纂成《左氏传》的。但这种说法没有什么根据。商务印书馆 1958 年排印本和上海古籍出版社 1988 年标点本都比较好。

《周礼》的取用须较慎重。从体例上看，《周礼》分六篇，有 45 000 多字，但在汉朝也是晚出。历代人皆怀疑《周礼》的真伪，汪中的《周官征文》和王国维为其正名。但清人所编《春秋会要》所列官职与《周礼》相较，有很多不同之处；同时记载的官员具体职能，绝非西周与春秋时事，而是战国时事。因此不可尽信。可参考 1987 年中华书局点校版。

《战国策》主要记录战国纵横家的游说之辞，丁韪良的《古代中国的外交》即借鉴了本书。体例与《国语》相似，也是分国别来记述的。《战国策》有帛书本。1973 年长沙马王堆出土的帛书中，即有《战国纵横家书》，其中十一章与通行本合，十七章为逸文。通行本《战国策》分十二策，记录西周、东周、秦、齐、楚、赵、魏、韩、燕、宋、卫、中山 245 年历史。中华书局 1990 年出版了注释本，而出土帛书则由文物出版社合入 1978 年《马王堆汉墓帛书》本。以上资料对中国古代外交研究而言，有很重要的参考价值。

这一时期比较重要的资料，特别因清人编纂的史料为主。顾栋高的《春秋大事表》五十卷最为重要，该书将《春秋》《左传》以列表的形式，按照时令、朝聘等主题，直观地统计和排列出来。对研究有很大帮助。1993 年中华书局有点校本。黄以周的《礼书通故》，专门讲周礼。中华书局亦有点校本。清人姚彦谦模仿《唐会要》体例编纂而成的《春秋会要》，也是分门别类地整理了《春秋经》和《左氏传》之中政治活动的细目，当代学界社科院王贵民等老一代学人在此基础上编纂了《春秋会要》，已由中华书局出版,可供参考。

2. 汉代

汉代的补充史料为四部文集,即《新语》《盐铁论》《春秋繁露》和《白虎通义》。

《新语》有两卷十二篇,相传为西汉时楚国后人陆贾所作,其书真假莫辨,主要是既有陆贾的原作,也有后人所造的伪篇。全书主要讨论的是秦失天下的历史教训与西汉的执政思想,近于黄老。对封建、诸侯等政治现象有比较直观的认识。中华书局1956年有排印本,王利器著有《新语校注》,也由中华书局出版。

《盐铁论》有十卷,为桓宽所撰,是汉昭帝六年(前81年)召开的盐铁会议的结集。会议的核心是盐铁官营文体、酒类专卖问题与平准均输问题(即国家主导的粮食外运与物价控制制度),双方以代表诸侯利益的郡国举贤良和代表中央利益的御史大夫为双方,讨论了西汉封国制度下的制度运转机制。历代均以《盐铁论》的记录为汉代经济生活之写照。但细究其内容,亦有"边防""西域"等目。当代学者亦有以《盐铁论》与国际政治研究相结合的典礼。如复旦大学陈拯即有《〈盐铁论〉对外关系辩论与中国古代外交思想研究》之论文,比较成功。《盐铁论》有1992年中华书局的校注本。

《春秋繁露》十七卷八十二篇,由董仲舒所著。性质同《新书》一般,都是个人著述。汉初的法律有两个来源,其中之一就是秦律。以前学术界以为汉初别立新律,以《春秋》决狱,这个说法不尽正确。依据临沂银雀山汉简、张家山汉简、居延汉简与敦煌汉简四大汉简的内容，汉初基本继承了秦代的律法体系；只是在朝堂上判狱的时候，不单纯以作为后果的行为是否触犯律法，而是以行为的动机作为判案的依据之一，这就引入了正心术之谊的《春秋经》。由于《春秋经》在这一时期的特殊地位，董仲舒专门著书来阐发春秋大义，也就不奇怪了。从整体思想上讲，《春秋繁露》是儒家宗旨与阴阳家方法论结合的产物，但在论及治理的同时，亦有封建和四夷等事，故此作为汉代历史的补充。中华书局有 1975 年排印本，上海古籍出版社亦有 1989 年排印本。

《白虎通义》四卷，为东汉章帝建初四年(79 年)白虎观会议的结集。汉代石渠阁会议树立了“春秋穀梁学”的官学地位，白虎观会议则树立了谶纬(即神谕、隐语和灾异学说)的官方地位。但作为汉廷的政治文献，《白虎通义》对封建、五礼和华夷等关键问题又作了引申，因此也可以作为参考。比较好的本子有上海古籍出版社 1990 年影印本，以及中华书局 1994 年疏证本。

3. 隋唐时期

唐代文献种类繁多，书目庞大，可资引用的史料不胜枚举。在此仅列数家，略作介绍。主要有《唐会要》《唐大诏令集》《大唐西域记》《中国印度见闻录》和《蛮书》。

《唐会要》一百卷，宋人王溥著。《唐会要》是作为正史材料，而非稗官野史的补遗列入的。会要是唐人首创的文体，而宋人将其发扬光大。与《通典》不同的是，《唐会要》只收录由唐一代的政治制度典章，既包括政治文体如诏令、指挥、奏议、公文，又包含赋税、户口、田亩等统计数据，是唐代研究的宝藏。

《唐会要》包括《九朝会要》和《七朝会要》两个部分，《九朝会要》由唐人苏冕所撰，记录唐高祖到唐代宗九朝政事，而德宗至武宗的七朝中、晚唐史事由唐人杨绍所补。宋宰相王溥将二者合为一书，命名为《唐会要》。该书中华书局与上海古籍出版社均有排印本和点校本出版。但中华书局 1955 年版的卷七、八、九、十所记封禅、郊议四卷不全，是由清代四库馆臣依据《旧唐书》《通典》《开元礼》《大唐新语》《文苑英华》《册府元龟》《新唐书》《文献通考》等补缀而成的，引用时需要留意。

《唐大诏令集》一百三十卷，为唐时诏令汇编，是政治文书与外交文书研究的宝库。卷一百零七至一百三十《政事》和《蕃夷》，记录材料非常珍贵。可惜所收诏令有删节，甚至涉及重要的行文格式与史实，因此要与类书合用。商务印书馆 1959 年有排印本，但仍有错讹。2003 年，上海古籍出版社出版《唐大诏令集补编》；2008 年，中华书局出版排印本，可留心使用。

《大唐西域记》十二卷，为玄奘法师西出北天竺求经的见闻录。记录了其见闻的西域、中亚和北印度地区的 138 个古国，具有重要价值。有中华书局 2000 年点校本。《中国印度见闻录》非国人所写，是阿拉伯佚名氏所记。记录的是外国商人与水手所见 10 世纪中国见闻，中华书局 1937 年将其译为中文，又在 1983 年重译。《蛮书》十卷，为唐时樊绰所著，记录了吐蕃和唐时云南古代民族、政权及地理风貌之书。1962 年，中华书局出版了向达的《蛮书校注》。

4. 宋辽金时期

宋史的补遗，与前朝不同。《宋史》粗简谬漏，质量较低，虽为二十四史之一，但实际上不能用作宋代研究的权威材料，因此介绍《宋会要辑稿》。除此之外，有《资治通鉴》《续资治通鉴长编》《建炎以来系年杂记》《三朝北盟会编》，辽国史料《契丹国志》《乙卯入国别录》，金国史料《大金吊伐录》《北行日录》《揽辔录》等。

《宋会要辑稿》五百册，来路非常曲折。《宋会要》本是最原始和最全面的一手史料。明代《永乐大典》便整体地吸收了《宋会要》。然而《宋会要》本书毁于明中叶，《永乐大典》又接连被毁弃和偷盗，所存十不足一，本应全部失传。所幸清嘉庆年间徐松在奉命修《全唐文》时，利用职务之便，抄出《永乐大典》所收《宋会要》内容，全部500册。该书清末经缪荃孙之手流入张之洞开创的广雅书局。张之洞聘缪荃孙与屠寄整理辑稿，但工作因张之洞离任而中断，书局提调王秉恩趁机据为己有。后来，北平图书馆曲折得到了这批辑稿，由陈垣牵头，将此影印，才算真正保留下来。《宋会要辑稿》分十七类：帝系，后妃、礼、乐、礼、舆服、仪制、瑞异、运历、崇儒、职官、选举、食货、刑法、兵、方域、蕃夷、道释，共800万字左右。每一类下，又有小目，囊括各类行政文书，如皇帝诏令、政府公文、朝臣奏议、地方檄报等。其中方域和蕃夷与中国古代外交研究直接相关，也是《宋会要辑稿》材料被引用最多的六大类之二。

但《宋会要辑稿》有一大问题，就是体例已泯。《宋会要》当年被辑入《永乐大典》时，就可能丢失了一部分。徐松在嘉庆年间辑出《宋会要》之时，《永乐大典》就已遗失了2 000卷约十分之一的内容，《宋会要》是否因此也有遗失，并不好说。500册辑出后，几经辗转，每次编纂时又都会被编辑剔除一部分“复文”，而这些“复文”其实只是因为编辑个人的视角所限，因而蒙冤，但既遭剔除，因此淆乱的体例便很难恢复了。因此，现存的《宋会要辑稿》，莫说比不上原本的《宋会要》，甚至已不是徐松当年辑出的原稿，体例几近乱七八糟。尽管瑕不掩瑜，它仍是宋代最重要的史料。但今人在使用它时，仍然很容易感到莫名其妙。对于中国古代外交研究而言，《宋会要辑稿》的电子化不啻福音。通过数据库检索，尽可能地跳开体例的混乱，而直接查到相关史料，是应对这一极富价值但体例混乱的杰作的最好办法。

《资治通鉴》（二百九十四卷）与《续资治通鉴长编》（五百一十二卷）是宋代史学的伟大成就。《资治通鉴》不是断代史，而是以编年体为路径编成的通史，自周威烈王二十三年（前403年）至后周显德六年（959年）共1 362年的政治得失。《资治通鉴》的成功，掀起了宋代史学的编年体之风。但《资治通鉴》只讲前朝，不讲本朝。因此南宋时期李焘撰写《续资治通鉴长编》，记录北宋九帝168年历史。虽仍因循史传的体例，但《长编》很好地继承了《资治通鉴》“旁征博引”之风，针对各时间，能广收史实，从各家史载至小说笔记，均加采录，以便读者自行对照。这对平衡正统史观的褒贬带来的影响，有很好的作用。《长编》的原本早已散佚，托赖《永乐大典》才辑出了它的主体，但仍不完整。几经清代四库馆臣，与当代上海师范大学和华东师范大学古籍整理研究室前赴后继的辑佚工作，且补入其他家史录后，完成了一个“虽不中亦不远矣”版本，这已是当代最好的版本。整理本由中华书局于1995年出齐。

《建炎以来系年杂记》甲集二十卷、乙集二十卷由李心传撰成。《杂记》为会要体，记录宋高宗至宋宁宗四朝十三门典章事迹：上德、郊庙、典礼、制作、朝事、时事、杂事、故事、官制、取士、财赋、兵马、边防(乙集少郊庙)。从成书特点上看，《杂记》一书体例相较大型类书而言娇小玲珑，所收资料亦不甚雅驯，偶有传说并野闻，但体例接近通典，其中也收录宋朝与周边他国之间关系。并且《杂记》本身是另一部宋朝研究巨著《建炎以来系年要录》同期的作品，二者或有相互融通的情况，《杂记》未载的宋金和战与金国情况，均收入《要录》，有着极高的史料价值。2000 年，中华书局出版了《杂记》的点校本。至于《要录》，现有的点校本，包括 1937 年商务印书馆排印本，都不太理想。较新的版本有中华书局 2013 年点校本。

《三朝北盟会编》二百五十卷为徐梦莘编。“三朝”指北宋的徽宗、钦宗与南宋的高宗。“北盟”是指与金国的和战史遗，“会编”则意味着这是一部资料选辑。该书从宋徽宗政和七年(1117 年)北宋至辽东与金山商议合兵击辽为始，宋高宗绍兴三十二年(1162 年)完颜亮南侵南宋失败为止，取当时诸家所言，与诏令、诰命乃奏议乃至于碑志，只要与宋金和战相关，悉以收录。所引书籍超过 200 种，并且没有文字改动，极其难得。可惜清人刻版时不甚审慎，留有许多错谬。上海古籍出版社 1987 年出版了清人许涵度的校刻本，但由于底本就有问题，这个版本还是有不少谬误的。

《契丹国志》二十七卷，为《辽史》外研究辽国最重要的史料之一。分为帝纪十二卷，列传七卷，晋降表、宋辽誓书议书一卷，南北朝及诸国馈、贡礼数一卷，地理典章两卷，宋人形成与杂纪四卷。可能是伪书，但即便是伪书，亦应出于元人，去国未远。《契丹国志》的内容当然有许多纰漏和谬误，但宋辽时期记述辽国国事的史料，只有《辽史》和《契丹国志》，其中涉外交事务又有专章，价值不小，不能偏废。该书中华书局 2014 年有点校本。

《乙卯入国别录》是宋人沈括之作，但记录的是其出使辽国时的记录。北宋熙宁八年（1075 年），沈括出使辽国议定边界，《乙卯入国别录》作为备忘，记录了其与辽右谏议大夫梁颖就边界问题的争论，涉及两国定界，使节类型，使节赋权，外交谈判与外交辞令，价值极大。原稿已佚，现辑出的部分来自《续资治通鉴长编》。

《大金吊伐录》为金人编辑的金宋关系汇编，“吊伐”即讨伐，记录金与南北宋的和战。同宋人所撰《三朝北盟会编》恰好互证。全书收录宋、金往来 161 篇外交文件，包括国书、誓诏、册表、文状、指挥、牒缴，堪称古代外交研究之宝库。本书自《四库全书》辑出，中华书局 2001 年出版了《大金吊伐录校补》，是比较好的版本。

《北行日录》两卷，为南宋遣金使楼钥纪出使金国之日记，《揽辔录》为南宋名臣范成大于乾道六年（1170 年）出使金朝之日记，都是使节日记，颇有研究价值。收于《全宋笔记》，由河南大象出版社于 2012 年出版。

由上可知，宋代使臣日记与名臣奏议数量增多，而历代政治文献的编纂对此也很重视；前述碑文在宋代的政治文献中也已大量收录。为在研究中能准确捕捉到这一变化，还有几部文献需要略作推荐。首先是名臣奏议，南宋赵汝愚为皇室宗亲，一代名臣，为匡正南宋皇帝，编纂《诸臣奏议》一百五十卷，收录君道、帝系、天道、百官、儒学、礼乐、刑赏、财赋、兵、方域、边防，总议共12门112小门1 630份奏议。其中的方域和边防对中国古代外交研究有文献价值。上海古籍出版社1999年有点校本。明代王准和杨士奇编《历代名臣奏议》，体量更大，有三百五十卷，收录由商周时期至宋元的历代奏议，其中两宋奏议体量最大，占至少七成。66门类中，以封建、御边和夷狄最为相关。上海古籍出版社有1989年影印本可用。这两本书都有不见于其他的珍贵奏议。清代王昶编《金石萃编》有一百六十卷，收录历代石刻文字1 500余种，从传说中夏商周三代的铭文，收录至宋金，亦以宋代材料为多，很有研究价值。江苏古籍出版社1998年《历代碑志丛书》收录了这一书，亦可参考。

5. 元代

治宋史困难较大，是因为史籍太多而无统一体例，史家才有海内一沙之叹。治元史困难较大，因为是重要史籍多有散佚，其他史料整体质量不高。《元史》由明人编纂，时间仓促，史料堆砌，剪裁未工，但仍是治元史最可靠的资料，可见一斑。元人治史，有《元朝秘史》，同时期值得辑入的作品还有《西使记》《真腊风土记》和《安南行记》。

《元朝秘史》本名《忙豁仑·纽察·脱察安》，清人修编《四库全书》订此音译，应当是比较可靠的。满文的书写借助了回鹘式蒙文拼写法，而满人又素与瓦剌人，尤其是喀尔喀五部亲善，因此对蒙文音译理解颇深。《蒙古秘史》是13世纪大蒙古国时期修订的史书。1270年改元之前，大蒙古国仍以蒙文为官定语言，因此该书亦由回鹘式蒙文书写。明朝初年四夷馆将其列为蒙文教材，故而以汉字音译蒙古文，再插入汉注，这就形成了该书的汉文版本——《元朝秘史》，其书虽由汉语写成，但极其类似于新罗曾用过的“乡札”。正文如“迭额列腾格里”，旁注“迭额列”为“上”，“腾格里”为“天”，用来互训。后来，蒙文原版散佚，只留下了汉文注音版。于是汉文译本成了唯一的正本。然而当时的译名是对应蒙古语的语法顺序摘录的，辑为正文后，亦保留了这一特色，使得汉人读起来也觉陌生。如第一句：“当初元朝的人祖，是天生一个苍色的狼，与一个惨白色的鹿相配了，同渡过腾吉思名字的水，来到于斡难名字的河源头，不儿罕名字的山前住着，产了一个人，名字唤作巴塔赤罕。”虽不似佶屈聱牙的《尚书》式的难读，但其文法也与古白话大相径庭。现存的《元朝秘史》，是从清代的《四部丛刊》中抄下来的，并非明代的原本，有错谬，但相对其他版本较少。目前以中华书局2012年的校勘本最精。

《西使记》一卷，为元人常德的出使记录，刘郁笔录。元宪宗蒙哥即位之后，命旭烈兀（即后来伊尔汗国可汗）西征，宪宗九年（1259年），常德作为使者前往旭烈兀大帐，往返花费了14个月，回来之后即向刘郁口述了出使的经历。《真腊风土记》和《安南行记》亦为使者日记。元成宗元贞元年（1295年），元朝派遣使者出使真腊，周达观为使团随员。他在真腊居住了两年，回国后将见闻写成《真腊风土记》。中华书局1981年的版本较好。徐善明为元世宗至元二十五年（1288年）派遣的安南使团的副使，完成了《安南行记》。这两本都是元人的出使笔记，有一定的参考价值。

附录
传世文献所载春秋外交史料

在之前的章节中，我们梳理了中国古代外交史料的遴选标准与大致范围。有了标准和范围，就相当于明确了学科的研究对象和研究基础。毕竟，研究的问题就寓于史料之中。亚里士多德曾经以石膏和雕像的关系，引申出形而上的“四因说”。而打一个不甚精确的类比，史料与问题研究之间的关系，也就类似于石膏与雕像间的关系。有了具体的史料，才可能依照外交研究的视角，去发掘包裹于层层“石膏”之下的历史遗存。在这个过程中，史料的甄选需要相当用心。

史料甄选，要有自己的标准。首先要做的就是“定其书目”，将思想史研究与实际外交研究的史料区分开来。先秦诸子作为思想者和哲学家，其价值纵然是超一流的，但他们几乎没有担任过类似于“行人”的官职，唯一的例外是孔子。他曾任鲁国司寇，并参与了齐、鲁的交聘活动，但其亦未就这段活动留下专门论述。齐、鲁的交聘，乃至于鲁国的司寇经历，是孔子在践行其政治思想的一个环节，而不是其政治思想形成的基础。至于其他诸子，大多是在其思想的宏旨之下，旁及当时的华夷关系或王道政治，而非借由亲身参与的外事活动的经验升华。因此，在春秋外交史料的选取之中，我们应将先秦诸子的著述区别开来。它们可以作为春秋外交史料的旁证或侧映，或者外交思想的研究对象，但不应视为外交活动的基础史料。就传世文献中的基础史料而言，仍以"五经"为主，这就大大简省了研究的气力，并且降低了门槛。

其次，留存的史料亦要加以筛选，也就是"定其篇目"。尽管从文献的绝对数量上看，先秦时期的文献数量相较唐、宋、明、清四代明显要少许多，但绝对数量仍不算少。譬如刘向、刘歆父子考辩成书，武帝时天下图书为 13 219 卷，但其间与外交直接相关的史料十不足一。以《诗经》为例，《诗经》有三百〇五篇，号称"诗三百"，但其中搜集各地民风与政治讽谏的篇目占绝对多数。而真正曾运用于交聘、朝觐和盟会中的篇目，只有 20 多篇。这 20 多篇中还包含了《仪礼》等记录的"燕礼""聘礼"等包含的规定篇目，以及在实际的外交活动中曾依语境而即兴赋诗的篇目。可见，如果研究春秋外交，而没有"定其篇目"，研究的力量就会极大分散，甚至于相互牵扯。"定其篇目"当然是一种减法，但在翦除冗枝的过程中，外交研究的问题才会逐渐明确：什么行为是外交？中国古代外交的程序理当如何？古代外交对中国的世界秩序观产生了什么样的影响？这些迄今仍然困扰学界的问题，部分是可以借助"减法"来解决的。

"定其书目"和"定其篇章"二者的理论指导意义是很深远

的。自晚清始，近代中国学界就在春秋公法遗迹等领域奋力耕耘。但180年来，研究的成果不是越来越丰硕，而是越来越迷糊。研究的视野不断窄化，研究的兴趣也在不断地衰减，其中最主要的问题，恐怕也与史料的混乱有相当的关系。造成此类混乱的原因有二：其一大抵在大量关键的、具有代表性的史料，没有成功进入学界的视野；其二，一部分直接从哲学研究和历史研究中搬来的史料，其主旨本是专论华夷、亲缘，而不是议论中外关系，但却也列为中外关系史研究的基本材料，模糊了研究的对象与焦点。前述费正清即指出，"蕃"与"藩"在字义上的相近，"贡"字在国内和国外事务中的广泛使用，影响了近代世界对中国传统世界秩序观的理解。缺乏史料的条分缕析，无疑加剧了上述思想领域的混乱，使得中国研究的学者，在夸耀中国灿烂历史的同时，又不自觉地将古代中国塑造为一个日薄西山的、同当代政治完全绝缘的陈旧化石，一旦整体复苏，便一定会膨胀成具有侵略性的"帝国"。但这一历史遗留问题，随着史料学的发展，实际是可以克服的。

从具体的层面来看，"定其书目"要充分汲取中国历史史料学的相关成果，"定其篇章"则需要熟悉文献的内容，亲历亲为地挑选出具有鲜明特征的案例。

过去做中国古代研究最容易遇到的问题是对象错位，亦即在"传统中国"的研究过程中，中国国际关系学界与国际学界的对话，其困难远远小于同中国人文学科的对话。这说明人文学科对史料的甄选经验，还未能为国际关系学界充分吸收。但史料的拣选，还远远不能止步于这两条。毋宁说，"定其书目"和"定其篇章"只不过是学科对接的框架问题，而真正作用于对接门槛的，是细节处的“定其字序”，也就是史料的校对问题。

一般来说，包括外交学在内的国际关系学界力图着眼于“大处”，对于宏观层面的权力结构和文化制度等命题比较重视，而对于“定其字序”这种特定文化背景下的细节问题不甚关注；至于结构主义等思潮的涌入，更解构了文化背景的殊异性。量化研究的引入，更在一定时间内制造了一种误解，认为数据和系统似乎足以取代文史知识，“寻章摘句老雕虫”已不再适用于社会科学的研究。然而，可以没有具体的史料，但不能没有可靠的数据。可靠的数据都来源于对具体史料的研判推绎。史料的运用应是基础中的基础。百年学科，变幻至今，“定其字序”这一基础工序本不应再强调，但回首近代学科史，这入门的一课却一直没能补上，使得日常的研究工作对古籍的引用和解释，都遇上了一定的问题。迄今为止，国际关系学和外交学引用古籍的路径，不外乎两种。第一种是直接上网搜索，毕竟知识资源在互联网盛行的时代唾手可得。然而，主张以自主搜索代替系统学习，还是有害处的。阿城在《威尼斯日记》中埋怨中文系统的简陋，他写作好用生僻字，但这些字系统里都没有，于是只能用附件中的专用字符编辑系统造字，这就很痛苦。早期的中文系统和输入字库都是由台湾地区的程序员编写的。字库内容少，只有 20 000 多字，而《康熙字典》就收录了 47 035 个。许多古籍只能依靠 PDF 方式保存，也没法儿引用，只能造字。今天，中文字库已极大地拓展了字库，许多字都可以找到，譬如“膷”；但仍然会有漏网之鱼，如“笄”这个字，仍然需要自造。最重要的是，互联网是有痕迹的。1992—2000 年左右的互联网环境中，电子化的古籍中存在许多无法识别的生僻字，系统“自作聪明”地将其匹配为当时字库中能找到的形近字。但今时今日，这些以权宜之计而电子化的用法在今天的互联网中仍可搜到，这在一定程度上污染了知识库。错字不但依靠引用的形式破坏论文研究的可信度，甚至会误导后来的学人，传播错误信息。

在古籍中，还有一种“合理的错字”，即讳法，使这一问题更复杂，以明代思想家丘濬为例。丘濬在中国经济思想史中有一定的关注热度，其中较为人津津乐道的一点，在于他所著《大学衍义补》中提出的一些思想，与后世的“劳动价值理论”略有相合之处，而受到了经济史研究的重视。同时，他又是明代的理学名臣，先后任国子祭酒、户部尚书加太子太保衔，在明代政治中有一定的地位。因此，做明代的政治经济研究，很难绕开他。但他的名字却至少有三种写法：“丘濬”“邱濬”和“丘浚”。“濬”和“浚”的混用，正是由于上述早期电脑字库较为贫乏，因而在人名中以简体字的“浚”取代繁体字的“濬”所导致的。但“丘”“邱”姓氏的混用，则更复杂一些。“丘”“邱”本为一姓，西汉经学盛行，为避孔子的名讳，丘姓中的数支改姓为“邱”。清代雍正帝又于1725年命天下“丘”姓均易名为“邱”。丘濬虽是明代人士，但在雍正之后的书籍都将其改易为“邱”。直到辛亥革命邱姓的革命党人响应丘逢甲的号召，将姓改回“丘”，才使得民国之后的刊物又出现了“丘濬”。因此，“丘濬”和“邱濬”的写法都不算错，在研究论文和报告的写作中，是要视所引用史料的写法来定的。

除了上述两种情况外，还有一种情况需要重视，那就是底本的问题。有些刊物的审核极严，要求引用的材料留照存底，以便勘验。而古籍，尤其是清人的古籍，却在版本学上有一个坏毛病，就是手工镌刻的雕版，很容易有瑕疵。而这种瑕疵会作用于书影。如《十三经注疏》中最常见的问题，就是干支纪年法中的“己”“巳”混用。以《左传》为例。根据体例，《左传》要在记述正史之前，先记年、月、时。然而，在嘉庆本的雕版中，“己”和“巳”就已混用了。古代士人对纪年和时令都很熟悉，因此即便出现了“已巳”刻成“巳巳”的情况，也不会错读。但对于当代不熟悉天干地支的读者来说，很难解释这种在勘验中出现的“字不对版”的情况。偏偏这一情况在当代最为权威的底本中，还一再出现，甚至于越是忠实于原文的引用，就越可能招致误会。

最后需要提及的是简体字与繁体字的问题。一般来说，除却部分文史类刊物在出版时全书均使用繁体字之外，绝大多数刊物都要求使用简体字。即便嘉庆本原文为繁体，在撰写研究报告中，也应当使用其简体字。但是，人名、地名要求保留繁体。至于典籍中出现的异体字和罕见字则应视情况而区别保留，有些有特定含义的异体字，不可随便简化；而没有特定含义的异体字，则可以简化。判断其是否有特定含义的方法之一，是比较全书同一个字是否只有一种写法。如“后”。尽管“后”和“後”是简体与繁体的关系，但“后”本身有“储君”和“王后”“诸侯”等特指，“後”则没有这一层意思，因而不能随意简化。同样的情况也发生在“谷”和“穀”上。“穀梁”是人名，不能简化；而“穀粱”则是粮食中的谷物和高粱类作物，可以简化。二者不能混同，同时，“谷”有“山谷”“峡谷”之义，不能混用。

概而言之，所有这些细节，对于社会科学的研究而言并不重要，但对于写作来说却是至关重要的。即便社会科学不需要对历史的认知鞭辟入里、入骨三分，一个可靠的、可供引用的文献底本也仍然是一份成功的研究报告的必要条件。在此，我们先辑出春秋时期外交活动的相关史料。史料的底本采用了商务印书馆 2017 年出版的《十三经注疏》，其底本是毕沅校对的嘉庆年间刊本。至于其中出现的异体字，或者雕版的错字，都做了标注和说明，最后，标明了每一段文字的出版信息和页码，以方便读者找到原文。当然，囿于篇幅所限，附录仅收录了春秋时期的传世文献部分；至于同样重要的出土文物的整理，有待后续的专门作品予以梳理。附录所收录的这些材料，更多地是以普及与参考的方式，同大家见面的，也希望它们在不误人子弟的情况下，发挥出应有的作用。

一、《诗经》

《诗经》不仅是先秦时期的文学作品，也是古代外交的核心史料之一。回溯冯桂芬所著《校邠庐抗议》，正是以出使卿大夫于殿堂和宴会时吟咏《诗经》为例，论证外交传统中国古已有之的。因此，《诗经》本身就是中国古代外交传统的体现。不仅如此，从《仪礼》和《左传》两部的旁证来看，《诗经》的文本已完成了功能特化。和文学研究不同，外交学研究更加注重“雅”和“颂”两部分，这两部分的作品既是政治讽谏之作，具有相当的政治功用；又是功能化的典礼文本。《小雅》中的“鹿鸣之什”组诗，是诸侯和出使大夫为主体的“燕礼”中用的礼仪文本，亦已程序化和固定化。这是外交文本由早先的功能需求向成熟的制度转化的重要依据。同时，在朝聘和交游中，依据语境，士大夫也必须依据政治目的来引用《诗经》，这说明《诗经》是当时外交语文的范本和底本。《十三经注疏》采用的是汉代成书的《毛诗正义》，但其穿凿附会的成分过多，尤其执意将《诗经》解释为“后妃之德”，实际上妨害了《诗经》在外交学研究中的理论价值，故此不应过多采信。这一点值得特别注意。

就彰显外交语言的功能性和程序性特点而言，本节收录了《小雅·鹿鸣之什》的头两首诗，这是由于“鹿鸣之什”的其他篇章，就内容上看，主要是男女之欢；至于头两首诗，则确实是以宴飨酬谢为主要内容的；而“鹿鸣之什”以外的诸章，则是在《左传》中记载的士大夫在出使时，在对策问答中曾引用的篇章。在解读的时候，应当放入其《左传》的记录中，以还原当时的语用。《大雅》和《周颂》则是飨宴时引用的最高规格的、程序性的文书，具有相当的价值，理应予以进一步关注。

该部分正文的引用，基本保留了嘉庆本的原貌，而在通假字和异体字的文体上，在保留了原字的基础上，标明了其通假为何字。在大部分刊物的引用要求中，古文在引用中使用其通假字即可；但在少数对文献要求极高、并且要同原文留照勘误的刊物中，古文在引用中应尽量保留原字，再标注其通假字。

小雅·鹿鸣之什

《鹿鸣》

呦呦鹿鸣，食野之苹。我有嘉宾，鼓瑟吹笙。吹笙鼓簧，承筐是将。人之好我，示我周行。

呦呦鹿鸣，食野之蒿。我有嘉宾，德音孔昭。视民不恌，君子是则是效。我有旨酒，嘉宾式燕以敖。

呦呦鹿鸣，食野之芩。我有嘉宾，鼓瑟鼓琴。鼓瑟鼓琴，和乐且湛。我有旨酒，以燕乐嘉宾之心。

底本：毕沅校清嘉庆刊本《十三经注疏》

出处：[清]毕沅：《十三经注疏·毛诗正义》，北京，中华书局 2017 年，第 865—867 页

《常棣》

常棣之华，鄂不韡韡。凡今之人，莫如兄弟。

死丧之威，兄弟孔怀。原隰裒矣，兄弟求矣。

脊令在原，兄弟急难。每有良朋，况(注：即“况”)也永叹。

兄弟阋于墙，外御其务。每有良朋，烝也无戎。

丧乱既平，既安且宁。虽有兄弟，不如友生。

傧尔笾豆，饮酒之饫。兄弟既具，和乐且孺。

妻子好合，如鼓瑟琴。兄弟既翕，和乐且湛。

宜(注：即“宜”)尔室家，乐尔妻帑。是究是图，亶其然乎？

底本：毕沅校清嘉庆刊本《十三经注疏》

出处：[清]毕沅：《十三经注疏·毛诗正义》，北京，中华书局2017年，第870—873页

场景引用部分：

国风·召南

《鹊巢》

维鹊有巢，维鸠居之。之子于归，百两御之。

维鹊有巢，维鸠方之。之子于归，百两将之。

维鹊有巢，维鸠盈之。之子于归，百两成之。

底本：毕沅校清嘉庆刊本《十三经注疏》

出处：[清]毕沅：《十三经注疏·毛诗正义》，北京，中华书局2017年，第595—596页

《甘棠》

蔽芾甘棠，勿翦勿伐，召伯所茇。

蔽芾甘棠，勿翦勿败，召伯所憩。

蔽芾甘棠，勿翦勿拜，召伯所说(注：通“悦”)。

底本：毕沅校清嘉庆刊本《十三经注疏》

出处：[清]毕沅：《十三经注疏·毛诗正义》，北京，中华书局2017年，第604—605页

《野有死麕》

野有死麕，白茅包之。有女怀春，吉士诱之。

林有朴樕,野有死鹿。白茅纯束,有女如玉。

舒而脱脱兮!无感我帨兮!无使尨也吠!

底本:毕沅校清嘉庆刊本《十三经注疏》

出处:[清]毕沅:《十三经注疏·毛诗正义》,北京,中华书局2017年,第615—616页

国风·邶风

《绿衣》

绿兮衣兮,绿衣黄里。心之忧矣,曷维其已?

绿兮衣兮,绿衣黄裳。心之忧矣,曷维其亡?

绿兮丝兮,女所治兮。我思古人,俾无訧(注:即"訧")兮。

絺兮绤兮,凄其以风。我思古人,实获我心。

底本:毕沅校清嘉庆刊本《十三经注疏》

出处:[清]毕沅:《十三经注疏·毛诗正义》,北京,中华书局2017年,第625—627页

国风·卫风

《淇奥》

瞻彼淇奥,绿竹猗猗。有匪君子,如切如磋,如琢如磨。瑟兮僩(注:即"僴")兮,赫兮咺兮。有匪君子,终不可谖兮。

瞻彼淇奥,绿竹青青。有匪君子,充耳琇莹,会弁如星。瑟兮僩(注:即"僴")兮,赫兮咺兮。有匪君子,终不可谖兮。

瞻彼淇奥,绿竹如箦。有匪君子,如金如锡,如圭如璧。宽兮绰兮,倚(注:《毛诗正义》正文用"倚",注释用"猗",此处两字通用,但引用时仍应从"倚")重较兮。善戏谑兮,不为虐兮。

底本：毕沅校清嘉庆刊本《十三经注疏》

出处：[清]毕沅：《十三经注疏·毛诗正义》，北京，中华书局2017年，第676—678页

《木瓜》

投我以木瓜，报之以琼琚。匪报也，永以为好也！

投我以木桃，报之以琼瑶。匪报也，永以为好也！

投我以木李，报之以琼玖。匪报也，永以为好也！

底本：毕沅校清嘉庆刊本《十三经注疏》

出处：[清]毕沅：《十三经注疏·毛诗正义》，北京，中华书局2017年，第691页

国风·郑风

《羔裘》

羔裘如濡，洵直且侯。彼其之子，舍命不渝。

羔裘豹饰，孔武有力。彼其之子，邦之司直。

羔裘晏兮，三英粲兮。彼其之子，邦之彦兮。

底本：毕沅校清嘉庆刊本《十三经注疏》

出处：[清]毕沅：《十三经注疏·毛诗正义》，北京，中华书局2017年，第718—719页

《萚兮》

萚兮萚兮，风其吹女。叔兮伯兮，倡予和女。

萚兮萚兮，风其漂女。叔兮伯兮，倡予要女。

底本：毕沅校清嘉庆刊本《十三经注疏》

出处：[清]毕沅：《十三经注疏·毛诗正义》，北京，中华书

局2017年,第722—723页

《风雨》

风雨凄凄,鸡鸣喈喈。既见君子,云胡不夷。

风雨潇潇,鸡鸣胶胶。既见君子,云胡不瘳。

风雨如晦,鸡鸣不已。既见君子,云胡不喜。

底本:毕沅校清嘉庆刊本《十三经注疏》

出处:[清]毕沅:《十三经注疏·毛诗正义》,北京,中华书局2017年,第729页

《野有蔓草》

野有蔓草,零露漙兮。有美一人,清扬婉兮。邂逅相遇,适我愿兮。

野有蔓草,零露瀼瀼。有美一人,婉如清扬。邂逅相遇,与子偕臧。

底本:毕沅校清嘉庆刊本《十三经注疏》

出处:[清]毕沅:《十三经注疏·毛诗正义》,北京,中华书局2017年,第732页

国风·桧风

《羔裘》

羔裘逍遥,狐裘以朝。岂不尔思?劳心忉忉。

羔裘翱翔,狐裘在堂。岂不尔思?我心忧伤。

羔裘如膏,日出有曜。岂不尔思?中心是悼。

底本:毕沅校清嘉庆刊本《十三经注疏》

出处:[清]毕沅:《十三经注疏·毛诗正义》,北京,中华书

局 2017 年，第 811—813 页

小雅 · 南有嘉鱼之什

《蓼萧》

蓼彼萧斯，零露湑兮。既见君子，我心写兮。燕笑语兮，是以有誉处兮。

蓼彼萧斯，零露瀼瀼。既见君子，为龙为光。其德不爽，寿考不忘。

蓼彼萧斯，零露泥泥。既见君子，孔燕岂弟。宜兄宜弟，令德寿岂。

蓼彼萧斯，零露浓浓。既见君子，鞗革忡忡。和鸾雍雍，万福攸同。

底本： 毕沅校清嘉庆刊本《十三经注疏》

出处：［清］毕沅：《十三经注疏 · 毛诗正义》，北京，中华书局 2017 年，第 898—900 页

《菁菁者莪》

菁菁者莪，在彼中阿。既见君子，乐且有仪。

菁菁者莪，在彼中沚。既见君子，我心则喜。

菁菁者莪，在彼中陵。既见君子，锡我百朋。

汎汎（注：即“泛泛”）杨舟，载沈（注：即“沉”）载浮。既见君子，我心则休。

底本： 毕沅校清嘉庆刊本《十三经注疏》

出处：［清］毕沅：《十三经注疏 · 毛诗正义》，北京，中华书局 2017 年，第 903—904 页

小雅·节南山之什

《节南山》

节彼南山，维石岩岩。赫赫师尹，民具尔瞻。忧心如惔，不敢戏谈。国既卒斩，何用不监！

节彼南山，有实其猗。赫赫师尹，不平谓何。天方荐瘥，丧乱弘多。民言无嘉，憯莫惩嗟。

尹氏大师，维周之氐；秉国之钧，四方是维。天子是毗，俾民不迷。不吊昊天，不宜空我师。

弗躬弗亲，庶民弗信。弗问弗仕，勿罔君子。式夷式已(注：通“已”，此处“己”通“纪”)，无小人殆。琐琐姻亚，则无膴仕。

昊天不佣，降此鞠訩。昊天不惠，降此大戾。君子如届，俾民心阕。君子如夷，恶怒是违。

不吊昊天，乱靡有定。式月斯生，俾民不宁。忧心如酲，谁秉国成？不自为政，卒劳百姓。

驾彼四牡，四牡项领。我瞻四方，蹙蹙靡所骋。

方茂尔恶，相尔矛矣。既夷既怿，如相酬矣。

昊天不平，我王不宁。不惩其心，覆怨其正。

家父作诵，以究王訩。式讹尔心，以畜万邦。

底本： 毕沅校清嘉庆刊本《十三经注疏》

出处：[清]毕沅：《十三经注疏·毛诗正义》，北京，中华书局 2017 年，第 943—947 页

《巧言》

悠悠昊天，曰父母且。无罪无辜，乱如此幠。昊天已威，予慎无罪。昊天大幠，予慎无辜。

乱之初生，僭始既涵。乱之又生，君子信谗。君子如怒，乱庶遄沮。君子如祉，乱庶遄已。

君子屡盟，乱是用长。君子信盗，乱是用暴。盗言孔甘，乱是用餤。匪其止共，维王之邛。

奕奕寝庙，君子作之。秩秩大猷，圣人莫之。他人有心，予忖度之。跃跃毚兔，遇犬获之。

荏染柔木，君子树之。往来行言，心焉数之。蛇蛇硕言，出自口矣。巧言如簧，颜之厚矣。

彼何人斯？居河之麋。无拳无勇，职为乱阶。既微且尰，尔勇伊何？为犹将多，尔居徒几何？

底本：毕沅校清嘉庆刊本《十三经注疏》

出处：[清]毕沅：《十三经注疏·毛诗正义》，北京，中华书局 2017 年，第 973—975 页

小雅·甫田之什

《车舝》

间关车之舝兮，思娈季女逝兮。匪饥匪渴，德音来括。虽无好友，式燕且喜。

依彼平林，有集维鷮。辰彼硕女，令德来教。式燕且誉，好尔无射。

虽无旨酒，式饮庶几。虽无嘉肴，式食庶几。虽无德与女，式歌且舞。

陟彼高冈，析其柞薪。析其柞薪，其叶湑兮。鲜我觏尔，我心写兮。

高山仰止，景行行止。四牡騑騑，六辔如琴。觏尔新婚，以

慰我心。

底本：毕沅校清嘉庆刊本《十三经注疏》

出处：［清］毕沅：《十三经注疏·毛诗正义》，北京，中华书局2017年，第1034—1035页

小雅·鱼藻之什

《角弓》

骍骍角弓，翩其反矣。兄弟婚姻，无胥远矣。
尔之远矣，民胥然矣。尔之教矣，民胥效矣。
此令兄弟，绰绰有裕。不令兄弟，交相为瘉(注：即“愈”)。
民之无良，相怨一方。受爵不让，至于已斯亡。
老马反为驹，不顾其后。如食宜饇，如酌孔取。
毋教猱升木，如涂涂附。君子有徽猷，小人与属。
雨雪瀌瀌，见晛曰消。莫肯下遗，式居娄骄。
雨雪浮浮，见晛曰流。如蛮如髦，我是用忧。

底本：毕沅校清嘉庆刊本《十三经注疏》

出处：［清］毕沅：《十三经注疏·毛诗正义》，北京，中华书局2017年，第1053—1056页

《瓠叶》

幡幡瓠叶，采之亨之。君子有酒，酌言尝之。
有兔斯首，炮之燔之。君子有酒，酌言献之。
有兔斯首，燔之炙之。君子有酒，酌言酢之。
有兔斯首，燔之炮之。君子有酒，酌言酬之。

底本：毕沅校清嘉庆刊本《十三经注疏》

出处：［清］毕沅：《十三经注疏·毛诗正义》，北京，中华书

局 2017 年，第 1072—1073 页

大雅·文王之什

《文王》

文王在上，於(注：此处不通“于”)昭于天。周虽旧邦，其命维新。有周不显，帝命不时。文王陟降，在帝左右。

亹亹文王，令闻不已。陈锡哉周，侯文王孙子。文王孙子，本支百世，凡周之士，不显亦世。

世之不显，厥犹翼翼。思皇多士，生此王国。王国克生，维周之桢；济济多士，文王以宁。

穆穆文王，于缉熙敬止。假哉天命，有商孙子。商之孙子，其丽不亿。上帝既命，侯于周服。

侯服于周，天命靡常。殷士肤敏，祼将于京。厥作祼将，常服黼冔。王之荩臣，无念尔祖。

无念尔祖，聿修厥德。永言配命，自求多福。殷之未丧师，克配上帝。宜鉴于殷，骏命不易！

命之不易，无遏尔躬。宣昭义问，有虞殷自天。上天之载，无声无臭。仪刑文王，万邦作孚。

底本：毕沅校清嘉庆刊本《十三经注疏》

出处：[清]毕沅：《十三经注疏·毛诗正义》，北京，中华书局 2017 年，第 1081—1087 页

《緜》

緜緜瓜瓞。民之初生，自土沮漆。古公亶父，陶复陶穴，未有家室。

古公亶父，来朝走马。率西水浒，至于岐下。爰及姜女，聿

来胥宇。

周原膴膴，堇荼如饴。爰始爰谋，爰契我龟，曰止曰时，筑室于兹。

迺慰迺止，迺左迺右，迺疆迺理，迺宣迺亩。自西徂东，周爰执事。

乃召司空，乃召司徒，俾立室家。其绳则直，缩版以载，作庙翼翼。

捄之陾陾，度之薨薨，筑之登登，削屡冯冯。百堵皆兴，鼛鼓弗胜。

迺立皋门，皋门有伉。迺立应门，应门将将。迺立冢土，戎丑攸行。

肆不殄厥愠，亦不陨厥问。柞棫拔矣，行道兊(注：即"兑")矣。混夷駾矣，维其喙矣！

虞芮质厥成，文王蹶厥生。予曰有疏附，予曰有先后。予曰有奔奏，予曰有御侮！

底本：毕沅校清嘉庆刊本《十三经注疏》

出处：[清]毕沅：《十三经注疏·毛诗正义》，北京，中华书局2017年，第1095—1102页

大雅·荡之什

《韩奕》

奕奕梁山，维禹甸之，有倬其道。韩侯受命，王亲命之：缵戎祖考，无废朕命。夙夜匪解，虔(注：即"虔")共尔位，朕命不易。榦不庭方，以佐戎辟。

四牡奕奕，孔脩且张。韩侯入觐，以其介圭，入觐于王。王

锡韩侯，淑旂绥章，簟茀错衡，玄衮赤舄，钩膺镂鍚，鞹鞃浅幭，鞗革金厄。

韩侯出祖，出宿于屠。显父饯之，清酒百壶。其肴维何？炰鳖鲜鱼。其蔌维何？维笋及蒲。其赠维何？乘马路车。笾豆有且。侯氏燕胥。

韩侯取妻，汾王之甥，蹶父之子。韩侯迎止，于蹶之里。百两彭彭，八鸾锵锵，不显其光。诸娣从之，祁祁如云。韩侯顾之，烂其盈门。

蹶父孔武，靡国不到。为韩姞相攸，莫如韩乐。孔乐韩土，川泽訏訏，鲂鱮甫甫，麀鹿噳噳，有熊有罴，有猫有虎。庆既令居，韩姞燕誉。

溥彼韩城，燕师所完。以先祖受命，因时百蛮。王锡韩侯，其追其貊。奄受北国，因以其伯。实墉实壑，实亩实藉。献其貔皮，赤豹黄罴。

底本：毕沅校清嘉庆刊本《十三经注疏》

出处：［清］毕沅：《十三经注疏·毛诗正义》，北京，中华书局2017年，第1229—1234页

周颂·清庙之什

《我将》

我将我享，维羊维牛，维天其右之。仪式刑文王之典，日靖四方。

伊嘏文王，既右飨之。我其夙夜，畏天之威，于时保之。

底本：毕沅校清嘉庆刊本《十三经注疏》

出处：［清］毕沅：《十三经注疏·毛诗正义》，北京，中华书局2017年，第1267—1268页

二、《今文尚书》

《尚书》是战国之前，历代统治者的官方文件，亦是先秦史官传统的巅峰成就之一。当时有“左史记言，右史记事”之说。《尚书》即是记言的集大成者，作为官方文书的《尚书》有着相当重要的价值，我们辑出的是与战争相关的“誓”，与建国分封相关的“诰”和“命”。“誓”“诰”“命”在这里既是一种文体，又是一种政治功用的体现。

值得注意的是，能够用来作为先秦时期外交史料的部分，只能出自《今文尚书》，《古文尚书》的身份成疑，清华简面世之后，古文尚书为“伪作”的意见流传更广。相较之下，尽管《今文尚书》也有大量后人增添的内容，并非原貌，但整体来说，其可信度较《古文尚书》更高。

《夏书》部分

启与有扈战于甘之野，作《甘誓》。

《甘誓》：

大战于甘，乃召六卿。

王曰：“嗟！六事之人，予誓告汝：有扈氏威侮五行，怠弃三正，天用剿绝其命，今予惟恭行天之罚。左不攻于左，汝不恭命；右不攻于右，汝不恭命；御非其马之正，汝不恭命。用命，赏于祖；弗用命，戮于社，予则孥戮汝。”

底本：毕沅校清嘉庆刊本《十三经注疏》

出处：［清］毕沅：《十三经注疏·毛诗正义》，北京，中华书局2017年，第328页

《周书》部分

武王戎车三百两，虎贲三百人，与受(注，即“商”)战于牧野，作《牧誓》(注：依毕沅嘉庆年刻本，原文处有两处牧誓连用)。

《牧誓》：

时甲子昧爽，王朝至于商郊牧野，乃誓。

王左杖黄钺，右秉白旄以麾，曰：“逖矣，西土之人！”

王曰：“嗟！我友邦冢君御事，司徒、司马、司空，亚旅、师氏，千夫长、百夫长，及庸，蜀、羌、髳、微、卢、彭、濮人。称尔戈，比尔干，立尔矛，予其誓。”

王曰：“古人有言曰：‘牝鸡无晨；牝鸡之晨，惟家之索。’今商王受惟妇言是用，昏弃厥肆祀弗答，昏弃厥遗王父母弟不迪，乃惟四方之多罪逋逃，是崇是长，是信是使，是以为大夫卿士。俾暴虐于百姓，以奸宄于商邑。今予发惟恭行天之罚。

今日之事，不愆于六步、七步，乃止齐焉。勖哉夫子！不愆于四伐、五伐、六伐、七伐，乃止齐焉。勖哉夫子！尚桓桓如虎、如貔、如熊、如罴，于商郊弗迓克奔，以役西土，勖哉夫子！尔所弗勖，其于尔躬有戮！”

底本：毕沅校清嘉庆刊本《十三经注疏》

出处：[清]毕沅：《十三经注疏・尚书正义》，北京，中华书局2017年，第387页

武王崩，三监及淮夷叛，周公相成王，将黜殷，作《大诰》。

《大诰》：

王若曰：“猷大诰尔多邦越尔御事，弗吊天降割于我家不少，延洪惟我幼冲人，嗣无疆大历服。弗造哲，迪民康，矧曰其

有能格知天命！已(注：通“已”)！予惟小子，若涉渊水，予惟往求朕攸济。敷贲敷前人受命，兹不忘大功。予不敢闭于天降威，用宁王遗我大宝龟，绍天明即命。曰，有大艰于西土，西土人亦不静越兹蠢，殷小腆，诞敢纪其叙：天降威，知我国有疵，民不康。曰，予复反鄙我周邦，今蠢今翼；日民献有十夫，予翼以于敉。宁、武图功。我有大事休朕卜并吉。肆予告我友邦君越尹氏、庶士、御事、曰：予得吉卜，予惟以尔庶邦于伐殷逋播臣。尔庶邦君越庶士御事罔不反，曰：艰大，民不静，亦惟在王宫邦君室。越予小子，考翼不可征，王害不违卜。

肆予冲人永思艰，曰：呜呼！允蠢，鳏寡哀哉！予造天役，遗大投艰于朕身，越予冲人不卬自恤义。尔邦君越尔多士、尹氏、御事绥予，曰：“无毖于恤，不可不成乃宁考图功！”

已(注，通“已”)！予惟小子，不敢替上帝命。天休于宁王，兴我小邦周，宁王惟卜用，克绥受兹命。今天其相民，矧亦惟卜用。呜呼！天明畏，弼我丕丕基！”

王曰：“尔惟旧人，尔丕克远省，尔知宁王若勤哉！天閟毖我成功所，予不敢不极卒宁王图事。肆予大化诱我友邦君，天棐忱辞，其考我民，予曷敢不于前宁人图功攸终？天亦惟用勤毖我民若有疾，予曷敢不于前宁人攸受休毕！”

王曰：“若昔朕其逝，朕言艰日思。若考作室，既厎法，厥子乃弗肯堂，矧肯构？厥父菑，厥子乃弗肯播，矧肯获？厥考翼其肯曰：予有后弗弃基？肆予曷敢不越卬敉宁王大命？若兄考，乃有友伐厥子，民养其劝弗救？”

王曰：“呜呼！肆哉尔庶邦君越尔御事，爽邦由。哲亦惟十人，迪知上帝命。越天棐忱，尔时罔敢易法，矧今天降戾于周邦。惟大艰人诞邻胥伐于厥室，尔亦不知天命不易？

予永念曰：天惟丧殷，若穑夫，予曷敢不终朕亩？天亦惟休于前宁人，予曷其极卜？敢弗于从。率宁人有指疆土？矧今卜并吉？肆朕诞以尔东征。天命不僭，卜陈惟若兹。”

底本：毕沅校清嘉庆刊本《十三经注疏》

出处：［清］毕沅：《十三经注疏·尚书正义》，北京，中华书局2017年，第419—424页

成王既伐管叔、蔡叔，以殷余民封康叔，作《康诰》、《酒诰》、《梓材》。（注：依毕沅嘉庆年刻本，原文处有两处康诰，分布于首尾）。

《康诰》：

惟三月哉生魄，周公初基作新大邑于东国洛，四方民大和会。侯、甸、男邦、采、卫百工、播民，和见士于周。周公咸勤，乃洪大诰治。

王若曰：“孟侯，朕其弟，小子封。惟乃丕显考文王，克明德慎罚；不敢侮鳏寡，庸庸，祗祗，威威，显民，用肇造我区夏，越我一、二邦以修。我西土惟时怙冒，闻于上帝，帝休，天乃大命文王。殪戎殷，诞受厥命，越厥邦厥民惟时叙。乃寡兄勖，肆汝小子，封在兹东土。

王曰：“呜呼！封，汝念哉！今，民将在祗，遹乃文考，绍闻衣德言。往敷求于殷先哲王用保乂民，汝丕远惟商耇成人宅心知训。别求闻由古先哲王，用康保民。弘于天，若德裕，乃身不废，在王命！”

王曰：“呜呼！小子封，恫瘝乃身，敬哉！天畏棐忱；民情大可见，小人难保。往尽乃心，无康好逸，乃其乂民。我闻曰：‘怨

不在大，亦不在小；惠不惠，懋不懋。’

已！汝惟小子乃服，惟弘王应保殷民，亦惟助王，宅天命，作新民。”

王曰：“呜呼！封，敬明乃罚。人有小罪，非眚，乃惟终自，作不典，式尔，有厥罪小，乃不可不杀；乃有大罪，非终，乃惟眚灾，适尔既道极厥辜，时乃不可杀。”

王曰：“呜呼！封，有叙时，乃大明服，惟民其敕懋和。若有疾，惟民其毕弃咎。若保赤子，惟民其康乂。非汝封刑人杀人，无或刑人杀人。非汝封又曰劓刵人，无或劓刵人。”

王曰：“外事，汝陈时臬司师，兹殷罚有伦。”又曰：“要囚，服念五、六日至于旬时，丕蔽要囚。”

王曰：“汝陈时臬，事罚，蔽殷彝，用其义刑义杀，勿庸以次汝封。乃汝尽逊，曰时叙；惟曰，未有逊事。

已！汝惟小子，未其有若汝封之心。朕心朕德，惟乃知。

凡民自得罪：寇攘奸宄，杀越人于货，暋不畏死，罔弗憝。

王曰：“封，元恶大憝，矧惟不孝不友。子弗祗服厥父事，大伤厥考心；于父不能字厥子，乃疾厥子。于弟弗念天显，乃弗克恭厥兄；兄亦不念鞠子哀，大不友于弟。惟吊兹，不于我政人得罪，天惟与我民彝大泯乱，曰：乃其速由文王作罚，刑兹无赦。

不率大戛，矧惟外庶子、训人，惟厥正人越小臣、诸节，乃别播敷，造民大誉，弗念弗庸，瘝厥君，时乃引恶，惟朕憝。已！汝乃其速由兹义率杀，亦惟君惟长，不能厥家人，越厥小臣外正，惟威惟虐，大放王命；乃非德用乂。汝亦罔不克敬典，乃由裕民，惟文王之敬忌；乃裕民曰：‘我惟有及。’则予一人以怿。”

王曰：“封，爽惟民迪吉康，我时其惟殷先哲王德，用康乂民作求。矧今民罔迪，不适；不迪，则罔政在厥邦。”

王曰：“封，予惟不可不监，告汝德之说于罚之行。今惟民不静，未戾厥心，迪屡未同，爽惟天其罚殛我，我其不怨。惟厥罪无在大，亦无在多，矧曰其尚显闻于天。”

王曰：“呜呼！封，敬哉！无作怨，勿用非谋非彝，蔽时忱。丕则敏德，用康乃心，顾乃德，远乃猷，裕乃以；民宁，不汝瑕殄。”

王曰：“呜呼！肆汝小子封。惟命不于常，汝念哉！无我殄，享明乃服命，高乃听，用康乂民。”

王若曰：“往哉！封，勿替敬典，听朕告，汝乃以殷民世享。”

底本：毕沅校清嘉庆刊本《十三经注疏》

出处：［清］毕沅：《十三经注疏・尚书正义》，北京，中华书局 2017 年，第 431—436 页

成王归自奄，在宗周，诰庶邦，作《多方》。

《多方》：

惟五月丁亥，王来自奄，至于宗周。

周公曰：“王若曰：猷告尔四国多方，惟尔殷侯尹民。我惟大降尔命，尔罔不知。洪惟天之命，弗永寅念于祀，惟帝降格于夏。有夏诞厥逸，不肯感言于民，乃大淫昏，不克终日劝于帝之迪，乃尔攸闻。厥图帝之命，不克开于民之丽，乃大降罚，崇乱有夏。因甲于内乱，不克灵承于旅。罔丕惟进之恭，洪舒于民。亦惟有夏之民叨懫日钦，劓割夏邑。天惟时求民主，乃大降显休命于成汤，刑殄有夏。惟天不畀纯，乃惟以尔多方之义，民不克永于多享；惟夏之恭多士大不克明保享于民，乃胥惟虐于民，

至于百为，大不克开。乃惟成汤克以尔多方简，代夏作民主。慎厥丽，乃劝；厥民刑，用劝；以至于帝乙，罔不明德慎罚，亦克用劝；要囚殄戮多罪，亦克用劝；开释无辜，亦克用劝。今至于尔辟，弗克以尔多方享天之命。”

呜呼！王若曰："诰尔多方，告非天庸释有夏，非天庸释有殷。乃惟尔辟以尔多方大淫，图天之命屑有辞。乃惟有夏图厥政，不集于享，天降时丧，有邦间之。乃惟尔商后王逸厥逸，图厥政不蠲烝，天惟降时丧。

"惟圣罔念作狂，惟狂克念作圣。天惟五年须暇之子孙，诞作民主，罔可念听。天惟求尔多方，大动以威，开厥顾天。惟尔多方罔堪顾之。惟我周王灵承于旅，克堪用德，惟典神天。天惟式教我用休，简畀殷命，尹尔多方。

"今我曷敢多诰。我惟大降尔四国民命。尔曷不忱裕之于尔多方？尔曷不夹介乂我周王享天之命？今尔尚宅尔宅，畋尔田，尔曷不惠王熙天之命？

"尔乃迪屡不静，尔心未爱。尔乃不大宅天命，尔乃屑播天命，尔乃自作不典，图忱于正。我惟时其教告之，我惟时其战要囚之，至于再，至于三。乃有不用我降尔命，我乃其大罚殛之！非我有周秉德不康宁，乃惟尔自速辜！”

王曰："呜呼！猷告尔有方多士暨殷多士。今尔奔走臣我监五祀，越惟有胥伯小大多正，尔罔不克臬。自作不和，尔惟和哉！尔室不睦，尔惟知哉！尔邑克明，尔惟克勤乃事。尔尚不忌于凶德，亦则以穆穆在乃位，克阅于乃邑谋介。尔乃自时洛邑，尚永力畋尔田，天惟畀矜尔，我有周惟其大介赉尔，迪简在王庭。尚尔事，有服在大僚。”

王曰:“呜呼!多士,尔不克劝忱我命,尔亦则惟不克享,凡民惟曰不享。尔乃惟逸惟颇,大远王命,则惟尔多方探天之威,我则致天之罚,离逖尔土。”

王曰:“我不惟多诰,我惟祇告尔命。”又曰:“时惟尔初,不克敬于和,则无我怨。”

底本:毕沅校清嘉庆刊本《十三经注疏》

出处:[清]毕沅:《十三经注疏·尚书正义》,北京,中华书局 2017 年,第 484—489 页

平王锡晋文侯秬鬯、圭瓒,作《文侯之命》。

《文侯之命》:

王若曰:“父义和!丕显文、武,克慎明德,昭升于上,敷闻在下;惟时上帝,集厥命于文王。亦惟先正克左右昭事厥辟,越小大谋猷罔不率从,肆先祖怀在位。呜呼!闵予小子嗣,造天丕愆。殄资泽于下民,侵戎我国家纯。即我御事,罔或耆寿俊在厥服,予则罔克。曰惟祖惟父,其伊恤朕躬!呜呼!有绩予一人永绥在位。父义和!汝克绍乃显祖,汝肇刑文、武,用会绍乃辟,追孝于前文人。汝多修,扞我于艰,若汝,予嘉。”

王曰:“父义和!其归视尔师,宁尔邦。用赉尔秬鬯一卣,彤弓一,彤矢百,卢弓一,卢矢百,马四匹。父往哉!柔远能迩,惠康小民,无荒宁。简恤尔都,用成尔显德。”

底本:毕沅校清嘉庆刊本《十三经注疏》

出处:[清]毕沅:《十三经注疏·尚书正义》,北京,中华书局 2017 年,第 539—541 页

鲁侯伯禽宅曲阜，徐、夷并兴，东郊不开。作《费誓》。

《费誓》：

公曰："嗟！人无哗，听命。徂兹淮夷、徐戎并兴。善敹乃甲胄，敿乃干，无敢不吊！备乃弓矢，锻乃戈矛，砺乃锋刃，无敢不善！今惟淫舍牿牛马，杜乃擭，敜乃穽，无敢伤牿。牿之伤，汝则有常刑！马牛其风，臣妾逋逃，勿敢越逐，祗复之，我商赉汝。乃越逐不复，汝则有常刑！无敢寇攘，逾垣墙，窃马牛，诱臣妾，汝则有常刑！

甲戌，我惟征徐戎。峙乃糗粮，无敢不逮；汝则有大刑！鲁人三郊三遂，峙乃桢榦。甲戌，我惟筑，无敢不供；汝则有无馀刑，非杀。鲁人三郊三遂，峙乃刍茭，无敢不多；汝则有大刑！"

底本：毕沅校清嘉庆刊本《十三经注疏》

出处：［清］毕沅：《十三经注疏·尚书正义》，北京，中华书局2017年，第541—543页

三、《周礼》

作为史料,《周礼》不能独自使用,而是必须要和《左传》《诗经》等同时期其他文献,或者出土文献配合使用,因为《周礼》的成书时间存疑。在汉代刘氏父子编纂皇家藏书时,《周礼》一书的书名才问世,而在汉代之前,古籍中没有引用《周礼》的,这一点很值得怀疑。《周礼》所记载的内容,同出土文物也有冲突。譬如前述"府人",在《周礼》中,"府"的职能已经高度细化,出现了专门掌管钱币、兵器、宝物、车马的官职;然而在《左传》和相关出土文物的记载中,"府"仍然是看守人的统称,钱帛财务兵器车马官方文书都归为府,甚至监狱和仓库也没有分家,均由府人管理。这种与史实的差异极大地削弱了《周礼》的可信度。但是《周礼》所记载的部分内容,有时又与出土文物相符合。譬如前述楚国故土出土的龙节,由黄铜打造,上有若干通关文字,基本符合《周礼》"龙节"和"符节"的记述。因此,我们在此降低《周礼》的重要性,在使用《周礼》时,必须与其他文献配套使用。同时,《周礼》的解释力在先秦时期的文献中,也是最低的。这一点必须予以说明。

秋官司寇・衔枚氏/小行人

衔枚氏掌司嚣。国之大祭祀,令禁无嚣。军旅、田役,令衔枚、禁嚣呼叹鸣于国中者,行歌哭于国中之道者。

伊耆氏掌国之大祭祀,共其杖咸。军旅,授有爵者杖,共王之齿杖。

大行人掌大宾之礼,及大客之仪,以亲诸侯。春朝诸侯而图天下之事，秋觐以比邦国之功，夏宗以陈天下之谟，冬遇以协诸侯之虑。时会以发四方之禁，殷同以施天下之政，时聘以结诸侯之好，殷覜以除邦国之慝，闲问以谕诸侯之志，归脤以交诸侯之福，贺庆以赞诸侯之喜，致禬以补诸侯之灾。以九仪辨诸侯之命，等诸臣爵，以同邦国之礼，而待其宾客。上公之礼，执桓圭九寸，缫藉九寸，冕服九章，建常九斿，樊缨九就，贰车九乘，介九人，礼九牢。其朝位，宾主之间九十步，立当车轵，摈者五人，庙中将币三享，王礼再祼而酢。飨礼九献，食礼九举，出入五积，三问三劳。诸侯之礼，执信圭七寸，缫藉七寸，冕服七章，建常七斿，樊缨七就，贰车七乘，介七人，礼七牢。朝位，宾主之间七十步，立当前疾，摈者四人，庙中将币三享，王礼壹祼而酢，飨礼七献，食礼七举，出入四积，再问，再劳。诸伯执躬圭，其他皆如诸侯之礼。诸子执谷璧，五寸，缫藉五寸，冕服五章，建常五斿，樊缨五就，贰车五乘，介五人，礼五牢。朝位，宾主之间五十步，立当车衡，摈者三人，庙中将币三享，王礼壹祼不酢，飨礼五献，食礼五举，出入三积，壹问、壹劳。诸男执蒲璧，其他皆如诸子之礼。

凡大国之孤，执皮帛以继小国之君，出入三积，不问、壹劳，朝位当车前，不交摈，庙中无相，以酒礼之，其他皆眡小国之君。

凡诸侯之卿，其礼各下其君二等。以下及其大夫士，皆如之。

邦畿方千里，其外方五百里，谓之侯服，岁壹见，其贡祀物；又其外方五百里，谓之甸服，二岁壹见，其贡嫔物；又其外方五百里，谓之男服，三岁壹见，其贡器物；又其外方五百里，谓之采服，四岁壹见，其贡服物；又其外方五百里，谓之卫服，五岁壹见，其贡材物；又其外方五百里，谓之要服，六岁壹见，其贡货物；九州之外，谓之蕃国，世壹见，各以其所贵宝为挚。

王之所以抚邦国诸侯者，岁遍存，三岁遍覜，五岁遍省，七岁属象胥，谕言语，协辞命；九岁属瞽史，谕书名，听声音；十有一岁，达瑞节，同度量，成牢礼，同数器，修法则；十有二岁王巡守殷国。

凡诸侯之王事，辨其位，正其等，协其礼，宾而见之。若有大丧，则诏相诸侯之礼。若有四方之大事，则受其币，听其辞。凡诸侯之邦交，岁相问也，殷相聘也，世相朝也。

小行人掌邦国宾客之礼籍，以待四方之使者。令诸侯春入贡，秋献功，王亲受之，各以其国之籍礼之。凡诸侯入王，则逆劳于畿，及郊劳、眡馆、将币，为承而摈。凡四方之使者，大客则摈，小客则受其币而听其辞。使适四方，协九仪宾客之礼：朝、覲、宗、遇、会、同，君之礼也；存、覜、省、聘、问，臣之礼也。达天下之六节：山国用虎节，土国用人节，泽国用龙节，皆以金为之；道路用旌节，门关用符节，都鄙用管节，皆以竹为之。成六瑞：王用瑱圭，公用桓圭，侯用信圭，伯用躬圭，子用谷璧，男用蒲璧。合六币：圭以马，璋以皮，璧以帛，琮以锦，琥以绣，璜以黼，此六物者，以和诸侯之好故。若国札丧，则令赙补之。若国凶荒，则令赒委之。若国师役，则令槁禬之。若国有福事，则令庆贺之。若国有祸灾，则令哀吊之。凡此五物者，治其事故，乃其万民之利害为一书，其礼俗政事教治刑禁之逆顺为一书，其悖逆暴乱作慝犹犯令者为一书，其札丧凶荒厄贫为一书，其康乐和亲安平为一书。凡此五物者，每国辨异之，以反命于王，以周知天下之故。

底本：毕沅校清嘉庆刊本《十三经注疏》

出处：[清]毕沅：《十三经注疏·周礼注疏》，北京，中华书局 2017 年，第 1922—1931 页

秋官司寇·司仪/朝大夫

司仪掌九仪之宾客、摈相之礼，以诏仪容、辞令、揖让之节。将合诸侯，则令为坛三成，宫旁一门，诏王仪，南乡见诸侯，土揖庶姓，时揖异姓，天揖同姓。及其摈之，各以其礼：公于上等，侯伯于中等，子男于下等。其将币，亦如之。其礼，亦如之。王燕，则诸侯毛。凡诸公相为宾，主国五积三问，皆三辞拜受，皆旅摈，再劳，三辞，三揖，登，拜受，拜送，主君郊劳，交摈，三辞，车逆，拜辱，三揖，三辞，拜受，车送，三还，再拜。致馆亦如之。致飧如致积之礼，及将币，交摈三辞，车逆拜辱，宾车进，答拜，三揖，三让，每门止一相。及庙，唯上相入，宾三揖三让，登，再拜授币，宾拜送币，每事如初。宾亦如之，及出，车送，三请，三进，再拜，宾三还三辞，告辟。致饔饩，还圭。飨食，致赠。郊送，皆如将币之仪。宾之拜礼，拜饔饩，拜飨食，宾继主君，皆如主国之礼。诸侯、诸伯、诸子、诸男之相为宾也，各以其礼相待也，如诸公之仪。诸公之臣相为国客，则三积，皆三辞拜受。及大夫郊劳，旅摈三辞，拜辱，三让，登听命，下拜，登受，宾使者，如初之仪。及退，拜送，致馆，如初之仪。及将币，旅摈三辞，拜逆，客辟，三揖，每门止一相。及庙，唯君相入，三让，客登，拜，客三辟授币，下出，每事如初之仪。及礼，私面，私献，皆再拜稽首，君答拜，出及中门之外，问君，客再拜对，君拜，客辟而对。君问大夫，客对，君劳客，客再拜稽首，君答拜，客趋辟。致饔饩，如劳之礼。飨食，还圭，如将币之仪。君馆客，客辟，介受

命，遂送，客从，拜辱于朝。明日，客拜礼赐，遂行，如入之积。凡诸伯、子、男之臣，以其国之爵相为客而相礼，其仪亦如之。凡四方之宾客，礼仪、辞命、饩牢、赐献以二等，从其爵而上下之。凡宾客，送逆同礼。凡诸侯之交，各称其邦而为之币，以其币为之礼。凡行人之仪，不朝不夕，不正其主面，亦不背客。

行夫掌邦国传遽之小事媺(注，即“美”)恶、而无礼者。凡其使也，必以旌节，虽道有难，而不时必达，居于其国，则掌行人之劳辱事焉，使则介之。

环人掌送邦国之通宾客，以路节达诸四方。舍则授馆，令聚柝，有任器，则令环之。凡门关无几，送逆及疆。

象胥掌蛮、夷、闽、貉、戎、狄之国使，掌傅王之言而谕说焉，以和亲之。若以时入宾，则协其礼与其辞言传之。凡其出入、送逆之礼节、币帛、辞令而宾相之。凡国之大丧，诏相国客之礼仪而正其位。凡军旅、会同，受国客币而宾礼之。凡作事，王之大事诸侯，次事卿，次事大夫，次事上士，下事庶子。

掌客，掌四方宾客之牢礼、饩献、饮食之等数，与其政治。王合诸侯而飨礼，则具十有二牢，庶具百物备，诸侯长十有再献。王巡守殷国，则国君膳以牲犊，令百官、百牲皆具，从者。三公眂上公之礼，卿眂侯伯之礼，大夫眂子男之礼，士眂诸侯之卿礼，庶子壹眂其大夫之礼。凡诸侯之礼：上公五积，皆眂飧牵，三问皆修，群介行人宰史皆有牢；飧五牢，食四十，簠十，豆四十，铏四十有二，壶四十，鼎簋十有二，牲三十有六，皆陈；饔饩九牢，其死牢如飧之陈，牵四牢，米百有二十筥，醯醢百有二十瓮，车皆陈，车米眂生牢，牢十车，车秉有五籔，车禾眂死牢，牢十车，车三秅，刍薪倍禾，皆陈；乘禽，日九十双，殷膳大牢，以及归，三飨，三食，三燕，若弗酌，则以币致之；凡介行人宰史皆有飧饔饩，以其爵等为之牢礼之陈数，唯上介有禽献；夫人致礼，八壶，八豆，八笾，膳大牢，致飨大牢，食大牢；卿皆见以羔。膳大牢，侯伯四积，皆眡飧牵，再问，皆修；四牢，食三十有二，簠八，豆三十有二，铏二十有八，壶三十有二，鼎簋十有二，腥二十有七，皆陈；饔饩七牢，其死牢如飧之陈；牵三牢，米百筥，醯醢百瓮，皆陈；米三十车，禾四十车，刍薪倍禾，皆陈；乘禽日七十双，殷膳大牢，三饔，再食，再燕。凡介行人宰史皆有飧饔饩，以其爵等为之礼，唯上介有禽献；夫人致礼，八壶，八豆，八笾，膳大牢，致飨大牢，卿皆见以羔，膳牲牛。子男三积，皆眡飧牵，壹问，以修，飧三牢，食二十有四，簠六，豆二十有四，铏十有八，壶二十有四，鼎簋十有二，牲十有八，皆陈；饔饩五牢，其死牢如飧之陈；牵二牢，米八十筥，醯醢八十瓮，皆陈；米二十车，禾三十车，刍薪倍禾，皆乘，乘禽日五十双，壹飨，壹食，壹燕；凡介行人宰史皆有飧饔饩，以其爵等为之礼，唯上介有禽献；夫人致礼，六壶，六豆，六笾，膳眡致饔；亲见卿皆膳特牛。凡诸侯之卿大夫士为国客，则如其介之礼以待之。凡礼宾客，国新杀礼，凶荒杀礼，札丧杀礼，祸灾杀礼，在野在外，杀礼。凡宾客死，致礼以丧用。宾客有丧，唯刍稍之受。遭主国之丧，不受飨食，受牲礼。

掌讶掌邦国之等籍以待宾客。若将有国宾客至，则戒官修委积，与士逆宾于疆，为前驱而入。及宿，则令聚柝。及委，则致积。至于国，宾入馆，次于舍门外，待事于客。及将币，为前驱，至于朝，诏其位，入复。及退，亦如之。凡宾客之治，令讶讶治之。凡从者出，则使人道之。及归，送亦如之。凡宾客，诸侯有卿讶，卿有大夫讶，大夫有士讶，士皆有讶。凡讶者，宾客至而往，诏相其事而掌其治令。

掌交掌以节与币巡邦国之诸侯，及其万民之所聚者，道王之德意志虑，使咸知王之好恶辟行之，使和诸侯之好，达万民之说。掌邦国之通事而结其交好，以谕九税之利，九礼之亲，九牧之维，九禁之难，九戎之威。

朝大夫掌都家之国治。日朝以听国事故，以告其君长。国有政令，则令其朝大夫。凡都家之治于国者，必因其朝大夫然后听之，唯大事弗因，凡都家之治有不及者，则诛其朝大夫。在军旅，则诛其有司。

底本：毕沅校清嘉庆刊本《十三经注疏》

出处：[清]毕沅：《十三经注疏·周礼注疏》，北京，中华书局 2017 年，第 1938—1951 页

四、《仪礼》

在三礼中,《礼记》成书于汉代,不是春秋乃至于商周时期礼制的忠实记载;《周礼》的可信度亦存疑;而《仪礼》的可信度比较高,《仪礼》重“仪”,亦即“礼”的程序,它本身是当时的礼师在授礼时随身携带的节目单子,可以作为外交研究的主要对象,对外交史的理论研究有着不可替代的重要作用,但其流于琐碎和具体。对先秦时期国际关系层面的研究,启发不多。这里选取了《燕礼》和《聘礼》两篇与古代外交直接相关的篇章。

燕礼第六

燕礼。小臣戒与者。膳宰具官馔于寝东。乐人县。设洗、篚于阼阶东南,当东霤。罍水在东,篚在洗西,南肆。设膳篚在其北,西面。司宫尊于东楹之西,两方壶,左玄酒,南上。公尊瓦大两,有丰,幂用绤若锡,在尊南,南上。尊士旅食于门西,两圆壶。司宫筵宾于户西,东上,无加席也。射人告具。

小臣设公席于阼阶上,西乡,设加席。公升,即位于席,西乡。小臣纳卿大夫,卿大夫皆入门右,北面东上。士立于西方,东面北上。祝史立于门东,北面东上。小臣师一人在东堂下,南面。士旅食者立于门西,东上。公降立于阼阶之东南,南乡尔卿,卿西面北上;尔大夫,大夫皆少进。

射人请宾。公曰:“命某为宾。”射人命宾,宾少进,礼辞。反命。又命之,宾再拜稽首,许诺,射人反命。宾出立于门外,东面。公揖卿大夫,乃升就席。

小臣自阼阶下,北面,请执幂者与羞膳者。乃命执幂者,执幂者升自西阶，立于尊南，北面，东上。

膳宰请羞于诸公卿者。射人纳宾。宾入，及庭，公降一等揖之。公升就席。宾升自西阶，主人亦升自西阶，宾右北面至再拜，宾答再拜。主人降洗，洗南，西北面。宾降，阶西，东面。主人辞降，宾对。主人北面盥，坐取觚洗。宾少进，辞洗。主人坐奠觚于篚，兴对。宾反位。主人卒洗，宾揖，乃升。主人升。宾拜洗。主人宾右奠觚答拜，降盥。宾降，主人辞。宾对，卒盥。宾揖升。主人升，坐取觚。执幂者举幂，主人酌膳，执幂者反幂。主人筵前献宾。宾西阶上拜，筵前受爵，反位。主人宾右拜送爵。膳宰荐脯醢，宾升筵。膳宰设折俎。宾坐，左执爵，右祭脯醢，奠爵于荐右，兴；取肺，坐绝祭，哜之，兴加于俎；坐挩手，执爵，遂祭酒，兴；席末坐啐酒，降席，坐奠爵，拜，告旨，执爵兴。主人答拜。宾西阶上北面坐卒爵，兴；坐奠爵，遂拜。主人答拜。

宾以虚爵降，主人降。宾洗南坐奠觚，少进，辞降。主人东面对。宾坐取觚，奠于篚下，盥洗。主人辞洗。宾坐奠觚于篚，兴，对。卒洗，及阶，揖，升。主人升，拜洗如宾礼。宾降盥，主人降。宾辞降，卒盥，揖升，酌膳，执幂如初，以酢主人于西阶上。主人北面拜受爵，宾主人之左拜送爵。主人坐祭，不啐酒，不拜酒，不告旨；遂卒爵，兴；坐奠爵，拜，执爵兴。宾答拜。主人不崇酒，以虚爵降尊于篚。

宾降，立于西阶西。射人升宾，宾升立于序内，东面。主人盥，洗象觚，升实之，东北面献于公。公拜受爵。主人降自西阶，阼阶下北面拜送爵。士荐脯醢，膳宰设折俎，升自西阶。公祭如宾礼，膳宰赞授肺。不拜酒，立卒爵，坐奠爵，拜，执爵兴。

主人答拜，升受爵以降，奠于膳篚。

更爵，洗，升酌膳酒以降；酢于阼阶下，北面坐奠爵，再拜稽首。公答再拜。主人坐祭，遂卒爵，再拜稽首。公答再拜，主人奠爵于篚。

主人盥洗，升，媵觚于宾，酌散，西阶上坐奠爵，拜宾。宾降筵，北面答拜。主人坐祭，遂饮，宾辞。卒爵，拜，宾答拜。主人降洗，宾降，主人辞降，宾辞洗。卒洗，揖升。不拜洗。主人酌膳。宾西阶上拜，受爵于筵前，反位。主人拜送爵。宾升席，坐祭酒，遂奠于荐东。主人降复位。宾降筵西，东南面立。

小臣自阼阶下请媵爵者，公命长。小臣作下大夫二人媵爵。媵爵者阼阶下，皆北面再拜稽首；公答再拜。媵爵者立于洗南，西面北上，序进，盥洗角觯；升自西阶，序进，酌散；交于楹北，降；阼阶下皆奠觯，再拜稽首，执觯兴。公答再拜。媵爵者皆坐祭，遂卒觯，兴；坐奠觯，再拜稽首，执觯兴。公答再拜。媵爵者执觯待于洗南。小臣请致者。若君命皆致，则序进，奠觯于篚，阼阶下皆再拜稽首；公答再拜。媵爵者洗象觯，升实之；序进，坐奠于荐南，北上；降，阼阶下皆再拜稽首，送觯。公答再拜。

公坐取大夫所媵觯，兴以酬宾。宾降，西阶下再拜稽首。公命小臣辞，宾升成拜。公坐奠觯，答再拜，执觯兴，立卒觯。宾下拜，小臣辞。宾升，再拜稽首。公坐奠觯，答再拜，执觯兴。宾进受虚爵，降奠于篚，易觯洗。公有命，则不易不洗，反升酌膳觯，下拜。小臣辞。宾升，再拜稽首。公答再拜。宾以旅酬于西阶上，射人作大夫长升受旅。宾大夫之右坐奠觯，拜，执觯兴；大夫答拜。宾坐祭，立饮，卒觯不拜。若膳觯也，则降更觯洗，升实散。大夫拜受。宾拜送。大夫辩受酬，如受宾酬之礼，不祭。卒受者以虚觯降奠于篚。主人洗，升，实散，献卿于西阶上。

司宫兼卷重席，设于宾左，东上。卿升，拜受觚；主人拜送觚。卿辞重席，司宫彻之，乃荐脯醢。卿升席坐，左执爵，右祭脯醢，遂祭酒，不啐酒；降席，西阶上北面坐卒爵，兴；坐奠爵，拜，执爵兴。主人答拜，受爵。卿降复位。辩献卿，主人以虚爵降，奠于篚。射人乃升卿，卿皆升就席。若有诸公，则先卿献之，如献卿之礼；席于阼阶西，北面东上，无加席。

小臣又请媵爵者，二大夫媵爵如初。请致者。若命长致，则媵爵者奠觯于篚，一人待于洗南。长致，致者阼阶下再拜稽首，公答再拜。洗象觯，升，实之，坐奠于荐南，降，与立于洗南者二人皆再拜稽首送觯，公答再拜。

公又行一爵，若宾，若长，唯公所酬。以旅于西阶上，如初。大夫卒受者以虚觯降奠于篚。

主人洗，升，献大夫于西阶上。大夫升，拜受觚，主人拜送觚。大夫坐祭，立卒爵，不拜既爵。主人受爵。大夫降复位。胥荐主人于洗北。西面，脯醢，无脀。辩献大夫，遂荐之，继宾以西，东上。卒，射人乃升大夫，大夫皆升，就席。

席工于西阶上，少东。乐正先升，北面立于其西。小臣纳工，工四人，二瑟。小臣左何瑟，面鼓，执越，内弦，右手相。入，升自西阶，北面东上坐。小臣坐授瑟，乃降。工歌《鹿鸣》《四牡》《皇皇者华》。卒歌，主人洗，升，献工，工不兴，左瑟一人拜受爵，主人西阶上，拜送爵。荐脯醢。使人相祭。卒受，不拜。主人受爵。众工不拜受爵，坐祭，遂卒爵。辩有脯醢，不祭。主人受爵，降奠于篚。公又举奠觶。唯公所赐。以旅于西阶上，如初，卒。

笙入，立于县中。奏《南陔》《白华》《华黍》。

主人洗，升，献笙于西阶上。一人拜，尽阶，不升堂，受爵，降；主人拜送爵。阶前坐祭，立卒爵，不拜既爵，升，授主人。众笙不拜受爵，降；坐祭，立卒爵。辩有脯醢，不祭。乃间：歌《鱼丽》，笙《由庚》；歌《南有嘉鱼》，笙《崇丘》；歌《南山有台》，笙《由仪》。遂歌乡乐：《周南·关雎》、《葛覃》、《卷耳》，《召南·鹊巢》、《采蘩》、《采苹》。大师告于乐正曰："正歌备。"乐正由楹内、东楹之东，告于公，乃降复位。

射人自阼阶下，请立司正，公许。射人遂为司正。司正洗角觶，南面坐奠于中庭；升，东楹之东受命，西阶上北面命卿、大夫："君曰以我安！"卿、大夫皆对曰："诺！敢不安？"司正降自西阶，南面坐取觶，升酌散，降，南面坐奠觶，右还，北面少立，坐取觶，兴，坐不祭，卒觶，奠之，兴，再拜稽首，左还，南面坐取觶，洗，南面反奠于其所，升自西阶，东楹之东，请彻俎降，公许。告于宾，宾北面取俎以出。膳宰彻公俎，降自阼阶以东。卿、大夫皆降，东面北上。宾反入，及卿、大夫皆说屦，升就席。公以宾及卿、大夫皆坐，乃安。羞庶羞。大夫祭荐。司正升受命，皆命：君曰："无不醉！"宾及卿、大夫皆兴，对曰："诺！敢不醉？"皆反坐。

主人洗，升，献士于西阶上。士长升，拜受觶，主人拜送觶。士坐祭，立饮，不拜既爵。其他不拜，坐祭，立饮。乃荐司正与射人一人、司士一人、执幂二人，立于觶南，东上。辩献士。士既献者立于东方，西面北上。乃荐士。祝史，小臣师，亦就其位而荐之。主人就旅食之尊而献之。旅食不拜，受爵，坐祭，立饮。

若射，则大射正为司射，如乡射之礼。

宾降洗，升媵觚于公，酌散，下拜。公降一等，小臣辞。宾升，再拜稽首，公答再拜。宾坐祭，卒爵，再拜稽首，公答再拜。宾降洗象觯，升酌膳，坐奠于荐南，降拜。小臣辞。宾升成拜，公答再拜。宾反位。公坐取宾所媵觯，兴。唯公所赐。受者如初受酬之礼，降更爵洗，升酌膳，下拜。小臣辞。升成拜，公答拜。乃就席，坐行之。有执爵者。唯受于公者拜。司正命执爵者爵辩，卒受者兴以酬士。大夫卒受者以爵兴，西阶上酬士。士升，大夫奠爵拜，士答拜。大夫立卒爵，不拜，实之。士拜受，大夫拜送。士旅于西阶上，辩。士旅酌。卒。

主人洗，升自西阶，献庶子于阼阶上，如献士之礼。辩，降洗，遂献左右正与内小臣，皆于阼阶上，如献庶子之礼。

无算爵。士也，有执膳爵者，有执散爵者。执膳爵者酌以进公，公不拜，受。执散爵者酌以之公，命所赐。所赐者兴受爵，降席下，奠爵，再拜稽首。公答拜。受赐爵者以爵就席坐，公卒爵，然后饮。执膳爵者受公爵，酌，反奠之。受赐爵者兴，授执散爵，执散爵者乃酌行之。唯受爵于公者拜。卒受爵者兴，以酬士于西阶上。士升，大夫不拜，乃饮，实爵。士不拜，受爵。大夫就席。士旅酌，亦如之。公有命彻幂，则卿大夫皆降，西阶下北面东上，再拜稽首。公命小臣辞。公答再拜，大夫皆辟。遂升，反坐。士终旅于上，如初。无算乐。

宵，则庶子执烛于阼阶上，司宫执烛于西阶上，甸人执大烛于庭，阍人为大烛于门外。宾醉，北面坐取其荐脯以降。奏

《陔》。宾所执脯以赐钟人于门内霤，遂出。卿、大夫皆出。公不送。

公与客燕。曰："寡君有不腆之酒，以请吾子之与寡君须臾焉。使某也以请。"对曰："寡君，君之私也。君无所辱赐于使臣，臣敢辞。""寡君固曰不腆，使某固以请！""寡君，君之私也。君无所辱赐于使臣，臣敢固辞！""寡君固曰不腆，使某固以请！""某固辞，不得命，敢不从？"致命曰："寡君使某，有不腆之酒，以请吾子之与寡君须臾焉！""君贶寡君多矣，又辱赐于使臣，臣敢拜赐命！"

记。燕，朝服，于寝。其牲，狗也，亨于门外东方。若与四方之宾燕，则公迎之于大门内，揖让升。宾为苟敬，席于阼阶之西，北面，有脀，不哜肺，不啐酒。其介为宾。无膳尊，无膳爵。与卿燕，则大夫为宾。与大夫燕，亦大夫为宾。羞膳者与执幂者，皆士也。羞卿者，小膳宰也。若以乐纳宾，则宾及庭，奏《肆夏》；宾拜酒，主人答拜，而乐阕。公拜受爵，而奏《肆夏》；公卒爵，主人升，受爵以下，而乐阕。升歌《鹿鸣》，下管《新宫》，笙入三成，遂合乡乐。若舞，则《勺》。唯公与宾有俎。献公，曰："臣敢奏爵以听命。"凡公所辞，皆栗阶。凡栗阶，不过二等。凡公所酬，既拜，请旅侍臣。凡荐与羞者，小膳宰也。有内羞。君与射，则为下射，袒朱襦，乐作而后就物。小臣以巾授矢，稍属。不以乐志。既发，则小臣受弓以授弓人。上射退于物一笴，既发，则答君而俟。若饮君，燕，则夹爵。君在，大夫射，则肉袒。若与四方之宾燕，媵爵，曰："臣受赐矣。臣请赞执爵者。"相者对曰："吾子无自辱焉。"有房中之乐。

底本：毕沅校清嘉庆刊本《十三经注疏》

出处：[清]毕沅：《十三经注疏·周礼注疏》，北京，中华书局2017年，第2193—2216页

聘礼第八

聘礼。君与卿图事，遂命使者，使者再拜稽首辞，君不许，乃退。既图事，戒上介，亦如之。宰命司马戒众介，众介皆逆命，不辞。

宰书币，命宰夫官具。及期，夕币。使者朝服，帅众介夕。管人布幕于寝门外。官陈币，皮北首，西上，加其奉于左皮上；马则北面，奠币于其前。使者北面，众介立于其左，东上。卿、大夫在幕东，西面北上。宰入，告具于君。君朝服出门左，南乡。史读书展币。宰执书，告备具于君，授使者。使者受书，授上介。公揖入。官载其币，舍于朝。上介视载者、所受书以行。

厥明，宾朝服释币于祢。有司筵几于室中。祝先入，主人从入。主人在右，再拜，祝告，又再拜。释币，制玄纁束，奠于几下，出。主人立于户东。祝立于牖西，又入，取币，降，卷币，实于笄，埋于西阶东。又释币于行。遂受命。上介释币亦如之。

上介及众介俟于使者之门外。使者载旜，帅以受命于朝。君朝服，南乡。卿、大夫西面北上。君使卿进使者。使者入，及众介随入，北面东上。君揖使者，进之，上介立于其左，接闻命。贾人西面坐启椟，取圭垂缫，不起而授宰。宰执圭屈缫，自公左授使者。使者受圭，同面，垂缫以受命。既述命，同面授上介。上介受圭屈缫，出，授贾人，众介不从。受享束帛加璧，受夫人之聘璋，享玄纁束帛加琮，皆如初。遂行，舍于郊，敛旜。

若过邦，至于竟，使次介假道，束帛将命于朝，曰："请帅。"奠币。下大夫取以入告，出许，遂受币。饩之以其礼，上宾大

牢，积唯刍禾，介皆有饩。士帅没其竟。誓于其竟，宾南面，上介西面，众介北面东上，史读书，司马执策立于其后。

未入竟，壹肄。为壝坛，画阶，帷其北，无宫。朝服无主，无执也。介皆与，北面西上。习享，士执庭实习夫人之聘享，亦如之。习公事，不习私事。

及竟，张旜，誓。乃谒关人。关人问从者几人，以介对。君使士请事，遂以入竟。

入竟，敛旜，乃展。布幕，宾朝服立于幕东，西面，介皆北面东上。贾人北面，坐拭圭，遂执展之。上介北面视之，退复位。退圭。陈皮，北首，西上，又拭璧，展之，会诸其币，加于左皮上。上介视之，退。马则幕南、北面，奠币于其前。展夫人之聘享，亦如之，贾人告于上介，上介告于宾。有司展群币以告。及郊，又展，如初。及馆，展币于贾人之馆，如初。

宾至于近郊，张旜。君使下大夫请行，反。君使卿朝服，用束帛劳。上介出请。入告。宾礼辞，迎于舍门之外，再拜。劳者不答拜。宾揖，先入，受于舍门内。劳者奉币入，东面致命。宾北面听命，还，少退，再拜稽首，受币。劳者出。授老币，出迎劳者。劳者礼辞。宾揖，先入，劳者从之。乘皮设。宾用束锦傧劳者，劳者再拜稽首受。宾再拜稽首，送币。劳者揖皮出，乃退。宾送再拜。

夫人使下大夫劳以二竹簋方，玄被纁里，有盖，其实枣蒸栗择，兼执之以进。宾受枣，大夫二手授栗。宾之受，如初礼。傧之如初。下大夫劳者遂以宾入。至于朝，主人曰："不腆先君之祧。"既拚以俟矣："俟閒（注：即"间"）。"大夫帅至于馆，卿致馆。宾迎，再拜。卿致命，宾再拜稽首。卿退，宾送再拜。宰夫朝服设飧：饪一牢，在西，鼎九，羞鼎三；腥一牢，在东，鼎七。堂上之馔八，西夹六。门外米、禾皆二十四，薪刍倍禾。上介：饪一牢，在西，鼎七，羞鼎三；堂上之馔六；门外米、禾皆十车，薪刍倍禾。众介皆少牢。

厥明，讶宾于馆。宾皮弁聘，至于朝。宾入于次，乃陈币。卿为上摈，大夫为承摈，士为绍摈。摈者出请事。公皮弁，迎宾于大门内。大夫纳宾。宾入门左，公再拜，宾辟，不答拜。公揖入，每门每曲揖。及庙门，公揖入，立于中庭；宾立接西塾。几筵既设，摈者出请命。贾人东面坐启椟，取圭垂缫，不起而授上介。上介不袭，执圭屈缫，授宾。宾袭，执圭。摈者入告，出辞玉。纳宾，宾入门左。介皆入门左，北面西上。三揖，至于阶，三让。公升二等，宾升，西楹西，东面。摈者退中庭。宾致命。公左还，北乡。摈者进。公当楣再拜。宾三退，负序。公侧袭，受玉于中堂与东楹之间。摈者退，负东塾而立。宾降，介逆出。宾出。公侧授宰玉，裼，降立。

摈者出请。宾裼，奉束帛加璧享。摈者入告，出许。庭实，皮则摄之，毛在内；内摄之，入设也。宾入门左，揖让如初，升致命，张皮。公再拜受币。士受皮者自后右客；宾出，当之坐摄之。公侧授宰币，皮如入，右首而东。聘于夫人，用璋，享用琮，如初礼。若有言，则以束帛，如享礼。摈者出请事，宾告事毕。宾奉束锦以请觌。摈者入告，出辞，请礼宾。宾礼辞，听命。摈者入告。宰夫彻几改筵。公出，迎宾以入，揖让如初。公升，侧受几于序端。宰夫内拂几三，奉两端以进。公东南乡，外拂几三，卒，振袂，中摄之，进，西乡。摈者告。宾进，讶受几于筵前，东面俟。公壹拜送。宾以几辟，北面设几，不降，阶上答再拜稽首。宰夫实觯以醴，加柶于觯，面枋。公侧受醴。宾不降，壹拜，进筵前受醴，复位。公拜送醴。宰夫荐笾豆脯醢，宾升筵，摈者退负东塾。宾祭脯醢，以柶祭醴三，庭实设。降筵，北面，以柶兼诸觯，尚擸，坐啐醴。公用束帛。建柶，北面奠于荐东。摈者进相币。宾降辞币，公降一等辞。栗阶升，听命，降拜，公辞。升，再拜稽首，受币，当东楹，北面，退，东面俟。公壹拜，宾降也。公再拜。宾执左马以出。上介受宾币，从者讶受马。

宾觌，奉束锦，总乘马，二人赞。入门右，北面奠币，再拜稽首。摈者辞。宾出。摈者坐取币出，有司二人牵马以从，出门，西面于东塾南。摈者请受。宾礼辞，听命。牵马，右之。入设。宾奉币，入门左，介皆入门左，西上。公揖让如初，升。公北面再拜。宾三退，反还负序。振币进授，当东楹北面。士受马者，自前还牵者后，适其右，受。牵马者自前西，乃出。宾降阶东拜送。君辞。拜也，君降一等辞。摈者曰："寡君从子，虽将拜，起也。"栗阶升。公西乡。宾阶上再拜稽首。公少退。宾降出。公侧授宰币。马出。

公降立。摈者出请。上介奉束锦，士介四人皆奉玉锦束，请觌。摈者入告，出许。上介奉币，俪皮，二人赞；皆入门右，东上，奠币，皆再拜稽首。摈者辞，介逆出。摈者执上币，士执众币；有司二人举皮，从其币。出请受。委皮南面；执币者西面北上。摈者请受。介礼辞，听命。皆进，讶受其币。上介奉币，皮先，入门左，奠皮。公再拜。介振币，自皮西进，北面授币，退复位，再拜稽首送币。介出。宰自公左受币，有司二人坐举皮以东。摈者又纳士介。士介入门右，奠币，再拜稽首。摈者辞，介逆出。摈者执上币以出，礼请受，宾固辞。公答再拜。摈者出，立于门中以相拜，士介皆辟。士三人，东上，坐取币，立。摈者进。宰夫受币于中庭，以东，执币者序从之。

摈者出请，宾告事毕。摈者入告，公出送宾。及大门内，公问君。宾对，公再拜。公问大夫，宾对。公劳宾，宾再拜稽首，公答拜。公劳介，介皆再拜稽首，公答拜。宾出，公再拜送，宾不顾。

宾请有事于大夫，公礼辞，许。宾即馆。卿、大夫劳宾，宾不见。大夫奠雁再拜，上介受。劳上介，亦如之。

君使卿韦弁，归饔饩五牢。上介请事，宾朝服礼辞。有司入陈。饔，饪一牢，鼎九，设于西阶前，陪鼎当内廉，东面北上，上当碑，南陈。牛、羊、豕、鱼、腊，肠、胃同鼎，肤、鲜鱼、鲜腊，设扃鼏。膷、臐、膮，盖陪牛、羊、豕。腥二牢，鼎二七，无鲜鱼、鲜腊，设于阼阶前，西面，南陈如饪鼎，二列。堂上八豆，设于户西，西陈，皆二以并，东上韭菹，其南醓醢，屈。八簋继之，黍其南稷，错。六铏继之，牛以西羊、豕，豕南牛，以东羊、豕。两簠继之，粱在北，八壶设于西序，北上，二以并，南陈。西夹六豆，设于西墉下，北上韭菹，其东醓醢，屈。六簋继之，黍其东稷，错。四铏继之，牛以南羊，羊东豕，豕以北牛。两簠继之，粱在西。皆二以并，南陈。六壶西上，二以并，东陈。

馔于东方，亦如之，西北上。壶东上，西陈。醯醢百瓮，夹碑，十以为列，醯在东。饩二牢，陈于门西，北面东上。牛以西羊、豕，豕西牛、羊、豕。米百筥，筥半斛，设于中庭，十以为列，北上。黍、粱、稻皆二行，稷四行。门外，米三十车，车秉有五籔。设于门东，为三列，东陈；禾三十车，车三秅。设于门西，西陈。薪刍倍禾。

宾皮弁迎大夫于外门外，再拜，大夫不答拜。揖入。及庙门，宾揖入。大夫奉束帛，入，三揖，皆行。至于阶，让，大夫先升一等。宾从，升堂，北面听命。大夫东面致命，宾降，阶西再拜稽首，拜饩亦如之。大夫辞，升成拜。受币堂中西，北面。大夫降，出。宾降，授老币，出迎大夫。大夫礼辞，许。入，揖让如初。宾升一等，大夫从，升堂。庭实设，马乘。宾降堂，受老束锦，大夫止。宾奉币西面，大夫东面。宾致币。大夫对，北面当楣，再拜稽首，受币于楹间，南面，退，东面俟。宾再拜稽首送币。大夫降，执左马以出。宾送于外门外，再拜。明日，宾拜于朝，拜饔与饩，皆再拜稽首。上介饔饩三牢。饪一牢在西，鼎七，羞鼎三。腥一牢，在东，鼎七。堂上之馔六，西夹亦如之。筥及瓮，如上宾。饩一牢。门外米、禾视死牢，牢十车，薪刍倍禾。凡其实与陈，如上宾。下大夫韦弁，用束帛致之。上介韦弁以受，如宾礼。傧之两马束锦。士介四人，皆饩大牢，米百筥，设于门外。宰夫朝服，牵牛以致之。士介朝服，北面再拜稽首受。无傧。宾朝服问卿。卿受于祖庙。下大夫摈。摈者出请事；大夫朝服迎于外门外，再拜。宾不答拜，揖。大夫先入，每门每曲揖。及庙门，大夫揖入。摈者请命。庭实设四皮。宾奉束帛入。三揖，皆行，至于阶，让。宾升一等；大夫从，升堂，北面听命。宾东面致命。大夫降，阶西再拜稽首。宾辞，升成拜。受币堂中西，北面。宾降，出。大夫降，授老币，无傧。

摈者出请事。宾面，如觌币。宾奉币，庭实从，入门右。大夫辞。宾遂左。庭实设，揖让如初。大夫升一等，宾从之。大夫西面，宾称面。大夫对，北面当楣再拜，受币于楹间，南面，退，西面立。宾当楣再拜送币，降，出。大夫降，授老币。

摈者出请事。上介特面，币如觌。介奉币。皮，二人赞。入门右，奠币，再拜。大夫辞。摈者反币。庭实设，介奉币入，大夫揖让如初。介升，大夫再拜受。介降拜，大夫降辞。介升，再拜送币。摈者出请。众介面，如觌币，入门右，奠币，皆再拜。大夫辞，介逆出。摈者执上币出，礼请受，宾辞。大夫答再拜。摈者执上币，立于门中以相拜，士介皆辟。老受摈者币于中庭，士三人坐取群币以从之。摈者出请事。宾出，大夫送于外门外，再拜。宾不顾。摈者退，大夫拜辱。

下大夫尝使至者，币及之。上介朝服、三介，问下大夫，下大夫如卿受币之礼。其面，如宾面于卿之礼。

大夫若不见，君使大夫各以其爵为之受，如主人受币礼，不拜。

夕，夫人使下大夫韦弁归礼。堂上笾豆六，设于户东，西上，二以并，东陈。壶设于东序，北上，二以并，南陈。醙、黍、清，皆两壶。大夫以束帛致之。宾如受饔之礼，傧之乘马束锦。上介四豆、四笾、四壶，受之如宾礼；傧之两马束锦。明日，宾拜礼于朝。

大夫饩宾大牢，米八筐。宾迎，再拜。老牵牛以致之，宾再拜稽首受。老退，宾再拜送。上介亦如之。众介皆少牢，米六筐，皆士牵羊以致之。

公于宾，壹食，再飨。燕与羞，俶献，无常数。宾介皆明日拜于朝。上介壹食壹飨。若不亲食，使大夫各以其爵、朝服致之以侑币。如致饔，无傧。致飨以酬币，亦如之。大夫于宾，壹飨壹食。上介，若食，若飨；若不亲飨，则公作大夫致之以酬币，致食以侑币。

君使卿皮弁,还玉于馆。宾皮弁,袭,迎于外门外,不拜;帅大夫以入。大夫升自西阶,钩楹。宾自碑内听命,升自西阶,自左,南面受圭,退负右房而立。大夫降中庭。宾降,自碑内,东面,授上介于阼阶东。上介出请,宾迎,大夫还璋,如初入。宾裼,迎。大夫贿用束纺。礼玉、束帛、乘皮,皆如还玉礼。大夫出,宾送,不拜。

公馆宾,宾辟,上介听命。聘享,夫人之聘享,问大夫,送宾,公皆再拜。公退,宾从,请命于朝。公辞,宾退。

宾三拜乘禽于朝,讶听之。遂行,舍于郊。公使卿赠,如觌币。受于舍门外,如受劳礼,无傧。使下大夫赠上介,亦如之。使士赠众介,如其觌币。大夫亲赠,如其面币,无傧,赠上介亦如之。使人赠众介,如其面币。士送至于竟。使者归,及郊,请反命。

朝服,载旜,禳,乃入。乃入陈币于朝,西上。上宾之公币、私币皆陈,上介公币陈,他介皆否。束帛各加其庭实,皮左。公南乡。卿进使者,使者执圭垂缫,北面;上介执璋屈缫,立于其左。反命,曰:"以君命聘于某君,某君受币于某宫,某君再拜。以享某君,某君再拜。"宰自公左受玉。受上介璋,致命亦如之。执贿币以告,曰:"某君使某子贿。"授宰。礼玉亦如之。执礼币,以尽言赐礼。公曰:"然。而不善乎!"授上介币,再拜稽首,公答再拜。私币不告。君劳之,再拜稽首,君答再拜。若有献,则曰:"某君之赐也。君其以赐乎?"上介徒以公赐告,如上宾之礼。君劳之。再拜稽首。君答拜。劳士介亦如之。君使宰赐使者币,使者再拜稽首。赐介,介皆再拜稽首。乃退,介皆送至于使者之门,乃退揖。使者拜其辱。

释币于门，乃至于祢，筵几于室，荐脯醢。觞酒陈。席于阼，荐脯醢，三献。一人举爵，献从者，行酬，乃出。上介至，亦如之。聘遭丧，入竟，则遂也。不郊劳。不筵几。不礼宾。主人毕归礼，宾唯饔饩之受。不贿，不礼玉，不赠。遭夫人、世子之丧，君不受，使大夫受于庙，其他如遭君丧。遭丧，将命于大夫，主人长衣练冠以受。

聘，君若薨于后，入竟则遂。赴者未至，则哭于巷，衰于馆；受礼，不受飧食。赴者至，则衰而出。唯稍，受之。归，执圭覆命于殡，升自西阶，不升堂。子即位，不哭。辩覆命，如聘。子臣皆哭。与介入，北乡哭。出，袒括发。入门右，即位踊。若有私丧，则哭于馆，衰而居，不飧食。归。使众介先，衰而从之。

宾入竟而死，遂也。主人为之具，而殡。介摄其命。君吊，介为主人。主人归礼币，必以用。介受宾礼，无辞也。不飧食。归，介覆命，柩止于门外。介卒覆命，出，奉柩送之。君吊，卒殡。若大夫介卒，亦如之。士介死，为之棺敛之，君不吊焉。若宾死，未将命，则既敛于棺，造于朝，介将命。若介死，归覆命，唯上介造于朝。若介死，虽士介，宾既覆命，往，卒殡乃归。小聘曰问。不享，有献，不及夫人，主人不筵几，不礼。面不升。不郊劳。其礼，如为介，三介。

记。久无事，则聘焉。若有故，则卒聘。束帛加书将命，百名以上书于策，不及百名书于方。主人使人与客读诸门外。客将归，使大夫以其束帛反命于馆。明日，君馆之。既受行，出，遂见宰，问几月之资。使者既受行日，朝同位。出祖，释軷，祭酒脯，乃饮酒于其侧。所以朝天子，圭与缫皆九寸，剡上寸半，厚半寸，博三寸，缫三采六等，朱白仓。问诸侯，朱绿缫，八寸。

皆玄纁系，长尺，绚组。问大夫之币，俟于郊，为肆。又赍皮马。辞无常，孙而说。辞多则史，少则不达。辞苟足以达，义之至也。辞曰："非礼也。敢？"对曰："非礼也。敢辞？"卿馆于大夫，大夫馆于士，士馆于工商。管人为客，三日具沐，五日具浴。飧不致，宾不拜，沐浴而食之。卿，大夫讶。大夫，士讶。士，皆有讶。宾即馆，讶将公命，又见之以其挚。宾既将公事，复见讶以其挚。凡四器者，唯其所宝，以聘可也。宗人授次。次以帷。少退于君之次。上介执圭，如重，授宾。宾入门，皇；升堂，让；将授，志趋；授如争承，下如送；君还，而后退。下阶，发气，怡焉；再三举足，又趋。及门，正焉。执圭，入门，鞠躬焉，如恐失之。及享，发气焉，盈容。众介北面，跄焉。私觌，愉愉焉。出，如舒雁。皇，且行；入门主敬，升堂主慎。凡庭实，随入，左先，皮马相閒(注，即"间")，可也。宾之币，唯马出，其馀皆东。多货，则伤于德。币美，则没礼。贿，在聘于贿。凡执玉，无藉者袭。礼，不拜至。醴尊于东箱，瓦大一，有丰。荐脯五胑，祭半胑横之。祭醴，再扱始扱一祭，卒再祭。主人之庭实，则主人遂以出，宾之士讶受之。既觌，宾若私献，奉献，将命。摈者入告，出礼辞。宾东面坐奠献，再拜稽首。摈者东面坐取献，举以入告，出礼请受。宾固辞，公答再拜。摈者立于阈外以相拜，宾辟。摈者授宰夫于中庭。若兄弟之国，则问夫人。若君不见，使大夫受。自下听命，自西阶升受，负右房而立。宾降亦降。不礼。币之所及，皆劳，不释服。赐饔，唯羹饪。筮一尸，若昭若穆。仆为祝，祝曰："孝孙某，孝子某，荐嘉礼于皇祖某甫、皇考某子。"如馈食之礼。假器于大夫。盼肉及廋车。聘日致饔。明日，问大夫。夕，夫人归礼。既致饔，旬而稍，宰夫始归乘禽，日如其饔饩之数。士中日则二双。凡献，执一双，委其馀于面。禽羞，俶献比。归大礼之日，既受饔饩，请观。讶帅之，自下门入。各以其爵，朝服。士无饔。无饔者无摈。大夫不敢辞，君初为之辞矣。凡致礼，皆用其飧之加笾豆。无饔者无飧礼。凡饩，大夫黍、粱、稷，筐五斛。既将公事，宾请归。凡宾拜于朝，讶听之。燕，则上介为宾，宾为苟敬。宰夫献。无行，则重贿反币。曰："子以君命在寡君，寡君拜君命之辱。""君以社稷故，在寡小君，拜。""君贶寡君，延及二三老，拜。"又拜送。宾于馆堂楹间，释四皮束帛。宾不致，主人不拜。大夫来使，无罪，飨之；过则饩之。其介为介。有大客后至，则先客不飧食，致之。唯大聘有几筵。十斗曰斛，十六斗曰籔，十籔曰秉，二百四十斗，四秉曰筥，十筥曰稯，十稯曰秅，四百秉为一秅。

底本：毕沅校清嘉庆刊本《十三经注疏》

出处：[清]毕沅：《十三经注疏·周礼注疏》，北京，中华书局 2017 年，第 2261—2326 页

五、《左传》

《左传》是史官传统“左史记言，右史记事”的另一巅峰之作，是《春秋》经的疏传。相较于《尚书》记言，《春秋》依照不同的逻辑，即以年、季、月、日、时的顺序，记录重要的事情，也是“五经”中唯一以时间作为核心逻辑的著作，而《左传》即是对其的阐发。《春秋》有三传，《公羊传》和《穀梁传》是由隶书写成的，而《左传》是用秦统一前的六国文字写成的。就体例而言，《左传》有十二卷，所记的时间也比《公羊传》和《穀梁传》多两年。

与强调华夷之辨、强调以义御事的今文经不同，《左传》更加强调客观叙事，即以索引和注解的方式，补充说明简练的经文，不在其中加入过多的议论之辞。因而具有相当高的史料价值。因此，在先秦外交史料中，《左传》的解释力最强，理论地位也最高。其他在记述西周至春秋时期的制度时，或多或少会受到史观的影响，而强调天子的权威与王朝的一统，唯有《左传》忠实地记录了春秋时期诸侯争霸的现状与礼制的变化。清代今文经学家皮锡瑞在《经学通论》中甚至批评《左传》所记之礼非周礼，实春秋之礼。可见《左传》记述之忠实，堪为传世文献外交史料中的核心史料。民国时期的中国古代外交研究，基本就是在《周礼》和《左传》的基础上搭建起来了。

《左传》的相关研究材料非常丰富，尤其清人，如顾栋高的《春秋大事表》、姚彦渠的《春秋会要》，几乎将春秋的重要事件分门别类地总结了起来，方便取用。可以参考。

隐公元年

经：三月，公及邾仪父盟于蔑。

传：三月，公及邾仪父盟于蔑，邾子克也。未王命，故不书爵。曰仪父，贵之也。公摄位而欲求好于邾，故为蔑之盟。

八月，纪人伐夷。夷不告，故不书。

九月及宋人盟于宿，始通也。

郑共叔之乱，公孙滑出奔卫。卫人为之伐郑，取廪延。郑人以王师、虢师伐卫南鄙。请师于邾。邾子使私于公子豫。豫请往，公弗许，遂行，及邾人、郑人盟于翼。不书，非公命也。

底本：毕沅校清嘉庆刊本《十三经注疏》

出处：［清］毕沅：《十三经注疏·春秋左传正义》，北京，中华书局 2017 年，第 3720—3729 页

隐公二年

经：二年春，公会戎于潜。

秋八月庚辰，公及戎盟于唐。

冬十月，伯姬归于纪。纪子帛、莒子盟于密。

传：二年春，公会戎于潜，修惠公之好也。戎请盟，公辞。

戎请盟。秋，盟于唐，复修戎好也。

冬，纪子帛、莒子盟于密，鲁故也。

底本：毕沅校清嘉庆刊本《十三经注疏》

出处：［清］毕沅：《十三经注疏·春秋左传正义》，北京，中华书局 2017 年，第 3730—3731 页

隐公三年

经：冬十有二月，齐侯、郑伯盟于石门。

传：冬，齐、郑盟于石门，寻卢之盟也。

底本：毕沅校清嘉庆刊本《十三经注疏》

出处：[清]毕沅：《十三经注疏·春秋左传正义》，北京，中华书局2017年，第3738—3742页

隐公四年

经：四年春，王二月，莒人伐杞，取牟娄。

传：四年春，卫州吁弑桓公而立。公与宋公为会，将寻宿之盟。未及期，卫人来告乱。

底本：毕沅校清嘉庆刊本《十三经注疏》

出处：[清]毕沅：《十三经注疏·春秋左传正义》，北京，中华书局2017年，第3743—3745页

隐公六年

经：夏五月辛酉，公会齐侯，盟于艾。

秋七月。

冬，宋人取长葛。

传：夏，盟于艾，始平于齐也。

五月庚申，郑伯侵陈，大获。往岁郑伯请成于陈，陈侯不许。五父谏曰："亲仁善邻，国之宝也。君其许郑。"陈侯曰："宋、卫实难，郑何能为？"遂不许，君子曰："善不可失，恶不可长，其陈桓公之谓乎？长恶不悛，从自及也。虽欲救之，其将能

乎?《商书》曰:‘恶之易也,如火之燎于原,不可乡迩,其犹可扑灭?’周任有言,曰:‘为国家者,见恶如农夫之务去草焉,芟夷薀崇之,绝其本根,勿使能殖,则善者信矣。’”

冬,京师来告饥。公为之请籴于宋、卫、齐、郑,礼也。

郑伯如周,始朝桓王也。王不礼焉。周桓公言于王曰:“我周之东迁,晋、郑焉依。善郑以劝来者,犹惧不蔇,况不礼焉。郑不来矣!”

底本: 毕沅校清嘉庆刊本《十三经注疏》

出处: [清]毕沅:《十三经注疏·春秋左传正义》,北京,中华书局 2017 年,第 3759—3760 页

隐公七年

经: 七年春,王三月,叔姬归于纪。滕侯卒。

夏,城中丘。齐侯使其弟年来聘。

秋,公伐邾。

冬,天王使凡伯来聘。戎伐凡伯于楚丘以归。

传: 七年春,滕侯卒。不书名,未同盟也。凡诸侯同盟,于是称名,故薨则赴以名,告终称嗣也,以继好息民,谓之礼经。

夏,城中丘,书,不时也。

齐侯使夷仲年来聘,结艾之盟也。

秋,宋及郑平。七月庚申,盟于宿。公伐邾,为宋讨也。

初,戎朝于周,发币于公卿,凡伯弗宾。冬,王使凡伯来聘。还,戎伐之于楚丘以归。

陈及郑平。

十二月,陈五父如郑涖盟。壬申,及郑伯盟,歃如忘。泄伯

曰:“五父必不免,不赖盟矣。”郑良佐如陈涖盟。壬申及郑伯盟歃如忘。泄伯曰,五父必不免,不赖盟矣。郑良佐如陈莅盟。

辛巳,及陈侯盟,亦知陈之将乱也。

底本:毕沅校清嘉庆刊本《十三经注疏》

出处:[清]毕沅:《十三经注疏·春秋左传正义》,北京,中华书局2017年,第3760—3761页

隐公八年

经:八年春,宋公、卫侯遇于垂。

秋七月庚午,宋公、齐侯、卫侯盟于瓦屋。

九月辛卯,公及莒人盟于浮来。

传:八年春,齐侯将平宋、卫,有会期。宋公以币请于卫,请先相见,卫侯许之,故遇于犬丘。

齐人卒平宋、卫于郑。秋,会于温,盟于瓦屋,以释东门之役,礼也。

八月丙戌,郑伯以齐人朝王,礼也。

公及莒人盟于浮来,以成纪好也。

冬,齐侯使来告成三国。公使众仲对曰:“君释三国之图以鸠其民,君之惠也,寡君闻命矣。敢不承受君之明德。”

底本:毕沅校清嘉庆刊本《十三经注疏》

出处:[清]毕沅:《十三经注疏·春秋左传正义》,北京,中华书局2017年,第3761—3764页

隐公九年

经:夏,城郎。

秋七月。

冬，公会齐侯于防。

传：夏，城郎，书不时也。

宋公不王。郑伯为王左卿士，以王命讨之，伐宋。宋以入郛之役怨公，不告命。公怒，绝宋使。

秋，郑人以王命来告伐宋。

冬，公会齐侯于防，谋伐宋也。

底本：毕沅校清嘉庆刊本《十三经注疏》

出处：［清］毕沅：《十三经注疏·春秋左传正义》，北京，中华书局 2017 年，第 3765 页

隐公十年

经：十年春，王二月，公会齐侯、郑伯于中丘。

夏，翚帅师会齐人、郑人伐宋。

六月壬戌，公败宋师于菅。辛未，取郜。辛巳，取防。

秋，宋人、卫人入郑。宋人、蔡人、卫人伐戴。郑伯伐取之。

冬十月壬午，齐人、郑人入郕。

传：十年春，王正月，公会齐侯、郑伯于中丘。癸丑，盟于邓，为师期。

夏五月，羽父先会齐侯、郑伯伐宋。

六月戊申，公会齐侯、郑伯于老桃。壬戌，公败宋师于菅。庚午，郑师入郜；辛未，归于我。庚辰，郑师入防；辛巳，归于我。君子谓："郑庄公于是乎可谓正矣。以王命讨不庭，不贪其土，以劳王爵，正之体也。"

蔡人、卫人、郕人不会王命。

秋七月庚寅，郑师入郊。犹在郊，宋人、卫人入郑。蔡人从之，伐戴。八月壬戌，郑伯围戴。癸亥，克之，取三师焉。宋、卫既入郑，而以伐戴召蔡人，蔡人怒，故不和而败。

九月戊寅，郑伯入宋。

冬，齐人、郑人入郕，讨违王命也。

底本：毕沅校清嘉庆刊本《十三经注疏》

出处：［清］毕沅：《十三经注疏·春秋左传正义》，北京，中华书局2017年，第3766—3767页

隐公十一年

经：十有一年春，滕侯、薛侯来朝。

秋七月壬午，公及齐侯、郑伯入许。

传：十一年春，滕侯、薛侯来朝，争长。薛侯曰："我先封。"滕侯曰："我，周之卜正也。薛，庶姓也，我不可以后之。"公使羽父请于薛侯曰："君与滕君辱在寡人。周谚有之曰：'山有木，工则度之；宾有礼，主则择之。'周之宗盟，异姓为后。寡人若朝于薛，不敢与诸任齿。君若辱贶寡人，则愿以滕君为请。"薛侯许之，乃长滕侯。

秋七月，公会齐侯、郑伯伐许。庚辰，傅于许。颍考叔取郑伯之旗蝥弧以先登。子都自下射之，颠。瑕叔盈又以蝥弧登，周麾而呼曰："君登矣！"郑师毕登。壬午，遂入许。许庄公奔卫。

齐侯以许让公。公曰："君谓许不共，故从君讨之。许既伏其罪矣，虽君有命，寡人弗敢与闻。"乃与郑人。

郑伯使许大夫百里奉许叔以居许东偏，曰："天祸许国，鬼

神实不逞于许君，而假手于我寡人。寡人唯是一二父兄不能共亿，其敢以许自为功乎？寡人有弟，不能和协，而使餬其口于四方，其况能久有许乎？吾子其奉许叔以抚柔此民也，吾将使获也佐吾子。若寡人得没于地，天其以礼悔祸于许，无宁兹许公复奉其社稷。唯我郑国之有请谒焉，如旧昏媾，其能降以相从也。无滋他族，实偪处此，以与我郑国争此土也。吾子孙其覆亡之不暇，而况能禋祀许乎？寡人之使吾子处此，不唯许国之为，亦聊以固吾圉也。”

乃使公孙获处许西偏，曰：“凡而器用财贿，无寘于许。我死，乃亟去之。吾先君新邑于此，王室而既卑矣，周之子孙日失其序。夫许，大岳之胤也，天而既厌周德矣，吾其能与许争乎？”

君子谓：“郑庄公于是乎有礼。礼，经国家，定社稷，序民人，利后嗣者也。许，无刑而伐之，服而舍之，度德而处之，量力而行之，相时而动，无累后人，可谓知礼矣。”

郑、息有违言，息侯伐郑。郑伯与战于竟，息师大败而还。君子是以知息之将亡也。不度德，不量力，不亲亲，不征辞，不察有罪，犯五不韪而以伐人，其丧师也，不亦宜乎！

冬十月，郑伯以虢师伐宋。壬戌，大败宋师，以报其入郑也。宋不告命，故不书。凡诸侯有命，告则书，不然则否。师出臧否，亦如之。虽及灭国，灭不告败，胜不告克，不书于策。

底本：毕沅校清嘉庆刊本《十三经注疏》

出处：［清］毕沅：《十三经注疏·春秋左传正义》，北京，中华书局 2017 年，第 3766—3771 页

桓公元年

经：元年春，王正月，公即位。

三月，公会郑伯于垂，郑伯以璧假许田。

夏四月丁未，公及郑伯盟于越。

冬十月。

传：元年春，公即位，修好于郑。郑人请复祀周公，卒易祊田。公许之。

三月，郑伯以璧假许田，为周公，祊故也。

夏四月丁未，公及郑伯盟于越，结祊成也。盟曰："渝盟无享国。"

冬，郑伯拜盟。

底本：毕沅校清嘉庆刊本《十三经注疏》

出处：[清]毕沅：《十三经注疏·春秋左传正义》，北京，中华书局2017年，第3776—3777页

桓公二年

经：三月，公会齐侯、陈侯、郑伯于稷，以成宋乱。

夏四月，取郜大鼎于宋。戊申，纳于大庙。

秋七月，杞侯来朝。蔡侯、郑伯会于邓。

九月，入杞。公及戎盟于唐。

冬，公至自唐。

传：秋七月，杞侯来朝，不敬。杞侯归，乃谋伐之。

蔡侯、郑伯会于邓，始惧楚也。

九月，入杞。讨不敬也。

公及戎盟于唐，修旧好也。

冬，公至自唐，告于庙也。凡公行，告于宗庙。反行，饮至、舍爵，策勋焉，礼也。特相会，往来称地，让事也。自参以上，则往称地，来称会，成事也。

初，晋穆侯之夫人姜氏以条之役生大子，命之曰仇。其弟以千亩之战生，命之曰成师。师服曰："异哉，君之名子也！夫名以制义，义以出礼，礼以体政，政以正民。是以政成而民听，易则生乱。嘉耦曰妃，怨耦曰仇，古之命也。今君命大子曰仇，弟曰成师，始兆乱矣，兄其替乎？"

惠之二十四年，晋始乱，故封桓叔于曲沃，靖侯之孙栾宾傅之。师服曰："吾闻国家之立也，本大而末小，是以能固。故天子建国，诸侯立家，卿置侧室，大夫有贰宗，士有隶子弟，庶人工商各有分亲，皆有等衰。是以民服事其上而下无觊觎。今晋，甸侯也，而建国。本既弱矣，其能久乎？"

底本：毕沅校清嘉庆刊本《十三经注疏》

出处：[清]毕沅：《十三经注疏·春秋左传正义》，北京，中华书局2017年，第3778—3786页

桓公三年

经：三年春正月，公会齐侯于嬴。

夏，齐侯、卫侯胥命于蒲。

六月，公会杞侯于郕。

有年。

传：会于嬴，成昏于齐也。

夏，齐侯、卫侯胥命于蒲，不盟也。

公会杞侯于郕，杞求成也。

底本：毕沅校清嘉庆刊本《十三经注疏》

出处：[清]毕沅：《十三经注疏·春秋左传正义》，北京，中华书局2017年，第3791—3792页

桓公六年

经：六年春正月，寔来。

夏四月，公会纪侯于成。

冬，纪侯来朝。

传：六年春，自曹来朝。书曰"寔来"，不复其国也。

北戎伐齐，齐侯使乞师于郑。郑大子忽帅师救齐。六月，大败戎师，获其二帅大良、少良，甲首三百，以献于齐。于是，诸侯之大夫戍齐，齐人馈之饩，使鲁为其班，后郑。郑忽以其有功也，怒，故有郎之师。

冬，纪侯来朝，请王命以求成于齐，公告不能。

底本：毕沅校清嘉庆刊本《十三经注疏》

出处：[清]毕沅：《十三经注疏·春秋左传正义》，北京，中华书局2017年，第3798—3803页

桓公八年

经：八年春正月己卯，烝。天王使家父来聘。

夏五月丁丑，烝。

秋，伐邾。

传：八年春，灭翼。随少师有宠。楚鬥伯比曰："可矣。仇有衅，不可失也。"

夏，楚子合诸侯于沈鹿。黄、随不会。使薳章让黄。楚子

伐随，军于汉、淮之间。季梁请下之，弗许而后战，所以怒我而怠寇也。少师谓随侯曰："必速战。不然，将失楚师。"随侯御之，望楚师。季梁曰："楚人上左，君必左，无与王遇。且攻其右，右无良焉，必败。偏败，众乃携矣。"少师曰："不当王，非敌也。"弗从。战于速杞，随师败绩。随侯逸，鬥丹获其戎车，与其戎右少师。

秋，随及楚平。楚子将不许，鬥伯比曰："天去其疾矣，随未可克也。"乃盟而还。

底本：毕沅校清嘉庆刊本《十三经注疏》

出处：［清］毕沅：《十三经注疏・春秋左传正义》，北京，中华书局2017年，第3807—3808页

桓公九年

经：夏四月。

秋七月。

冬，曹伯使其世子射姑来朝。

传：巴子使韩服告于楚，请与邓为好。楚子使道朔将巴客以聘于邓。邓南鄙鄾人攻而夺之币。杀道朔及巴行人。楚子使薳章让于邓，邓人弗受。

夏，楚使鬥廉帅师及巴师围鄾。邓养甥、聃甥帅师救鄾。三逐巴师，不克。鬥廉衡陈其师于巴师之中以战，而北。邓人逐之，背巴师。而夹攻之，邓师大败，鄾人宵溃。

秋，虢仲、芮伯、梁伯、荀侯、贾伯伐曲沃。

冬，曹大子来朝，宾之以上卿，礼也。享曹大子，初献，乐奏而叹。施父曰："曹大子其有忧乎，非叹所也。"

底本：毕沅校清嘉庆刊本《十三经注疏》

出处：［清］毕沅：《十三经注疏·春秋左传正义》，北京，中华书局2017年，第3808—3809页

桓公十年

经：冬十有二月丙午，齐侯、卫侯、郑伯来战于郎。

传：冬，齐、卫、郑来战于郎，我有辞也。初，北戎病齐，诸侯救之，郑公子忽有功焉。齐人饩诸侯，使鲁次之。鲁以周班后郑。郑人怒，请师于齐。齐人以卫师助之，故不称侵伐。先书齐、卫，王爵也。

底本：毕沅校清嘉庆刊本《十三经注疏》

出处：［清］毕沅：《十三经注疏·春秋左传正义》，北京，中华书局2017年，第3810—3812页

桓公十一年

经：十有一年春正月，齐人、卫人、郑人盟于恶曹。

柔会宋公、陈侯、蔡叔，盟于折。

公会宋公于夫锺。

冬十有二月，公会宋公于阚。

传：十一年春，齐、卫、郑、宋盟于恶曹。

楚屈瑕将盟贰、轸。郧人军于蒲骚，将与随、绞、州、蓼伐楚师。莫敖患之。鬥廉曰："郧人军其郊，必不诫，且日虞四邑之至也。君次于郊郢以御四邑。我以锐师宵加于郧，郧有虞心而恃其城，莫有斗志。若败郧师，四邑必离。"莫敖曰："盍请济师于王？"对曰："师克在和，不在众。商，周之不敌，君之所闻也。

成军以出，又何济焉？”莫敖曰：“卜之。”对曰：“卜以决疑，不疑何卜？”遂败郧师于蒲骚，卒盟而还。

夏，郑庄公卒。

初，祭封人仲足有宠于庄公，庄公使为卿。为公娶邓曼，生昭公，故祭仲立之。宋雍氏女于郑庄公，曰雍姞，生厉公。雍氏宗有宠于宋庄公，故诱祭仲而执之，曰：“不立突，将死。”亦执厉公而求赂焉。祭仲与宋人盟，以厉公归而立之。

底本：毕沅校清嘉庆刊本《十三经注疏》

出处：［清］毕沅：《十三经注疏·春秋左传正义》，北京，中华书局 2017 年，第 3809—3810 页

桓公十二年

经：十有二年春正月。

夏六月壬寅，公会杞侯、莒子，盟于曲池。

秋七月丁亥，公会宋公、燕人，盟于榖丘。

八月壬辰，陈侯跃卒。

公会宋公于虚。

冬十有一月，公会宋公于龟。

丙戌，公会郑伯，盟于武父。

丙戌，卫侯晋卒。

十有二月，及郑师伐宋。丁未，战于宋。

传：十二年夏，盟于曲池，平杞、莒也。

公欲平宋、郑。秋，公及宋公盟于句渎之丘。宋成未可知也，故又会于虚。冬，又会于龟。宋公辞平，故与郑伯盟于武父。遂帅师而伐宋，战焉，宋无信也。君子曰：“苟信不继，盟无

益也。《诗》云‘君子屡盟，乱是用长’，无信也。”

楚伐绞，军其南门。莫敖、屈瑕曰：“绞小而轻，轻则寡谋，请无扞采樵者以诱之。”从之。绞人获三十人。明日，绞人争出，驱楚役徒于山中。楚人坐其北门而覆诸山下，大败之，为城下之盟而还。

底本：毕沅校清嘉庆刊本《十三经注疏》

出处：［清］毕沅：《十三经注疏·春秋左传正义》，北京，中华书局2017年，第3812—3813页

桓公十三年

经：十有三年春二月，公会纪侯、郑伯。己巳，及齐侯、宋公、卫侯、燕人战。齐师、宋师、卫师、燕师败绩。

传：十三年春，楚屈瑕伐罗，鬥伯比送之。还，谓其御曰：“莫敖必败，举趾高，心不固矣。”遂见楚子曰：“必济师。”楚子辞焉。入告夫人邓曼。邓曼曰：“大夫其非众之谓，其谓君抚小民以信，训诸司以德，而威莫敖以刑也。莫敖狃于蒲骚之役，将自用也，必小罗。君若不镇抚，其不设备乎。夫固谓君训众而好镇抚之，召诸司而劝之以令德，见莫敖而告诸天之不假易也。不然，夫岂不知楚师之尽行也。”楚子使赖人追之，不及。

莫敖使徇于师曰：“谏者有刑。”及鄢，乱次以济。遂无次，且不设备。及罗，罗与卢戎两军之。大败之。莫敖缢于荒谷，群帅囚于冶父以听刑。楚子曰：“孤之罪也。”皆免之。

宋多责赂于郑，郑不堪命，故以纪、鲁及齐与宋、卫、燕战。不书所战，后也。

郑人来请修好。

底本：毕沅校清嘉庆刊本《十三经注疏》

出处：[清]毕沅：《十三经注疏·春秋左传正义》，北京，中华书局 2017 年，第 3813—3814 页

桓公十四年

经：十有四年春正月，公会郑伯于曹。

夏五，郑伯使其弟语来盟。

传：十四年春，会于曹。曹人致饩，礼也。

夏，郑子人来寻盟，且修曹之会。

底本：毕沅校清嘉庆刊本《十三经注疏》

出处：[清]毕沅：《十三经注疏·春秋左传正义》，北京，中华书局 2017 年，第 3814—3815 页

桓公十六年

经：十有六年春正月，公会宋公、蔡侯、卫侯于曹。

夏四月，公会宋公、卫侯、陈侯、蔡侯伐郑。

传：十六年春正月，会于曹，谋伐郑也。

底本：毕沅校清嘉庆刊本《十三经注疏》

出处：[清]毕沅：《十三经注疏·春秋左传正义》，北京，中华书局 2017 年，第 3816—3817 页

桓公十七年

经：十有七年春正月丙辰，公会齐侯、纪侯盟于黄。

二月丙午，公会邾仪父，盟于趡。

秋八月，蔡季自陈归于蔡。癸巳，葬蔡桓侯。及宋人、卫人

伐邾。

传：十七年春，盟于黄，平齐、纪，且谋卫故也。及邾仪父盟于趡，寻蔑之盟也。

秋，蔡季自陈归于蔡，蔡人嘉之也。伐邾，宋志也。

冬十月朔，日有食之。不书日，官失之也。天子有日官，诸侯有日御。日官居卿以底(注：嘉庆本正文作“底”，而正义释“厎”，字即有所不同，二字没有通假关系。此处二字皆忠实刊录)日，礼也。日御不失日，以授百官于朝。

底本：毕沅校清嘉庆刊本《十三经注疏》

出处：[清]毕沅：《十三经注疏·春秋左传正义》，北京，中华书局2017年，第3818页

桓公十八年

经：秋七月。

传：周公欲弑庄王而立王子克。辛伯告王，遂与王杀周公黑肩。王子克奔燕。初，子仪有宠于桓王，桓王属诸周公。辛伯谏曰：“并后，匹嫡，两政，耦国，乱之本也。”周公弗从，故及。

底本：毕沅校清嘉庆刊本《十三经注疏》

出处：[清]毕沅：《十三经注疏·春秋左传正义》，北京，中华书局2017年，第3819页

庄公五年

经：秋，郳犁来来朝。

冬，公会齐人、宋人、陈人、蔡人伐卫。

传：五年秋，郳犁来来朝，名，未王命也。

冬，伐卫，纳惠公也。

底本：毕沅校清嘉庆刊本《十三经注疏》

出处：[清]毕沅：《十三经注疏·春秋左传正义》，北京，中华书局2017年，第3829页

庄公九年

经：九年春，齐人杀无知。公及齐大夫盟于蔇。

传：九年春，雍廪杀无知。公及齐大夫盟于蔇，齐无君也。

底本：毕沅校清嘉庆刊本《十三经注疏》

出处：[清]毕沅：《十三经注疏·春秋左传正义》，北京，中华书局2017年，第3833—3834页

庄公十年

经：秋九月，荆败蔡师于莘，以蔡侯献舞归。

冬十月，齐师灭谭。谭子奔莒。

传：蔡哀侯娶于陈，息侯亦娶焉。息妫将归，过蔡。蔡侯曰："吾姨也。"止而见之，弗宾。息侯闻之，怒，使谓楚文王曰："伐我，吾求救于蔡而伐之。"楚子从之。

秋九月，楚败蔡师于莘，以蔡侯献舞归。齐侯之出也，过谭，谭不礼焉。及其入也，诸侯皆贺，谭又不至。

冬，齐师灭谭，谭无礼也。谭子奔莒，同盟故也。

底本：毕沅校清嘉庆刊本《十三经注疏》

出处：[清]毕沅：《十三经注疏·春秋左传正义》，北京，中华书局2017年，第3835—3863页

庄公十三年

经：十有三年春，齐侯、宋人、陈人、蔡人、邾人会于北杏。

夏六月，齐人灭遂。

秋七月。

冬，公会齐侯，盟于柯。

传：十三年春，会于北杏以平宋乱，遂人不至。夏，齐人灭遂而戍之。

冬，盟于柯，始及齐平也。宋人背北杏之会。

底本：毕沅校清嘉庆刊本《十三经注疏》

出处：[清]毕沅：《十三经注疏·春秋左传正义》，北京，中华书局2017年，第3843页

庄公十五年

经：十有五年春，齐侯、宋公、陈侯、卫侯、郑伯会于鄄。

秋，宋人、齐人、邾人伐郳。郑人侵宋。

传：十五年春，复会焉，齐始霸也。

秋，诸侯为宋伐郳。郑人间之而侵宋。

底本：毕沅校清嘉庆刊本《十三经注疏》

出处：[清]毕沅：《十三经注疏·春秋左传正义》，北京，中华书局2017年，第3845页

庄公十六年

经：十有六年春，王正月。

夏，宋人、齐人、卫人伐郑。

秋，荆伐郑。

冬十有二月，会齐侯、宋公、陈侯、卫侯、郑伯、许男、滑伯、滕子同盟于幽。

郳子克卒。

传： 十六年夏，诸侯伐郑，宋故也。郑伯自栎入，缓告于楚。秋，楚伐郑，及栎，为不礼故也。

郑伯治与于雍纠之乱者。九月，杀公子阏，刖强鉏。公父定叔出奔卫。三年而复之，曰："不可使共叔无后于郑。"使以十月入，曰："良月也，就盈数焉。"君子谓："强鉏不能卫其足。"

冬，同盟于幽，郑成也。

王使虢公命曲沃伯以一军为晋侯。初，晋武公伐夷，执夷诡诸。蔿国请而免之。既而弗报。故子国作乱，谓晋人曰："与我伐夷而取其地。"遂以晋师伐夷，杀夷诡诸。周公忌父出奔虢。惠王立而复之。

底本： 毕沅校清嘉庆刊本《十三经注疏》

出处：［清］毕沅：《十三经注疏·春秋左传正义》，北京，中华书局2017年，第3846—3847页

庄公十七年

经： 十有七年春，齐人执郑詹。

夏，齐人歼于遂。

秋，郑詹自齐逃来。

冬，多麋。

传： 十七年春，齐人执郑詹，郑不朝也。

夏，遂因氏、颌氏、工娄氏、须遂氏飨齐戍，醉而杀之，齐人歼焉。

底本：毕沅校清嘉庆刊本《十三经注疏》

出处：［清］毕沅：《十三经注疏·春秋左传正义》，北京，中华书局2017年，第3847页

庄公十九年

经：十有九年春，王正月。

夏四月。

秋，公子结媵陈人之妇于鄄，遂及齐侯、宋公盟。夫人姜氏如莒。

冬，齐人、宋人、陈人伐我西鄙。

传：十九年春，楚子御之，大败于津。还，鬻拳弗纳。遂伐黄，败黄师于踖陵。还，及湫，有疾。

夏六月庚申卒。鬻拳葬诸夕室，亦自杀也，而葬于绖皇。

初，鬻拳强谏楚子，楚子弗从，临之以兵，惧而从之。鬻拳曰："吾惧君以兵，罪莫大焉。"遂自刖也。楚人以为大阍，谓之大伯，使其后掌之。君子曰："鬻拳可谓爱君矣，谏以自纳于刑，刑犹不忘纳君于善。"

初，王姚嬖于庄王，生子颓。子颓有宠，蒍国为之师。及惠王即位，取蒍国之圃以为囿。边伯之宫近于王宫，王取之。王夺子禽、祝跪与詹父田，而收膳夫之秩，故蒍国、边伯、石速、詹父、子禽、祝跪作乱，因苏氏。

秋，五大夫奉子颓以伐王，不克，出奔温。苏子奉子颓以奔卫。卫师、燕师伐周。

冬，立子颓。

底本：毕沅校清嘉庆刊本《十三经注疏》

出处：[清]毕沅：《十三经注疏·春秋左传正义》，北京，中华书局 2017 年，第 3848—3849 页

庄公二十二年

经：二十有二年春，王正月，肆大眚。

癸丑，葬我小君文姜。

陈人杀其公子御寇。

夏五月。

秋七月丙申，及齐高傒盟于防。

冬，公如齐纳币。

传：二十二年春，陈人杀其大子御寇，陈公子完与颛孙奔齐。颛孙自齐来奔。齐侯使敬仲为卿。辞曰："羁旅之臣，幸若获宥，及于宽政，赦其不闲于教训而免于罪戾，弛于负担，君之惠也，所获多矣。敢辱高位，以速官谤？请以死告。《诗》云：'翘翘车乘，招我以弓。岂不欲往，畏我友朋。'"使为工正。

初，懿氏卜妻敬仲，其妻占之，曰："吉。是谓'凤皇于飞，和鸣锵锵。有妫之后，将育于姜。五世其昌，并于正卿。八世之后，莫之与京。'"陈厉公，蔡出也，故蔡人杀五父而立之，生敬仲。其少也，周史有以《周易》见陈侯者，陈侯使筮之，遇《观》之《否》。曰："是谓'观国之光，利用宾于王'。此其代陈有国乎？不在此，其在异国；非此其身，在其子孙。光远而自他有耀者也。《坤》，土也。《巽》，风也。《乾》，天也。风为天于土上，山也。有山之材而照之以天光，于是乎居土上。故曰：'观国之光，利用宾于王。'庭实旅百，奉之以玉帛，天地之美具焉，故曰：'利用宾于王。'犹有观焉，故曰：'其在后乎。'风行而著于土，故

曰：'其在异国乎。'若在异国，必姜姓也。姜，大嶽之后也。山岳则配天，物莫能两大。陈衰，此其昌乎。"

及陈之初亡也，陈桓子始大于齐。其后亡也，成子得政。

底本：毕沅校清嘉庆刊本《十三经注疏》

出处：[清]毕沅：《十三经注疏·春秋左传正义》，北京，中华书局 2017 年，第 3851—3854 页

庄公二十三年

经：二十有三年春，公至自齐。

祭叔来聘。

夏，公如齐观社。

公至自齐。

荆人来聘。

公及齐侯遇于穀。

萧叔朝公。

秋，丹桓宫楹。

冬十有一月，曹伯射姑卒。

十有二月甲寅，公会齐侯，盟于扈。

传：二十三年夏，公如齐观社，非礼也。曹刿谏曰："不可。夫礼所以整民也，故会以训上下之则，制财用之节，朝以正班爵之义，帅长幼之序，征伐以讨其不然。诸侯有王，王有巡守，以大习之。非是，君不举矣。君举必书，书而不法，后嗣何观？"

晋桓、庄之族偪，献公患之。士蒍曰："去富子，则群公子可谋也已。"公曰："尔试其事。"士蒍与群公子谋，谮富子而去之。

底本：毕沅校清嘉庆刊本《十三经注疏》

出处：［清］毕沅：《十三经注疏・春秋左传正义》，北京，中华书局 2017 年，第 3860 页

庄公二十七年

经：二十有七年春，公会杞伯姬于洮。

夏六月，公会齐侯、宋公、陈侯、郑伯，同盟于幽。

杞伯来朝。

公会齐侯于城濮。

传：二十七年春，公会杞伯姬于洮，非事也。天子非展义不巡守，诸侯非民事不举，卿非君命不越竟。

夏，同盟于幽，陈、郑服也。

晋侯将伐虢，士蔿曰："不可。虢公骄，若骤得胜于我，必弃其民，无众而后伐之，欲御我，谁与？夫礼乐慈爱，战所畜也。夫民让事乐和，爱亲哀丧而后可用也。虢弗畜也，亟战将饥。"

王使召伯廖赐齐侯命，且请伐卫，以其立子颓也。

底本：毕沅校清嘉庆刊本《十三经注疏》

出处：［清］毕沅：《十三经注疏・春秋左传正义》，北京，中华书局 2017 年，第 3864—3865 页

庄公二十八年

经：二十有八年春，王三月甲寅，齐人伐卫。卫人及齐人战，卫人败绩。

秋，荆伐郑。公会齐人、宋人救郑。

冬，筑郿。

大无麦禾。臧孙辰告籴于齐。

传： 二十八年春，齐侯伐卫，战，败卫师，数之以王命，取赂而还。

冬，饥。臧孙辰告籴于齐，礼也。

筑郿，非都也。凡邑有宗庙先君之主曰都，无曰邑。邑曰筑，都曰城。

底本： 毕沅校清嘉庆刊本《十三经注疏》

出处：［清］毕沅：《十三经注疏·春秋左传正义》，北京，中华书局2017年，第3865—3867页

庄公二十九年

经： 夏，郑人侵许。

冬十有二月，纪叔姬卒。城诸及防。

传： 夏，郑人侵许。凡师有钟鼓曰伐，无曰侵，轻曰袭。

冬十二月，城诸及防，书时也。凡土功，龙见而毕务，戒事也。火见而致用，水昏正而栽，日至而毕。

樊皮叛王

底本： 毕沅校清嘉庆刊本《十三经注疏》

出处：［清］毕沅：《十三经注疏·春秋左传正义》，北京，中华书局2017年，第3867—3868页

庄公三十年

经： 冬，公及齐侯遇于鲁济。

齐人伐山戎。

传： 冬，遇于鲁济，谋山戎也，以其病燕故也。

底本： 毕沅校清嘉庆刊本《十三经注疏》

出处：［清］毕沅：《十三经注疏·春秋左传正义》，北京，中

华书局2017年，第3868—3869页

庄公三十一年

经：六月，齐侯来献戎捷。

传：三十一年夏六月，齐侯来献戎捷，非礼也。凡诸侯有四夷之功，则献于王，王以警于夷。中国则否。诸侯不相遗俘。

底本：毕沅校清嘉庆刊本《十三经注疏》

出处：[清]毕沅：《十三经注疏·春秋左传正义》，北京，中华书局2017年，第3869页

庄公三十二年

经：夏，宋公、齐侯遇于梁丘。

公子庆父如齐。

狄伐邢。

传：齐侯为楚伐郑之故，请会于诸侯。宋公请先见于齐侯。夏，遇于梁丘。

初，公筑台临党氏，见孟任，从之，閟。而以夫人言许之。割臂盟公，生子般焉。雩，讲于梁氏，女公子观之。圉人荦自墙外与之戏。子般怒，使鞭之。公曰："不如杀之，是不可鞭。荦有力焉，能投盖于稷门。"

底本：毕沅校清嘉庆刊本《十三经注疏》

出处：[清]毕沅：《十三经注疏·春秋左传正义》，北京，中华书局2017年，第3869—3871页

闵公元年

经：元年春，王正月。

齐人救邢。

秋八月，公及齐侯盟于落姑。季子来归。

冬，齐仲孙来。

传：元年春，不书即位，乱故也。

狄人伐邢。管敬仲言于齐侯曰："戎狄豺狼，不可厌也。诸夏亲暱，不可弃也。宴安酖毒，不可怀也。《诗》云：'岂不怀归，畏此简书。'简书，同恶相恤之谓也。请救邢以从简书。"齐人救邢。

秋八月，公及齐侯盟于落姑，请复季友也。齐侯许之，使召诸陈，公次于郎以待之。季子来归，嘉之也。

冬，齐仲孙湫来省难。书曰"仲孙"，亦嘉之也。仲孙归曰："不去庆父，鲁难未已。"公曰："若之何而去之？"对曰："难不已，将自毙，君其待之。"公曰："鲁可取乎？"对曰："不可，犹秉周礼。周礼，所以本也。臣闻之，国将亡，本必先颠而后枝叶从之。鲁不弃周礼，未可动也。君其务宁鲁难而亲之，亲有礼，因重固，间携贰，覆昏乱，霸王之器也。"

底本：毕沅校清嘉庆刊本《十三经注疏》

出处：[清]毕沅：《十三经注疏·春秋左传正义》，北京，中华书局2017年，第3876—3877页

闵公二年

经：二年春，王正月，齐人迁阳。

冬，齐高子来盟。

十有二月狄入卫。

传：二年春，虢公败犬戎于渭汭。舟之侨曰："无德而禄，殃也。殃将至矣。"遂奔晋。

冬十二月，狄人伐卫。卫懿公好鹤，鹤有乘轩者。将战，国人受甲者皆曰："使鹤，鹤实有禄位，余焉能战！"公与石祁子玦，与甯庄子矢，使守，曰："以此赞国，择利而为之。"与夫人绣衣，曰："听于二子。"渠孔御戎，子伯为右，黄夷前驱，孔婴齐殿。及狄人战于荧泽，卫师败绩，遂灭卫。卫侯不去其旗，是以甚败。狄人囚史华龙滑与礼孔以逐卫人。二人曰："我，大史也，实掌其祭，不先，国不可得也。"乃先之。至则告守曰："不可待也。"夜与国人出。狄入卫，遂从之，又败诸河。

僖之元年，齐桓公迁邢于夷仪。二年，封卫于楚丘。邢迁如归，卫国忘亡。

底本：毕沅校清嘉庆刊本《十三经注疏》

出处：[清]毕沅：《十三经注疏·春秋左传正义》，北京，中华书局 2017 年，第 3878—3883 页

僖公元年

经：元年春，王正月。齐师、宋师、曹师次于聂北，救邢。

夏六月，邢迁于夷仪。齐师、宋师、曹师城邢。

楚人伐郑。

八月，公会齐侯、宋公、郑伯、曹伯、邾人于柽。

九月，公败邾师于偃。

冬十月壬午，公子友帅师败莒师于郦，获莒挐。

传：元年春，不称即位，公出故也。公出复入，不书，讳之也。讳国恶，礼也。

诸侯救邢。邢人溃，出奔师。师遂逐狄人，具邢器用而迁之，师无私焉。

夏，邢迁于夷仪，诸侯城之，救患也。凡侯伯救患分灾讨罪，礼也。

秋，楚人伐郑，郑即齐故也。盟于荦，谋救郑也。

冬，莒人来求赂。公子友败诸郦，获莒子之弟挐。非卿也，嘉获之也。公赐季友汶阳之田，及费。

底本：毕沅校清嘉庆刊本《十三经注疏》

出处：［清］毕沅：《十三经注疏·春秋左传正义》，北京，中华书局2017年，第3886—3887页

僖公二年

经：二年春，王正月，城楚丘。

虞师、晋师灭下阳。

秋九月，齐侯、宋公、江人、黄人盟于贯。

传：二年春，诸侯城楚丘而封卫焉。不书所会，后也。

夏，晋里克、荀息帅师会虞师伐虢，灭下阳。先书虞，贿故也。

秋，盟于贯，服江、黄也。

底本：毕沅校清嘉庆刊本《十三经注疏》

出处：［清］毕沅：《十三经注疏·春秋左传正义》，北京，中华书局2017年，第3888—3889页

僖公三年

经：秋，齐侯、宋公、江人、黄人会于阳穀。

冬，公子友如齐涖盟。

楚人伐郑。

传：秋，会于阳毂，谋伐楚也。

齐侯为阳毂之会，来寻盟。冬，公子友如齐涖盟。

底本：毕沅校清嘉庆刊本《十三经注疏》

出处：［清］毕沅：《十三经注疏·春秋左传正义》，北京，中华书局2017年，第3889页

僖公四年

经：四年春，王正月，公会齐侯、宋公、陈侯、卫侯、郑伯、许男、曹伯侵蔡。蔡溃。遂伐楚，次于陉。

夏，许男新臣卒。

楚屈完来盟于师，盟于召陵。

齐人执陈辕涛涂。

秋，及江人、黄人伐陈。

八月，公至自伐楚。

葬许穆公。

冬十有二月，公孙兹帅师会齐人、宋人、卫人、郑人、许人、曹人侵陈。

传：四年春，齐侯以诸侯之师侵蔡，蔡溃，遂伐楚。楚子使与师言曰："君处北海，寡人处南海，唯是风马牛不相及也。不虞君之涉吾地也，何故？"管仲对曰："昔召康公命我先君大公曰：'五侯九伯，女实征之，以夹辅周室。'赐我先君履，东至于海，西至于河，南至于穆陵，北至于无棣。尔贡包茅不入，王祭不共，无以缩酒，寡人是征。昭王南征而不复，寡人是问。"对

曰："贡之不入，寡君之罪也，敢不共给。昭王之不复，君其问诸水滨。"师进，次于陉。

夏，楚子使屈完如师。师退，次于召陵。齐侯陈诸侯之师，与屈完乘而观之。齐侯曰："岂不穀是为？先君之好是继。与不穀同好如何？"对曰："君惠徼福于敝邑之社稷，辱收寡君，寡君之愿也。"齐侯曰："以此众战，谁能御之？以此攻城，何城不克？"对曰："君若以德绥诸侯，谁敢不服？君若以力，楚国方城以为城，汉水以为池，虽众，无所用之。"屈完及诸侯盟。

陈辕涛涂谓郑申侯曰："师出于陈、郑之间，国必甚病。若出于东方，观兵于东夷，循海而归，其可也。"申侯曰："善。"涛涂以告，齐侯许之。申侯见，曰："师老矣，若出于东方而遇敌，惧不可用也。若出于陈、郑之间，共其资粮屝屦，其可也。"齐侯说，与之虎牢。执辕涛涂。

秋，伐陈，讨不忠也。

许穆公卒于师，葬之以侯，礼也。凡诸侯薨于朝会，加一等；死王事，加二等。于是有以衮敛。

冬，叔孙戴伯帅师，会诸侯之师侵陈。陈成，归辕涛涂。

底本：毕沅校清嘉庆刊本《十三经注疏》

出处：［清］毕沅：《十三经注疏·春秋左传正义》，北京，中华书局 2017 年，第 3890—3892 页

僖公五年

经：五年春，晋侯杀其世子申生。杞伯姬来，朝其子。

夏，公孙兹如牟。

公及齐侯、宋公、陈侯、卫侯、郑伯、许男、曹伯会王世子于

首止。

秋八月,诸侯盟于首止。

郑伯逃归,不盟。

楚人灭弦,弦子奔黄。

九月戊申朔,日有食之。

冬,晋人执虞公。

传:五年春,王正月辛亥朔,日南至。公既视朔,遂登观台以望。而书,礼也。凡分、至、启、闭,必书云物,为备故也。

晋侯使以杀大子申生之故来告。初,晋侯使士蒍为二公子筑蒲与屈,不慎,寘薪焉。夷吾诉之。公使让之。士蒍稽首而对曰:"臣闻之,无丧而慼,忧必雠焉。无戎而城,雠必保焉。寇雠之保,又何慎焉!守官废命不敬,固雠之保不忠,失忠与敬,何以事君?《诗》云:'怀德惟宁,宗子惟城。'君其修德而固宗子,何城如之?三年将寻师焉,焉用慎?"退而赋曰:"狐裘尨茸,一国三公,吾谁适从?"及难,公使寺人披伐蒲。重耳曰:"君父之命不校。"乃徇曰:"校者吾雠也。"逾垣而走。披斩其袪,遂出奔翟。

会于首止,会王大子郑,谋宁周也。

陈辕宣仲怨郑申侯之反己于召陵,故劝之城其赐邑,曰:"美城之,大名也,子孙不忘。吾助子请。"乃为之请于诸侯而城之,美。遂谮诸郑伯曰:"美城其赐邑,将以叛也。"申侯由是得罪。

秋,诸侯盟。王使周公召郑伯,曰:"吾抚女以从楚,辅之以晋,可以少安。"郑伯喜于王命而惧其不朝于齐也,故逃归不盟。孔叔止之曰:"国君不可以轻,轻则失亲。失亲患必至,病而乞盟，所丧多矣，君必悔之。”弗听，逃其师而归。

楚鬥穀于菟灭弦，弦子奔黄。于是江、黄、道、柏方睦于齐，皆弦姻也，弦子恃之而不事楚，又不设备，故亡。

晋侯复假道于虞以伐虢。宫之奇谏曰：“虢，虞之表也。虢亡，虞必从之。晋不可启，寇不可玩，一之谓甚，其可再乎？谚所谓‘辅车相依，唇亡齿寒’者，其虞、虢之谓也。”公曰：“晋，吾宗也。岂害我哉？”对曰：“大伯、虞仲，大王之昭也。大伯不从，是以不嗣。虢仲、虢叔，王季之穆也，为文王卿士，勋在王室，藏于盟府。将虢是灭，何爱于虞。且虞能亲于桓、庄乎，其爱之也？桓、庄之族何罪，而以为戮，不唯偪乎？亲以宠偪，犹尚害之，况以国乎？”公曰：“吾享祀丰絜，神必据我。”对曰：“臣闻之，鬼神非人实亲，惟德是依。故《周书》曰：‘皇天无亲，惟德是辅。’又曰：‘黍稷非馨，明德惟馨。’又曰：‘民不易物，惟德繄物。’如是，则非德民不和，神不享矣。神所冯依，将在德矣。若晋取虞而明德以荐馨香，神其吐之乎？”弗听，许晋使。宫之奇以其族行，曰：“虞不腊矣，在此行也，晋不更举矣。”

八月甲午，晋侯围上阳。问于卜偃曰：“吾其济乎？”对曰：“克之。”公曰：“何时？”对曰：“童谣云：‘丙之晨，龙尾伏辰，均服振振，取虢之旂。鹑之贲贲，天策焞焞，火中成军，虢公其奔。’其九月、十月之交乎。丙子旦，日在尾，月在策，鹑火中，必是时也。”

冬十二月丙子朔，晋灭虢，虢公醜奔京师。师还，馆于虞，遂袭虞，灭之，执虞公及其大夫井伯，以媵秦穆姬。而修虞祀，且归其职贡于王。故书曰：“晋人执虞公。”罪虞公，言易也。

底本：毕沅校清嘉庆刊本《十三经注疏》

出处：[清]毕沅：《十三经注疏·春秋左传正义》，北京，中华书局2017年，第3893—3898页

僖公六年

经：六年春，王正月。

夏，公会齐侯、宋公、陈侯、卫侯、曹伯伐郑，围新城。

秋，楚人围许。诸侯遂救许。

冬，公至自伐郑。

传：六年春，晋侯使贾华伐屈，夷吾不能守，盟而行。将奔狄。郤芮曰："后出同走，罪也。不如之梁。梁近秦而幸焉。"乃之梁。

夏，诸侯伐郑，以其逃首止之盟故也。围新密，郑所以不时城也。

秋，楚子围许以救郑。诸侯救许，乃还。

冬，蔡穆侯将许僖公以见楚子于武城。许男面缚衔璧，大夫衰绖，士舆榇。楚子问诸逢伯。对曰："昔武王克殷，微子启如是。武王亲释其缚，受其璧而祓之。焚其榇，礼而命之，使复其所。"楚子从之。

底本：毕沅校清嘉庆刊本《十三经注疏》

出处：[清]毕沅：《十三经注疏·春秋左传正义》，北京，中华书局2017年，第3903页

僖公七年

经：七年春，齐人伐郑。

夏，小邾子来朝。郑杀其大夫申侯。

秋七月，公会齐侯、宋公、陈世子款、郑世子华，盟于甯母。

曹伯班卒。

公子友如齐。

冬，葬曹昭公。

传：七年春，齐人伐郑，孔叔言于郑伯曰："谚有之曰：'心则不竞，何惮于病。'既不能强，又不能弱，所以毙也。国危矣，请下齐以救国。"公曰："吾知其所由来矣。姑少待我。"对曰："朝不及夕，何以待君？"

夏，郑杀申侯以说于齐，且用陈辕涛涂之谮也。

秋，盟于甯母，谋郑故也。管仲言于齐侯曰："臣闻之，招携以礼，怀远以德，德礼不易，无人不怀。"齐侯修礼于诸侯，诸侯官受方物。

郑伯使大子华听命于会。言于齐侯曰："泄氏、孔氏、子人氏三族，实违君命。若君去之以为成，我以郑为内臣，君亦无所不利焉。"齐侯将许之。管仲曰："君以礼与信属诸侯，而以奸终之，无乃不可乎？子父不奸之谓礼，守命共时之谓信。违此二者，奸莫大焉。"公曰："诸侯有讨于郑，未捷，今苟有衅，从之不亦可乎？"对曰："君若绥之以德，加之以训辞，而帅诸侯以讨郑，郑将覆亡之不暇，岂敢不惧？若总其罪人以临之，郑有辞矣，何惧？且夫合诸侯以崇德也，会而列奸，何以示后嗣？夫诸侯之会，其德刑礼义，无国不记。记奸之位，君盟替矣。作而不记，非盛德也。君其勿许，郑必受盟。夫子华既为大子而求介于大国，以弱其国，亦必不免。郑有叔詹、堵叔、师叔三良为政，未可间也。"齐侯辞焉。子华由是得罪于郑。

冬，郑伯请盟于齐。

底本： 毕沅校清嘉庆刊本《十三经注疏》

出处： [清]毕沅：《十三经注疏·春秋左传正义》，北京，中华书局 2017 年，第 3903—3905 页

僖公八年

经： 八年春，王正月，公会王人、齐侯、宋公、卫侯、许男、曹伯、陈世子款，盟于洮。郑伯乞盟。

传： 八年春，盟于洮，谋王室也。郑伯乞盟，请服也。襄王定位而后发丧。

冬，王人来告丧，难故也，是以缓。

底本： 毕沅校清嘉庆刊本《十三经注疏》

出处： [清]毕沅：《十三经注疏·春秋左传正义》，北京，中华书局 2017 年，第 3905—3906 页

僖公九年

经： 九年春，王三月丁丑，宋公御说卒。

夏，公会宰周公、齐侯、宋子、卫侯、郑伯、许男、曹伯于葵丘。

九月戊辰，诸侯盟于葵丘。

传： 九年春，宋桓公卒，未葬而襄公会诸侯，故曰子。凡在丧，王曰小童，公侯曰子。

夏，会于葵丘，寻盟，且修好，礼也。王使宰孔赐齐侯胙，曰："天子有事于文武，使孔赐伯舅胙。"齐侯将下拜。孔曰："且有后命。天子使孔曰：'以伯舅耋老，加劳，赐一级，无下拜。'"

对曰："天威不违颜咫尺，小白余敢贪天子之命无下拜！恐陨越于下，以遗天子羞。敢不下拜！"下拜，登受。

秋，齐侯盟诸侯于葵丘曰："凡我同盟之人，既盟之后，言归于好。"宰孔先归，遇晋侯曰："可无会也。齐侯不务德而勤远略，故北伐山戎，南伐楚，西为此会也。东略之不知，西则否矣。其在乱乎。君务靖乱，无勤于行。"晋侯乃还。

底本：毕沅校清嘉庆刊本《十三经注疏》

出处：[清]毕沅：《十三经注疏·春秋左传正义》，北京，中华书局2017年，第3906—3908页

僖公十一年

经：十有一年春，晋杀其大夫丕郑父。

夏，公及夫人姜氏会齐侯于阳穀。

秋八月，大雩。

冬，楚人伐黄。

传：十一年春，晋侯使以丕郑之乱来告。天王使召武公、内史过赐晋侯命。受玉惰。过归，告王曰："晋侯其无后乎。王赐之命而惰于受瑞，先自弃也已，其何继之有？礼，国之干也。敬，礼之舆也。不敬则礼不行，礼不行则上下昏，何以长世？"

夏，扬拒、泉皋、伊雒之戎同伐京师，入王城，焚东门。王子带召之也。秦、晋伐戎以救周。

秋，晋侯平戎于王。黄人不归楚贡。

冬，楚人伐黄。

底本：毕沅校清嘉庆刊本《十三经注疏》

出处：[清]毕沅：《十三经注疏·春秋左传正义》，北京，中

华书局2017年，第3911页

僖公十二年

经：十有二年春，王三月庚午，日有食之。

夏，楚人灭黄。

秋七月。

冬十有二月丁丑，陈侯杵臼卒。

传：十二年春，诸侯城卫楚丘之郛，惧狄难也。

黄人恃诸侯之睦于齐也，不共楚职，曰："自郢及我九百里，焉能害我?"夏，楚灭黄。

王以戎难故，讨王子带。

秋，王子带奔齐。冬，齐侯使管夷吾平戎于王，使隰朋平戎于晋。

王以上卿之礼飨管仲，管仲辞曰："臣，贱有司也，有天子之二守国、高在。若节春秋，来承王命，何以礼焉？陪臣敢辞。"王曰："舅氏，余嘉乃勋，应乃懿德，谓督不忘。往践乃职，无逆朕命。"管仲受下卿之礼而还。君子曰："管氏之世祀也宜哉！让不忘其上。《诗》曰：'恺悌君子，神所劳矣。'"

底本：毕沅校清嘉庆刊本《十三经注疏》

出处：［清］毕沅：《十三经注疏·春秋左传正义》，北京，中华书局2017年，第3911—3912页

僖公十三年

经：十有三年春，狄侵卫。

夏四月，葬陈宣公。

公会齐侯、宋公、陈侯、卫侯、郑伯、许男、曹伯于鹹。

秋九月，大雩。

冬，公子友如齐。

传：十三年春，齐侯使仲孙湫聘于周，且言王子带。事毕，不与王言。归复命曰："未可，王怒未怠，其十年乎。不十年，王弗召也。"

夏，会于鹹，淮夷病杞故，且谋王室也。

秋，为戎难故，诸侯戍周，齐仲孙湫致之。

冬，晋荐饥，使乞籴于秦。秦伯谓子桑："与诸乎？"对曰："重施而报，君将何求。重施而不报，其民必携，携而讨焉，无众必败。"谓百里："与诸乎？"对曰："天灾流行，国家代有。救灾恤邻，道也。行道有福。"丕郑之子豹在秦，请伐晋。秦伯曰："其君是恶，其民何罪？"秦于是乎输粟于晋，自雍及绛，相继。命之曰"汎舟之役"。

底本：毕沅校清嘉庆刊本《十三经注疏》

出处：［清］毕沅：《十三经注疏·春秋左传正义》，北京，中华书局 2017 年，第 3912—3913 页

僖公十四年

经：十有四年春，诸侯城缘陵。

夏六月，季姬及鄫子遇于防，使鄫子来朝。

秋八月辛卯，沙鹿崩。

狄侵郑。

冬，蔡侯肸卒。

传：十四年春，诸侯城缘陵而迁杞焉。不书其人，有阙也。

鄫季姬来宁，公怒止之，以鄫子之不朝也。

夏,遇于防而使来朝。

秋八月辛卯,沙鹿崩。晋卜偃曰:“期年将有大咎,几亡国。”

冬,秦饥,使乞籴于晋,晋人弗与。

庆郑曰:“背施无亲,幸灾不仁,贪爱不祥,怒邻不义。四德皆失,何以守国?”虢射曰:“皮之不存,毛将安傅?”庆郑曰:“弃信背邻,患孰恤之?无信患作,失援必毙,是则然矣。”虢射曰:“无损无怨而厚于寇,不如勿与。”庆郑曰:“背施幸灾,民所弃也。近犹仇之,况怨敌乎。”弗听。退曰:“君其悔是哉!”

底本:毕沅校清嘉庆刊本《十三经注疏》

出处:[清]毕沅:《十三经注疏·春秋左传正义》,北京,中华书局 2017 年,第 3913—3914 页

僖公十五年

经:十有五年春,王正月,公如齐。

楚人伐徐。

三月,公会齐侯、宋公、陈侯、卫侯、郑伯、许男、曹伯,盟于牡丘,遂次于匡。公孙敖帅师及诸侯之大夫救徐。

秋七月,齐师、曹师伐厉。

九月,公至自会。季姬归于鄫。

己卯晦,震夷伯之庙。

冬,宋人伐曹。

楚人败徐于娄林。

十有一月壬戌,晋侯及秦伯战于韩。获晋侯。

传:十五年春,楚人伐徐,徐即诸夏故也。三月,盟于牡丘,

寻葵丘之盟，且救徐也。孟穆伯帅师及诸侯之师救徐，诸侯次于匡以待之。

秋，伐厉，以救徐也。

晋侯之入也，秦穆姬属贾君焉，且曰："尽纳群公子。"晋侯烝于贾君，又不纳群公子，是以穆姬怨之。晋侯许赂中大夫，既而皆背之。赂秦伯以河外列城五，东尽虢略，南及华山，内及解梁城，既而不与。晋饥，秦输之粟；秦饥，晋闭之籴，故秦伯伐晋。

冬，宋人伐曹，讨旧怨也。

楚败徐于娄林，徐恃救也。

十月，晋阴饴甥会秦伯，盟于王城。秦伯曰："晋国和乎？"对曰："不和。小人耻失其君而悼丧其亲，不惮征缮以立圉也，曰：'必报仇，宁事戎狄。'君子爱其君而知其罪，不惮征缮以待秦命，曰：'必报德，有死无二。'以此不和。"秦伯曰："国谓君何？"对曰："小人慼，谓之不免。君子恕，以为必归。小人曰：'我毒秦，秦岂归君？'君子曰：'我知罪矣。秦必归君。贰而执之，服而舍之，德莫厚焉，刑莫威焉。服者怀德，贰者畏刑。此一役也，秦可以霸。纳而不定，废而不立，以德为怨，秦不其然。'"秦伯曰："是吾心也。"改馆晋侯，馈七牢焉。

蛾析谓庆郑曰："盍行乎？"对曰："陷君于败，败而不死，又使失刑，非人臣也。臣而不臣，行将焉入？"十一月晋侯归。丁丑，杀庆郑而后入。是岁，晋又饥，秦伯又饩之粟，曰："吾怨其君而矜其民。且吾闻唐叔之封也，箕子曰'其后必大。'晋其庸可冀乎！姑树德焉，以待能者。"于是秦始征晋河东，置官司焉。

底本：毕沅校清嘉庆刊本《十三经注疏》

出处：［清］毕沅：《十三经注疏·春秋左传正义》，北京，中华书局2017年，第3918—3924页

僖公十六年

经：十有六年春，王正月戊申朔，陨石于宋五。

是月，六鹢退飞过宋都。

冬十有二月，公会齐侯、宋公、陈侯、卫侯、郑伯、许男、邢侯、曹伯于淮。

传：十六年春，陨石于宋五，陨星也。六鹢退飞过宋都，风也。周内史叔兴聘于宋。宋襄公问焉，曰："是何祥也？吉凶焉在？"对曰："今兹鲁多大丧，明年齐有乱，君将得诸侯而不终。"退而告人曰："君失问。是阴阳之事，非吉凶所在也。吉凶由人，吾不敢逆君故也。"

夏，齐伐厉不克，救徐而还。

秋，狄侵晋，取狐厨、受铎，涉汾，及昆都，因晋败也。

王以戎难告于齐，齐征诸侯而戍周。

十二月会于淮，谋鄫，且东略也。城鄫，役人病。有夜登丘而呼曰："齐有乱。"不果城而还。

底本：毕沅校清嘉庆刊本《十三经注疏》

出处：［清］毕沅：《十三经注疏·春秋左传正义》，北京，中华书局2017年，第3924—3926页

僖公十七年

经：十有七年春，齐人、徐人伐英氏。

夏，灭项。

九月，公至自会。

冬十有二月乙亥，齐侯小白卒。

传：十七年春，齐人为徐伐英氏，以报娄林之役也。

师灭项。淮之会，公有诸侯之事未归，而取项。齐人以为讨而止公。

秋，声姜以公故，会齐侯于卞。九月，公至。书曰："至自会。"犹有诸侯之事焉，且讳之也。

底本：毕沅校清嘉庆刊本《十三经注疏》

出处：[清]毕沅：《十三经注疏·春秋左传正义》，北京，中华书局2017年，第3926页

僖公十八年

经：十有八年春，王正月，宋公、曹伯、卫人、邾人伐齐。

夏，师救齐。

五月戊寅，宋师及齐师战于甗，齐师败绩。

狄救齐。

冬，邢人、狄人伐卫。

传：十八年春，宋襄公以诸侯伐齐。三月，齐人杀无亏。

郑伯始朝于楚，楚子赐之金，既而悔之，与之盟曰："无以铸兵。"故以铸三钟。

齐人将立孝公，不胜，四公子之徒遂与宋人战。

夏五月，宋败齐师于甗，立孝公而还。

冬，邢人、狄人伐卫，围菟圃。卫侯以国让父兄子弟及朝众曰："苟能治之，燬请从焉。"众不可，而后师于訾娄。狄师还。

梁伯益其国而不能实也，命曰新里，秦取之。

底本：毕沅校清嘉庆刊本《十三经注疏》

出处：[清]毕沅：《十三经注疏·春秋左传正义》，北京，中华书局 2017 年，第 3927 页

僖公十九年

经：十有九年春，王三月，宋人执滕子婴齐。

夏六月，宋公、曹人、邾人盟于曹南。鄫子会盟于邾。己酉，邾人执鄫子，用之。

秋，宋人围曹。卫人伐邢。

冬，会陈人、蔡人、楚人、郑人盟于齐。

梁亡。

传：十九年春，遂城而居之。

夏，宋公使邾文公用鄫子于次睢之社，欲以属东夷。司马子鱼曰："古者六畜不相为用，小事不用大牲，而况敢用人乎？祭祀以为人也，民，神之主也，用人，其谁飨之？齐桓公存三亡国以属诸侯，义士犹曰薄德。今一会而虐二国之君，又用诸淫昏之鬼，将以求霸，不亦难乎？得死为幸！"

秋，卫人伐邢，以报菟圃之役。于是卫大旱，卜有事于山川，不吉。甯庄子曰："昔周饥，克殷而年丰。今邢方无道，诸侯无伯，天其或者欲使卫讨邢乎？"从之，师兴而雨。

宋人围曹，讨不服也。子鱼言于宋公曰："文王闻崇德乱而伐之，军三旬而不降，退修教而复伐之，因垒而降。《诗》曰：'刑于寡妻，至于兄弟，以御于家邦。'今君德无乃犹有所阙，而以伐人，若之何？盍姑内省德乎？无阙而后动。"

陈穆公请修好于诸侯以无忘齐桓之德。冬，盟于齐，修桓

公之好也。

梁亡。不书其主，自取之也。初，梁伯好土功，亟城而弗处，民罢而弗堪，则曰："某寇将至。"乃沟公宫，曰："秦将袭我。"民惧而溃，秦遂取梁。

底本： 毕沅校清嘉庆刊本《十三经注疏》

出处：［清］毕沅：《十三经注疏·春秋左传正义》，北京，中华书局2017年，第3927—3929页

僖公二十年

经： 二十年春，新作南门。

夏，郜子来朝。

五月乙巳，西宫灾。

郑人入滑。

秋，齐人、狄人盟于邢。

冬，楚人伐随。

传： 二十年春，新作南门，书不时也。凡启塞从时。

滑人叛郑而服于卫。

夏，郑公子士、洩堵寇帅师入滑。

秋，齐、狄盟于邢，为邢谋卫难也。于是卫方病邢。随以汉东诸侯叛楚。

冬，楚鬥穀于菟帅师伐随，取成而还。君子曰："随之见伐，不量力也。量力而动，其过鲜矣。善败由己，而由人乎哉？《诗》曰：'岂不夙夜，谓行多露。'"

宋襄公欲合诸侯，臧文仲闻之，曰："以欲从人则可，以人从欲鲜济。"

底本：毕沅校清嘉庆刊本《十三经注疏》

出处：［清］毕沅：《十三经注疏·春秋左传正义》，北京，中华书局2017年，第3929—3930页

僖公二十一年

经：二十有一年春，狄侵卫。

宋人、齐人、楚人盟于鹿上。

夏，大旱。

秋，宋公、楚子、陈侯、蔡侯、郑伯、许男、曹伯会于盂。

执宋公以伐宋。

冬，公伐邾。

楚人使宜申来献捷。

十有二月癸丑，公会诸侯盟于薄，释宋公。

传：二十一年春，宋人为鹿上之盟，以求诸侯于楚。楚人许之。公子目夷曰："小国争盟，祸也。宋其亡乎，幸而后败。"

夏，大旱，公欲焚巫尪。臧文仲曰："非旱备也。修城郭，贬食省用，务穑劝分，此其务也。巫尪何为？天欲杀之，则如勿生，若能为旱，焚之滋甚。"公从之。是岁也，饥而不害。

秋，诸侯会宋公于盂。子鱼曰："祸其在此乎！君欲已甚，其何以堪之？"于是楚执宋公以伐宋。

冬，会于薄以释之。子鱼曰："祸犹未也，未足以惩君。"任、宿、须句、颛臾，风姓也，实司大皞与有济之祀，以服事诸夏。邾人灭须句，须句子来奔，因成风也。成风为之言于公曰："崇明祀，保小寡，周礼也。蛮夷猾夏，周祸也。若封须句是崇皞、济而修祀，纾祸也。"

底本：毕沅校清嘉庆刊本《十三经注疏》

出处：［清］毕沅：《十三经注疏·春秋左传正义》，北京，中华书局2017年，第3930—3931页

僖公二十二年

经：二十有二年春，公伐邾，取须句。

夏，宋公、卫侯、许男、滕子伐郑。

秋八月丁未，及邾人战于升陉。

冬十有一月己巳朔，宋公及楚人战于泓，宋师败绩。

传：二十二年春，伐邾，取须句，反其君焉，礼也。

三月，郑伯如楚。

夏，宋公伐郑。子鱼曰："所谓祸在此矣。"

初，平王之东迁也，辛有适伊川，见被发而祭于野者，曰："不及百年，此其戎乎！其礼先亡矣。"

秋，秦、晋迁陆浑之戎于伊川。

晋大子圉为质于秦，将逃归，谓嬴氏曰："与子归乎？"对曰："子，晋大子，而辱于秦，子之欲归，不亦宜乎？寡君之使婢子侍执巾栉，以固子也。从子而归，弃君命也。不敢从，亦不敢言。"遂逃归。富辰言于王曰："请召大叔。《诗》曰：'协比其邻，昏姻孔云。'吾兄弟之不协，焉能怨诸侯之不睦？"王说。王子带自齐复归于京师，王召之也。

邾人以须句故出师。公卑邾，不设备而御之。臧文仲曰："国无小，不可易也。无备，虽众不可恃也。《诗》曰：'战战兢兢，如临深渊，如履薄冰。'又曰：'敬之敬之，天惟显思，命不易哉！'先王之明德，犹无不难也，无不惧也，况我小国乎！君其无

谓邾小。蠭虿有毒,而况国乎?"弗听。八月丁未,公及邾师战于升陉,我师败绩。邾人获公胄,县诸鱼门。

楚人伐宋以救郑。宋公将战,大司马固谏曰:"天之弃商久矣,君将兴之,弗可赦也已。"弗听。

冬十一月己巳朔,宋公及楚人战于泓。宋人既成列,楚人未既济。司马曰:"彼众我寡,及其未既济也,请击之。"公曰:"不可。"既济而未成列,又以告。公曰:"未可。"既陈而后击之,宋师败绩。公伤股,门官歼焉。国人皆咎公。公曰:"君子不重伤,不禽二毛。古之为军也,不以阻隘也。寡人虽亡国之馀,不鼓不成列。"子鱼曰:"君未知战。勍敌之人隘而不列,天赞我也。阻而鼓之,不亦可乎?犹有惧焉。且今之勍者,皆吾敌也,虽及胡耇,获则取之,何有于二毛?明耻教战,求杀敌也,伤未及死,如何勿重?若爱重伤,则如勿伤;爱其二毛,则如服焉。三军以利用也,金鼓以声气也,利而用之,阻隘可也,声盛致志,鼓儳可也。"

丙子晨,郑文夫人芈氏、姜氏劳楚子于柯泽。楚子使师缙示之俘馘。君子曰:"非礼也。妇人送迎不出门,见兄弟不踰阈,戎事不迩女器。"

丁丑,楚子入享于郑,九献,庭实旅百,加笾豆六品。享毕,夜出文芈送于军,取郑二姬以归。叔詹曰:"楚王其不没乎!为礼卒于无别,无别不可谓礼,将何以没?"诸侯是以知其不遂霸也。

底本:毕沅校清嘉庆刊本《十三经注疏》

出处:[清]毕沅:《十三经注疏·春秋左传正义》,北京,中华书局2017年,第3936—3938页

僖公二十三年

经：二十有三年春，齐侯伐宋，围缗。

夏五月庚寅，宋公兹父卒。

秋，楚人伐陈。

冬十有一月，杞子卒。

传：二十三年春，齐侯伐宋，围缗，以讨其不与盟于齐也。

夏五月，宋襄公卒，伤于泓故也。

秋，楚成得臣帅师伐陈，讨其贰于宋也。遂取焦、夷，城顿而还。子文以为之功，使为令尹。叔伯曰："子若国何？"对曰："吾以靖国也。夫有大功而无贵仕，其人能靖者与，有几？"

九月，晋惠公卒。怀公命无从亡人。期，期而不至，无赦。狐突之子毛及偃从重耳在秦，弗召。冬，怀公执狐突曰："子来则免。"对曰："子之能仕，父教之忠，古之制也。策名委质，贰乃辟也。今臣之子名在重耳，有年数矣。若又召之，教之贰也。父教子贰，何以事君？刑之不滥，君之明也，臣之愿也。淫刑以逞，谁则无罪？臣闻命矣。"乃杀之。卜偃称疾不出，曰："《周书》有之：'乃大明服。'己则不明而杀人以逞，不亦难乎？民不见德而唯戮是闻，其何后之有？"

十一月，杞成公卒。书曰"子"。杞，夷也。不书名，未同盟也。凡诸侯同盟，死则赴以名，礼也。赴以名则亦书之，不然则否，辟不敏也。

晋公子重耳之及于难也，晋人伐诸蒲城。蒲城人欲战，重耳不可，曰："保君父之命而享其生禄，于是乎得人。有人而校，罪莫大焉。吾其奔也。"遂奔狄。从者狐偃、赵衰、颠颉、魏武子、司空季子。狄人伐啬咎如，获其二女：叔隗、季隗，纳诸公子。公子取季隗，生伯儵、叔刘；以叔隗妻赵衰，生盾。将适齐，谓季隗曰："待我二十五年，不来而后嫁。"对曰："我二十五年矣，又如是而嫁，则就木焉。请待子。"处狄十二年而行。过卫，卫文公不礼焉。

出于五鹿，乞食于野人，野人与之块，公子怒，欲鞭之。子犯曰："天赐也。"稽首，受而载之。

及齐，齐桓公妻之，有马二十乘，公子安之。从者以为不可。将行，谋于桑下。蚕妾在其上，以告姜氏。姜氏杀之，而谓公子曰："子有四方之志，其闻之者，吾杀之矣。"公子曰："无之。"姜曰："行也。怀与安，实败名。"公子不可，姜与子犯谋，醉而遣之。醒，以戈逐子犯。

及曹，曹共公闻其骈胁，欲观其裸。浴，薄而观之。僖负羁之妻曰："吾观晋公子之从者，皆足以相国。若以相，夫子必反其国。反其国，必得志于诸侯。得志于诸侯而诛无礼，曹其首也。子盍蚤自贰焉。"乃馈盘飧，寘璧焉。公子受飧反璧。

及宋，宋襄公赠之以马二十乘。

及郑，郑文公亦不礼焉。叔詹谏曰："臣闻天之所启，人弗及也。晋公子有三焉，天其或者，将建诸，君其礼焉。男女同姓，其生不蕃。晋公子，姬出也，而至于今，一也。离外之患，而天不靖晋国，殆将启之，二也。有三士足以上人，而从之，三也。晋、郑同侪，其过子弟，固将礼焉，况天之所启乎？"弗听。

及楚，楚子飨之，曰："公子若反晋国，则何以报不穀？"对曰："子女玉帛则君有之，羽毛齿革则君地生焉。其波及晋国者，君之馀也，其何以报君？"曰："虽然，何以报我？"对曰："若以君之灵，得反晋国，晋、楚治兵，遇于中原，其辟君三舍。若不获命,其左执鞭弭,右属櫜鞬,以与君周旋。”子玉请杀之。楚子曰:“晋公子广而俭,文而有礼。其从者肃而宽,忠而能力。晋侯无亲,外内恶之。吾闻姬姓,唐叔之后,其后衰者也,其将由晋公子乎。天将兴之,谁能废之!违天必有大咎。”乃送诸秦。

秦伯纳女五人,怀嬴与焉,奉匜沃盥,既而挥之。怒曰:“秦、晋匹也,何以卑我!”公子惧,降服而囚。他日,公享之。子犯曰:“吾不如衰之文也。请使衰从。”公子赋《河水》,公赋《六月》。赵衰曰:“重耳拜赐。”公子降拜稽首,公降一级而辞焉。衰曰:“君称所以佐天子者命重耳,重耳敢不拜。”

底本:毕沅校清嘉庆刊本《十三经注疏》

出处:[清]毕沅:《十三经注疏·春秋左传正义》,北京,中华书局2017年,第3938—3942页

僖公二十四年

经:二十有四年春,王正月。

夏,狄伐郑。

秋七月。

冬,天王出居于郑。

晋侯夷吾卒。

传:二十四年春,王正月,秦伯纳之。不书,不告入也。及河,子犯以璧授公子曰:“臣负羁绁从君巡于天下,臣之罪甚多矣。臣犹知之,而况君乎。请由此亡。”公子曰:“所不与舅氏同心者,有如白水。”投其璧于河。济河,围令狐,入桑泉,取臼衰。二月甲午,晋师军于庐柳。秦伯使公子絷如晋师,师退,军于郇。辛丑,狐偃及秦、晋之大夫盟于郇。壬寅,公子入于晋师。

丙午，入于曲沃。丁未，朝于武宫。戊申，使杀怀公于高梁。不书，亦不告也。

吕、郤畏偪，将焚公宫而弑晋侯。寺人披请见，公使让之，且辞焉。曰："蒲城之役，君命一宿，女即至。其后余从狄君以田渭滨，女为惠公来求杀余，命女三宿，女中宿至。虽有君命，何其速也。夫祛犹在，女其行乎。"对曰："臣谓君之入也，其知之矣。若犹未也，又将及难。君命无二，古之制也。除君之恶，唯力是视，蒲人、狄人，余何有焉。今君即位，其无蒲、狄乎？齐桓公置射鉤而使管仲相，君若易之，何辱命焉？行者甚众，岂唯刑臣。"公见之，以难告。

郑之入滑也，滑人听命。师还，又即卫。郑公子士洩、堵俞弥帅师伐滑。王使伯服、游孙伯如郑请滑。郑伯怨惠王之入而不与厉公爵也，又怨襄王之与卫、滑也，故不听王命而执二子。王怒，将以狄伐郑。富辰谏曰："不可。臣闻之，大上以德抚民，其次亲亲以相及也。昔周公弔二叔之不咸，故封建亲戚以蕃屏周。管蔡郕霍，鲁卫毛聃，郜雍曹滕，毕原酆郇，文之昭也。邘晋应韩，武之穆也。凡蒋邢茅胙祭，周公之胤也。召穆公思周德之不类，故纠合宗族于成周而作诗曰：'常棣之华，鄂不韡韡，凡今之人，莫如兄弟。'其四章曰：'兄弟阋于墙，外御其侮。'如是则兄弟虽有小忿，不废懿亲。今天子不忍小忿以弃郑亲，其若之何？庸勋亲亲，暱近尊贤，德之大者也。即聋从昧，与顽用嚚，奸之大者也。弃德崇奸，祸之大者也。郑有平、惠之勋，又有厉、宣之亲，弃嬖宠而用三良，于诸姬为近。四德具矣。耳不听五声之和为聋，目不别五色之章为昧，心不则德义之经为顽，口不道忠信之言为嚚，狄皆则之，四奸具矣。周之有懿德也，犹曰‘莫如兄弟’，故封建之。其怀柔天下也，犹惧有外侮，扞御侮者莫如亲亲，故以亲屏周。召穆公亦云。今周德既衰，于是乎又渝周、召以从诸奸，无乃不可乎？民未忘祸，王又兴之，其若文、武何？”王弗听，使颓叔、桃子出狄师。

夏，狄伐郑，取栎。王德狄人，将以其女为后。富辰谏曰："不可。臣闻之曰：‘报者倦矣，施者未厌。’狄固贪惏，王又启之，女德无极，妇怨无终，狄必为患。”王又弗听。

初，甘昭公有宠于惠后，惠后将立之，未及而卒。昭公奔齐，王复之。又通于隗氏。王替隗氏，颓叔、桃子曰："我实使狄，狄其怨我。”遂奉大叔，以狄师攻王。王御士将御之。王曰："先后其谓我何？宁使诸侯图之。”王遂出。及坎欿，国人纳之。

秋，颓叔、桃子奉大叔，以狄师伐周，大败周师，获周公忌父、原伯、毛伯、富辰。王出适郑，处于汜。大叔以隗氏居于温。

宋及楚平。宋成公如楚，还，入于郑。郑伯将享之，问礼于皇武子。对曰："宋，先代之后也，于周为客，天子有事膰焉，有丧拜焉，丰厚可也。”郑伯从之，享宋公有加，礼也。

底本： 毕沅校清嘉庆刊本《十三经注疏》

出处： [清]毕沅：《十三经注疏·春秋左传正义》，北京，中华书局 2017 年，第 3942—3947 页

僖公二十五年

经： 二十有五年春，王正月丙午，卫侯燬灭邢。

夏四月癸酉，卫侯燬卒。

宋杀其大夫。

秋，楚人围陈，纳顿子于顿。

冬十有二月癸亥，公会卫子、莒庆，盟于洮。

传：二十五年春，卫人伐邢，二礼从国子巡城，掖以赴外，杀之。正月丙午，卫侯燬灭邢。同姓也，故名。礼至为铭曰："余掖杀国子，莫余敢止。"

秦伯师于河上，将纳王。狐偃言于晋侯曰："求诸侯，莫如勤王。诸侯信之，且大义也。继文之业而信宣于诸侯，今为可矣。"使卜偃卜之，曰："吉，遇黄帝战于阪泉之兆。"公曰："吾不堪也。"对曰："周礼未改。今之王，古之帝也。"公曰："筮之。"筮之，遇《大有》之《睽》，曰："吉，遇'公用享于天子'之卦。战克而王享，吉孰大焉。且是卦也，天为泽以当日，天子降心以逆公，不亦可乎？《大有》去《睽》而复，亦其所也。"晋侯辞秦师而下。三月甲辰，次于阳樊。右师围温，左师逆王。

戊午，晋侯朝王，王享醴，命之宥。请隧，弗许，曰："王章也。未有代德而有二王，亦叔父之所恶也。"与之阳樊、温、原、茅之田。晋于是始启南阳。

阳樊不服，围之。苍葛呼曰："德以柔中国，刑以威四夷，宜吾不敢服也。此谁非王之亲姻，其俘之也？"乃出其民。

秋，秦、晋伐鄀。楚鬥克、屈御寇以申、息之师戍商密。秦人过析隈，入而系舆人以围商密，昏而傅焉。宵，坎血加书，伪与子仪、子边盟者。商密人惧曰："秦取析矣，戍人反矣。"乃降秦师。秦师囚申公子仪、息公子边以归。楚令尹子玉追秦师，弗及，遂围陈，纳顿子于顿。

冬，晋侯围原，命三日之粮。原不降，命去之。谍出，曰："原将降矣。"军吏曰："请待之。"公曰："信，国之宝也，民之所庇也，得原失信，何以庇之？所亡滋多。"退一舍而原降。迁原伯贯于冀。赵衰为原大夫,狐溱为温大夫。

卫人平莒于我。十二月,盟于洮,修卫文公之好,且及莒平也。

底本:毕沅校清嘉庆刊本《十三经注疏》

出处:[清]毕沅:《十三经注疏·春秋左传正义》,北京,中华书局2017年,第3951—3952页

僖公二十六年

经:二十有六年春,王正月己未,公会莒子、卫甯速,盟于向。

齐人侵我西鄙。公追齐师至酅,不及。

夏,齐人伐我北鄙。卫人伐齐。公子遂如楚乞师。

秋,楚人灭夔,以夔子归。

传:二十六年春,王正月,公会莒兹丕公、甯庄子,盟于向,寻洮之盟也。齐师侵我西鄙,讨是二盟也。

夏,齐孝公伐我北鄙。卫人伐齐,洮之盟故也。公使展喜犒师,使受命于展禽。

齐侯未入竟,展喜从之,曰:"寡君闻君亲举玉趾,将辱于敝邑,使下臣犒执事。"齐侯曰:"鲁人恐乎?"对曰:"小人恐矣,君子则否。"齐侯曰:"室如县罄,野无青草,何恃而不恐?"对曰:"恃先王之命。昔周公、大公股肱周室,夹辅成王。成王劳之而赐之盟曰:'世世子孙,无相害也。'载在盟府,大师职之。桓公是以纠合诸侯而谋其不协,弥缝其阙而匡救其灾,昭旧职也。及君即位,诸侯之望曰:'其率桓之功。'我敝邑用不敢保聚,曰:'岂其嗣世九年而弃命废职,其若先君何?'君必不然。恃此以

不恐。"齐侯乃还。

东门襄仲、臧文仲如楚乞师,臧孙见子玉而道之伐齐、宋,以其不臣也。

夔子不祀祝融与鬻熊,楚人让之,对曰:"我先王熊挚有疾,鬼神弗赦,而自窜于夔。吾是以失楚,又何祀焉?"

秋,楚成得臣、鬥宜申帅师灭夔,以夔子归。宋以其善于晋侯也,叛楚即晋。

底本:毕沅校清嘉庆刊本《十三经注疏》

出处:[清]毕沅:《十三经注疏·春秋左传正义》,北京,中华书局 2017 年,第 3953—3954 页

僖公二十七年

经:二十有七年春,杞子来朝。

夏六月庚寅,齐侯昭卒。

秋八月乙未,葬齐孝公。

乙巳,公子遂帅师入杞。

冬,楚人、陈侯、蔡侯、郑伯、许男围宋。

十有二月甲戌,公会诸侯盟于宋。

传:二十七年春,杞桓公来朝,用夷礼,故曰子。公卑杞,杞不共也。

夏,齐孝公卒。有齐怨,不废丧纪,礼也。

秋,入杞,责无礼也。

楚子将围宋,使子文治兵于睽,终朝而毕,不戮一人。子玉复治兵于蒍,终日而毕,鞭七人,贯三人耳。国老皆贺子文,子文饮之酒。蒍贾尚幼,后至不贺。子文问之,对曰:"不知所贺。

子之传政于子玉，曰：‘以靖国也。’靖诸内而败诸外，所获几何？子玉之败，子之举也，举以败国，将何贺焉？子玉刚而无礼，不可以治民，过三百乘，其不能以入矣。苟入而贺，何后之有？”

冬，楚子及诸侯围宋，宋公孙固如晋告急。先轸曰：“报施救患，取威定霸，于是乎在矣。”狐偃曰：“楚始得曹而新昏于卫，若伐曹、卫，楚必救之，则齐、宋免矣。”于是乎蒐于被庐，作三军，谋元帅。赵衰曰：“郤縠可。臣亟闻其言矣。说礼乐而敦诗书。诗书，义之府也。礼乐，德之则也。德义，利之本也。《夏书》曰：‘赋纳以言，明试以功，车服以庸。’君其试之。”乃使郤縠将中军，郤溱佐之；使狐偃将上军，让于狐毛而佐之；命赵衰为卿，让于栾枝、先轸。使栾枝将下军，先轸佐之。荀林父御戎，魏犨为右。

晋侯始入而教其民，二年欲用之。子犯曰：“民未知义，未安其居。”于是乎出定襄王，入务利民，民怀生矣，将用之。子犯曰：“民未知信，未宣其用。”于是乎伐原以示之信。民易资者不求丰焉，明征其辞。公曰：“可矣乎？”子犯曰：“民未知礼，未生其共。”于是乎大蒐以示之礼，作执秩以正其官，民听不惑而后用之。出穀戍，释宋围，一战而霸，文以教也。

底本：毕沅校清嘉庆刊本《十三经注疏》

出处：[清]毕沅：《十三经注疏·春秋左传正义》，北京，中华书局2017年，第3954—3957页

僖公二十八年

经：二十有八年春，晋侯侵曹。晋侯伐卫。

公子买戍卫，不卒戍，刺之。

楚人救卫。

三月丙午，晋侯入曹，执曹伯，畀宋人。

夏四月己巳，晋侯、齐师、宋师、秦师及楚人战于城濮，楚师败绩。

楚杀其大夫得臣。

卫侯出奔楚。

五月癸丑，公会晋侯、齐侯、宋公、蔡侯、郑伯、卫子、莒子，盟于践土。

陈侯如会。

公朝于王所。

六月，卫侯郑自楚复归于卫。

卫元咺出奔晋。

陈侯款卒。

秋，杞伯姬来。

公子遂如齐。

冬，公会晋侯、齐侯、宋公、蔡侯、郑伯、陈子、莒子、邾子、秦人于温。

天王狩于河阳。

壬申，公朝于王所。

晋人执卫侯，归之于京师。

卫元咺自晋复归于卫。

诸侯遂围许。

曹伯襄复归于曹，遂会诸侯围许。

传：二十八年春，晋侯将伐曹，假道于卫，卫人弗许。还，自河南济。侵曹伐卫。正月戊申，取五鹿。

二月，晋郤縠卒。原轸将中军，胥臣佐下军，上德也。

晋侯、齐侯盟于敛盂。卫侯请盟，晋人弗许。卫侯欲与楚，国人不欲，故出其君以说于晋。卫侯出居于襄牛。

公子买戍卫，楚人救卫，不克。公惧于晋，杀子丛以说焉。谓楚人曰："不卒戍也。"

晋侯围曹，门焉，多死，曹人尸诸城上，晋侯患之，听舆人之谋曰："称舍于墓。"师迁焉，曹人凶惧，为其所得者棺而出之。因其凶也而攻之。三月丙午，入曹。数之，以其不用僖负羁而乘轩者三百人也，且曰："献状。"令无入僖负羁之宫而免其族，报施也。魏犨、颠颉怒曰："劳之不图，报于何有！"爇僖负羁氏。魏犨伤于胸，公欲杀之，而爱其材，使问，且视之，病，将杀之。魏犨束胸见使者曰："以君之灵，不有宁也。"距跃三百，曲踊三百。乃舍之。杀颠颉以徇于师，立舟之侨以为戎右。

宋人使门尹般如晋师告急。公曰："宋人告急，舍之则绝。告楚不许，我欲战矣，齐、秦未可，若之何？"先轸曰："使宋舍我而赂齐、秦，藉之告楚。我执曹君而分曹、卫之田以赐宋人。楚爱曹、卫，必不许也。喜赂怒顽，能无战乎？"公说，执曹伯，分曹、卫之田以畀宋人。楚子入居于申，使申叔去穀，使子玉去宋，曰："无从晋师。晋侯在外十九年矣，而果得晋国。险阻艰难，备尝之矣；民之情伪，尽知之矣。天假之年，而除其害。天之所置，其可废乎？《军志》曰：'允当则归。'又曰：'知难而退。'又曰：'有德不可敌。'此三志者，晋之谓矣。"

子玉使伯棼请战，曰："非敢必有功也，愿以间执谗慝之口。"王怒，少与之师，唯西广、东宫与若敖之六卒实从之。

子玉使宛春告于晋师曰："请复卫侯而封曹，臣亦释宋之围。”子犯曰：“子玉无礼哉！君取一，臣取二，不可失矣。”先轸曰：“子与之。定人之谓礼，楚一言而定三国，我一言而亡之，我则无礼，何以战乎？不许楚言，是弃宋也，救而弃之，谓诸侯何？楚有三施，我有三怨，怨仇已多，将何以战？不如私许复曹、卫以携之，执宛春以怒楚，既战而后图之。”公说，乃拘宛春于卫，且私许复曹、卫。曹、卫告绝于楚。

子玉怒，从晋师。晋师退。军吏曰：“以君辟臣，辱也。且楚师老矣，何故退？”子犯曰：“师直为壮，曲为老。岂在久乎？微楚之惠不及此，退三舍辟之，所以报也。背惠食言，以亢其仇，我曲楚直，其众素饱，不可谓老。我退而楚还，我将何求。若其不还，君退臣犯，曲在彼矣。”退三舍，楚众欲止，子玉不可。

夏四月戊辰，晋侯、宋公、齐国归父崔夭、秦小子慭次于城濮。楚师背酅而舍，晋侯患之，听舆人之诵，曰：“原田每每，舍其旧而新是谋。”公疑焉。子犯曰：“战也。战而捷，必得诸侯。若其不捷，表里山河，必无害也。”公曰：“若楚惠何？”栾贞子曰：“汉阳诸姬，楚实尽之。思小惠而忘大耻，不如战也。”晋侯梦与楚子搏，楚子伏己而盬其脑，是以惧。子犯曰：“吉。我得天，楚伏其罪，吾且柔之矣。”

子玉使鬥勃请战，曰：“请与君之士戏，君冯轼而观之，得臣与寓目焉。”晋侯使栾枝对曰：“寡君闻命矣。楚君之惠未之敢忘，是以在此。为大夫退，其敢当君乎？既不获命矣，敢烦大夫谓二三子，戒尔车乘，敬尔君事，诘朝将见。”

晋车七百乘，韅、靷、鞅、靽。晋侯登有莘之虚以观师，曰：“少长有礼，其可用也。”遂伐其木以益其兵。己巳，晋师陈于莘北，胥臣以下军之佐当陈、蔡。子玉以若敖之六卒将中军，曰：

“今日必无晋矣。”子西将左，子上将右。胥臣蒙马以虎皮，先犯陈、蔡。陈、蔡奔，楚右师溃。狐毛设二旆而退之。栾枝使舆曳柴而伪遁，楚师驰之。原轸、郤溱以中军公族横击之。狐毛、狐偃以上军夹攻子西，楚左师溃。楚师败绩。子玉收其卒而止，故不败。

晋师三日馆穀，及癸酉而还。甲午，至于衡雍，作王宫于践土。乡役之三月，郑伯如楚致其师，为楚师既败而惧，使子人九行成于晋。晋栾枝入盟郑伯。五月丙午，晋侯及郑伯盟于衡雍。丁未，献楚俘于王，驷介百乘，徒兵千。郑伯傅王，用平礼也。己酉，王享醴，命晋侯宥。王命尹氏及王子虎、内史叔兴父策命晋侯为侯伯。赐之大辂之服，戎辂之服，彤弓一，彤矢百，玈弓矢千，秬鬯一卣，虎贲三百人。曰：“王谓叔父，敬服王命，以绥四国，纠逖王慝。”晋侯三辞，从命。曰：“重耳敢再拜稽首，奉扬天子之丕显休命。”受策以出，出入三覲。卫侯闻楚师败，惧出奔楚，遂適陈，使元咺奉叔武以受盟。癸亥，王子虎盟诸侯于王庭，要言曰：“皆奖王室，无相害也。有渝此盟，明神殛之，俾队其师，无克祚国，及而玄孙，无有老幼。”君子谓是盟也信，谓晋于是役也能以德攻。

初，楚子玉自为琼弁玉缨，未之服也。先战，梦河神谓己曰：“畀余，余赐女孟诸之麋。”弗致也。大心与子西使荣黄谏，弗听。荣季曰：“死而利国，犹或为之，况琼玉乎？是粪土也，而可以济师，将何爱焉？”弗听。出告二子曰：“非神败令尹，令尹其不勤民，实自败也。”既败，王使谓之曰：“大夫若入，其若申、息之老何？”子西、孙伯曰：“得臣将死，二臣止之曰：‘君其将以为戮。’”及连穀而死。晋侯闻之而后喜可知也，曰：“莫余毒也已！蔿吕臣实为令尹，奉己而已，不在民矣。”

或诉元咺于卫侯曰：“立叔武矣。”其子角从公，公使杀之。咺不废命，奉夷叔以入守。

六月，晋人复卫侯。甯武子与卫人盟于宛濮，曰：“天祸卫国，君臣不协，以及此忧也。今天诱其衷，使皆降心以相从也。不有居者，谁守社稷？不有行者，谁扞牧圉？不协之故，用昭乞盟于尔大神以诱天衷。自今日以往，既盟之后，行者无保其力，居者无惧其罪。有渝此盟，以相及也。明神先君，是纠是殛。”国人闻此盟也，而后不贰。卫侯先期入，甯子先长牂，守门以为使也，与之乘而入。公子歂犬、华仲前驱。叔武将沐，闻君至，喜，捉发走出，前驱射而杀之。公知其无罪也，枕之股而哭之。歂犬走出，公使杀之。元咺出奔晋。

城濮之战，晋中军风于泽，亡大旆之左旃。祁瞒奸命，司马杀之，以徇于诸侯。使茅茷代之。师还。壬午，济河。舟之侨先归，士会摄右。秋七月丙申，振旅，恺以入于晋。献俘授馘，饮至大赏，征会讨贰。杀舟之侨以徇于国，民于是大服。君子谓：“文公其能刑矣，三罪而民服。《诗》云：‘惠此中国，以绥四方。’不失赏刑之谓也。”

冬，会于温，讨不服也。

卫侯与元咺讼，甯武子为辅，鍼庄子为坐，士荣为大士。卫侯不胜。杀士荣，刖鍼庄子，谓甯俞忠而免之。执卫侯，归之于京师，寘诸深室。甯子职纳橐饘焉。元咺归于卫，立公子瑕。

是会也，晋侯召王，以诸侯见，且使王狩。仲尼曰：“以臣召君，不可以训。”故书曰：“天王狩于河阳。”言非其地也，且明德也。壬申，公朝于王所。

丁丑，诸侯围许。

晋侯有疾，曹伯之竖侯獳货筮史，使曰："以曹为解。齐桓公为会而封异姓，今君为会而灭同姓。曹叔振铎，文之昭也。先君唐叔，武之穆也。且合诸侯而灭兄弟，非礼也。与卫偕命，而不与偕复，非信也。同罪异罚，非刑也。礼以行义，信以守礼，刑以正邪，舍此三者，君将若之何？"公说，复曹伯，遂会诸侯于许。

晋侯作三行以御狄，荀林父将中行，屠击将右行，先蔑将左行。

底本：毕沅校清嘉庆刊本《十三经注疏》

出处：［清］毕沅：《十三经注疏·春秋左传正义》，北京，中华书局2017年，第3957—3966页

僖公二十九年

经：二十有九年春，介葛卢来。

公至自围许。

夏六月，会王人、晋人、宋人、齐人、陈人、蔡人、秦人盟于翟泉。

冬，介葛卢来。

传：二十九年春，介葛卢来朝，舍于昌衍之上。公在会，馈之刍米，礼也。

夏，公会王子虎、晋狐偃、宋公孙固、齐国归父、陈辕涛涂、秦小子慭，盟于翟泉，寻践土之盟，且谋伐郑也。卿不书，罪之也。在礼，卿不会公、侯，会伯、子、男可也。

冬，介葛卢来，以未见公，故复来朝，礼之，加燕好。介葛卢

闻牛鸣，曰："是生三牺，皆用之矣，其音云。"问之而信。

底本：毕沅校清嘉庆刊本《十三经注疏》

出处：[清]毕沅：《十三经注疏·春秋左传正义》，北京，中华书局2017年，第3972—3973页

僖公三十年

经：三十年春，王正月。

夏，狄侵齐。

(秋)晋人、秦人围郑。

介人侵萧。

冬，天王使宰周公来聘。

公子遂如京师，遂如晋。

传：三十年春，晋人侵郑，以观其可攻与否。狄间晋之有郑虞也。

夏，狄侵齐。

九月甲午，晋侯、秦伯围郑，以其无礼于晋，且贰于楚也。晋军函陵，秦军氾南。佚之狐言于郑伯曰："国危矣，若使烛之武见秦君，师必退。"公从之。辞曰："臣之壮也，犹不如人，今老矣，无能为也已。"公曰："吾不能早用子，今急而求子，是寡人之过也。然郑亡，子亦有不利焉。"许之，夜缒而出，见秦伯曰："秦、晋围郑，郑既知亡矣。若亡郑而有益于君，敢以烦执事。越国以鄙远，君知其难也，焉用亡郑以陪邻。邻之厚，君之薄也。若舍郑以为东道主，行李之往来，共其乏困，君亦无所害。且君尝为晋君赐矣，许君焦、瑕，朝济而夕设版焉，君之所知也。夫晋何厌之有？既东封郑，又欲肆其西封，若不阙秦，将焉取

之？阙秦以利晋，唯君图之。”秦伯说，与郑人盟，使杞子、逢孙、扬孙戍之。乃还。

子犯请击之。公曰：“不可。微夫人之力不及此。因人之力而敝之，不仁。失其所与，不知。以乱易整，不武。吾其还也。”亦去之。

冬，王使周公阅来聘，飨有昌歜、白、黑、形盐。辞曰：“国君，文足昭也，武可畏也，则有备物之飨，以象其德。荐五味，羞嘉穀，盐虎形，以献其功。吾何以堪之？”

东门襄仲将聘于周，遂初聘于晋。

底本： 毕沅校清嘉庆刊本《十三经注疏》

出处：［清］毕沅：《十三经注疏·春秋左传正义》，北京，中华书局 2017 年，第 3973—3974 页

僖公三十二年

经： 三十有二年春，王正月。

夏四月己丑，郑伯捷卒。

卫人侵狄。

秋，卫人及狄盟。

冬十有二月己卯，晋侯重耳卒。

传： 三十二年春，楚鬥章请平于晋，晋阳处父报之。晋、楚始通。

夏，狄有乱。卫人侵狄，狄请平焉。秋，卫人及狄盟。

冬，晋文公卒。庚辰，将殡于曲沃，出绛，柩有声如牛。卜偃使大夫拜。曰：“君命大事。将有西师过轶我，击之，必大捷焉。”杞子自郑使告于秦，曰：“郑人使我掌其北门之管，若潜师

以来，国可得也。”穆公访诸蹇叔，蹇叔曰：“劳师以袭远，非所闻也。师劳力竭，远主备之，无乃不可乎！师之所为，郑必知之。勤而无所，必有悖心。且行千里，其谁不知？”公辞焉。召孟明、西乞、白乙，使出师于东门之外。蹇叔哭之，曰：“孟子，吾见师之出而不见其入也。”公使谓之曰：“尔何知。中寿，尔墓之木拱矣。”蹇叔之子与师，哭而送之，曰：“晋人御师必于殽。殽有二陵焉：其南陵，夏后皋之墓也；其北陵，文王之所辟风雨也。必死是间，余收尔骨焉。”秦师遂东。

底本：毕沅校清嘉庆刊本《十三经注疏》

出处：［清］毕沅：《十三经注疏·春秋左传正义》，北京，中华书局 2017 年，第 3976—3977 页

僖公三十三年

经：三十有三年春，王二月，秦人入滑。

齐侯使国归父来聘。

夏四月辛巳，晋人及姜戎败秦师于殽。

癸巳，葬晋文公。

狄侵齐。

公伐邾，取訾娄。

秋，公子遂帅师伐邾。

晋人败狄于箕。

冬十月，公如齐。十有二月，公至自齐。乙巳，公薨于小寝。

陨霜不杀草，李、梅实。

晋人、陈人、郑人伐许。

传： 三十三年春，秦师过周北门，左右免胄而下。超乘者三百乘。王孙满尚幼，观之，言于王曰："秦师轻而无礼，必败。轻则寡谋，无礼则脱。入险而脱，又不能谋，能无败乎？"及滑，郑商人弦高将市于周，遇之。以乘韦先牛十二犒师，曰："寡君闻吾子将步师出于敝邑，敢犒从者。不腆敝邑，为从者之淹，居则具一日之积，行则备一夕之卫。"且使遽告于郑。则束载、厉兵、秣马矣。使皇武子辞焉，曰："吾子淹久于敝邑，唯是脯资饩牵竭矣。为吾子之将行也，郑之有原圃，犹秦之有具囿也。吾子取其麋鹿以閒敝邑，若何？"杞子奔齐，逢孙、扬孙奔宋。孟明曰："郑有备矣，不可冀也。攻之不克，围之不继，吾其还也。"灭滑而还。

齐国庄子来聘，自郊劳至于赠贿，礼成而加之以敏。臧文仲言于公曰："国子为政，齐犹有礼，君其朝焉。臣闻之，服于有礼，社稷之卫也。"

晋原轸曰："秦违蹇叔而以贪勤民，天奉我也。奉不可失，敌不可纵。纵敌患生，违天不祥。必伐秦师。"栾枝曰："未报秦施而伐其师，其为死君乎。"先轸曰："秦不哀吾丧而伐吾同姓，秦则无礼，何施之为？吾闻之，一日纵敌，数世之患也。谋及子孙，可谓死君乎？"遂发命，遽兴姜戎。子墨衰绖，梁弘御戎，莱驹为右。

夏四月辛巳，败秦师于殽，获百里孟明视、西乞术、白乙丙以归。遂墨以葬文公。晋于是始墨。

狄侵齐，因晋丧也。

公伐邾，取訾娄，以报升陉之役。邾人不设备，秋，襄仲复伐邾。

狄伐晋，及箕。八月戊子，晋侯败狄于箕。郤缺获白狄子。

先轸曰:“匹夫逞志于君而无讨,敢不自讨乎?”免胄入狄师,死焉。狄人归其元,面如生。

初,臼季使过冀,见冀缺耨,其妻馌之。敬,相待如宾。与之归,言诸文公曰:“敬,德之聚也。能敬必有德,德以治民,君请用之。臣闻之,出门如宾,承事如祭,仁之则也。”公曰:“其父有罪,可乎?”对曰:“舜之罪也殛鲧,其举也兴禹。管敬仲,桓之贼也,实相以济。《康诰》曰:‘父不慈,子不祗,兄不友,弟不共,不相及也。’《诗》曰:‘采葑采菲,无以下体。’君取节焉可也。”文公以为下军大夫。反自箕,襄公以三命命先且居将中军,以再命命先茅之县赏胥臣曰:“举郤缺,子之功也。”以一命命郤缺为卿,复与之冀,亦未有军行。

冬,公如齐,朝,且吊有狄师也。反,薨于小寝,即安也。

底本:毕沅校清嘉庆刊本《十三经注疏》

出处:[清]毕沅:《十三经注疏·春秋左传正义》,北京,中华书局2017年,第3977—3980页

文公元年

经:晋侯伐卫。

叔孙得臣如京师。

卫人伐晋。

秋,公孙敖会晋侯于戚。

冬十月丁未,楚世子商臣弑其君頵。公孙敖如齐。

传:晋文公之季年,诸侯朝晋。卫成公不朝,使孔达侵郑,伐绵、訾,及匡。晋襄公既祥,使告于诸侯而伐卫,及南阳。先且居曰:“效尤,祸也。请君朝王,臣从师。”晋侯朝王于温,先且

居、胥臣伐卫。五月辛酉朔，晋师围戚。六月戊戌，取之，获孙昭子。卫人使告于陈。陈共公曰："更伐之，我辞之。"卫孔达帅师伐晋，君子以为古。古者越国而谋。

秋，晋侯疆戚田，故公孙敖会之。

穆伯如齐，始聘焉，礼也。凡君即位，卿出并聘，践修旧好，要结外援，好事邻国，以卫社稷，忠信卑让之道也。忠，德之正也；信，德之固也；卑让，德之基也。

底本：毕沅校清嘉庆刊本《十三经注疏》

出处：［清］毕沅：《十三经注疏·春秋左传正义》，北京，中华书局2017年，第3986—3988页

文公二年

经：二年春，王二月甲子，晋侯及秦师战于彭衙，秦师败绩。

丁丑，作僖公主。

三月乙巳，及晋处父盟。

夏六月，公孙敖会宋公、陈侯、郑伯、晋士縠盟于垂陇。

八月丁卯，大事于大庙，跻僖公。

冬，晋人、宋人、陈人、郑人伐秦。

传：二年春，秦孟明视帅师伐晋，以报殽之役。二月，晋侯御之。先且居将中军，赵衰佐之。王官无地御戎，狐鞫居为右。甲子，及秦师战于彭衙。秦师败绩。晋人谓秦"拜赐之师"。

秦伯犹用孟明。孟明增修国政，重施于民。赵成子言于诸大夫曰："秦师又至，将必辟之，惧而增德，不可当也。《诗》曰：'毋念尔祖，聿修厥德。'孟明念之矣。念德不怠，其可敌乎。"

晋人以公不朝来讨。公如晋。

夏四月己巳，晋人使阳处父盟公以耻之。书曰："及晋处父盟。"以厌之也。適晋不书，讳之也。公未至，六月，穆伯会诸侯及晋司空士縠盟于垂陇，晋讨卫故也。书士縠，堪其事也。陈侯为卫请成于晋，执孔达以说。

底本：毕沅校清嘉庆刊本《十三经注疏》

出处：[清]毕沅：《十三经注疏·春秋左传正义》，北京，中华书局2017年，第3989—3991页

文公三年

经：三年春，王正月，叔孙得臣会晋人、宋人、陈人、卫人、郑人伐沈。沈溃。

夏五月，王子虎卒。

秦人伐晋。

秋，楚人围江。

雨螽于宋。

冬，公如晋。十有二月己巳，公及晋侯盟。

晋阳处父帅师伐楚以救江。

传：三年春，庄叔会诸侯之师伐沈，以其服于楚也。沈溃。凡民逃其上曰溃，在上曰逃。

卫侯如陈，拜晋成也。

夏四月乙亥，王叔文公卒，来赴吊如同盟，礼也。

秦伯伐晋，济河焚舟，取王官，及郊。晋人不出，遂自茅津济，封殽尸而还。遂霸西戎，用孟明也。

君子是以知秦穆公之为君也，举人之周也，与人之壹也；孟明之臣也，其不解也，能惧思也；子桑之忠也，其知人也，能举善

也。《诗》曰，“于以采蘩，于沼于沚，于以用之，公侯之事”，秦穆有焉。“夙夜匪解，以事一人”，孟明有焉。“诒厥孙谋，以燕翼子”，子桑有焉。

秋，雨螽于宋，队而死也。楚师围江。晋先仆伐楚以救江。

冬，晋以江故告于周。王叔桓公、晋阳处父伐楚以救江，门于方城，遇息公子朱而还。晋人惧其无礼于公也，请改盟。公如晋，及晋侯盟。晋侯飨公，赋《菁菁者莪》。庄叔以公降拜，曰：“小国受命于大国，敢不慎仪？君贶之以大礼，何乐如之。抑小国之乐，大国之惠也。”晋侯降辞，登，成拜。公赋《嘉乐》。

底本：毕沅校清嘉庆刊本《十三经注疏》

出处：［清］毕沅：《十三经注疏・春秋左传正义》，北京，中华书局2017年，第3993—3994页

文公四年

经：四年春，公至自晋。

夏，狄侵齐。

秋，楚人灭江。

晋侯伐秦。

传：四年春，晋人归孔达于卫，以为卫之良也，故免之。

夏，卫侯如晋拜。曹伯如晋，会正。

秋，晋侯伐秦，围刓(注：通“邧”)、新城，以报王官之役。

楚人灭江，秦伯为之降服、出次、不举、过数。大夫谏，公曰：“同盟灭，虽不能救，敢不矜乎！吾自惧也。”君子曰：“《诗》云：‘惟彼二国，其政不获，惟此四国，爰究爰度。’其秦穆之谓矣。”

底本：毕沅校清嘉庆刊本《十三经注疏》

出处：[清]毕沅：《十三经注疏·春秋左传正义》，北京，中华书局 2017 年，第 3994—3995 页

文公五年

经：夏，公孙敖如晋。

秦人入鄀。

秋，楚人灭六。

冬十月甲申，许男业卒。

传：鄀叛楚即秦，又贰于楚。

夏，秦人入鄀。六人叛楚即东夷。

秋，楚成大心、仲归帅师灭六。

冬，楚子燮灭蓼，臧文仲闻六与蓼灭，曰："皋陶庭坚，不祀忽诸。德之不建，民之无援，哀哉！"

晋阳处父聘于卫，反过甯，甯嬴从之。及温而还，其妻问之，嬴曰："以刚。《商书》曰：'沈渐刚克，高明柔克。'夫子壹之，其不没乎。天为刚德，犹不干时，况在人乎？且华而不实，怨之所聚也，犯而聚怨，不可以定身。余惧不获其利而离其难，是以去之。"晋赵成子、栾贞子、霍伯、臼季皆卒。

底本：毕沅校清嘉庆刊本《十三经注疏》

出处：[清]毕沅：《十三经注疏·春秋左传正义》，北京，中华书局 2017 年，第 4000—4001 页

文公七年

经：秋八月，公会诸侯、晋大夫，盟于扈。

冬，徐伐莒。

公孙敖如莒涖盟。

传： 秋八月，齐侯、宋公、卫侯、郑伯、许男、曹伯会晋赵盾盟于扈，晋侯立故也。公后至，故不书所会。凡会诸侯，不书所会，后也。后至不书其国，辟不敏也。

穆伯娶于莒，曰戴己，生文伯，其娣声己生惠叔。戴己卒，又聘于莒，莒人以声己辞，则为襄仲聘焉。

冬，徐伐莒。莒人来请盟。穆伯如莒涖盟，且为仲逆。及鄢陵，登城见之，美，自为娶之。仲请攻之，公将许之。叔仲惠伯谏曰："臣闻之，兵作于内为乱，于外为寇，寇犹及人，乱自及也。今臣作乱而君不禁，以启寇仇，若之何？"公止之，惠伯成之。使仲舍之，公孙敖反之，复为兄弟如初。从之。

晋郤缺言于赵宣子曰："日卫不睦，故取其地，今已睦矣，可以归之。叛而不讨，何以示威？服而不柔，何以示怀？非威非怀，何以示德？无德何以主盟？子为正卿以主诸侯，而不务德，将若之何？《夏书》曰：'戒之用休，董之用威，劝之以九歌勿使坏。'九功之德皆可歌也，谓之九歌。六府、三事，谓之九功。水、火、金、木、土、穀，谓之六府。正德、利用、厚生，谓之三事。义而行之，谓之德礼。无礼不乐，所由叛也。若吾子之德莫可歌也，其谁来之？盍使睦者歌吾子乎？"宣子说之。

底本： 毕沅校清嘉庆刊本《十三经注疏》

出处： [清]毕沅：《十三经注疏·春秋左传正义》，北京，中华书局2017年，第4005—4008页

文公八年

经：冬十月壬午，公子遂会晋赵盾，盟于衡雍。

乙酉，公子遂会雒戎，盟于暴。

传：秋，襄王崩。

晋人以扈之盟来讨。

冬，襄仲会晋赵孟，盟于衡雍，报扈之盟也，遂会伊、雒之戎。书曰“公子遂”，珍之也。

穆伯如周吊丧，不至，以币奔莒，从己氏焉。

底本：毕沅校清嘉庆刊本《十三经注疏》

出处：［清］毕沅：《十三经注疏·春秋左传正义》，北京，中华书局2017年，第4008页

文公九年

经：（三月）楚人伐郑。

公子遂会晋人、宋人、卫人、许人救郑。

夏，狄侵齐。

秋八月，曹伯襄卒。

九月癸酉，地震。

冬，楚子使椒来聘。

秦人来归僖公、成风之隧（注，通“襚”，隧字无“穿衣”义，但嘉庆本为“隧”，此处依通假处理。）。

传：九年春，王正月己酉，使贼杀先克。乙丑，晋人杀先都、梁益耳。

毛伯卫来求金，非礼也。不书王命，未葬也。

二月，庄叔如周。葬襄王。

三月甲戌,晋人杀箕郑父、士縠、蒯得。

范山言于楚子曰:"晋君少,不在诸侯,北方可图也。"楚子师于狼渊以伐郑。囚公子坚、公子尨及乐耳。郑及楚平。公子遂会晋赵盾、宋华耦、卫孔达、许大夫救郑,不及楚师。卿不书,缓也,以惩不恪。

夏,楚侵陈,克壶丘,以其服于晋也。

秋,楚公子朱自东夷伐陈,陈人败之,获公子茷。陈惧,乃及楚平。

冬,楚子越椒来聘,执币傲。叔仲惠伯曰:"是必灭若敖氏之宗。傲其先君,神弗福也。"

秦人来归僖公、成风之襚,礼也。诸侯相吊贺也,虽不当事,苟有礼焉,书也,以无忘旧好。

底本: 毕沅校清嘉庆刊本《十三经注疏》

出处:［清］毕沅:《十三经注疏·春秋左传正义》,北京,中华书局2017年,第4010—4011页

文公十年

经: 自正月不雨,至于秋七月。

及苏子盟于女栗。

冬,狄侵宋。

楚子、蔡侯次于厥貉。

传: 秋七月,及苏子盟于女栗,项(注:通"顷",即周顷王)王立故也。

陈侯、郑伯会楚子于息。

冬,遂及蔡侯次于厥貉。将以伐宋。宋华御事曰:"楚欲弱

我也。先为之弱乎，何必使诱我？我实不能，民何罪？”乃逆楚子，劳，且听命。遂道以田孟诸。宋公为右盂，郑伯为左盂。期思公复遂为右司马，子朱及文之无畏为左司马。命夙驾载燧，宋公违命，无畏抶其仆以徇。或谓子舟曰：“国君不可戮也。”子舟曰：“当官而行，何彊之有！《诗》曰：‘刚亦不吐，柔亦不茹。’‘毋纵诡随，以谨罔极。’是亦非辟强也，敢爱死以乱官乎！”

厥貉之会，麇子逃归。

底本：毕沅校清嘉庆刊本《十三经注疏》

出处：[清]毕沅：《十三经注疏·春秋左传正义》，北京，中华书局 2017 年，第 4011—4012 页

文公十一年

经：十有一年春，楚子伐麇。

夏，叔彭生会晋郤缺于承筐。

秋，曹伯来朝。

公子遂如宋。

狄侵齐。

冬十月甲午，叔孙得臣败狄于鹹。

传：十一年春，楚子伐麇，成大心败麇师于防渚。潘崇复伐麇，至于锡穴。

夏，叔仲惠伯会晋郤缺于承筐，谋诸侯之从于楚者。

秋，曹文公来朝，即位而来见也。

襄仲聘于宋，且言司城荡意诸而复之，因贺楚师之不害也。

底本：毕沅校清嘉庆刊本《十三经注疏》

出处：[清]毕沅：《十三经注疏·春秋左传正义》，北京，中

华书局2017年,第4017页

文公十二年

经:十有二年春,王正月,郕伯来奔。

杞伯来朝。

二月庚子,子叔姬卒。

夏,楚人围巢。

秋,滕子来朝。

秦伯使术来聘。

传:十二年春,郕伯卒,郕人立君。大子以夫锺与郕邽来奔。公以诸侯逆之,非礼也。故书曰:"郕伯来奔。"不书地,尊诸侯也。

杞桓公来朝,始朝公也。且请绝叔姬而无绝昏,公许之。二月,叔姬卒,不言杞,绝也。书叔姬,言非女也。

楚令尹大孙伯卒,成嘉为令尹。群舒叛楚。

夏,子孔执舒子平及宗子,遂围巢。

秋,滕昭公来朝,亦始朝公也。

秦伯使西乞术来聘,且言将伐晋。襄仲辞玉曰:"君不忘先君之好,照临鲁国,镇抚其社稷,重之以大器,寡君敢辞玉。"对曰:"不腆敝器,不足辞也。"主人三辞。宾答曰:"寡君愿徼福于周公、鲁公以事君,不腆先君之敝器,使下臣致诸执事以为瑞节,要结好命,所以藉寡君之命,结二国之好,是以敢致之。"襄仲曰:"不有君子,其能国乎?国无陋矣。"厚贿之。

底本:毕沅校清嘉庆刊本《十三经注疏》

出处:[清]毕沅:《十三经注疏·春秋左传正义》,北京,中

华书局 2017 年，第 4018—4019 页

文公十三年

经： 冬，公如晋。

卫侯会公于沓。

狄侵卫。

十有二月己丑，公及晋侯盟。

公还自晋。郑伯会公于棐。

传： 冬，公如晋，朝，且寻盟。卫侯会公于沓，请平于晋。公还，郑伯会公于棐，亦请平于晋。公皆成之。郑伯与公宴于棐。子家赋《鸿雁》。季文子曰："寡君未免于此。"文子赋《四月》。子家赋《载驰》之四章，文子赋《采薇》之四章。郑伯拜，公答拜。

底本： 毕沅校清嘉庆刊本《十三经注疏》

出处： ［清］毕沅：《十三经注疏·春秋左传正义》，北京，中华书局 2017 年，第 4020—4023 页

文公十四年

经： 六月，公会宋公、陈侯、卫侯、郑伯、许男、曹伯、晋赵盾，癸酉，同盟于新城。

秋七月，有星孛入于北斗。

公至自会。

传： 六月，同盟于新城，从于楚者服，且谋邾也。

秋七月乙卯夜，齐商人弑舍而让元。元曰："尔求之久矣。我能事尔，尔不可使多蓄憾。将免我乎？尔为之。"

晋赵盾以诸侯之师八百乘纳捷菑于邾。邾人辞曰："齐出

矍且长。"宣子曰："辞顺而弗从，不祥。"乃还。

底本：毕沅校清嘉庆刊本《十三经注疏》

出处：[清]毕沅：《十三经注疏·春秋左传正义》，北京，中华书局2017年，第4023—4024页

文公十五年

经：十有五年春，季孙行父如晋。

三月，宋司马华孙来盟。

夏，曹伯来朝。

齐人归公孙敖之丧。

六月辛丑朔，日有食之。鼓，用牲于社。

单伯至自齐。

晋郤缺帅师伐蔡。

戊申，入蔡。

齐人侵我西鄙。

季孙行父如晋。

冬十有一月，诸侯盟于扈。

十有二月，齐人来归子叔姬。

齐侯侵我西鄙。遂伐曹，入其郛。

传：十五年春，季文子如晋，为单伯与子叔姬故也。

三月，宋华耦来盟，其官皆从之。书曰"宋司马华孙"，贵之也。公与之宴，辞曰："君之先臣督，得罪于宋殇公，名在诸侯之策。臣承其祀，其敢辱君！请承命于亚旅。"鲁人以为敏。

夏，曹伯来朝，礼也。诸侯五年再相朝，以修王命，古之制也。

新城之盟，蔡人不与。晋郤缺以上军、下军伐蔡，曰：“曰弱，不可以怠。”戊申，入蔡，以城下之盟而还。凡胜国，曰“灭之”；获大城焉，曰“入之”。

秋，齐人侵我西鄙，故季文子告于晋。

冬十一月，晋侯、宋公、卫侯、蔡侯、郑伯、许男、曹伯盟于扈，寻新城之盟，且谋伐齐也。齐人赂晋侯，故不克而还。于是有齐难，是以公不会。书曰：“诸侯盟于扈。”无能为故也。凡诸侯会，公不与，不书，讳君恶也。与而不书，后也。齐人来归子叔姬，王故也。

齐侯侵我西鄙，谓诸侯不能也。遂伐曹，入其郛，讨其来朝也。季文子曰：“齐侯其不免乎？己则无礼，而讨于有礼者曰：‘女何故行礼！’礼以顺天，天之道也。己则反天，而又以讨人，难以免矣。《诗》曰：‘胡不相畏，不畏于天？’君子之不虐幼贱，畏于天也。在《周颂》曰：‘畏天之威，于时保之。’不畏于天，将何能保？以乱取国，奉礼以守，犹惧不终，多行无礼，弗能在矣！”

底本：毕沅校清嘉庆刊本《十三经注疏》

出处：［清］毕沅：《十三经注疏·春秋左传正义》，北京，中华书局 2017 年，第 4025—4029 页

文公十六年

经：十有六年春，季孙行父会齐侯于阳穀，齐侯弗及盟。

夏五月，公四不视朔。

六月戊辰，公子遂及齐侯盟于郪丘。

秋八月辛未，夫人姜氏薨。

毁泉台。

楚人、秦人、巴人灭庸。

传：十六年春，王正月，及齐平。公有疾，使季文子会齐侯于阳穀，请盟。齐侯不肯，曰："请俟君間。"

夏五月，公四不视朔，疾也。公使襄仲纳赂于齐侯，故盟于郪丘。

秋八月辛未，声姜薨，毁泉台。

楚大饥，戎伐其西南，至于阜山，师于大林。又伐其东南，至于阳丘，以侵訾枝。庸人帅群蛮以叛楚。麇人率百濮聚于选，将伐楚。

于是申、息之北门不启，楚人谋徙于阪高。蒍贾曰："不可。我能往，寇亦能往。不如伐庸。夫麇与百濮，谓我饥不能师，故伐我也。若我出师，必惧而归。百濮离居，将各走其邑，谁暇谋人？"乃出师。旬有五日，百濮乃罢。自庐以往，振廪同食。次于句澨。使庐戢棃侵庸，及庸方城。庸人逐之，囚子扬窗。三宿而逸，曰："庸师众，群蛮聚焉，不如复大师，且起王卒，合而后进。"师叔曰："不可。姑又与之遇以骄之。彼骄我怒，而后可克，先君蚡冒所以服陉隰也。"又与之遇，七遇皆北，唯裨、儵、鱼人实逐之。庸人曰："楚不足与战矣。"遂不设备。

楚子乘驲，会师于临品，分为二队：子越自石溪，子贝自仞，以伐庸。秦人、巴人从楚师，群蛮从楚子盟。遂灭庸。

底本：毕沅校清嘉庆刊本《十三经注疏》

出处：［清］毕沅：《十三经注疏·春秋左传正义》，北京，中华书局 2017 年，第 4035—4036 页

文公十七年

经：十有七年春，晋人、卫人、陈人、郑人伐宋。

齐侯伐我西鄙。

六月癸未，公及齐侯盟于穀。诸侯会于扈。

秋，公至自穀。

冬，公子遂如齐。

传：十七年春，晋荀林父、卫孔达、陈公孙宁、郑石楚伐宋。讨曰："何故弑君！"犹立文公而还，卿不书，失其所也。

齐侯伐我北鄙。襄仲请盟。六月，盟于穀。

晋侯蒐于黄父，遂复合诸侯于扈，平宋也。公不与会，齐难故也。书曰"诸侯"，无功也。于是，晋侯不见郑伯，以为贰于楚也。郑子家使执讯而与之书，以告赵宣子，曰："寡君即位三年，召蔡侯而与之事君。九月，蔡侯入于敝邑以行。敝邑以侯宣多之难，寡君是以不得与蔡侯偕。十一月，克减(注：通"灭")侯宣多而随蔡侯以朝于执事。十二年六月，归生佐寡君之嫡夷，以请陈侯于楚而朝诸君。十四年七月，寡君又朝，以蒇陈事。十五年五月，陈侯自敝邑往朝于君。往年正月，烛之武往朝夷也。八月，寡君又往朝。以陈、蔡之密迩于楚而不敢贰焉，则敝邑之故也。虽敝邑之事君，何以不免？在位之中，一朝于襄，而再见于君。夷与孤之二三臣相及于绛，虽我小国，则蔑以过之矣。今大国曰：'尔未逞吾志。'敝邑有亡，无以加焉。古人有言曰：'畏首畏尾，身其馀几。'又曰：'鹿死不择音。'小国之事大国也，德则其人也，不德则其鹿也，铤而走险，急何能择。命之罔极，亦知亡矣。将悉敝赋以待于儵，唯执事命之。文公二年六月壬申，朝于齐。四年二月壬戌，为齐侵蔡，亦获成于楚。居大国之间而从于强令,岂其罪也。大国若弗图,无所逃命。”

襄仲如齐,拜榖之盟。复曰:“臣闻齐人将食鲁之麦。以臣观之,将不能。齐君之语偷。臧文仲有言曰:‘民主偷必死。’”

底本:毕沅校清嘉庆刊本《十三经注疏》

出处:[清]毕沅:《十三经注疏·春秋左传正义》,北京,中华书局2017年,第4037—4039页

宣公元年

经:夏,季孙行父如齐。

六月,齐人取济西田。

秋,邾子来朝。

楚子、郑人侵陈,遂侵宋。

传:夏,季文子如齐,纳赂以请会。

(六月)宋人之弑昭公也,晋荀林父以诸侯之师伐宋,宋及晋平。宋文公受盟于晋,又会诸侯于扈,将为鲁讨齐,皆取赂而还。

郑穆公曰:“晋不足与也。”遂受盟于楚。陈共公之卒,楚人不礼焉。陈灵公受盟于晋。

底本:毕沅校清嘉庆刊本《十三经注疏》

出处:[清]毕沅:《十三经注疏·春秋左传正义》,北京,中华书局2017年,第4049—4051页

宣公七年

经:七年春,卫侯使孙良夫来盟。

夏,公会齐侯伐莱。

秋,公至自伐莱。大旱。

冬,公会晋侯、宋公、卫侯、郑伯、曹伯于黑壤。

传: 七年春,卫孙桓子来盟,始通,且谋会晋也。

夏,公会齐侯伐莱,不与谋也。凡师出,与谋曰及,不与谋曰会。

赤狄侵晋,取向阴之禾。

郑及晋平,公子宋之谋也,故相郑伯以会。

冬,盟于黑壤,王叔桓公临之,以谋不睦。

晋侯之立也,公不朝焉,又不使大夫聘,晋人止公于会,盟于黄父。公不与盟,以赂免。故黑壤之盟不书,讳之也。

底本: 毕沅校清嘉庆刊本《十三经注疏》

出处: [清]毕沅:《十三经注疏·春秋左传正义》,北京,中华书局 2017 年,第 4066—4067 页

宣公八年

经: 八年春,公至自会。

夏六月,公子遂如齐,至黄乃复。

辛巳,有事于大庙,仲遂卒于垂。

壬午,犹绎。《万》入去籥。

戊子,夫人嬴氏薨。

晋师、白狄伐秦。

楚人灭舒、蓼。

传: 八年春,白狄及晋平。

夏,会晋伐秦。晋人获秦谍,杀诸绛市,六日而苏。

有事于大庙,襄仲卒而绎,非礼也。

楚为众舒叛故，伐舒、蓼，灭之。楚子疆之，及滑汭。盟吴、越而还。

底本：毕沅校清嘉庆刊本《十三经注疏》

出处：[清]毕沅：《十三经注疏·春秋左传正义》，北京，中华书局2017年，第4067—4068页

宣公九年

经：九年春，王正月，公如齐。

公至自齐。

夏，仲孙蔑如京师。

齐侯伐莱。

九月，晋侯、宋公、卫侯、郑伯、曹伯会于扈。

传：九年春，王使来征聘。

夏，孟献子聘于周，王以为有礼，厚贿之。

会于扈，讨不睦也。陈侯不会。晋荀林父以诸侯之师伐陈。晋侯卒于扈，乃还。

冬，宋人围滕，因其丧也。

陈灵公与孔宁、仪行父通于夏姬，皆衷其衵服以戏于朝。泄冶谏曰："公卿宣淫，民无效焉。"

底本：毕沅校清嘉庆刊本《十三经注疏》

出处：[清]毕沅：《十三经注疏·春秋左传正义》，北京，中华书局2017年，第4068—4069页

宣公十年

经：秋，天王使王季子来聘。

公孙归父帅师伐邾,取绎。大水。季孙行父如齐。

冬,公孙归父如齐。齐侯使国佐来聘。

饥。楚子伐郑。

传: 秋,刘康公来报聘。

师伐邾,取绎。

季文子初聘于齐。

冬,子家如齐,伐邾故也。

国武子来报聘。

底本: 毕沅校清嘉庆刊本《十三经注疏》

出处: [清]毕沅:《十三经注疏·春秋左传正义》,北京,中华书局 2017 年,第 4070—4071 页

宣公十一年

经: 十有一年春,王正月。

夏,楚子、陈侯、郑伯盟于辰陵。

公孙归父会齐人伐莒。

秋,晋侯会狄于欑函。

传: 十一年春,楚子伐郑,及栎。子良曰:"晋、楚不务德而兵争,与其来者可也。晋、楚无信,我焉得有信。"乃从楚。

夏,楚盟于辰陵,陈、郑服也。

晋郤成子求成于众狄,众狄疾赤狄之役,遂服于晋。

秋,会于欑函,众狄服也。是行也,诸大夫欲召狄。郤成子曰:"吾闻之,非德莫如勤,非勤何以求人?能勤有继,其从之也。《诗》曰:'文王既勤止。'文王犹勤,况寡德乎?"

冬,楚子为陈夏氏乱故,伐陈。谓陈人无动,将讨于少西

氏。遂入陈，杀夏徵舒，诸栗门，因县陈。陈侯在晋。申叔时使于齐，反，复命而退。王使让之曰："夏徵舒为不道，弑其君，寡人以诸侯讨而戮之，诸侯县公皆庆寡人，女独不庆寡人，何故？"对曰："犹可辞乎？"王曰："可哉！"曰："夏徵舒弑其君，其罪大矣，讨而戮之，君之义也。抑人亦有言曰：'牵牛以蹊人之田，而夺之牛。'牵牛以蹊者，信有罪矣；而夺之牛，罚已重矣。诸侯之从也，曰讨有罪也。今县陈，贪其富也。以讨召诸侯，而以贪归之，无乃不可乎？"王曰："善哉！吾未之闻也。反之可乎？"对曰："可哉！吾侪小人所谓取诸其怀而与之也。"乃复封陈，乡取一人焉以归，谓之夏州。故书曰："楚子入陈，纳公孙宁、仪行父于陈。"书有礼也。

厉之役，郑伯逃归。自是楚未得志焉。郑既受盟于辰陵，又徼事于晋。

底本：毕沅校清嘉庆刊本《十三经注疏》

出处：[清]毕沅：《十三经注疏·春秋左传正义》，北京，中华书局2017年，第4071—4073页

宣公十二年

经：冬十有二月戊寅，楚子灭萧。

晋人、宋人、卫人、曹人同盟于清丘。

宋师伐陈，卫人救陈。

传：冬，楚子伐萧，宋华椒以蔡人救萧。萧人囚熊相宜僚及公子丙。王曰："勿杀，吾退。"萧人杀之。王怒，遂围萧。萧溃。申公巫臣曰："师人多寒。"王巡三军，拊而勉之。三军之士，皆如挟纩。遂傅于萧。还无社与司马卯言，号申叔展。叔展曰：

“有麦[插图]乎?”曰:“无。”“有山鞠穷乎?”曰:“无。”“河鱼腹疾奈何?”曰:“目于眢井而拯之。”“若为茅绖,哭井则己。”明日萧溃,申叔视其井,则茅绖存焉,号而出之。

晋原縠、宋华椒、卫孔达、曹人同盟于清丘。曰:“恤病讨贰。”于是卿不书,不实其言也。宋为盟故,伐陈。卫人救之。孔达曰:“先君有约言焉,若大国讨,我则死之。”

底本:毕沅校清嘉庆刊本《十三经注疏》

出处:[清]毕沅:《十三经注疏·春秋左传正义》,北京,中华书局2017年,第4077—4089页

宣公十三年

经:十有三年春,齐师伐莒。

夏,楚子伐宋。

秋,螽。

冬,晋杀其大夫先縠。

传:十三年春,齐师伐莒,莒恃晋而不事齐故也。

夏,楚子伐宋,以其救萧也。君子曰:“清丘之盟,唯宋可以免焉。”

秋,赤狄伐晋,及清,先縠召之也。

冬,晋人讨邲之败,与清之师,归罪于先縠而杀之,尽灭其族。君子曰:“恶之来也,己则取之,其先縠之谓乎。”

清丘之盟,晋以卫之救陈也讨焉。使人弗去,曰:“罪无所归,将加而师。”孔达曰:“苟利社稷,请以我说。罪我之由。我则为政而亢大国之讨,将以谁任?我则死之。”

底本:毕沅校清嘉庆刊本《十三经注疏》

出处：［清］毕沅：《十三经注疏·春秋左传正义》，北京，中华书局2017年，第4093页

宣公十四年

经：十有四年春，卫杀其大夫孔达。

秋九月，楚子围宋。葬曹文公。

冬，公孙归父会齐侯于穀。

传：十四年春，孔达缢而死。卫人以说于晋而免。遂告于诸侯曰："寡君有不令之臣达，构我敝邑于大国，既伏其罪矣，敢告。"卫人以为成劳，复室其子，使复其位。

楚子使申舟聘于齐，曰："无假道于宋。"亦使公子冯聘于晋，不假道于郑。申舟以孟诸之役恶宋，曰："郑昭宋聋，晋使不害，我则必死。"王曰："杀女，我伐之。"见犀而行。及宋，宋人止之。华元曰："过我而不假道，鄙我也。鄙我，亡也。杀其使者必伐我，伐我亦亡也。亡一也。"乃杀之。楚子闻之，投袂而起，屦及于室皇，剑及于寝门之外，车及于蒲胥之市。秋九月，楚子围宋。

冬，公孙归父会齐侯于穀。见晏桓子，与之言鲁乐。桓子告高宣子曰："子家其亡乎，怀于鲁矣。怀必贪，贪必谋人。谋人，人亦谋己。一国谋之，何以不亡？"

孟献子言于公曰："臣闻小国之免于大国也，聘而献物，于是有庭实旅百。朝而献功，于是有容貌采章嘉淑，而有加货。谋其不免也。诛而荐贿，则无及也。今楚在宋，君其图之。"公说。

底本：毕沅校清嘉庆刊本《十三经注疏》

出处：［清］毕沅：《十三经注疏·春秋左传正义》，北京，中华书局 2017 年，第 4093—4095 页

宣公十七年

经：己未，公会晋侯、卫侯、曹伯、邾子同盟于断道。

秋，公至自会。

传：夏，会于断道，讨贰也。盟于卷楚，辞齐人。晋人执晏弱于野王，执蔡朝于原，执南郭偃于温。苗贲皇使，见晏桓子，归言于晋侯曰："夫晏子何罪？昔者诸侯事吾先君，皆如不逮，举言群臣不信，诸侯皆有贰志。齐君恐不得礼，故不出而使四子来。左右或沮之曰：'君不出，必执吾使。'故高子及敛盂而逃。夫三子者曰：'若绝君好，宁归死焉。'为是犯难而来，吾若善逆彼，以怀来者，吾又执之以信齐沮，吾不既过矣乎？过而不改，而又久之，以成其悔，何利之有焉？使反者得辞，而害来者，以惧诸侯，将焉用之？"晋人缓之，逸。

底本：毕沅校清嘉庆刊本《十三经注疏》

出处：［清］毕沅：《十三经注疏·春秋左传正义》，北京，中华书局 2017 年，第 4100—4101 页

宣公十八年

经：十有八年春，晋侯、卫世子臧伐齐。

传：十八年春，晋侯、卫大子臧伐齐，至于阳穀。齐侯会晋侯盟于缯，以公子彊为质于晋。

底本：毕沅校清嘉庆刊本《十三经注疏》

出处：［清］毕沅：《十三经注疏·春秋左传正义》，北京，中

华书局2017年，第4102页

成公元年

经：元年春，王正月，公即位。

夏，臧孙许及晋侯盟于赤棘。

传：元年春，晋侯使瑕嘉平戎于王，单襄公如晋拜成。刘康公徼戎，将遂伐之。叔服曰："背盟而欺大国，此必败。背盟不祥，欺大国不义，神人弗助，将何以胜？"不听，遂伐茅戎。三月癸未，败绩于徐吾氏。

闻齐将出楚师。

夏，盟于赤棘。

冬，臧宣叔令修赋，缮完，具守备，曰："齐、楚结好，我新与晋盟，晋、楚争盟，齐师必至。虽晋人伐齐，楚必救之，是齐、楚同我也。知难而有备，乃可以逞。"

底本：毕沅校清嘉庆刊本《十三经注疏》

出处：［清］毕沅：《十三经注疏·春秋左传正义》，北京，中华书局2017年，第4108—4109页

成公二年

经：二年春，齐侯伐我北鄙。

六月癸酉，季孙行父、臧孙许、叔孙侨如、公孙婴齐帅师会晋郤克、卫孙良夫、曹公子首及齐侯战于鞌，齐师败绩。

己酉，及国佐盟于袁娄。

丙申，公及楚人、秦人、宋人、陈人、卫人、郑人、齐人、曹人、邾人、薛人、鄫人盟于蜀。

传: 二年春，齐侯伐我北鄙，围龙。顷公之嬖人卢蒲就魁门焉，龙人囚之。齐侯曰："勿杀！吾与而盟，无入而封。"弗听，杀而膊诸城上。齐侯亲鼓士陵城，三日，取龙，遂南侵及巢丘。

晋师从齐师，入自丘舆，击马陉。齐侯使宾媚人赂以纪甗、玉磬与地。不可，则听客之所为。宾媚人致赂，晋人不可，曰："必以萧同叔子为质，而使齐之封内尽东其亩。"对曰："萧同叔子非他，寡君之母也。若以匹敌，则亦晋君之母也。吾子布大命于诸侯，而曰：'必质其母以为信。'其若王命何？且是以不孝令也。《诗》曰：'孝子不匮，永锡尔类。'若以不孝令于诸侯，其无乃非德类也乎？先王疆理天下物土之宜，而布其利，故《诗》曰：'我疆我理，南东其亩。'今吾子疆理诸侯，而曰'尽东其亩'而已，唯吾子戎车是利，无顾土宜，其无乃非先王之命也乎？反先王则不义，何以为盟主？其晋实有阙。四王之王也，树德而济同欲焉。五伯之霸也，勤而抚之，以役王命。今吾子求合诸侯，以逞无疆之欲。《诗》曰：'布政优优，百禄是遒。'子实不优，而弃百禄，诸侯何害焉！不然，寡君之命使臣则有辞矣，曰：'子以君师，辱于敝邑，不腆敝赋，以犒从者。畏君之震，师徒桡败。吾子惠徼齐国之福，不泯其社稷，使继旧好，唯是先君之敝器、土地不敢爱。子又不许。请收合馀烬，背城借一。敝邑之幸，亦云从也。况其不幸，敢不唯命是听。'"鲁、卫谏曰："齐疾我矣！其死亡者，皆亲暱也。子若不许，仇我必甚。唯子则又何求？子得其国宝，我亦得地，而纾于难，其荣多矣！齐、晋亦唯天所授，岂必晋？"晋人许之，对曰："群臣帅赋舆以为鲁、卫请，若苟有以藉口而复于寡君，君之惠也。敢不唯命是听。”

秋七月，晋师及齐国佐盟于爰娄，使齐人归我汶阳之田。公会晋师于上鄍，赐三帅先路三命之服，司马、司空、舆帅、候正、亚旅，皆受一命之服。

宣公使求好于楚。庄王卒，宣公薨，不克作好。公即位，受盟于晋。会晋伐齐。卫人不行使于楚，而亦受盟于晋，从于伐齐。故楚令尹子重为阳桥之役以救齐。将起师，子重曰："君弱，群臣不如先大夫，师众而后可。《诗》曰：'济济多士，文王以宁。'夫文王犹用众，况吾侪乎？且先君庄王属之曰：'无德以及远方，莫如惠恤其民而善用之。'"乃大户，已责，逮鳏，救乏，赦罪，悉师。王卒尽行，彭名御戎，蔡景公为左，许灵公为右。二君弱，皆强冠之。

冬，楚师侵卫，遂侵我，师于蜀。使臧孙往，辞曰："楚远而久，固将退矣。无功而受名，臣不敢。"楚侵及阳桥，孟孙请往赂之。以执斫、执针、织纴，皆百人，公衡为质，以请盟。楚人许平。

十一月，公及楚公子婴齐、蔡侯、许男、秦右大夫说、宋华元、陈公孙宁、卫孙良夫、郑公子去疾及齐国之大夫盟于蜀。卿不书，匮盟也。于是乎畏晋而窃与楚盟，故曰匮盟。蔡侯、许男不书，乘楚车也，谓之失位。君子曰："位其不可不慎也乎！蔡、许之君，一失其位，不得列于诸侯，况其下乎？《诗》曰：'不解于位，民之攸塈。'其是之谓矣。"

底本：毕沅校清嘉庆刊本《十三经注疏》

出处：[清]毕沅：《十三经注疏·春秋左传正义》，北京，中华书局 2017 年，第 4109—4119 页

成公三年：

经： 三年春，王正月，公会晋侯、宋公、卫侯、曹伯伐郑。

冬十有一月，晋侯使荀庚来聘。

卫侯使孙良夫来聘。

丙午，及荀庚盟。

丁未，及孙良夫盟。

传： 冬十一月，晋侯使荀庚来聘，且寻盟。卫侯使孙良夫来聘，且寻盟。公问诸臧宣叔曰："仲行伯之于晋也，其位在三。孙子之于卫也，位为上卿。将谁先？"对曰："次国之上卿当大国之中，中当其下，下当其上大夫。小国之上卿当大国之下卿，中当其上大夫，下当其下大夫。上下如是，古之制也。卫在晋，不得为次国。晋为盟主，其将先之。"丙午盟晋，丁未盟卫，礼也。

齐侯朝于晋，将授玉。郤克趋进曰："此行也，君为妇人之笑辱也，寡君未之敢任。"晋侯享齐侯。齐侯视韩厥，韩厥曰："君知厥也乎？"齐侯曰："服改矣。"韩厥登，举爵曰："臣之不敢爱死，为两君之在此堂也。"

底本： 毕沅校清嘉庆刊本《十三经注疏》

出处： [清]毕沅：《十三经注疏·春秋左传正义》，北京，中华书局 2017 年，第 4125—4127 页

成公四年

经： 四年春，宋公使华元来聘。

三月壬申，郑伯坚卒。

杞伯来朝。

传： 四年春，宋华元来聘，通嗣君也。

杞伯来朝，归叔姬故也。

秋，公至自晋，欲求成于楚而叛晋。季文子曰："不可。晋虽无道，未可叛也。国大臣睦，而迩于我，诸侯听焉，未可以贰。史佚之《志》有之，曰：'非我族类，其心必异。'楚虽大，非吾族也，其肯字我乎？"公乃止。

底本：毕沅校清嘉庆刊本《十三经注疏》

出处：[清]毕沅：《十三经注疏·春秋左传正义》，北京，中华书局2017年，第4127—4128页

成公五年

经：秋，大水。

冬十有一月己酉，天王崩。

十有二月己丑，公会晋侯、齐侯、宋公、卫侯、郑伯、曹伯、邾子、杞伯同盟于虫牢。

传：秋八月，郑伯及晋赵同盟于垂棘。

宋公子围龟为质于楚而还，华元享之。请鼓噪以出，鼓噪以复入，曰："习攻华氏。"宋公杀之。

冬，同盟于虫牢，郑服也。诸侯谋复会，宋公使向为人辞以子灵之难。

底本：毕沅校清嘉庆刊本《十三经注疏》

出处：[清]毕沅：《十三经注疏·春秋左传正义》，北京，中华书局2017年，第4128—4129页

成公七年

经：七年春，王正月，鼷鼠食郊牛角，改卜牛。

鼷鼠又食其角，乃免牛。

吴伐郯。

夏五月，曹伯来朝。

不郊，犹三望。

秋，楚公子婴齐帅师伐郑。

公会晋侯、齐侯、宋公、卫侯、曹伯、莒子、邾子、杞伯救郑。

八月戊辰，同盟于马陵。

公至自会。

传：七年春，吴伐郯，郯成。季文子曰："中国不振旅，蛮夷入伐，而莫之或恤，无吊者也夫！《诗》曰：'不吊昊天，乱靡有定。'其此之谓乎！有上不吊，其谁不受乱？吾亡无日矣！"君子曰："知惧如是，斯不亡矣。"

郑子良相成公以如晋，见且拜师。

夏，曹宣公来朝。

秋，楚子重伐郑，师于氾。诸侯救郑。郑共仲、侯羽军楚师，囚郧公锺仪，献诸晋。八月，同盟于马陵，寻虫牢之盟，且莒服故也。晋人以锺仪归，囚诸军府。

底本：毕沅校清嘉庆刊本《十三经注疏》

出处：［清］毕沅：《十三经注疏·春秋左传正义》，北京，中华书局 2017 年，第 4132 页

成公八年

经：八年春，晋侯使韩穿来言汶阳之田，归之于齐。

晋侯使士燮来聘。

传：八年春，晋侯使韩穿来言汶阳之田，归之于齐。季文子

饯之，私焉，曰："大国制义以为盟主，是以诸侯怀德畏讨，无有贰心。谓汶阳之田，敝邑之旧也，而用师于齐，使归诸敝邑。今有二命曰：'归诸齐。'信以行义，义以成命，小国所望而怀也。信不可知，义无所立，四方诸侯，其谁不解体？《诗》曰：'女也不爽，士贰其行。士也罔极，二三其德。'七年之中，一与一夺，二三孰甚焉！士之二三，犹丧妃耦，而况霸主？霸主将德是以，而二三之，其何以长有诸侯乎？《诗》曰：'犹之未远，是用大简。'行父惧晋之不远犹而失诸侯也，是以敢私言之。"

晋士燮来聘，言伐郯也，以其事吴故。公赂之，请缓师。文子不可，曰："君命无贰，失信不立。礼无加货，事无二成。君后诸侯，是寡君不得事君也。燮将复之。"季孙惧，使宣伯帅师会伐郯。

底本：毕沅校清嘉庆刊本《十三经注疏》

出处：［清］毕沅：《十三经注疏·春秋左传正义》，北京，中华书局 2017 年，第 4133—4136 页

成公九年

经：九年春，王正月，杞伯来逆叔姬之丧以归。

公会晋侯、齐侯、宋公、卫侯、郑伯、曹伯、莒子、杞伯同盟于蒲。

公至自会。

传：为归汶阳之田故，诸侯贰于晋。晋人惧，会于蒲，以寻马陵之盟。季文子谓范文子曰："德则不竞，寻盟何为？"范文子曰："勤以抚之，宽以待之，坚疆(注：通"强")以御之，明神以要之，柔服而伐贰，德之次也。"是行也，将始会吴，吴人不至。

楚人以重赂求郑，郑伯会楚公子成于邓。

底本：毕沅校清嘉庆刊本《十三经注疏》

出处：［清］毕沅：《十三经注疏·春秋左传正义》，北京，中华书局2017年，第4136—4137页

成公十年

五月，公会晋侯、齐侯、宋公、卫侯、曹伯伐郑。

底本：毕沅校清嘉庆刊本《十三经注疏》

出处：［清］毕沅：《十三经注疏·春秋左传正义》，北京，中华书局2017年，第4138页

成公十一年

经：十有一年春，王三月，公至自晋。

晋侯使郤犨来聘。

己丑，及郤犨盟。

夏，季孙行父如晋。

秋，叔孙侨如如齐。

冬十月。

传：十一年春，王三月，公至自晋。晋人以公为贰于楚，故止公。公请受盟，而后使归。郤犨来聘，且涖盟。

夏，季文子如晋报聘，且涖盟也。

周公楚恶惠、襄之偪也，且与伯与争政，不胜，怒而出。及阳樊，王使刘子复之，盟于鄄而入。三日，复出奔晋。

秋，宣伯聘于齐，以修前好。

宋华元善于令尹子重，又善于栾武子。闻楚人既许晋籴茷

成，而使归复命矣。

冬，华元如楚，遂如晋，合晋、楚之成。

秦、晋为成，将会于令狐，晋侯先至焉。秦伯不肯涉河，次于王城，使史颗盟晋侯于河东。晋郤犫盟秦伯于河西。范文子曰："是盟也何益？齐盟，所以质信也。会所，信之始也。始之不从，其可质乎？"秦伯归而背晋成。

底本：毕沅校清嘉庆刊本《十三经注疏》

出处：［清］毕沅：《十三经注疏·春秋左传正义》，北京，中华书局 2017 年，第 4145—4146 页

成公十二年

经：十有二年春，周公出奔晋。

夏，公会晋侯、卫侯于琐泽。

秋，晋人败狄于交刚。

冬十月。

传：十二年春，王使以周公之难来告。书曰："周公出奔晋。"凡自周无出，周公自出故也。

宋华元克合晋、楚之成。

夏五月，晋士燮会楚公子罢、许偃。癸亥，盟于宋西门之外，曰："凡晋、楚无相加戎，好恶同之，同恤菑危，备救凶患。若有害楚，则晋伐之。在晋，楚亦如之。交贽往来，道路无壅，谋其不协，而讨不庭。有渝此盟，明神殛之，俾队其师，无克胙国。"郑伯如晋听成，会于琐泽，成故也。

狄人间宋之盟以侵晋，而不设备。

秋，晋人败狄于交刚。

晋郤至如楚聘，且涖盟。楚子享之，子反相，为地室而县焉。郤至将登，金奏作于下，惊而走出。子反曰："日云莫矣，寡君须矣，吾子其入也！"宾曰："君不忘先君之好，施及下臣，贶之以大礼，重之以备乐。如天之福，两君相见，何以代此？下臣不敢。"子反曰："如天之福，两君相见，无亦唯是一矢以相加遗，焉用乐？寡君须矣，吾子其入也！"宾曰："若让之以一矢，祸之大者，其何福之为？世之治也，诸侯间于天子之事，则相朝也，于是乎有享宴之礼。享以训共俭，宴以示慈惠，共俭以行礼，而慈惠以布政，政以礼成，民是以息，百官承事，朝而不夕，此公侯之所以扞城其民也。故《诗》曰：'赳赳武夫，公侯干城。'及其乱也，诸侯贪冒，侵欲不忌，争寻常以尽其民，略其武夫，以为己腹心股肱爪牙。故《诗》曰：'赳赳武夫，公侯腹心。'天下有道，则公侯能为民干城，而制其腹心。乱则反之。今吾子之言，乱之道也，不可以为法。然吾子，主也，至敢不从？"遂入，卒事。归以语范文子。文子曰："无礼必食言，吾死无日矣夫！"

冬，楚公子罢如晋聘，且涖盟。十二月，晋侯及楚公子罢盟于赤棘。

底本：毕沅校清嘉庆刊本《十三经注疏》

出处：[清]毕沅：《十三经注疏·春秋左传正义》，北京，中华书局2017年，第4146—4148页

成公十三年

经：夏五月，公自京师，遂会晋侯、齐侯、宋公、卫侯、郑伯、曹伯、邾人、滕人伐秦。

传：夏四月戊午，晋侯使吕相绝秦，曰："昔逮我献公及穆

公，相好，戮力同心，申之以盟誓，重之以昏姻。天祸晋国，文公如齐，惠公如秦。无禄，献公即世，穆公不忘旧德，俾我惠公用能奉祀于晋。又不能成大勋，而为韩之师。亦悔于厥心，用集我文公，是穆之成也。文公躬擐甲胄，跋履山川，踰越险阻，征东之诸侯，虞、夏、商、周之胤，而朝诸秦，则亦既报旧德矣。郑人怒君之疆埸，我文公帅诸侯及秦围郑。秦大夫不询于我寡君，擅及郑盟。诸侯疾之，将致命于秦。文公恐惧，绥静诸侯，秦师克还无害，则是我有大造于西也。

“无禄，文公即世，穆为不吊，蔑死我君，寡我襄公，迭我殽地，奸绝我好，伐我保城，殄灭我费滑，散离我兄弟，挠乱我同盟，倾覆我国家。我襄公未忘君之旧勋，而惧社稷之陨，是以有殽之师。犹愿赦罪于穆公，穆公弗听，而即楚谋我。天诱其衷，成王陨命，穆公是以不克逞志于我。

“穆、襄即世，康、灵即位。康公，我之自出，又欲阙翦我公室，倾覆我社稷，帅我蝥贼，以来荡摇我边疆。我是以有令狐之役。康犹不悛，入我河曲，伐我涑川，俘我王官，翦我羁马。我是以有河曲之战。东道之不通，则是康公绝我好也。及君之嗣也，我君景公引领西望曰：‘庶抚我乎！’君亦不惠称盟，利吾有狄难，入我河县，焚我箕、郜，芟夷我农功，虔刘我边垂。我是以有辅氏之聚。君亦悔祸之延，而欲徼福于先君献、穆，使伯车来，命我景公曰：‘吾与女同好弃恶，复修旧德，以追念前勋。’言誓未就，景公即世。我寡君是以有令狐之会。君又不祥，背弃盟誓。白狄及君同州，君之仇雠，而我之昏姻也。君来赐命曰：‘吾与女伐狄。’寡君不敢顾昏姻，畏君之威，而受命于吏。君有二心于狄，曰：‘晋将伐女。’狄应且憎，是用告我。楚人恶君之二三其德也，亦来告我曰：'秦背令狐之盟，而来求盟于我，昭告昊天上帝、秦三公、楚三王曰，余虽与晋出入，余唯利是视。不穀恶其无成德，是用宣之，以惩不壹。'诸侯备闻此言，斯是用痛心疾首，暱就寡人。寡人帅以听命，唯好是求。君若惠顾诸侯，矜哀寡人，而赐之盟，则寡人之愿也。其承宁诸侯以退，岂敢徼乱。君若不施大惠，寡人不佞其不能。诸侯退矣。敢尽布之执事，俾执事实图利之！"

秦桓公既与晋厉公为令狐之盟，而又召狄与楚，欲道以伐晋，诸侯是以睦于晋。

底本：毕沅校清嘉庆刊本《十三经注疏》

出处：[清]毕沅：《十三经注疏·春秋左传正义》，北京，中华书局 2017 年，第 4149—4152 页

成公十五年

经：癸丑，公会晋侯、卫侯、郑伯、曹伯、宋世子成、齐国佐、邾人，同盟于戚。

晋侯执曹伯，归于京师。

冬十有一月，叔孙侨如会晋士燮、齐高无咎、宋华元、卫孙林父、郑公子鳍、邾人会吴于钟离。

传：楚将北师。子囊曰："新与晋盟而背之，无乃不可乎？"子反曰："敌利则进，何盟之有？"申叔时老矣，在申，闻之，曰："子反必不免。信以守礼，礼以庇身，信礼之亡，欲免得乎？"楚子侵郑，及暴隧，遂侵卫，及首止。郑子罕侵楚，取新石。栾武子欲报楚，韩献子曰："无庸。使重其罪，民将叛之。无民孰战？"

十一月，会吴于钟离，始通吴也。

底本：毕沅校清嘉庆刊本《十三经注疏》

出处：［清］毕沅：《十三经注疏·春秋左传正义》，北京，中华书局2017年，第4154—4157页

成公十六年

经：十有六年春，王正月，雨，木冰。

秋，公会晋侯、齐侯、卫侯、宋华元、邾人于沙随，不见公。

公至自会。

公会尹子、晋侯、齐国佐、邾人伐郑。

曹伯归自京师。

九月，晋人执季孙行父，舍之于苕丘。

冬十月乙亥，叔孙侨如出奔齐。

十有二月乙丑，季孙行父及晋郤犫盟于扈。

公至自会。

传：十六年春，楚子自武城使公子成以汝阴之田求成于郑。郑叛晋，子驷从楚子盟于武城。

戊寅，晋师起。郑人闻有晋师，使告于楚，姚句耳与往。楚子救郑，司马将中军，令尹将左，右尹子辛将右。过申，子反入见申叔时，曰："师其何如？"对曰："德、刑、详、义、礼、信，战之器也。德以施惠，刑以正邪，详以事神，义以建利，礼以顺时，信以守物。民生厚而德正，用利而事节，时顺而物成。上下和睦，周旋不逆，求无不具，各知其极。故《诗》曰：'立我烝民，莫匪尔极。'是以神降之福，时无灾害，民生敦厖，和同以听，莫不尽力以从上命，致死以补其阙。此战之所由克也。今楚内弃其民，

而外绝其好，渎齐盟，而食话言，奸时以动，而疲民以逞。民不知信，进退罪也。人恤所底，其谁致死？子其勉之！吾不复见子矣。”姚句耳先归，子驷问焉，对曰：“其行速，过险而不整。速则失志，不整丧列。志失列丧，将何以战？楚惧不可用也。”

秋，会于沙随，谋伐郑也。

冬十月，出叔孙侨如而盟之，侨如奔齐。

十二月，季孙及郤犨盟于扈。归，刺公子偃，召叔孙豹于齐而立之。

底本：毕沅校清嘉庆刊本《十三经注疏》

出处：[清]毕沅：《十三经注疏·春秋左传正义》，北京，中华书局2017年，第4161—4148页

成公十七年

经：夏，公会尹子、单子、晋侯、齐侯、宋公、卫侯、曹伯、邾人伐郑。

六月乙酉，同盟于柯陵。

冬，公会单子、晋侯、宋公、卫侯、曹伯、齐人、邾人伐郑。

传：乙酉，同盟于柯陵，寻戚之盟也。

底本：毕沅校清嘉庆刊本《十三经注疏》

出处：[清]毕沅：《十三经注疏·春秋左传正义》，北京，中华书局2017年，第4170—4171页

成公十八年

经：公如晋。

公至自晋。

晋侯使士匄来聘。

秋，杞伯来朝。

八月，邾子来朝。

十有二月，仲孙蔑会晋侯、宋公、卫侯、邾子、齐崔杼同盟于虚朾。

传：公如晋，朝嗣君也。

夏六月，郑伯侵宋，及曹门外。遂会楚子伐宋，取朝郏。楚子辛、郑皇辰侵城郜，取幽丘，同伐彭城，纳宋鱼石、向为人、鳞朱、向带、鱼府焉。以三百乘戍之而还。书曰："复入。"凡去其国，国逆而立之曰入。复其位曰复归。诸侯纳之曰归。以恶曰复入。宋人患之，西鉏吾曰："何也？若楚人与吾同恶，以德于我，吾固事之也，不敢贰矣。大国无厌，鄙我犹憾。不然，而收吾憎，使赞其政，以间吾衅，亦吾患也。今将崇诸侯之奸，而披其地，以塞夷庚。逞奸而携服，毒诸侯而惧吴、晋。吾庸多矣，非吾忧也。且事晋何为？晋必恤之。"

公至自晋。晋范宣子来聘，且拜朝也。君子谓："晋于是乎有礼。"

秋，杞桓公来朝，劳公，且问晋故。公以晋君语之。杞伯于是骤朝于晋而请为昏。

八月，邾宣公来朝，即位而来见也。

底本：毕沅校清嘉庆刊本《十三经注疏》

出处：[清]毕沅：《十三经注疏·春秋左传正义》，北京，中华书局2017年，第4174—4178页

襄公元年

经：元年春，王正月，公即位。

仲孙蔑会晋栾黡、宋华元、卫甯殖、曹人、莒人、邾人、滕人、薛人围宋彭城。

夏，晋韩厥帅师伐郑。仲孙蔑会齐崔杼、曹人、邾人、杞人次于鄫。

秋，楚公子壬夫帅师侵宋。

九月辛酉，天王崩。

邾子来朝。

冬，卫侯使公孙剽来聘。

晋侯使荀罃来聘。

传：九月，邾子来朝，礼也。

冬，卫子叔、晋知武子来聘，礼也。凡诸侯即位，小国朝之，大国聘焉。以继好结信，谋事补阙，礼之大者也。

底本：毕沅校清嘉庆刊本《十三经注疏》

出处：[清]毕沅：《十三经注疏·春秋左传正义》，北京，中华书局 2017 年，第 4185—4186 页

襄公二年

经：秋七月，仲孙蔑会晋荀罃、宋华元、卫孙林父、曹人、邾人于戚。

叔孙豹如宋。

冬，仲孙蔑会晋荀罃、齐崔杼、宋华元、卫孙林父、曹人、邾人、滕人、薛人、小邾人于戚，遂城虎牢。

传：晋师侵卫，诸大夫欲从晋子驷，曰“官命未改”，会于戚，谋郑故也。孟献子曰：“请城虎牢以偪郑。”知武子曰：“善。鄫之会，吾子闻崔子之言，今不来矣。滕、薛、小邾之不至，皆齐故

也。寡君之忧不唯郑。罃将复于寡君，而请于齐。得请而告，吾子之功也。若不得请，事将在齐。吾子之请，诸侯之福也，岂唯寡君赖之。”

穆叔聘于宋，通嗣君也。

冬，复会于戚，齐崔武子及滕、薛、小邾之大夫皆会，知武子之言故也。遂城虎牢，郑人乃成。

底本：毕沅校清嘉庆刊本《十三经注疏》

出处：［清］毕沅：《十三经注疏・春秋左传正义》，北京，中华书局 2017 年，第 4186—4188 页

襄公三年

经：春，楚公子婴齐帅师伐吴，公如晋。

夏四月壬戌，公及晋侯盟于长樗。

公至自晋。

六月，公会单子、晋侯、宋公、卫侯、郑伯、莒子、邾子、齐世子光。

己未，同盟于鸡泽。

陈侯使袁侨如会。

戊寅，叔孙豹及诸侯之大夫及陈袁侨盟。

秋，公至自会。

冬，晋荀罃帅师伐许。

传：公如晋，始朝也。

夏，盟于长樗。孟献子相，公稽首。知武子曰：“天子在，而君辱稽首，寡君惧矣。”孟献子曰：“以敝邑介在东表，密迩仇雠，寡君将君是望，敢不稽首。”

晋为郑服故，且欲修吴好，将合诸侯。使士匄告于齐曰："寡君使匄以岁之不易，不虞之不戒，寡君愿与一二兄弟相见，以谋不协。请君临之，使匄乞盟。"齐侯欲勿许，而难为不协，乃盟于耏外。

六月，公会单顷公及诸侯。己未，同盟于鸡泽。晋侯使荀会逆吴子于淮上，吴子不至。

楚子辛为令尹，侵欲于小国。陈成公使袁侨如会求成，晋侯使和组父告于诸侯。

秋，叔孙豹及诸侯之大夫及陈袁侨盟，陈请服也。

许灵公事楚，不会于鸡泽。

冬，晋知武子帅师伐许。

底本：毕沅校清嘉庆刊本《十三经注疏》

出处：[清]毕沅：《十三经注疏·春秋左传正义》，北京，中华书局2017年，第4188—4192页

襄公四年

经：四年春，王三月己酉，陈侯午卒。

夏，叔孙豹如晋。

冬，公如晋。

陈人围顿。

传：四年春，楚师为陈叛故，犹在繁阳。韩献子患之，言于朝曰："文王帅殷之叛国以事纣，唯知时也。今我易之，难哉！"

三月，陈成公卒。楚人将伐陈，闻丧乃止。陈人不听命。臧武仲闻之，曰："陈不服于楚，必亡。大国行礼焉而不服，在大犹有咎，而况小乎？"

夏,楚彭名侵陈,陈无礼故也。

穆叔如晋,报知武子之聘也,晋侯享之。金奏《肆夏》之三,不拜。工歌《文王》之三,又不拜。歌《鹿鸣》之三,三拜。韩献子使行人《子员》问之,曰:"子以君命,辱于敝邑。先君之礼,藉之以乐,以辱吾子。吾子舍其大,而重拜其细,敢问何礼也?"对曰:"三《夏》,天子所以享元侯也,使臣弗敢与闻。《文王》,两君相见之乐也,臣不敢及。《鹿鸣》,君所以嘉寡君也,敢不拜嘉。《四牡》,君所以劳使臣也,敢不重拜。《皇皇者华》,君教使臣曰:'必谘于周。'臣闻之,访问于善为咨,咨亲为询,咨礼为度,咨事为諏,咨难为谋。臣获五善,敢不重拜。"

冬,公如晋听政,晋侯享公。公请属鄫,晋侯不许。孟献子曰:"以寡君之密迩于仇雠,而愿固事君,无失官命。鄫无赋于司马。为执事朝夕之命敝邑,敝邑褊小,阙而为罪,寡君是以愿借助焉!"晋侯许之。

无终子嘉父使孟乐如晋,因魏庄子纳虎豹之皮,以请和诸戎。

晋侯曰:"戎狄无亲而贪,不如伐之。"魏绛曰:"诸侯新服,陈新来和,将观于我,我德则睦,否则携贰。劳师于戎,而楚伐陈,必弗能救,是弃陈也,诸华必叛。戎,禽兽也,获戎失华,无乃不可乎?《夏训》有之曰:'有穷后羿。'"公曰:"后羿何如?"对曰:"昔有夏之方衰也,后羿自鉏迁于穷石,因夏民以代夏政。恃其射也,不修民事而淫于原兽。弃武罗、伯因、熊髡、龙圉而用寒浞。寒浞,伯明氏之谗子弟也。伯明后寒弃之,夷羿收之,信而使之,以为己相。浞行媚于内而施赂于外,愚弄其民而虞羿于田,树之诈慝以取其国家,外内咸服。羿犹不悛,将归自田，家众杀而亨之，以食其子。其子不忍食诸，死于穷门。靡奔有鬲氏。浞因羿室，生浇及豷，恃其谗慝诈伪而不德于民。使浇用师，灭斟灌及斟寻氏。处浇于过，外豷于戈。靡自有鬲氏，收二国之烬，以灭浞而立少康。少康灭浇于过，后杼灭豷于戈。有穷由是遂亡，失人故也。昔周辛甲之为大史也，命百官，官箴王阙。于《虞人之箴》，曰：'芒芒禹迹，画为九州。经启九道，民有寝庙，兽有茂草，各有攸处，德用不扰。在帝夷羿，冒于原兽，忘其国恤，而思其麀牡。武不可重，用不恢于夏家。兽臣司原，敢告仆夫。'《虞箴》如是，可不惩乎?"于是晋侯好田，故魏绛及之。公曰："然则莫如和戎乎?"对曰："和戎有五利焉：戎狄荐居，贵华易土，土可贾焉，一也。边鄙不耸，民狎其野，穑人成功，二也。戎狄事晋，四邻振动，诸侯威怀，三也。以德绥戎，师徒不勤，甲兵不顿，四也。鉴于后羿，而用德度，远至迩安，五也。君其图之!"公说，使魏绛盟诸戎，修民事，田以时。

冬十月，邾人、莒人伐鄫。臧纥救鄫，侵邾，败于狐骀。国人逆丧者皆髽。鲁于是乎始髽。国人诵之曰："臧之狐裘，败我于狐骀。我君小子，朱儒是使。朱儒！朱儒！使我败于邾。"

底本：毕沅校清嘉庆刊本《十三经注疏》

出处：[清]毕沅：《十三经注疏·春秋左传正义》，北京，中华书局2017年，第4192—4198页

襄公五年

经：夏，郑伯使公子发来聘。

叔孙豹、鄫世子巫如晋。

仲孙蔑、卫孙林父会吴于善道。

公会晋侯、宋公、陈侯、卫侯、郑伯、曹伯、莒子、邾子、滕子、薛伯、齐世子光、吴人、鄫人于戚。

公至自会。

冬，戍陈。

楚公子贞帅师伐陈。

公会晋侯、宋公、卫侯、郑伯、曹伯、齐世子光救陈。

十有二月，公至自救陈。

传：夏，郑子国来聘，通嗣君也。

穆叔觌鄫大子于晋，以成属鄫。书曰："叔孙豹、鄫大子巫如晋。"言比诸鲁大夫也。

吴子使寿越如晋，辞不会于鸡泽之故，且请听诸侯之好。晋人将为之合诸侯，使鲁、卫先会吴，且告会期。故孟献子、孙文子会吴于善道。

九月丙午，盟于戚，会吴，且命戍陈也。穆叔以属鄫为不利，使鄫大夫听命于会。

楚子囊为令尹。范宣子曰："我丧陈矣！楚人讨贰而立子囊，必改行，而疾讨陈。陈近于楚，民朝夕急，能无往乎？有陈，非吾事也，无之而后可。"

冬，诸侯戍陈。子囊伐陈。十一月甲午，会于城棣以救之。

底本：毕沅校清嘉庆刊本《十三经注疏》

出处：[清]毕沅：《十三经注疏·春秋左传正义》，北京，中华书局 2017 年，第 4203—4204 页

襄公六年

经：六年春，王三月壬午，杞伯姑容卒。

夏，宋华弱来奔。

秋，葬杞桓公。

滕子来朝。

传：六年春，杞桓公卒，始赴以名，同盟故也。

秋，滕成公来朝，始朝公也。

莒人灭鄫，鄫恃赂也。

冬，穆叔如邾聘，且修平。

晋人以鄫故来讨，曰："何故亡鄫？"季武子如晋见，且听命。

底本：毕沅校清嘉庆刊本《十三经注疏》

出处：［清］毕沅：《十三经注疏·春秋左传正义》，北京，中华书局2017年，第4205页

襄公七年

经：七年春，郯子来朝。

小邾子来朝。

城费。

秋，季孙宿如卫。

冬十月，卫侯使孙林父来聘。

壬戌，及孙林父盟。

楚公子贞帅师围陈。

十有二月，公会晋侯、宋公、陈侯、卫侯、曹伯、莒子、邾子于鄬。

郑伯髡顽如会，未见诸侯。

丙戌，卒于鄵。

传：七年春，郯子来朝，始朝公也。

夏四月，三卜郊不从，乃免牲。孟献子曰："吾乃今而后知

有卜筮。夫郊，祀后稷以祈农事也。是故启蛰而郊，郊而后耕。今既耕而卜郊，宜其不从也。”

小邾穆公来朝，亦始朝公也。

秋，季武子如卫，报子叔之聘，且辞缓报，非贰也。

卫孙文子来聘，且拜武子之言，而寻孙桓子之盟。公登亦登。叔孙穆子相，趋进曰：“诸侯之会，寡君未尝后卫君。今吾子不后寡君，寡君未知所过。吾子其少安！”孙子无辞，亦无悛容。穆叔曰：“孙子必亡。为臣而君，过而不悛，亡之本也。《诗》曰：‘退食自公，委蛇委蛇。’谓从者也。衡而委蛇必折。”

楚子囊围陈，会于鄬以救之。

郑僖公之为大子也，于成之十六年，与子罕适晋，不礼焉。又与子丰适楚，亦不礼焉。及其元年，朝于晋。子丰欲愬诸晋而废之，子罕止之。及将会于鄬，子驷相，又不礼焉。侍者谏，不听。又谏，杀之。及鄵，子驷使贼夜弑僖公，而以疟疾赴于诸侯。简公生五年，奉而立之。

底本：毕沅校清嘉庆刊本《十三经注疏》

出处：[清]毕沅：《十三经注疏·春秋左传正义》，北京，中华书局2017年，第4206—4208页

襄公八年

经：八年春，王正月，公如晋。

夏，葬郑僖公。

郑人侵蔡，获蔡公子燮。

季孙宿会晋侯、郑伯、齐人、宋人、卫人、邾人于邢丘。

公至自晋。

莒人伐我东鄙。

秋九月，大雩。

冬，楚公子贞帅师伐郑。

晋侯使士匄来聘。

传：八年春，公如晋朝，且听朝聘之数。

五月甲辰，会于邢丘，以命朝聘之数，使诸侯之大夫听命。季孙宿、齐高厚、宋向戌、卫甯殖、邾大夫会之。郑伯献捷于会，故亲听命。大夫不书，尊晋侯也。

冬，楚子囊伐郑，讨其侵蔡也。子驷、子国、子耳欲从楚，子孔、子蟜、子展欲待晋。子驷曰："《周诗》有之曰：'俟河之清，人寿几何？兆云询多，职竞作罗。'谋之多族，民之多违，事滋无成。民急矣，姑从楚以纾吾民。晋师至，吾又从之。敬共币帛，以待来者，小国之道也。牺牲玉帛，待于二竟，以待疆者而庇民焉。寇不为害，民不罢病，不亦可乎？"子展曰："小所以事大，信也。小国无信，兵乱日至，亡无日矣。五会之信，今将背之，虽楚救我，将安用之？亲我无成，鄙我是欲，不可从也。不如待晋。晋君方明，四军无阙，八卿和睦，必不弃郑。楚师辽远，粮食将尽，必将速归，何患焉？舍之闻之：'杖莫如信。'完守以老楚，杖信以待晋，不亦可乎？"子驷曰："《诗》云：'谋夫孔多，是用不集，发言盈庭，谁敢执其咎？如匪行迈谋，是用不得于道。'请从楚，騑也受其咎。"

乃及楚平。使王子伯骈告于晋，曰："君命敝邑：'修而车赋，儆而师徒，以讨乱略。'蔡人不从，敝邑之人，不敢宁处，悉索敝赋，以讨于蔡，获司马燮，献于邢丘。今楚来讨曰：'女何故称兵于蔡？'焚我郊保，冯陵我城郭。敝邑之众，夫妇男女，不皇启处，以相救也。翦焉倾覆，无所控告。民死亡者，非其父兄，即其子弟，夫人愁痛，不知所庇。民知穷困，而受盟于楚，孤也与其二三臣不能禁止。不敢不告。”知武子使行人子员对之曰：“君有楚命，亦不使一介行李告于寡君，而即安于楚。君之所欲也，谁敢违君。寡君将帅诸侯以见于城下，唯君图之！”

晋范宣子来聘，且拜公之辱，告将用师于郑。公享之，宣子赋《摽有梅》。季武子曰：“谁敢哉！今譬于草木，寡君在君，君之臭味也。欢以承命，何时之有？”武子赋《角弓》。宾将出，武子赋《彤弓》。宣子曰：“城濮之役，我先君文公献功于衡雍，受《彤弓》于襄王，以为子孙藏。匄也，先君守官之嗣也，敢不承命。”君子以为知礼。

底本：毕沅校清嘉庆刊本《十三经注疏》

出处：［清］毕沅：《十三经注疏·春秋左传正义》，北京，中华书局2017年，第4208—4211页

襄公九年

经：冬，公会晋侯、宋公、卫侯、曹伯、莒子、邾子、滕子、薛伯、杞伯、小邾子、齐世子光伐郑。

十有二月己亥，同盟于戏。

楚子伐郑。

传：冬十月，诸侯伐郑。庚午，季武子、齐崔杼、宋皇郧，从荀罃、士匄门于鄟门。卫北宫括、曹人、邾人从荀偃、韩起门于师之梁。滕人、薛人从栾黡、士鲂门于北门。杞人、郳人从赵武、魏绛斩行栗。甲戌，师于氾，令于诸侯曰：“修器备，盛餱粮，归老幼，居疾于虎牢，肆眚，围郑。”郑人恐，乃行成。中行献子

曰:“遂围之,以待楚人之救也而与之战。不然,无成。”知武子曰:“许之盟而还师,以敝楚人。吾三分四军,与诸侯之锐以逆来者。于我未病,楚不能矣,犹愈于战。暴骨以逞,不可以争。大劳未艾,君子劳心,小人劳力,先王之制也。”诸侯皆不欲战,乃许郑成。

十一月己亥,同盟于戏,郑服也。将盟,郑六卿公子騑、公子发、公子嘉、公孙辄、公孙虿、公孙舍之及其大夫、门子皆从郑伯。晋士庄子为载书,曰:“自今日既盟之后,郑国而不唯晋命是听,而或有异志者,有如此盟。”公子騑趋进曰:“天祸郑国,使介居二大国之间。大国不加德音而乱以要之,使其鬼神不获歆其禋祀,其民人不获享其土利,夫妇辛苦垫隘,无所厎告。自今日既盟之后,郑国而不唯有礼与强可以庇民者是从,而敢有异志者,亦如之。”荀偃曰:“改载书。”公孙舍之曰:“昭大神,要言焉。若可改也,大国亦可叛也。”知武子谓献子曰:“我实不德,而要人以盟,岂礼也哉!非礼,何以主盟?姑盟而退,修德息师而来,终必获郑,何必今日?我之不德,民将弃我,岂唯郑?若能休和,远人将至,何恃于郑?”乃盟而还。

楚子伐郑,子驷将及楚平。子孔、子蟜曰:“与大国盟,口血未乾而背之,可乎?”子驷、子展曰:“吾盟固云:‘唯强是从。’今楚师至,晋不我救,则楚强矣。盟誓之言,岂敢背之。且要盟无质,神弗临也,所临唯信。信者,言之瑞也,善之主也,是故临之。明神不蠲要盟,背之可也。”乃及楚平。公子罢戎入盟,同盟于中分。楚庄夫人卒,王未能定郑而归。

底本:毕沅校清嘉庆刊本《十三经注疏》

出处:[清]毕沅:《十三经注疏·春秋左传正义》,北京,中

华书局2017年，第4211—4219页

襄公十年

经：十年春，公会晋侯、宋公、卫侯、曹伯、莒子、邾子、滕子、薛伯、杞伯、小邾子、齐世子光会吴于柤。

楚公子贞、郑公孙辄帅师伐宋。

晋师伐秦。

秋，莒人伐我东鄙。

公会晋侯、宋公、卫侯、曹伯、莒子、邾子、齐世子光、滕子、薛伯、杞伯、小邾子伐郑。

传：十年春，会于柤，会吴子寿梦也。三月癸丑，齐高厚相大子光以先会诸侯于钟离，不敬。士庄子曰："高子相大子以会诸侯，将社稷是卫，而皆不敬，弃社稷也，其将不免乎？"

夏四月戊午，会于柤。

五月庚寅，荀偃、士匄帅卒攻偪阳，亲受矢石。甲午，灭之。书曰"遂灭偪阳"，言自会也。以与向戌，向戌辞曰："君若犹辱镇抚宋国，而以偪阳光启寡君，群臣安矣，其何贶如之？若专赐臣，是臣兴诸侯以自封也，其何罪大焉？敢以死请。"乃予宋公。

郑及晋平。楚子囊救郑。十一月，诸侯之师还郑而南，至于阳陵，楚师不退。知武子欲退，曰："今我逃楚，楚必骄，骄则可与战矣。"栾黡曰："逃楚，晋之耻也。合诸侯以益耻，不如死！我将独进。"师遂进。己亥，与楚师夹颍而军。子矫曰："诸侯既有成行，必不战矣。从之将退，不从亦退。退，楚必围我。犹将退也。不如从楚，亦以退之。"宵涉颍，与楚人盟。栾黡欲伐郑师，荀罃不可，曰："我实不能御楚，又不能庇郑，郑何罪？不如

致怨焉而还。今伐其师，楚必救之，战而不克，为诸侯笑。克不可命，不如还也！”丁未，诸侯之师还，侵郑北鄙而归。楚人亦还。

王叔陈生与伯舆争政。王右伯舆，王叔陈生怒而出奔。及河，王复之，杀史狡以说焉。不入，遂处之。晋侯使士匄平王室，王叔与伯舆讼焉。王叔之宰与伯舆之大夫瑕禽，坐狱于王庭，士匄听之。王叔之宰曰：“筚门闺窦之人而皆陵其上，其难为上矣！”瑕禽曰：“昔平王东迁，吾七姓从王，牲用备具。王赖之，而赐之骍旄之盟，曰：‘世世无失职。’若筚门闺窦，其能来东底乎？且王何赖焉？今自王叔之相也，政以贿成，而刑放于宠，官之师旅，不胜其富。吾能无筚门闺窦乎？唯大国图之！下而无直，则何谓正矣？”范宣子曰：“天子所右，寡君亦右之。所左，亦左之。”使王叔氏与伯舆合要，王叔氏不能举其契。王叔奔晋。不书，不告也。单靖公为卿士，以相王室。

底本：毕沅校清嘉庆刊本《十三经注疏》

出处：［清］毕沅：《十三经注疏·春秋左传正义》，北京，中华书局 2017 年，第 4225—4231 页

襄公十一年

经：十有一年春，王正月，作三军。

夏四月，四卜郊不从，乃不郊。

郑公孙舍之帅师侵宋。

公会晋侯、宋公、卫侯、曹伯、齐世子光、莒子、邾子、滕子、薛伯、杞伯、小邾子伐郑。

秋七月己未，同盟于亳城北。

公至自伐郑。

楚子、郑伯伐宋。

公会晋侯、宋公、卫侯、曹伯、齐世子光、莒子、邾子、滕子、薛伯、杞伯、小邾子伐郑。

会于萧鱼。

公至自会。

传：十一年春，季武子将作三军，告叔孙穆子曰："请为三军，各征其军。"穆子曰："政将及子，子必不能。"武子固请之，穆子曰："然则盟诸？"乃盟诸僖闳，诅诸五父之衢。正月，作三军，三分公室而各有其一。三子各毁其乘。季氏使其乘之人，以其役邑入者，无征；不入者，倍征。孟氏使半为臣，若子若弟。叔孙氏使尽为臣。不然，不舍。

郑人患晋、楚之故。诸大夫曰："不从晋，国几亡。楚弱于晋，晋不吾疾也。晋疾，楚将辟之。何为而使晋师致死于我，楚弗敢敌，而后可固与也。"子展曰："与宋为恶，诸侯必至，吾从之盟。楚师至，吾又从之，则晋怒甚矣。晋能骤来，楚将不能，吾乃固与晋。"大夫说之，使疆埸之司恶于宋。宋向戌侵郑，大获。子展曰："师而伐宋可矣。若我伐宋，诸侯之伐我必疾，吾乃听命焉，且告于楚。楚师至，吾乃与之盟，而重赂晋师，乃免矣。"夏，郑子展侵宋。

四月，诸侯伐郑。己亥，齐大子光、宋向戌先至于郑，门于东门。其莫，晋荀罃至于西郊，东侵旧许。卫孙林父侵其北鄙。

六月，诸侯会于北林，师于向，右还次于琐，围郑。观兵于南门，西济于济隧。郑人惧，乃行成。

秋七月，同盟于亳。范宣子曰："不慎，必失诸侯。诸侯道敝而无成,能无贰乎?”乃盟,载书曰:“凡我同盟:毋蕴年,毋壅利,毋保奸,毋留慝,救灾患,恤祸乱,同好恶,奖王室。或间兹命,司慎司盟,名山名川,群神群祀,先王先公,七姓十二国之祖,明神殛之。俾失其民,队命亡氏,踣其国家。”

九月,诸侯悉师以复伐郑。郑人使良霄、大宰石臭如楚,告将服于晋,曰:“孤以社稷之故,不能怀君。君若能以玉帛绥晋,不然则武震以摄威之,孤之愿也。”楚人执之。书曰“行人”,言使人也。诸侯之师观兵于郑东门,郑人使王子伯骈行成。甲戌,晋赵武入盟郑伯。

冬十月丁亥,郑子展出盟晋侯。十二月戊寅,会于萧鱼。庚辰,赦郑囚,皆礼而归之。纳斥候,禁侵掠。晋侯使叔肸告于诸侯。公使臧孙纥对曰:“凡我同盟,小国有罪,大国致讨,苟有以藉手,鲜不赦宥。寡君闻命矣。”郑人赂晋侯以师悝、师触、师蠲,广车、軘车淳十五乘,甲兵备。凡兵车百乘,歌钟二肆,及其镈磬,女乐二八。晋侯以乐之半赐魏绛,曰:“子教寡人和诸戎狄,以正诸华。八年之中,九合诸侯,如乐之和,无所不谐。请与子乐之。”辞曰:“夫和戎狄,国之福也。八年之中,九合诸侯,诸侯无慝,君之灵也,二三子之劳也,臣何力之有焉?抑臣愿君安其乐而思其终也!《诗》曰:‘乐只君子,殿天子之邦。乐只君子,福禄攸同,便蕃左右,亦是帅从。’夫乐以安德,义以处之,礼以行之,信以守之,仁以厉之,而后可以殿邦国,同福禄,来远人,所谓乐也。《书》曰:‘居安思危。’思则有备,有备无患。敢以此规。”公曰:“子之教,敢不承命。抑微子,寡人无以待戎,不能济河。夫赏,国之典也,藏在盟府,不可废也。子其受之!”魏绛于是乎始有金石之乐,礼也。

底本：毕沅校清嘉庆刊本《十三经注疏》

出处：[清]毕沅：《十三经注疏·春秋左传正义》，北京，中华书局2017年，第4231—4236页

襄公十二年

经：夏，晋侯使士鲂来聘。

公如晋。

传：夏，晋士鲂来聘，且拜师。

公如晋，朝，且拜士鲂之辱，礼也。

底本：毕沅校清嘉庆刊本《十三经注疏》

出处：[清]毕沅：《十三经注疏·春秋左传正义》，北京，中华书局2017年，第4236页

襄公十四年

经：十有四年春，王正月，季孙宿、叔老会晋士匄、齐人、宋人、卫人、郑公孙虿、曹人、莒人、邾人、滕人、薛人、杞人、小邾人会吴于向。

二月乙未朔，日有食之。

夏四月，叔孙豹会晋荀偃、齐人、宋人、卫北宫括、郑公孙虿、曹人、莒人、邾人、滕人、薛人、杞人、小邾人伐秦。

己未，卫侯出奔齐。

莒人侵我东鄙。

秋，楚公子贞帅师伐吴。

冬，季孙宿会晋士匄、宋华阅、卫孙林父、郑公孙虿、莒人、邾人于戚。

传：十四年春，吴告败于晋。会于向，为吴谋楚故也。范宣子数吴之不德也，以退吴人。执莒公子务娄，以其通楚使也。将执戎子驹支。范宣子亲数诸朝，曰："来！姜戎氏，昔秦人迫逐乃祖吾离于瓜州，乃祖吾离被苫盖，蒙荆棘，以来归我先君。我先君惠公有不腆之田，与女剖分而食之。今诸侯之事我寡君，不如昔者，盖言语漏泄，则职女之由。诘朝之事，尔无与焉！与将执女！"对曰："昔秦人负恃其众，贪于土地，逐我诸戎。惠公蠲其大德，谓我诸戎是四岳之裔胄也，毋是翦弃。赐我南鄙之田，狐狸所居，豺狼所嗥。我诸戎除翦其荆棘，驱其狐狸豺狼，以为先君不侵不叛之臣，至于今不贰。昔文公与秦伐郑，秦人窃与郑盟而舍戍焉，于是乎有殽之师。晋御其上，戎亢其下，秦师不复，我诸戎实然。譬如捕鹿，晋人角之，诸戎掎之，与晋踣之，戎何以不免？自是以来，晋之百役，与我诸戎相继于时，以从执政，犹殽志也。岂敢离逿？今官之师旅，无乃实有所阙，以携诸侯，而罪我诸戎！我诸戎饮食衣服，不与华同，贽币不通，言语不达，何恶之能为？不与于会，亦无瞢焉！"赋《青蝇》而退。宣子辞焉，使即事于会，成恺悌也。于是，子叔齐子为季武子介以会，自是晋人轻鲁币，而益敬其使。

蒯惧，告文子。文子曰："君忌我矣，弗先，必死。"并帑于戚，而入见蘧伯玉曰："君之暴虐，子所知也。大惧社稷之倾覆，将若之何？"对曰："君制其国，臣敢奸之？虽奸之，庸知愈乎？"遂行，从近关出。公使子、子伯、子皮与孙子盟于丘宫，孙子皆杀之。

师旷侍于晋侯。晋侯曰："卫人出其君，不亦甚乎？"对曰："或者其君实甚。良君将赏善而刑淫，养民如子，盖之如天，容之如地。民奉其君，爱之如父母，仰之如日月，敬之如神明，畏之如雷霆，其可出乎？夫君，神之主也，民之望也。若困民之主，匮神乏祀，百姓绝望，社稷无主，将安用之？弗去何为？天生民而立之君，使司牧之，勿使失性。有君而为之贰，使师保之，勿使过度。是故天子有公，诸侯有卿，卿置侧室，大夫有贰宗，士有朋友，庶人、工、商、皂、隶、牧、圉皆有亲暱，以相辅佐也。善则赏之，过则匡之，患则救之，失则革之。自王以下，各有父兄子弟，以补察其政。史为书，瞽为诗，工诵箴谏，大夫规诲，士传言，庶人谤，商旅于市，百工献艺。故《夏书》曰：'遒人以木铎徇于路。官师相规，工执艺事以谏。'正月孟春，于是乎有之，谏失常也。天之爱民甚矣。岂其使一人肆于民上，以从其淫，而弃天地之性？必不然矣。"

底本：毕沅校清嘉庆刊本《十三经注疏》

出处：[清]毕沅：《十三经注疏·春秋左传正义》，北京，中华书局2017年，第4245—4251页

襄公十五年

经：十有五年春，宋公使向戌来聘。

二月己亥，及向戌盟于刘。

传：十五年春，宋向戌来聘，且寻盟。见孟献子，尤其室，曰："子有令闻，而美其室，非所望也！"对曰："我在晋，吾兄为之，毁之重劳，且不敢间。"

底本：毕沅校清嘉庆刊本《十三经注疏》

出处：[清]毕沅：《十三经注疏·春秋左传正义》，北京，中华书局2017年，第4253页

襄公十六年

经：十有六年春，王正月，葬晋悼公。

三月，公会晋侯、宋公、卫侯、郑伯、曹伯、莒子、邾子、薛伯、杞伯、小邾子于湨(注：通“溴”)梁。

戊寅，大夫盟。

传：十六年春，葬晋悼公。平公即位。羊舌肸为傅，张君臣为中军司马，祁奚、韩襄、栾盈、士鞅为公族大夫，虞丘书为乘马御。改服修官，烝于曲沃。警守而下，会于湨(注：通“溴”)梁。命归侵田。以我故，执邾宣公、莒犁比公，且曰：“通齐、楚之使。”

晋侯与诸侯宴于温，使诸大夫舞，曰：“歌诗必类！”齐高厚之诗不类。荀偃怒，且曰：“诸侯有异志矣！”使诸大夫盟高厚，高厚逃归。于是，叔孙豹、晋荀偃、宋向戌、卫甯殖、郑公孙虿、小邾之大夫盟曰：“同讨不庭。”

许男请迁于晋。诸侯遂迁许，许大夫不可。晋人归诸侯。郑子蟜闻将伐许，遂相郑伯以从诸侯之师。穆叔从公。齐子帅师会晋荀偃。书曰：“会郑伯。”为夷故也。

底本：毕沅校清嘉庆刊本《十三经注疏》

出处：[清]毕沅：《十三经注疏·春秋左传正义》，北京，中华书局2017年，第4260—4261页

襄公十八年

经：十有八年春，白狄来。

夏，晋人执卫行人石买。

秋，齐师伐我北鄙。

冬十月，公会晋侯、宋公、卫侯、郑伯、曹伯、莒子、邾子、滕

子、薛伯、杞伯、小邾子，同围齐。

传：十八年春，白狄始来。

夏，晋人执卫行人石买于长子，执孙蒯于纯留，为曹故也。

秋，齐侯伐我北鄙。中行献子将伐齐，梦与厉公讼，弗胜；公以戈击之，首队于前，跪而戴之，奉之以走，见梗阳之巫皋。他日见诸道，与之言，同。巫曰："今兹主必死，若有事于东方，则可以逞。"献子许诺。晋侯伐齐，将济河。献子以朱丝系玉二瑴，而祷曰："齐环怙恃其险，负其众庶，弃好背盟，陵虐神主。曾臣彪将率诸侯以讨焉，其官臣偃实先后之。苟捷有功，无作神羞，官臣偃无敢复济。唯尔有神裁之！"沈玉而济。

底本：毕沅校清嘉庆刊本《十三经注疏》

出处：［清］毕沅：《十三经注疏·春秋左传正义》，北京，中华书局2017年，第4264—4265页

襄公十九年

经：十有九年春，王正月，诸侯盟于祝柯。

叔孙豹会晋士匄于柯。

传：十九年春，诸侯还自沂上，盟于督扬，曰："大毋侵小。"执邾悼公，以其伐我故。遂次于泗上，疆我田。取邾田自漷水，归之于我。晋侯先归。公享晋六卿于蒲圃，赐之三命之服。军尉、司马、司空、舆尉、候奄，皆受一命之服。贿荀偃束锦，加璧，乘马，先吴寿梦之鼎。

荀偃瘅疽，生疡于头。济河，及著雍，病，目出。大夫先归者皆反。士匄请见，弗内。请后，曰："郑甥可。"二月甲寅，卒，而视，不可含。宣子盥而抚之曰："事吴，敢不如事主！"犹视。

栾怀子曰:“其为未卒事于齐故也乎?”乃复抚之曰:“主苟终,所不嗣事于齐者,有如河!”乃瞑,受含。宣子出,曰:“吾浅之为丈夫也。”晋栾鲂帅师从卫孙文子伐齐。

季武子如晋拜师,晋侯享之。范宣子为政,赋《黍苗》。季武子兴,再拜稽首曰:“小国之仰大国也,如百穀之仰膏雨焉!若常膏之,其天下辑睦,岂唯敝邑?”赋《六月》。

齐及晋平,盟于大隧。故穆叔会范宣子于柯。穆叔见叔向,赋《载驰》之四章。叔向曰:“肸敢不承命。”穆叔曰:“齐犹未也,不可以不惧。”乃城武城。

底本:毕沅校清嘉庆刊本《十三经注疏》

出处:[清]毕沅:《十三经注疏·春秋左传正义》,北京,中华书局2017年,第4272—4275页

襄公二十年

经:二十年春,王正月辛亥,仲孙速会莒人,盟于向。

夏六月庚申,公会晋侯、齐侯、宋公、卫侯、郑伯、曹伯、莒子、邾子、滕子、薛伯、杞伯、小邾子,盟于澶渊。

秋,公至自会。

仲孙速帅师伐邾。

蔡杀其大夫公子燮。

蔡公子履出奔楚。

陈侯之弟黄出奔楚。

叔老如齐。

冬十月丙辰朔,日有食之。

季孙宿如宋。

传： 二十年春，及莒平。孟庄子会莒人，盟于向，督扬之盟故也。

夏，盟于澶渊，齐成故也。

邾人骤至，以诸侯之事，弗能报也。

秋，孟庄子伐邾以报之。

蔡公子燮欲以蔡之晋，蔡人杀之。公子履，其母弟也，故出奔楚。

陈庆虎、庆寅畏公子黄之偪，愬诸楚曰："与蔡司马同谋。"楚人以为讨。公子黄出奔楚。初，蔡文侯欲事晋，曰："先君与于践土之盟，晋不可弃，且兄弟也。"畏楚，不能行而卒。楚人使蔡无常，公子燮求从先君以利蔡，不能而死。书曰："蔡杀其大夫公子燮"，言不与民同欲也。"陈侯之弟黄出奔楚"，言非其罪也。公子黄将出奔，呼于国曰："庆氏无道，求专陈国，暴蔑其君，而去其亲，五年不灭，是无天也。"

齐子初聘于齐，礼也。

冬，季武子如宋，报向戌之聘也。褚师段逆之以受享，赋《常棣》之七章以卒。宋人重贿之。归复命，公享之。赋《鱼丽》之卒章。公赋《南山有台》。武子去所，曰："臣不堪也。"

卫甯惠子疾，召悼子曰："吾得罪于君，悔而无及也。名藏在诸侯之策，曰：'孙林父、甯殖出其君。'君入则掩之。若能掩之，则吾子也。若不能，犹有鬼神，吾有馁而已，不来食矣。"悼子许诺，惠子遂卒。

底本： 毕沅校清嘉庆刊本《十三经注疏》

出处： ［清］毕沅：《十三经注疏·春秋左传正义》，北京，中华书局2017年，第4275—4277页

襄公二十一年

经：曹伯来朝。

公会晋侯、齐侯、宋公、卫侯、郑伯、曹伯、莒子、邾子于商任。

传：冬，曹武公来朝，始见也。

会于商任，锢栾氏也。齐侯、卫侯不敬。叔向曰："二君者，必不免。会朝，礼之经也。礼，政之舆也。政，身之守也。怠礼失政，失政不立，是以乱也。"

知起、中行喜、州绰、邢蒯出奔齐，皆栾氏之党也。乐王鲋谓范宣子曰："盍反州绰、邢蒯？勇士也。"宣子曰："彼栾氏之勇也，余何获焉？"王鲋曰："子为彼栾氏，乃亦子之勇也。"

底本：毕沅校清嘉庆刊本《十三经注疏》

出处：[清]毕沅：《十三经注疏·春秋左传正义》，北京，中华书局 2017 年，第 4277—4281 页

襄公二十二年

经：冬，公会晋侯、齐侯、宋公、卫侯、郑伯、曹伯、莒子、邾子、薛伯、杞伯、小邾子于沙随。

公至自会。

传：夏，晋人征朝于郑，郑人使少正公孙侨对，曰："在晋先君悼公九年，我寡君于是即位。即位八月，而我先大夫子驷从寡君以朝于执事。执事不礼于寡君，寡君惧。因是行也，我二年六月朝于楚，晋是以有戏之役。楚人犹竞，而申礼于敝邑。敝邑欲从执事而惧为大尤，曰晋其谓我不共有礼，是以不敢携贰于楚。我四年三月，先大夫子蟜又从寡君以观衅于楚，晋于

是乎有萧鱼之役。谓我敝邑,迩在晋国,譬诸草木,吾臭味也,而何敢差池?楚亦不竞,寡君尽其土实,重之以宗器,以受齐盟。遂帅群臣随于执事以会岁终。贰于楚者,子侯、石盂,归而讨之。湨(注,通"溴")梁之明年,子蟜老矣,公孙夏从寡君以朝于君,见于尝酎,与执燔焉。间二年,闻君将靖东夏,四月又朝,以听事期。不朝之间,无岁不聘,无役不从。以大国政令之无常,国家罢病,不虞荐至,无日不惕,岂敢忘职。大国若安定之,其朝夕在庭,何辱命焉?若不恤其患,而以为口实,其无乃不堪任命,而翦为仇雠,敝邑是惧。其敢忘君命?委诸执事,执事实重图之。"

冬,会于沙随,复锢栾氏也。栾盈犹在齐,晏子曰:"祸将作矣!齐将伐晋,不可以不惧。"

楚观起有宠于令尹子南,未益禄,而有马数十乘。楚人患之,王将讨焉。子南之子弃疾为王御士,王每见之,必泣。弃疾曰:"君三泣臣矣,敢问谁之罪也?"王曰:"令尹之不能,尔所知也。国将讨焉,尔其居乎?"对曰:"父戮子居,君焉用之?泄命重刑,臣亦不为。"王遂杀子南于朝,轘观起于四竟。子南之臣谓弃疾,请徙子尸于朝,曰:"君臣有礼,唯二三子。"三日,弃疾请尸,王许之。既葬,其徒曰:"行乎!"曰:"吾与杀吾父,行将焉入?"曰:"然则臣王乎?"曰:"弃父事仇,吾弗忍也。"遂缢而死。

底本:毕沅校清嘉庆刊本《十三经注疏》

出处:[清]毕沅:《十三经注疏·春秋左传正义》,北京,中华书局 2017 年,第 4286—4288 页

襄公二十三年

经:二十有三年春,王二月癸酉朔,日有食之。

三月己巳，杞伯匄卒。

夏，邾畀我来奔。

葬杞孝公。

陈杀其大夫庆虎及庆寅。

陈侯之弟黄自楚归于陈。

晋栾盈复入于晋，入于曲沃。

秋，齐侯伐卫，遂伐晋。

八月，叔孙豹帅师救晋，次于雍榆。

己卯，仲孙速卒。

冬十月乙亥，臧孙纥出奔邾。

晋人杀栾盈。齐侯袭莒。

传：自卫将遂伐晋。晏平仲曰："君恃勇力以伐盟主，若不济，国之福也。不德而有功，忧必及君。"崔杼谏曰："不可。臣闻之，小国间大国之败而毁焉，必受其咎。君其图之！"弗听。陈文子见崔武子，曰："将如君何？"武子曰："吾言于君，君弗听也。以为盟主，而利其难。群臣若急，君于何有？子姑止之。"文子退，告其人曰："崔子将死乎！谓君甚，而又过之，不得其死。过君以义，犹自抑也，况以恶乎？"

臧纥致防而奔齐。其人曰："其盟我乎？"臧孙曰："无辞。"将盟臧氏，季孙召外史掌恶臣，而问盟首焉，对曰："盟东门氏也，曰：'毋或如东门遂，不听公命，杀適立庶。'盟叔孙氏也，曰：'毋或如叔孙侨如，欲废国常，荡覆公室。'"季孙曰："臧孙之罪，皆不及此。"孟椒曰："盍以其犯门斩关？"季孙用之。乃盟臧氏曰："无或如臧孙纥，干国之纪，犯门斩关。"臧孙闻之，曰："国有人焉！谁居？其孟椒乎！"

底本： 毕沅校清嘉庆刊本《十三经注疏》

出处： ［清］毕沅：《十三经注疏·春秋左传正义》，北京，中华书局 2017 年，第 4288—4295 页

襄公二十四年

经： 二十有四年春，叔孙豹如晋。

八月癸巳朔，日有食之。

公会晋侯、宋公、卫侯、郑伯、曹伯、莒子、邾子、滕子、薛伯、杞伯、小邾子于夷仪。

冬，楚子、蔡侯、陈侯、许男伐郑。

公至自会。

大饥。

传： 二十四年春，穆叔如晋。范宣子逆之，问焉，曰："古人有言曰，'死而不朽'，何谓也？"穆叔未对。宣子曰："昔匄之祖，自虞以上，为陶唐氏，在夏为御龙氏，在商为豕韦氏，在周为唐、杜氏，晋主夏盟为范氏，其是之谓乎？"穆叔曰："以豹所闻，此之谓世禄，非不朽也。鲁有先大夫曰臧文仲，既没，其言立。其是之谓乎？豹闻之，大上有立德，其次有立功，其次有立言，虽久不废，此之谓不朽。若夫保姓受氏，以守宗祊，世不绝祀，无国无之。禄之大者，不可谓不朽。"

齐侯既伐晋而惧，将欲见楚子。楚子使薳启彊如齐聘，且请期。齐社，蒐军实，使客观之。陈文子曰："齐将有寇。吾闻之，兵不戢，必取其族。"

秋，齐侯闻将有晋师，使陈无宇从薳启彊如楚，辞，且乞师。崔杼帅师送之，遂伐莒，侵介根。

会于夷仪，将以伐齐，水，不克。

冬，楚子伐郑以救齐，门于东门，次于棘泽。诸侯还救郑。

吴人为楚舟师之役故，召舒鸠人，舒鸠人叛楚。楚子师于荒浦，使沈尹寿与师祁犁让之。舒鸠子敬逆二子，而告无之，且请受盟。二子复命，王欲伐之。薳子曰："不可。彼告不叛，且请受盟，而又伐之，伐无罪也。姑归息民，以待其卒。卒而不贰，吾又何求？若犹叛我，无辞，有庸。"乃还。

底本：毕沅校清嘉庆刊本《十三经注疏》

出处：［清］毕沅：《十三经注疏·春秋左传正义》，北京，中华书局2017年，第4296—4299页

襄公二十五年

经：二十有五年春，齐崔杼帅师伐我北鄙。

夏五月乙亥，齐崔杼弑其君光。

公会晋侯、宋公、卫侯、郑伯、曹伯、莒子、邾子、滕子、薛伯、杞伯、小邾子于夷仪。

六月壬子，郑公孙舍之帅师入陈。

秋八月己巳，诸侯同盟于重丘。

公至自会。

卫侯入于夷仪。

楚屈建帅师灭舒鸠。

冬，郑公孙夏帅师伐陈。

十有二月，吴子遏伐楚，门于巢，卒。

传：二十五年春，齐崔杼帅师伐我北鄙，以报孝伯之师也。公患之，使告于晋。孟公绰曰："崔子将有大志，不在病我，必速

归，何患焉！其来也不寇，使民不严，异于他日。”齐师徒归。

夏五月，莒为且于之役故，莒子朝于齐。甲戌，飨诸北郭。崔子称疾不视事。乙亥，公问崔子，遂从姜氏。姜入于室，与崔子自侧户出。公拊楹而歌。侍人贾举止众从者，而入闭门。甲兴。公登台而请，弗许。请盟，弗许。请自刃于庙，弗许。皆曰：“君之臣杼疾病，不能听命。近于公宫，陪臣干掫有淫者，不知二命。”公踰墙。又射之，中股，反队。遂弑之。贾举、州绰、邴师、公孙敖、封具、铎父、襄伊、偻堙皆死。祝佗父祭于高唐，至，复命。不说弁而死于崔氏。申蒯，侍渔者，退谓其宰曰：“尔以帑免，我将死。”其宰曰：“免，是反子之义也。”与之皆死。崔氏杀鬷蔑于平阴。

叔孙宣伯之在齐也，叔孙还纳其女于灵公。嬖，生景公。丁丑，崔杼立而相之。庆封为左相。盟国人于大宫，曰：“所不与崔、庆者。”晏子仰天叹曰：“婴所不唯忠于君利社稷者是与，有如上帝。”乃歃。辛巳，公与大夫及莒子盟。大史书曰：“崔杼弑其君。”崔子杀之。其弟嗣书而死者二人。其弟又书，乃舍之。南史氏闻大史尽死，执简以往。闻既书矣，乃还。

郑子产献捷于晋，戎服将事。晋人问陈之罪，对曰：“昔虞阏父为周陶正，以服事我先王。我先王赖其利器用也，与其神明之后也，庸以元女大姬配胡公，而封诸陈，以备三恪。则我周之自出，至于今是赖。桓公之乱，蔡人欲立其出。我先君庄公奉五父而立之，蔡人杀之。我又与蔡人奉戴厉公，至于庄、宣，皆我之自立。夏氏之乱，成公播荡，又我之自入，君所知也。今陈忘周之大德，蔑我大惠，弃我姻亲，介恃楚众，以冯陵我敝邑，不可亿逞。我是以有往年之告。未获成命，则有我东门之役。

当陈隧者，井堙木刊。敝邑大惧不竞，而耻大姬。天诱其衷，启敝邑之心。陈知其罪，授手于我。用敢献功！”晋人曰：“何故侵小？”对曰：“先王之命，唯罪所在，各致其辟。且昔天子之地一圻，列国一同，自是以衰。今大国多数圻矣！若无侵小，何以至焉？”晋人曰：“何故戎服？”对曰：“我先君武、庄，为平、桓卿士。城濮之役，文公布命曰：‘各复旧职！’命我文公戎服辅王，以授楚捷，不敢废王命故也。”士庄伯不能诘，复于赵文子。文子曰：“其辞顺，犯顺不祥。”乃受之。

传会于夷仪之岁，齐人城郏(注：通“郏”)。其五月，秦、晋为成。晋韩起如秦涖盟，秦伯车如晋涖盟，成而不结。

底本：毕沅校清嘉庆刊本《十三经注疏》

出处：［清］毕沅：《十三经注疏·春秋左传正义》，北京，中华书局2017年，第4305—4313页

襄公二十六年

经：夏，晋侯使荀吴来聘。

公会晋人、郑良霄、宋人、曹人于澶渊。

传：晋人为孙氏故，召诸侯，将以讨卫也。夏，中行穆子来聘，召公也。

秋，楚客聘于晋，过宋。大子知之，请野享之。公使往，伊戾请从之。公曰：“夫不恶女乎？”对曰：“小人之事君子也，恶之不敢远，好之不敢近。敬以待命，敢有贰心乎？纵有共其外，莫共其内。臣请往也。”遣之。至，则欿，用牲，加书征之，而骋告公，曰：“大子将为乱，既与楚客盟矣。”公曰：“为我子，又何求？”对曰：“欲速。”公使视之，则信有焉。问诸夫人与左师，则皆曰：

"固闻之。"公囚大子。大子曰:"唯佐也,能免我。"召而使请,曰:"日中不来,吾知死矣。"左师闻之,聒而与之语。过期,乃缢而死。佐为大子。公徐闻其无罪也,乃亨伊戾。

郑伯归自晋,使子西如晋聘,辞曰:"寡君来烦执事,惧不免于戾。使夏谢不敏。"君子曰:"善事大国。"

晋韩宣子聘于周。王使请事,对曰:"晋士起将归时事于宰旅,无他事矣。"王闻之曰:"韩氏其昌阜于晋乎! 辞不失旧。"

齐人城郏之岁,其夏,齐乌馀以廪丘奔晋。袭卫羊角,取之。遂袭我高鱼。有大雨,自其窦入,介于其库,以登其城,克而取之。又取邑于宋。于是范宣子卒,诸侯弗能治也,及赵文子为政,乃卒治之。文子言于晋侯曰:"晋为盟主,诸侯或相侵也,则讨之使归其地。今乌馀之邑,皆讨类也。而贪之,是无以为盟主也。请归之!"公曰:"诺。孰可使也?"对曰:"胥梁带能无用师。"晋侯使往。

底本:毕沅校清嘉庆刊本《十三经注疏》

出处:[清]毕沅:《十三经注疏·春秋左传正义》,北京,中华书局2017年,第4317—4326页

襄公二十七年

经:二十有七年春,齐侯使庆封来聘。

夏,叔孙豹会晋赵武、楚屈建、蔡公孙归生、卫石恶、陈孔奂、郑良霄、许人、曹人于宋。

秋七月辛巳,豹及诸侯之大夫盟于宋。

传:二十七年春,胥梁带使诸丧邑者具车徒以受地,必周。使乌馀具车徒以受封,乌馀以其众出。使诸侯伪效乌馀之封

者，而遂执之，尽获之。皆取其邑而归诸侯，诸侯是以睦于晋。

齐庆封来聘，其车美。孟孙谓叔孙曰："庆季之车，不亦美乎？"叔孙曰："豹闻之：'服美不称，必以恶终。'美车何为？"叔孙与庆封食，不敬。为赋《相鼠》，亦不知也。

卫甯喜专，公患之。公孙免馀请杀之。公曰："微甯子，不及此，吾与之言矣。事未可知，祇成恶名，止也。"对曰："臣杀之，君勿与知。"乃与公孙无地、公孙臣谋，使攻甯氏。弗克，皆死。公曰："臣也无罪，父子死余矣。"夏，免馀复攻甯氏，杀甯喜及右宰穀，尸诸朝。石恶将会宋之盟，受命而出。衣其尸，枕之股而哭之。欲敛以亡，惧不免，且曰："受命矣。"乃行。

子鲜曰："逐我者出，纳我者死，赏罚无章，何以沮劝？君失其信，而国无刑，不亦难乎！且鱄实使之。"遂出奔晋。公使止之，不可。及河，又使止之。止使者而盟于河。托于木门，不乡卫国而坐。木门大夫劝之仕。不可。曰："仕而废其事，罪也。从之，昭吾所以出也。将谁愬乎？吾不可以立于人之朝矣。"终身不仕。公丧之，如税服，终身。

宋向戌善于赵文子，又善于令尹子木，欲弭诸侯之兵以为名。如晋，告赵孟。赵孟谋于诸大夫。韩宣子曰："兵，民之残也，财用之蠹，小国之大菑也。将或弭之，虽曰不可，必将许之。弗许，楚将许之，以召诸侯，则我失为盟主矣。"晋人许之。如楚，楚亦许之。如齐，齐人难之。陈文子曰："晋、楚许之，我焉得已。且人曰'弭兵'，而我弗许，则固携吾民矣！将焉用之？"齐人许之。告于秦，秦亦许之。皆告于小国，为会于宋。

五月甲辰，晋赵武至于宋。丙午，郑良霄至。六月丁未朔，宋人享赵文子，叔向为介。司马置折俎，礼也。仲尼使举是礼也，以为多文辞。戊申，叔孙豹、齐庆封、陈须无、卫石恶至。甲寅，晋荀盈从赵武至。丙辰，邾悼公至。壬戌，楚公子黑肱先至，成言于晋。丁卯，宋向戌如陈，从子木成言于楚。戊辰，滕成公至。子木谓向戌："请晋、楚之从，交相见也。"庚午，向戌复于赵孟。赵孟曰："晋、楚、齐、秦，匹也。晋之不能于齐，犹楚之不能于秦也。楚君若能使秦君辱于敝邑，寡君敢不固请于齐。"壬申，左师复言于子木。子木使驲谒诸王。王曰："释齐、秦，他国请相见也。"秋七月戊寅，左师至。是夜也，赵孟及子皙盟以齐言。庚辰，子木至自陈。陈孔奂、蔡公孙归生至。曹、许之大夫皆至。以藩为军，晋、楚各处其偏。伯夙谓赵孟曰："楚氛甚恶，惧难。"赵孟曰："吾左还入于宋，若我何？"

辛巳，将盟于宋西门之外，楚人衷甲。伯州犁曰："合诸侯之师，以为不信，无乃不可乎？夫诸侯望信于楚，是以来服。若不信，是弃其所以服诸侯也。"固请释甲。子木曰："晋、楚无信久矣，事利而已。苟得志焉，焉用有信？"大宰退，告人曰："令尹将死矣，不及三年。求逞志而弃信，志将逞乎？志以发言，言以出信，信以立志，参以定之。信亡，何以及三？"赵孟患楚衷甲，以告叔向。叔向曰："何害也。匹夫一为不信，犹不可，单毙其死。若合诸侯之卿，以为不信，必不捷矣。食言者不病，非子之患也。夫以信召人，而以僭济之，必莫之与也，安能害我？且吾因宋以守病，则夫能致死。与宋致死，虽倍楚可也。子何惧焉？又不及是。曰'弭兵'以召诸侯，而称兵以害我，吾庸多矣，非所患也。"

季武子使谓叔孙以公命，曰："视邾、滕。"既而齐人请邾，宋人请滕，皆不与盟。叔孙曰："邾、滕，人之私也。我列国也，何故视之？宋、卫，吾匹也。”乃盟。故不书其族，言违命也。

晋、楚争先。晋人曰：“晋固为诸侯盟主，未有先晋者也。”楚人曰：“子言晋、楚匹也，若晋常先，是楚弱也。且晋、楚狎主诸侯之盟也久矣！岂专在晋？”叔向谓赵孟曰：“诸侯归晋之德只，非归其尸盟也。子务德，无争先！且诸侯盟，小国固必有尸盟者。楚为晋细，不亦可乎？”乃先楚人。书先晋，晋有信也。

壬午，宋公兼享晋、楚之大夫，赵孟为客。子木与之言，弗能对。使叔向侍言焉，子木亦不能对也。乙酉，宋公及诸侯之大夫盟于蒙门之外。子木问于赵孟曰：“范武子之德何如？”对曰：“夫子之家事治，言于晋国无隐情。其祝史陈信于鬼神，无愧辞。”子木归，以语王。王曰：“尚矣哉！能歆神人，宜其光辅五君以为盟主也。”子木又语王曰：“宜晋之伯也！有叔向以佐其卿，楚无以当之，不可与争。”晋荀寅遂如楚涖盟。

郑伯享赵孟于垂陇，子展、伯有、子西、子产、子大叔、二子石从。赵孟曰：“七子从君，以宠武也。请皆赋以卒君贶，武亦以观七子之志。”子展赋《草虫》，赵孟曰：“善哉！民之主也。抑武也不足以当之。”伯有赋《鹑之贲贲》，赵孟曰：“床第之言不逾阈，况在野乎？非使人之所得闻也。”子西赋《黍苗》之四章，赵孟曰：“寡君在，武何能焉！”子产赋《隰桑》，赵孟曰：“武请受其卒章。”子大叔赋《野有蔓草》，赵孟曰：“吾子之惠也。”印段赋《蟋蟀》，赵孟曰：“善哉！保家之主也。吾有望矣。”公孙段赋《桑扈》，赵孟曰：“匪交匪敖，福将焉往？若保是言也，欲辞福禄得乎？”卒享。文子告叔向曰：“伯有将为戮矣！诗以言志，志诬其上，而公怨之，以为宾荣，其能久乎？幸而后亡。”叔向曰：“然。已侈！所谓不及五稔者，夫子之谓矣。”文子曰：“其馀皆数世之主也。子展其后亡者也，在上不忘降。印氏其次也，乐而不荒。乐以安民，不淫以使之，后亡，不亦可乎？”

宋左师请赏，曰：“请免死之邑。”公与之邑六十。以示子罕，子罕曰：“凡诸侯小国，晋、楚所以兵威之。畏而后上下慈和，慈和而后能安靖其国家，以事大国，所以存也。无威则骄，骄则乱生，乱生必灭，所以亡也。天生五材，民并用之，废一不可，谁能去兵。兵之设久矣，所以威不轨而昭文德也。圣人以兴，乱人以废，废兴存亡昏明之术，皆兵之由也。而子求去之，不亦诬乎？以诬道蔽诸侯，罪莫大焉。纵无大讨，而又求赏，无厌之甚也！”削而投之。左师辞邑。向氏欲攻司城，左师曰：“我将亡，夫子存我，德莫大焉，又可攻乎？”君子曰：“‘彼己之子，邦之司直。’乐喜之谓乎？‘何以恤我，我其收之。’向戌之谓乎？”

底本：毕沅校清嘉庆刊本《十三经注疏》

出处：［清］毕沅：《十三经注疏·春秋左传正义》，北京，中华书局2017年，第4330—4337页

襄公二十九年

经：仲孙羯会晋荀盈、齐高止、宋华定、卫世叔仪、郑公孙段、曹人、莒人、滕人、薛人、小邾人城杞。

晋侯使士鞅来聘。

杞子来盟。

吴子使札来聘。

传：夏四月，葬楚康王。公及陈侯、郑伯、许男送葬，至于西门之外。诸侯之大夫皆至于墓。楚郏敖即位。王子围为令尹。郑行人子羽曰：“是谓不宜，必代之昌。松柏之下，其草不殖。”

公还，及方城。季武子取卞，使公冶问，玺书追而与之曰："闻守卞者将叛，臣帅徒以讨之，既得之矣，敢告。"公冶致使而退，及舍而后闻取卞。公曰："欲之而言叛，只见疏也。"公谓公冶曰："吾可以入乎？"对曰："君实有国，谁敢违君！"公与公冶冕服。固辞。强之而后受。公欲无入，荣成伯赋《式微》，乃归。

五月，公至自楚。公冶致其邑于季氏，而终不入焉。曰："欺其君，何必使余？"季孙见之，则言季氏如他日。不见，则终不言季氏。及疾，聚其臣，曰："我死，必无以冕服敛，非德赏也。且无使季氏葬我。"

晋平公，杞出也，故治杞。六月，知悼子合诸侯之大夫以城杞，孟孝伯会之。郑子大叔与伯石往。子大叔见大叔文子，与之语。文子曰："甚乎！其城杞也。"子大叔曰："若之何哉？晋国不恤周宗之阙，而夏肄是屏。其弃诸姬，亦可知也已。诸姬是弃，其谁归之？吉也闻之，弃同即异，是谓离德。《诗》曰：'协比其邻，昏姻孔云。'晋不邻矣，其谁云之？"

晋侯使司马女叔侯来治杞田，弗尽归也。晋悼夫人愠曰："齐也取货。先君若有知也，不尚取之！"公告叔侯，叔侯曰："虞、虢、焦、滑、霍、扬、韩、魏，皆姬姓也，晋是以大。若非侵小，将何所取？武、献以下，兼国多矣，谁得治之？杞，夏馀也，而即东夷。鲁，周公之后也，而睦于晋。以杞封鲁犹可，而何有焉？鲁之于晋也，职贡不乏，玩好时至，公卿大夫相继于朝，史不绝书，府无虚月。如是可矣！何必瘠鲁以肥杞？且先君而有知也，毋宁夫人，而焉用老臣？"杞文公来盟。书曰"子"，贱之也。

吴公子札来聘，见叔孙穆子，说之。谓穆子曰："子其不得死乎？好善而不能择人。吾闻'君子务在择人'。吾子为鲁宗卿，而任其大政，不慎举，何以堪之？祸必及子！”

其出聘也，通嗣君也。故遂聘于齐，说晏平仲，谓之曰：“子速纳邑与政！无邑无政，乃免于难。齐国之政，将有所归，未获所归，难未歇也。”故晏子因陈桓子以纳政与邑，是以免于栾、高之难。

聘于郑，见子产，如旧相识，与之缟带，子产献纻衣焉。谓子产曰：“郑之执政侈，难将至矣！政必及子。子为政，慎之以礼。不然，郑国将败。”

适卫，说蘧瑗、史狗、史鳍、公子荆、公叔发、公子朝，曰：“卫多君子，未有患也。”

自卫如晋，将宿于戚。闻钟声焉，曰：“异哉！吾闻之也：‘辩而不德，必加于戮。’夫子获罪于君以在此，惧犹不足，而又何乐？夫子之在此也，犹燕之巢于幕上。君又在殡，而可以乐乎？”遂去之。文子闻之，终身不听琴瑟。

适晋，说赵文子、韩宣子、魏献子，曰：“晋国其萃于三族乎！”说叔向，将行，谓叔向曰：“吾子勉之！君侈而多良，大夫皆富，政将在家。吾子好直，必思自免于难。”

郑伯有使公孙黑如楚，辞曰：“楚、郑方恶，而使余往，是杀余也。”伯有曰：“世行也。”子晳曰：“可则往，难则已，何世之有？”伯有将强使之。子晳怒，将伐伯有氏，大夫和之。十二月己巳，郑大夫盟于伯有氏。裨谌曰：“是盟也，其与几何？《诗》曰：‘君子屡盟，乱是用长。’今是长乱之道也。祸未歇也，必三年而后能纾。”然明曰：“政将焉往？”裨谌曰：“善之代不善，天命也，其焉辟子产？举不踰等，则位班也。择善而举，则世隆也。天又除之，夺伯有魄。子西即世，将焉辟之？天祸郑久矣，其必使子产息之,乃犹可以戾。不然,将亡矣。”

底本:毕沅校清嘉庆刊本《十三经注疏》

出处:[清]毕沅:《十三经注疏·春秋左传正义》,北京,中华书局2017年,第4352—4362页

襄公三十一年

经:三十有一年春,王正月。

夏六月辛巳,公薨于楚宫。

秋九月癸巳,子野卒。

己亥,仲孙羯卒。

冬十月,滕子来会葬。

癸酉,葬我君襄公。

十有一月,莒人弑其君密州。

传:三十一年春,王正月,穆叔至自会,见孟孝伯,语之曰:“赵孟将死矣。其语偷,不似民主。且年未盈五十,而谆谆焉如八九十者,弗能久矣。若赵孟死,为政者其韩子乎!吾子盍与季孙言之,可以树善,君子也。晋君将失政矣,若不树焉,使早备鲁,既而政在大夫,韩子懦弱,大夫多贪,求欲无厌,齐、楚未足与也,鲁其惧哉!”孝伯曰:“人生几何?谁能无偷?朝不及夕,将安用树?”穆叔出而告人曰:“孟孙将死矣。吾语诸赵孟之偷也,而又甚焉。”又与季孙语晋故,季孙不从。及赵文子卒,晋公室卑,政在侈家。韩宣子为政,不能图诸侯。鲁不堪晋求,谗慝弘多,是以有平丘之会。

公薨之月,子产相郑伯以如晋,晋侯以我丧故,未之见也。子产使尽坏其馆之垣而纳车马焉。士文伯让之曰:“敝邑以政

刑之不修，寇盗充斥，无若诸侯之属辱在寡君者何？是以令吏人完客所馆，高其闬闳，厚其墙垣，以无忧客使。今吾子坏之，虽从者能戒，其若异客何？以敝邑之为盟主，缮完葺墙，以待宾客，若皆毁之，其何以共命？寡君使匄请命。”对曰：“以敝邑褊小，介于大国，诛求无时，是以不敢宁居，悉索敝赋，以来会时事。逢执事之不间，而未得见，又不获闻命，未知见时，不敢输币，亦不敢暴露。其输之，则君之府实也，非荐陈之，不敢输也。其暴露之，则恐燥湿之不时而朽蠹，以重敝邑之罪。侨闻文公之为盟主也，宫室卑庳，无观台榭，以崇大诸侯之馆。馆如公寝，库厩缮修，司空以时平易道路，圬人以时塓馆宫室。诸侯宾至，甸设庭燎，仆人巡宫，车马有所，宾从有代，巾车脂辖，隶人牧圉，各瞻其事，百官之属，各展其物。公不留宾，而亦无废事，忧乐同之，事则巡之，教其不知，而恤其不足。宾至如归，无宁菑患？不畏寇盗，而亦不患燥湿。今铜鞮之宫数里，而诸侯舍于隶人。门不容车，而不可踰越。盗贼公行，而天疠不戒。宾见无时，命不可知。若又勿坏，是无所藏币以重罪也。敢请执事，将何所命之？虽君之有鲁丧，亦敝邑之忧也。若获荐币，修垣而行，君之惠也。敢惮勤劳？”

文伯复命，赵文子曰：“信！我实不德，而以隶人之垣以赢诸侯，是吾罪也。”使士文伯谢不敏焉。晋侯见郑伯有加礼，厚其宴好而归之。乃筑诸侯之馆。叔向曰：“辞之不可以已也如是夫！子产有辞，诸侯赖之，若之何其释辞也？《诗》曰：‘辞之辑矣，民之协矣。辞之绎矣，民之莫矣。’其知之矣。”

郑子皮使印段如楚，以適晋告，礼也。

莒犁比公生去疾及展舆，既立展舆，又废之。犁比公虐，国人患之。十一月，展舆因国人以攻莒子，弑之，乃立。去疾奔齐，齐出也。展舆，吴出也。书曰："莒人弑其君买朱鉏。"言罪之在也。

吴子使屈狐庸聘于晋，通路也。赵文子问焉，曰："延州来季子其果立乎？巢陨诸樊，阍戕戴吴，天似启之，何如？"对曰："不立。是二王之命也，非启季子也。若天所启，其在今嗣君乎！甚德而度，德不失民，度不失事，民亲而事有序，其天所启也。有吴国者，必此君之子孙实终之。季子，守节者也。虽有国，不立。"

十二月，北宫文子相卫襄公以如楚，宋之盟故也。过郑，印段廷劳于棐林，如聘礼而以劳辞。文子入聘。子羽为行人，冯简子与子大叔逆客。事毕而出，言于卫侯曰："郑有礼，其数世之福也。其无大国之讨乎！《诗》云：'谁能执热，逝不以濯。'礼之于政，如热之有濯也。濯以救热，何患之有？"

子产之从政也，择能而使之。冯简子能断大事。子大叔美秀而文。公孙挥能知四国之为，而辨于其大夫之族姓、班位、贵贱、能否，而又善为辞令。裨谌能谋，谋于野则获，谋于邑则否。郑国将有诸侯之事，子产乃问四国之为于子羽，且使多为辞令。与裨谌乘以适野，使谋可否。而告冯简子，使断之。事成，乃授子大叔使行之，以应对宾客。是以鲜有败事。北宫文子所谓有礼也。

郑人游于乡校，以论执政。然明谓子产曰："毁乡校，如何？"子产曰："何为？夫人朝夕退而游焉，以议执政之善否。其所善者，吾则行之。其所恶者，吾则改之。是吾师也。若之何毁之？我闻忠善以损怨，不闻作威以防怨。岂不遽止，然犹防川,大决所犯,伤人必多,吾不克救也。不如小决使道,不如吾闻而药之也。”然明曰:“蔑也今而后知吾子之信可事也。小人实不才。若果行此,其郑国实赖之。岂唯二三臣?”仲尼闻是语也,曰:“以是观之,人谓子产不仁,吾不信也。”

子皮欲使尹何为邑。子产曰:“少,未知可否。”子皮曰:“愿,吾爱之,不吾叛也。使夫往而学焉,夫亦愈知治矣。”子产曰:“不可。人之爱人,求利之也。今吾子爱人则以政,犹未能操刀而使割也,其伤实多。子之爱人,伤之而已,其谁敢求爱于子?子于郑国,栋也,栋折榱崩,侨将厌焉,敢不尽言。子有美锦,不使人学制焉。大官、大邑,身之所庇也,而使学者制焉。其为美锦,不亦多乎?侨闻学而后入政,未闻以政学者也。若果行此,必有所害。譬如田猎,射御贯则能获禽,若未尝登车射御,则败绩厌覆是惧,何暇思获?”子皮曰:“善哉!虎不敏。吾闻君子务知大者远者,小人务知小者近者。我,小人也。衣服附在吾身,我知而慎之。大官、大邑所以庇身也,我远而慢之。微子之言,吾不知也。他日我曰:‘子为郑国,我为吾家,以庇焉其可也。’今而后知不足。自今,请虽吾家,听子而行。”子产曰:“人心之不同,如其面焉。吾岂敢谓子面如吾面乎?抑心所谓危,亦以告也。”子皮以为忠,故委政焉。子产是以能为郑国。

底本:毕沅校清嘉庆刊本《十三经注疏》

出处:[清]毕沅:《十三经注疏·春秋左传正义》,北京,中华书局2017年,第4372—4377页

昭公元年

经:元年春,王正月,公即位。

叔孙豹会晋赵武、楚公子围、齐国弱、宋向戌、卫齐恶、陈公子招、蔡公孙归生、郑罕虎、许人、曹人于虢。

三月,取郓。

夏,秦伯之弟鍼出奔晋。

六月丁巳,邾子华卒。

晋荀吴帅师败狄于大卤。

秋,莒去疾自齐入于莒。

莒展舆出奔吴。

叔弓帅师疆郓田。

葬邾悼公。

冬十有一月己酉,楚子麇卒。

公子比出奔晋。

传:元年春,楚公子围聘于郑,且娶于公孙段氏,伍举为介。将入馆,郑人恶之。使行人子羽与之言,乃馆于外。既聘,将以众逆。子产患之,使子羽辞曰:“以敝邑褊小,不足以容从者,请墠听命!”令尹命大宰伯州犁对曰:“君辱贶寡大夫围,谓围:‘将使丰氏抚有而室。’围布几筵,告于庄、共之庙而来。若野赐之,是委君贶于草莽也!是寡大夫不得列于诸卿也!不宁唯是,又使围蒙其先君,将不得为寡君老,其蔑以复矣。唯大夫图之!”子羽曰:“小国无罪,恃实其罪。将恃大国之安靖己,而无乃包藏祸心以图之。小国失恃而惩诸侯,使莫不憾者,距违君命,而有所壅塞不行是惧!不然,敝邑,馆人之属也,其敢爱丰氏之祧?”伍举知其有备也,请垂橐而入。许之。正月乙未,入逆而出,遂会于虢,寻宋之盟也。

祁午谓赵文子曰:“宋之盟,楚人得志于晋。今令尹之不信，诸侯之所闻也。子弗戒，惧又如宋。子木之信称于诸侯，犹诈晋而驾焉，况不信之尢(注：通'尤')者乎？楚重得志于晋，晋之耻也。子相晋国以为盟主，于今七年矣！再合诸侯，三合大夫，服齐、狄，宁东夏，平秦乱，城淳于，师徒不顿，国家不罢，民无谤讟，诸侯无怨，天无大灾，子之力也。有令名矣，而终之以耻，午也是惧。吾子其不可以不戒！"文子曰："武受赐矣！然宋之盟，子木有祸人之心，武有仁人之心，是楚所以驾于晋也。今武犹是心也，楚又行僭，非所害也。武将信以为本，循而行之。譬如农夫，是穮是蓘，虽有饥馑，必有丰年。且吾闻之：'能信不为人下。'吾未能也。《诗》曰：'不僭不贼，鲜不为则。'信也。能为人则者，不为人下矣。吾不能是难，楚不为患。"

楚令尹围请用牲，读旧书，加于牲上而已。晋人许之。三月甲辰，盟。楚公子围设服离卫。叔孙穆子曰："楚公子美矣，君哉！"郑子皮曰："二执戈者前矣！"蔡子家曰："蒲宫有前，不亦可乎？"楚伯州犁曰："此行也，辞而假之寡君。"郑行人挥曰："假不反矣！"伯州犁曰："子姑忧子皙之欲背诞也。"子羽曰："当璧犹在，假而不反，子其无忧乎？"齐国子曰："吾代二子愍矣！"陈公子招曰："不忧何成，二子乐矣。"卫齐子曰："苟或知之，虽忧何害？"宋合左师曰："大国令，小国共。吾知共而已。"晋乐王鲋曰："《小旻》之卒章善矣，吾从之。"

退会，子羽谓子皮曰："叔孙绞而婉，宋左师简而礼，乐王鲋字而敬，子与子家持之，皆保世之主也。齐、卫、陈大夫其不免乎？国子代人忧，子招乐忧，齐子虽忧弗害。夫弗及而忧，与可忧而乐，与忧而弗害，皆取忧之道也，忧必及之。《大誓》曰：'民之所欲，天必从之。'三大夫兆，忧能无至乎？言以知物，其是之谓矣。”

季武子伐莒，取郓，莒人告于会。楚告于晋曰：“寻盟未退，而鲁伐莒，渎齐盟，请戮其使。”乐桓子相赵文子，欲求货于叔孙而为之请，使请带焉。弗与。梁其踁曰：“货以藩身，子何爱焉?”叔孙曰：“诸侯之会，卫社稷也。我以货免，鲁必受师。是祸之也，何卫之为？人之有墙，以蔽恶也。墙之隙坏，谁之咎也？卫而恶之，吾又甚焉。虽怨季孙，鲁国何罪？叔出季处，有自来矣，吾又谁怨？然鲋也贿，弗与不已。”召使者，裂裳帛而与之，曰：“带其褊矣。”

赵孟闻之，曰：“临患不忘国，忠也。思难不越官，信也。图国忘死，贞也。谋主三者，义也。有是四者，又可戮乎?”乃请诸楚曰：“鲁虽有罪，其执事不辟难，畏威而敬命矣。子若免之，以劝左右可也。若子之群吏处不辟污，出不逃难，其何患之有？患之所生，污而不治，难而不守，所由来也。能是二者，又何患焉？不靖其能，其谁从之？鲁叔孙豹可谓能矣，请免之以靖能者。子会而赦有罪，又赏其贤，诸侯其谁不欣焉望楚而归之，视远如迩？疆埸之邑，一彼一此，何常之有？王伯之令也，引其封疆，而树之官。举之表旗，而著之制令。过则有刑，犹不可壹。于是乎虞有三苗，夏有观、扈，商有姺、邳，周有徐、奄。自无令王，诸侯逐进，狎主齐盟，其又可壹乎？恤大舍小，足以为盟主，又焉用之？封疆之削，何国蔑有？主齐盟者，谁能辩焉？吴、濮有衅，楚之执事，岂其顾盟？莒之疆事，楚勿与知。诸侯无烦，不亦可乎？莒、鲁争郓，为日久矣，苟无大害于其社稷，可无亢也。去烦宥善，莫不竞劝。子其图之！”固请诸楚，楚人许之，乃免叔孙。

令尹享赵孟，赋《大明》之首章。赵孟赋《小宛》之二章。事毕，赵孟谓叔向曰："令尹自以为王矣，何如？"对曰："王弱，令尹强，其可哉！虽可，不终。"赵孟曰："何故？"对曰："强以克弱而安之，强不义也。不义而强，其毙必速。《诗》曰：'赫赫宗周，褒姒灭之。'强不义也。令尹为王，必求诸侯。晋少懦矣，诸侯将往。若获诸侯，其虐滋甚。民弗堪也，将何以终？夫以强取，不义而克，必以为道。道以淫虐，弗可久已矣！"

夏四月，赵孟、叔孙豹、曹大夫入于郑，郑伯兼享之。子皮戒赵孟，礼终，赵孟赋《瓠叶》。子皮遂戒穆叔，且告之。穆叔曰："赵孟欲一献，子其从之！"子皮曰："敢乎？"穆叔曰："夫人之所欲也，又何不敢。"及享，具五献之笾豆于幕下。赵孟辞，私于子产曰："武请于冢宰矣。"乃用一献。赵孟为客，礼终乃宴。穆叔赋《鹊巢》。赵孟曰："武不堪也。"又赋《采蘩》，曰："小国为蘩，大国省穑而用之，其何实非命。"子皮赋《野有死麕》之卒章。赵孟赋《常棣》，且曰："吾兄弟比以安，尨也可使无吠。"穆叔、子皮及曹大夫兴，拜，举兕爵曰："小国赖子，知免于戾矣。"饮酒乐。赵孟出，曰："吾不复此矣。"

六月丁巳，郑伯及其大夫盟于公孙段氏。罕虎、公孙侨、公孙段、印段、游吉、驷带私盟于闺门之外，实薰隧。公孙黑强与于盟，使大史书其名，且曰七子。子产弗讨。

晋侯有疾，郑伯使公孙侨如晋聘，且问疾。叔向问焉，曰："寡君之疾病，卜人曰：'实沈、台骀为祟。'史莫之知，敢问此何神也？"子产曰："昔高辛氏有二子，伯曰阏伯，季曰实沈，居于旷林，不相能也。日寻干戈，以相征讨。后帝不臧，迁阏伯于商丘，主辰。商人是因，故辰为商星。迁实沈于大夏，主参。唐人是因，以服事夏、商。其季世曰唐叔虞。当武王邑姜方震大叔，梦帝谓己：‘余命而子曰虞，将与之唐，属诸参，而蕃育其子孙。’及生，有文在其手曰‘虞’，遂以命之。及成王灭唐而封大叔焉，故参为晋星。由是观之，则实沈，参神也。昔金天氏有裔子曰昧，为玄冥师，生允格、台骀。台骀能业其官，宣汾、洮，障大泽，以处大原。帝用嘉之，封诸汾川。沈、姒、蓐、黄，实守其祀。今晋主汾而灭之矣。由是观之，则台骀，汾神也。抑此二者，不及君身。山川之神，则水旱疠疫之灾，于是乎禜之。日月星辰之神，则雪霜风雨之不时，于是乎禜之。若君身，则亦出入饮食哀乐之事也。山川星辰之神，又何为焉？侨闻之，君子有四时：朝以听政，昼以访问，夕以修令，夜以安身。于是乎节宣其气，勿使有所壅闭湫底，以露其体。兹心不爽，而昏乱百度。今无乃壹之，则生疾矣。侨又闻之，内官不及同姓，其生不殖。美先尽矣，则相生疾，君子是以恶之。故《志》曰：‘买妾不知其姓，则卜之。’违此二者，古之所慎也。男女辨姓，礼之大司也。今君内实有四姬焉，其无乃是也乎？若由是二者，弗可为也已。四姬有省犹可，无则必生疾矣。”叔向曰：“善哉！肸未之闻也。此皆然矣。”

出告赵孟。赵孟曰：“谁当良臣？”对曰：“主是谓矣！主相晋国，于今八年，晋国无乱，诸侯无阙，可谓良矣。和闻之，国之大臣，荣其宠禄，任其大节，有菑祸兴而无改焉，必受其咎。今君至于淫以生疾，将不能图恤社稷，祸孰大焉！主不能御，吾是以云也。”赵孟曰：“何谓蛊？”对曰：“淫溺惑乱之所生也。于文，皿虫为蛊，榖之飞亦为蛊；在《周易》，女惑男，风落山，谓之《蛊》。皆同物也。”赵孟曰：“良医也。”厚其礼而归之。

楚公子围使公子黑肱、伯州犁城犫、栎、郏，郑人惧。子产曰："不害。令尹将行大事，而先除二子也。祸不及郑，何患焉？"

冬，楚子围将聘于郑，伍举为介。未出竟，闻王有疾而还。伍举遂聘。十一月己酉，公子围至，入问王疾，缢而弑之。遂杀其二子幕及平夏。右尹子干出奔晋。宫廏(注：通"厩")尹子晳出奔郑。杀大宰伯州犁于郏。葬王于郏，谓之郏敖。使赴于郑，伍举问应为后之辞焉。对曰："寡大夫围。"伍举更之曰："共王之子围为长。"

楚灵王即位，薳罢为令尹，薳启彊为大宰。郑游吉如楚，葬郏敖，且聘立君。归，谓子产曰："具行器矣！楚王汰侈而自说其事，必合诸侯。吾往无日矣。"子产曰："不数年，未能也。"

底本：毕沅校清嘉庆刊本《十三经注疏》

出处：［清］毕沅：《十三经注疏·春秋左传正义》，北京，中华书局 2017 年，第 4384—4398 页

昭公二年

经：二年春，晋侯使韩起来聘。

夏，叔弓如晋。

秋，郑杀其大夫公孙黑。

冬，公如晋，至河乃复。

季孙宿如晋。

传：二年春，晋侯使韩宣子来聘，且告为政而来见，礼也。观书于大史氏，见《易象》与《鲁春秋》，曰："周礼尽在鲁矣。吾乃今知周公之德，与周之所以王也。"公享之。季武子赋《绵》之

卒章。韩子赋《角弓》。季武子拜曰："敢拜子之弥缝敝邑，寡君有望矣。"武子赋《节》之卒章。既享，宴于季氏，有嘉树焉，宣子誉之。武子曰："宿敢不封殖此树，以无忘《角弓》。"遂赋《甘棠》。宣子曰："起不堪也，无以及召公。"

宣子遂如齐纳币。见子雅。子雅召子旗，使见宣子。宣子曰："非保家之主也，不臣。"见子尾。子尾见彊。宣子谓之如子旗。大夫多笑之。唯晏子信之，曰："夫子，君子也。君子有信，其有以知之矣。"自齐聘于卫。卫侯享之，北宫文子赋《淇澳》。宣子赋《木瓜》。

叔弓聘于晋，报宣子也。晋侯使郊劳。辞曰："寡君使弓来继旧好，固曰：'女无敢为宾！'彻命于执事，敝邑弘矣，敢辱郊使？请辞。"致馆。辞曰："寡君命下臣来继旧好，好合使成，臣之禄也。敢辱大馆？"叔向曰："子叔子知礼哉！吾闻之曰：'忠信，礼之器也。卑让，礼之宗也。'辞不忘国，忠信也。先国后己，卑让也。《诗》曰：'敬慎威仪，以近有德。'夫子近德矣。"

秋，郑公孙黑将作乱，欲去游氏而代其位，伤疾作而不果。驷氏与诸大夫欲杀之。子产在鄙闻之，惧弗及，乘遽而至。使吏数之，曰："伯有之乱，以大国之事，而未尔讨也。尔有乱心，无厌，国不女堪。专伐伯有，而罪一也。昆弟争室，而罪二也。薰隧之盟，女矫君位，而罪三也。有死罪三，何以堪之？不速死，大刑将至。"再拜稽首辞曰："死在朝夕，无助天为虐。"

晋少姜卒。公如晋，及河。晋侯使士文伯来辞曰："非伉俪也。请君无辱！"公还，季孙宿遂致服焉。叔向言陈无宇于晋侯曰："彼何罪？君使公族逆之，齐使上大夫送之。犹曰不共，君求以贪。国则不共，而执其使。君刑已颇，何以为盟主？且少姜有辞。”冬十月，陈无宇归。十一月，郑印段如晋吊。

底本：毕沅校清嘉庆刊本《十三经注疏》

出处：［清］毕沅：《十三经注疏·春秋左传正义》，北京，中华书局2017年，第4406—4408页

昭公三年

经：三年春，王正月丁未，滕子原卒。

夏，叔弓如滕。

五月，葬滕成公。

秋，小邾子来朝。

传：三年春，王正月，郑游吉如晋，送少姜之葬。梁丙与张趯见之。梁丙曰：“甚矣哉！子之为此来也。”子大叔曰：“将得已乎？昔文、襄之霸也，其务不烦诸侯。令诸侯三岁而聘，五岁而朝，有事而会，不协而盟。君薨，大夫吊，卿共葬事。夫人，士吊，大夫送葬。足以昭礼命事谋阙而已，无加命矣。今嬖宠之丧，不敢择位，而数于守适，唯惧获戾，岂敢惮烦。少齐有宠而死，齐必继室。今兹吾又将来贺，不唯此行也。”张趯曰：“善哉！吾得闻此数也。然自今，子其无事矣。譬如火焉，火中，寒暑乃退。此其极也，能无退乎？晋将失诸侯，诸侯求烦不获。”二大夫退。子大叔告人曰：“张趯有知，其犹在君子之后乎！”

丁未，滕子原卒。同盟，故书名。

夏四月，郑伯如晋，公孙段相，甚敬而卑，礼无违者。晋侯嘉焉，授之以策曰：“子丰有劳于晋国，余闻而弗忘。赐女州田，以胙乃旧勋。”伯石再拜稽首，受策以出。君子曰：“礼，其人之急也乎？伯石之汰也，一为礼于晋，犹荷其禄，况以礼终始乎？

《诗》曰：‘人而无礼，胡不遄死。’其是之谓乎？”

秋七月，郑罕虎如晋，贺夫人，且告曰：“楚人日征敝邑，以不朝立王之故。敝邑之往，则畏执事，其谓寡君，‘而固有外心’。其不往，则宋之盟云。进退罪也。寡君使虎布之。”宣子使叔向对曰：“君若辱有寡君，在楚何害？修宋盟也。君苟思盟，寡君乃知免于戾矣。君若不有寡君，虽朝夕辱于敝邑，寡君猜焉。君实有心，何辱命焉？君其往也！苟有寡君，在楚犹在晋也。”

张趯使谓大叔曰：“自子之归也，小人粪除先人之敝庐，曰：‘子其将来！’今子皮实来，小人失望。”大叔曰：“吉贱不获来，畏大国、尊夫人也。且孟曰：‘而将无事。’吉庶几焉。”

小邾穆公来朝。季武子欲卑之，穆叔曰：“不可。曹、滕、二邾，实不忘我好。敬以逆之，犹惧其贰。又卑一睦焉，逆群好也。其如旧而加敬焉！《志》曰：‘能敬无灾。’又曰：‘敬逆来者，天所福也。’”季孙从之。

底本：毕沅校清嘉庆刊本《十三经注疏》

出处：［清］毕沅：《十三经注疏·春秋左传正义》，北京，中华书局 2017 年，第 4408—4413 页

昭公四年

经：夏，楚子、蔡侯、陈侯、郑伯、许男、徐子、滕子、顿子、胡子、沈子、小邾子、宋世子佐、淮夷会于申。

传：四年春，王正月，许男如楚，楚子止之，遂止郑伯，复田江南，许男与焉。使椒举如晋求诸侯，二君待之。椒举致命曰：“寡君使举曰，日君有惠，赐盟于宋曰，晋、楚之从，交相见也。以岁之不易，寡人愿结欢于二三君。使举请间。君若苟无四方

之虞，则愿假宠以请于诸侯。”

晋侯欲勿许。司马侯曰：“不可。楚王方侈，天或者欲逞其心，以厚其毒而降之罚，未可知也。其使能终，亦未可知也。晋、楚唯天所相，不可与争。君其许之，而修德以待其归。若归于德，吾犹将事之，况诸侯乎？若适淫虐，楚将弃之，吾又谁与争？”曰：“晋有三不殆，其何敌之有？国险而多马，齐、楚多难。有是三者，何乡而不济？”对曰：“恃险与马，而虞邻国之难，是三殆也。四岳、三涂、阳城、大室、荆山、中南，九州之险也，是不一姓。冀之北土，马之所生，无兴国焉。恃险与马，不可以为固也，从古以然。是以先王务修德音以亨神人，不闻其务险与马也。邻国之难，不可虞也。或多难以固其国，启其疆土；或无难以丧其国，失其守宇。若何虞难。齐有仲孙之难而获桓公，至今赖之。晋有里、丕之难而获文公，是以为盟主。卫、邢无难，敌亦丧之。故人之难，不可虞也。恃此三者，而不修政德，亡于不暇，又何能济？君其许之！纣作淫虐，文王惠和，殷是以陨，周是以兴，夫岂争诸侯？”乃许楚使。使叔向对曰：“寡君有社稷之事，是以不获春秋时见。诸侯，君实有之，何辱命焉。”椒举遂请昏，晋侯许之。

楚子问于子产曰：“晋其许我诸侯乎？”对曰：“许君。晋君少安，不在诸侯。其大夫多求，莫匡其君。在宋之盟，又曰如一，若不许君，将焉用之？”王曰：“诸侯其来乎？”对曰：“必来。从宋之盟，承君之欢，不畏大国，何故不来？不来者，其鲁、卫、曹、邾乎？曹畏宋，邾畏鲁，鲁、卫偪于齐而亲于晋，唯是不来。其馀，君之所及也，谁敢不至？”王曰：“然则吾所求者，无不可乎？”对曰：“求逞于人，不可。与人同欲，尽济。”

夏，诸侯如楚，鲁、卫、曹、邾不会。曹、邾辞以难，公辞以时祭，卫侯辞以疾。郑伯先待于申。六月丙午，楚子合诸侯于申。椒举言于楚子曰："臣闻诸侯无归，礼以为归。今君始得诸侯，其慎礼矣。霸之济否，在此会也。夏启有钧台之享，商汤有景亳之命，周武有孟津之誓，成有岐阳之蒐，康有酆宫之朝，穆有涂山之会，齐桓有召陵之师，晋文有践土之盟。君其何用？宋向戌、郑公孙侨在，诸侯之良也，君其选焉。"王曰："吾用齐桓。"

王使问礼于左师与子产。左师曰："小国习之，大国用之，敢不荐闻？"献公合诸侯之礼六。子产曰："小国共职，敢不荐守？"献伯、子、男会公之礼六。君子谓合左师善守先代，子产善相小国。王使椒举侍于后，以规过。卒事，不规。王问其故，对曰："礼，吾未见者有六焉，又何以规？"

楚子示诸侯侈，椒举曰："夫六王、二公之事，皆所以示诸侯礼也。诸侯所由用命也。夏桀为仍之会，有缗叛之。商纣为黎之蒐，东夷叛之。周幽为大室之盟，戎狄叛之。皆所以示诸侯汰也，诸侯所由弃命也。今君以汰，无乃不济乎？"王弗听。

秋七月，楚子以诸侯伐吴。宋大子、郑伯先归。宋华费遂、郑大夫从。使屈申围朱方，八月甲申，克之。执齐庆封而尽灭其族。

将戮庆封。椒举曰："臣闻无瑕者可以戮人。庆封唯逆命，是以在此，其肯从于戮乎？播于诸侯，焉用之？"王弗听，负之斧钺，以徇于诸侯，使言曰："无或如齐庆封，弑其君，弱其孤，以盟其大夫。"庆封曰："无或如楚共王之庶子围，弑其君兄之子麇而代之，以盟诸侯。"王使速杀之。

底本：毕沅校清嘉庆刊本《十三经注疏》

出处：［清］毕沅：《十三经注疏·春秋左传正义》，北京，中华书局2017年，第4414—4420页

昭公五年

经：五年春，王正月，舍中军。

楚杀其大夫屈申。

公如晋。

传：五年春，王正月，舍中军，卑公室也。毁中军于施氏，成诸臧氏。初作中军，三分公室而各有其一。季氏尽征之，叔孙氏臣其子弟，孟氏取其半焉。及其舍之也，四分公室，季氏择二，二子各一。皆尽征之，而贡于公。以书使杜泄告于殡，曰："子固欲毁中军，既毁之矣，故告。"杜泄曰："夫子唯不欲毁也，故盟诸僖闳，诅诸五父之衢。"受其书而投之，帅士而哭之。叔仲子谓季孙曰："带受命于子叔孙曰，葬鲜者自西门。"季孙命杜泄。杜泄曰："卿丧自朝，鲁礼也。吾子为国政，未改礼，而又迁之。群臣惧死，不敢自也。"既葬而行。

楚子以屈申为贰于吴，乃杀之。以屈生为莫敖，使与令尹子荡如晋逆女。过郑，郑伯劳子荡于汜，劳屈生于菟氏。晋侯送女于邢丘。子产相郑伯，会晋侯于邢丘。

公如晋，自郊劳至于赠贿，无失礼。晋侯谓女叔齐曰："鲁侯不亦善于礼乎？"对曰："鲁侯焉知礼！"公曰："何为？自郊劳至于赠贿，礼无违者，何故不知？"对曰："是仪也，不可谓礼。礼所以守其国，行其政令，无失其民者也。今政令在家，不能取也。有子家羁，弗能用也。奸大国之盟，陵虐小国。利人之难，不知其私。公室四分，民食于他。思莫在公，不图其终。为国

君，难将及身，不恤其所。礼之本末，将于此乎在，而屑屑焉习仪以亟。言善于礼，不亦远乎？”君子谓：“叔侯于是乎知礼。”

夏，莒牟夷以牟娄及防兹来奔。非卿而书，尊地也。莒人愬于晋。晋侯欲止公。范献子曰：“不可。人朝而执之，诱也。讨不以师，而诱以成之，惰也。为盟主而犯此二者，无乃不可乎？请归之，间而以师讨焉。”又归公。

底本：毕沅校清嘉庆刊本《十三经注疏》

出处：［清］毕沅：《十三经注疏·春秋左传正义》，北京，中华书局 2017 年，第 4430—4436 页

昭公六年

经：夏，季孙宿如晋。

葬杞文公。

冬，叔弓如楚。

齐侯伐北燕。

传：六年春，王正月，杞文公卒，吊如同盟礼也。

夏，季孙宿如晋，拜莒田也。晋侯享之，有加笾。武子退，使行人告曰：“小国之事大国也，苟免于讨，不敢求贶。得贶不过三献。今豆有加，下臣弗堪，无乃戾也。”韩宣子曰：“寡君以为欢也。”对曰：“寡君犹未敢，况下臣，君之隶也，敢闻加贶？”固请彻加而后卒事。晋人以为知礼，重其好货。

宋寺人柳有宠，大子佐恶之。华合比曰：“我杀之。”柳闻之，乃坎用牲埋书，而告公曰：“合比将纳亡人之族，既盟于北郭矣。”公使视之，有焉，遂逐华合比。合比奔卫。于是华亥欲代右师，乃与寺人柳比，从为之征曰：“闻之久矣。”公使代之。见

于左师，左师曰："女夫也，必亡！女丧而宗室，于人何有？人亦于女何有？《诗》曰：'宗子维城，毋(注：此处通"毋")俾城坏，毋(注：此处通"毋")独斯畏。'女其畏哉！"

韩宣子之適楚也，楚人弗逆。公子弃疾及晋竟，晋侯将亦弗逆。叔向曰："楚辟我衷，若何效辟？《诗》曰：'尔之教矣，民胥效矣。'从我而已，焉用效人之辟？《书》曰：'圣作则。'无宁以善人为则，而则人之辟乎？匹夫为善，民犹则之，况国君乎？"晋侯说，乃逆之。

徐仪楚聘于楚。楚子执之，逃归。惧其叛也，使薳泄伐徐。吴人救之。令尹子荡帅师伐吴，师于豫章，而次于乾谿。吴人败其师于房锺，获宫廏(注：通"厩")尹弃疾。子荡归罪于薳泄而杀之。

冬，叔弓如楚聘，且吊败也。

十一月，齐侯如晋，请伐北燕也。士匄相士鞅，逆诸河，礼也。晋侯许之。十二月，齐侯遂伐北燕，将纳简公。晏子曰："不入。燕有君矣，民不贰。吾君贿，左右谄谀，作大事不以信，未尝可也。"

底本：毕沅校清嘉庆刊本《十三经注疏》

出处：[清]毕沅：《十三经注疏·春秋左传正义》，北京，中华书局 2017 年，第 4437—4441 页

昭公七年

经：七年春，王正月，暨齐平。

三月，公如楚。

叔孙婼如齐涖盟。

传：七年春，王正月，暨齐平，齐求之也。癸巳，齐侯次于虢。燕人行成曰："敝邑知罪，敢不听命？先君之敝器，请以谢罪。"公孙皙曰："受服而退，俟衅而动，可也。"二月戊午，盟于濡上。燕人归燕姬，赂以瑶瓮、玉椟、斝耳，不克而还。

楚子之为令尹也，为王旌以田。芋尹无宇断之曰："一国两君，其谁堪之？"及即位，为章华之宫，纳亡人以实之。无宇之阍入焉。无宇执之，有司弗与，曰："执人于王宫，其罪大矣。"执而谒诸王。王将饮酒，无宇辞曰："天子经略，诸侯正封，古之制也。封略之内，何非君土。食土之毛，谁非君臣。故《诗》曰：'普天之下，莫非王土。率土之滨，莫非王臣。'天有十日，人有十等，下所以事上，上所以共神也。故王臣公，公臣大夫，大夫臣士，士臣皂，皂臣舆，舆臣隶，隶臣僚，僚臣仆，仆臣台，马有圉，牛有牧，以待百事。今有司曰，女胡执人于王宫，将焉执之？周文王之法曰，有亡荒阅，所以得天下也。吾先君文王，作《仆区》之法，曰盗所隐器，与盗同罪，所以封汝也。若从有司，是无所执逃臣也。逃而舍之，是无陪台也。王事无乃阙乎？昔武王数纣之罪，以告诸侯曰，纣为天下逋逃主，萃渊薮，故夫致死焉。君王始求诸侯而则纣，无乃不可乎？若以二文之法取之，盗有所在矣。"王曰："取而臣以往，盗有宠，未可得也。"遂赦之。

楚子成章华之台，愿与诸侯落之。大宰薳启彊曰："臣能得鲁侯。"薳启彊来召公，辞曰："昔先君成公，命我先大夫婴齐曰：'吾不忘先君之好，将使衡父照临楚国，镇抚其社稷，以辑宁尔民。'婴齐受命于蜀，奉承以来，弗敢失陨，而致诸宗祧，曰，我先君共王，引领北望，日月以冀。传序相授，于今四王矣。嘉惠未至，唯襄公之辱临我丧。孤与其二三臣，悼心失图，社稷之不皇，况能怀思君德！今君若步玉趾，辱见寡君，宠灵楚国，以信蜀之役，致君之嘉惠，是寡君既受贶矣，何蜀之敢望！其先君鬼神，实嘉赖之，岂唯寡君。君若不来，使臣请问行期，寡君将承质币而见于蜀，以请先君之贶。”

郑子产聘于晋。晋侯疾。韩宣子逆客，私焉曰：“寡君寝疾，于今三月矣，并走群望，有加而无瘳。今梦黄熊入于寝门，其何厉鬼也？”对曰：“以君之明，子为大政，其何厉之有？昔尧殛鲧于羽山，其神化为黄熊，以入于羽渊，实为夏郊，三代祀之。晋为盟主，其或者未之祀也乎？”韩子祀夏郊。晋侯有间，赐子产莒之二方鼎。

底本：毕沅校清嘉庆刊本《十三经注疏》

出处：［清］毕沅：《十三经注疏·春秋左传正义》，北京，中华书局 2017 年，第 4446—4451 页

昭公九年

经：九年春，叔弓会楚子于陈。

许迁于夷。

传：九年春，叔弓、宋华亥、郑游吉、卫赵黡会楚子于陈。

周甘人与晋阎嘉争阎田。晋梁丙、张趯率阴戎伐颍。王使詹桓伯辞于晋，曰：“我自夏以后稷，魏、骀、芮、岐、毕，吾西土也。及武王克商，蒲姑、商奄，吾东土也。巴、濮、楚、邓，吾南土也。肃慎、燕、亳，吾北土也。吾何迩封之有？文、武、成、康之建母弟，以蕃屏周，亦其废队是为，岂如弁髦而因以敝之。先王居梼杌于四裔，以御螭魅，故允姓之奸，居于瓜州。伯父惠公归自秦，而诱以来，使偪我诸姬，入我郊甸，则戎焉取之。戎有中

国，谁之咎也？后稷封殖天下，今戎制之，不亦难乎？伯父图之。我在伯父，犹衣服之有冠冕，木水之有本原，民人之有谋主也。伯父若裂冠毁冕，拔本塞原，专弃谋主，虽戎狄其何有余一人？”叔向谓宣子曰：“文之伯也，岂能改物？翼戴天子而加之以共。自文以来，世有衰德而暴灭宗周，以宣示其侈，诸侯之贰，不亦宜乎？且王辞直，子其图之。”宣子说。

孟僖子如齐殷聘，礼也。

底本：毕沅校清嘉庆刊本《十三经注疏》

出处：[清]毕沅：《十三经注疏·春秋左传正义》，北京，中华书局2017年，第4465—4469页

昭公十一年

经：仲孙貜会邾子盟于祲祥。

秋，季孙意如会晋韩起、齐国弱、宋华亥、卫北宫佗、郑罕虎、曹人、杞人于厥慭。

传：孟僖子会邾庄公盟于祲祥，修好，礼也。泉丘人有女梦以其帷幕孟氏之庙，遂奔僖子，其僚从之。盟于清丘之社，曰：“有子，无相弃也。”僖子使助薳氏之簉。反自祲祥，宿于薳氏，生懿子及南宫敬叔于泉丘人。其僚无子，使字敬叔。

楚师在蔡，晋荀吴谓韩宣子曰：“不能救陈，又不能救蔡，物以无亲，晋之不能，亦可知也已！为盟主而不恤亡国，将焉用之？”

秋，会于厥慭，谋救蔡也。郑子皮将行。子产曰：“行不远，不能救蔡也。蔡小而不顺，楚大而不德，天将弃蔡以壅楚。盈而罚之，蔡必亡矣。且丧君而能守者，鲜矣。三年，王其有咎

乎！美恶周必复，王恶周矣。”晋人使狐父请蔡于楚，弗许。

单子会韩宣子于戚，视下言徐。叔向曰：“单子其将死乎。朝有著定，会有表，衣有禬，带有结。会朝之言，必闻于表著之位，所以昭事序也。视不过结、禬之中，所以道容貌也。言以命之，容貌以明之，失则有阙。今单子为王官伯，而命事于会，视不登带，言不过步，貌不道容，而言不昭矣。不道不共，不昭不从，无守气矣。”

底本：毕沅校清嘉庆刊本《十三经注疏》

出处：［清］毕沅：《十三经注疏·春秋左传正义》，北京，中华书局2017年，第4472—4475页

昭公十二年

经：十有二年春，齐高偃帅师纳北燕伯于阳。

三月壬申，郑伯嘉卒。

夏，宋公使华定来聘。

传：夏，宋华定来聘，通嗣君也。享之，为赋《蓼萧》，弗知，又不荅(注：通“答”)赋。昭子曰：“必亡。宴语之不怀，宠光之不宣，令德之不知，同福之不受，将何以在？”

齐侯、卫侯、郑伯如晋，朝嗣君也。公如晋，至河乃复。取郠之役，莒人愬于晋，晋有平公之丧，未之治也。故辞公。公子慭遂如晋。晋侯享诸侯，子产相郑伯，辞于享，请免丧而后听命。晋人许之，礼也。晋侯以齐侯晏(注：通“宴”)，中行穆子相。投壶，晋侯先。穆子曰：“有酒如淮，有肉如坻。寡君中此，为诸侯师。”中之。齐侯举矢曰：“有酒如渑，有肉如陵。寡人中此，与君代兴。”亦中之。伯瑕谓穆子，曰：“子失辞。吾固师诸侯

矣,壶何为焉？其以中儁也。齐君弱吾君,归弗来矣。”穆子曰：“吾军帅强御,卒乘竞劝,今犹古也,齐将何事?”公孙傁趋进曰：“日旰君勤,可以出矣。”以齐侯出。

晋荀吴伪会齐师者,假道于鲜虞,遂入昔阳。秋八月壬午,灭肥,以肥子绵皋归。

底本：毕沅校清嘉庆刊本《十三经注疏》

出处：[清]毕沅：《十三经注疏·春秋左传正义》,北京,中华书局2017年,第4476—4479页

昭公十三年

经：十有三年春,叔弓帅师围费。

夏四月,楚公子比自晋归于楚,弑其君虔于乾谿。

楚公子弃疾杀公子比。

秋,公会刘子、晋侯、齐侯、宋公、卫侯、郑伯、曹伯、莒子、邾子、滕子、薛伯、杞伯、小邾子于平丘。

八月甲戌,同盟于平丘。

公不与盟。

晋人执季孙意如以归。公至自会。

蔡侯庐归于蔡。陈侯吴归于陈。

冬十月,葬蔡灵公。

公如晋,至河乃复。

吴灭州来。

传：观起之死也,其子从在蔡,事朝吴,曰：“今不封蔡,蔡不封矣。我请试之。”以蔡公之命召子干、子皙,及郊而告之情,强与之盟,入袭蔡。蔡公将食,见之而逃。观从使子干食,坎用

牲，加书，而速行。己徇于蔡曰：“蔡公召二子，将纳之，与之盟而遣之矣，将师而从之。”蔡人聚，将执之。辞曰：“失贼成军，而杀余何益？”乃释之。朝吴曰：“二三子若能死亡，则如违之，以待所济。若求安定，则如与之，以济所欲。且违上，何适而可。”众曰：“与之。”乃奉蔡公，召二子而盟于邓，依陈、蔡人以国。楚公子比、公子黑肱、公子弃疾、蔓成然、蔡朝吴帅陈、蔡、不羹、许、叶之师，因四族之徒，以入楚。及郊，陈、蔡欲为名，故请为武军。蔡公知之曰：“欲速。且役病矣，请藩而已。”乃藩为军。蔡公使须务牟与史猈先入，因正仆人杀大子禄及公子罢敌。公子比为王，公子黑肱为令尹，次于鱼陂。公子弃疾为司马，先除王宫。使观从从师于乾谿，而遂告之。且曰：“先归复所，后者劓。”师及訾梁而溃。

王闻群公子之死也，自投于车下曰：“人之爱其子也，亦如余乎？”侍者曰：“甚焉，小人老而无子，知挤于沟壑矣。”王曰：“余杀人子多矣，能无及此乎？”右尹子革曰：“请待于郊，以听国人。”王曰：“众怒不可犯也。”曰：“若入于大都而乞师于诸侯。”王曰：“皆叛矣。”曰：“若亡于诸侯，以听大国之图君也。”王曰：“大福不再，祇(注：通“衹”)取辱焉。”然丹乃归于楚。

子干归，韩宣子问于叔向曰：“子干其济乎？”对曰：“难。”宣子曰：“同恶相求，如市贾焉，何难？”对曰：“无与同好，谁与同恶？取国有五难：有宠而无人，一也；有人而无主，二也；有主而无谋，三也；有谋而无民，四也；有民而无德，五也。子干在晋十三年矣，晋、楚之从，不闻达者，可谓无人。族尽亲叛，可谓无主。无衅而动，可谓无谋。为羁终世，可谓无民。亡无爱征，可谓无德。王虐而不忌，楚君子干涉五难以弑旧君，谁能济之？

有楚国者，其弃疾乎！君陈、蔡，城外属焉。苛慝不作，盗贼伏隐，私欲不违，民无怨心。先神命之，国民信之，芈姓有乱，必季实立，楚之常也。获神，一也。有民，二也。令德，三也。宠贵，四也。居常，五也。有五利以去五难，谁能害之？子干之官，则右尹也。数其贵宠，则庶子也。以神所命，则又远之。其贵亡矣，其宠弃矣，民无怀焉，国无与焉，将何以立？"宣子曰："齐桓、晋文，不亦是乎？"对曰："齐桓，卫姬之子也，有宠于僖。有鲍叔牙、宾须无、隰朋以为辅佐，有莒、卫以为外主，有国、高以为内主。从善如流，下善齐肃，不藏贿，不从欲，施舍不倦，求善不厌，是以有国，不亦宜乎？我先君文公，狐季姬之子也，有宠于献。好学而不贰，生十七年，有士五人。有先大夫子馀、子犯以为腹心，有魏犨、贾佗以为股肱，有齐、宋、秦、楚以为外主，有栾、郤、狐、先以为内主。亡十九年，守志弥笃。惠、怀弃民，民从而与之。献无异亲，民无异望，天方相晋，将何以代文？此二君者，异于子干。共有宠子，国有奥主。无施于民，无援于外，去晋而不送，归楚而不逆，何以冀国？"

晋成虒祁，诸侯朝而归者，皆有贰心。为取郠故，晋将以诸侯来讨。叔向曰："诸侯不可以不示威。"乃并征会，告于吴。秋，晋侯会吴子于良。水道不可，吴人辞，乃还。

晋人将寻盟，齐人不可。晋侯使叔向告刘献公曰："抑齐人不盟，若之何？"对曰："盟以厎信。君苟有信，诸侯不贰，何患焉？告之以文辞，董之以武师，虽齐不许，君庸多矣。天子之老，请帅王赋，元戎十乘，以先启行。迟速唯君。"叔向告于齐曰："诸侯求盟，已在此矣。今君弗利，寡君以为请。"对曰："诸侯讨贰，则有寻盟。若皆用命，何盟之寻？"叔向曰："国家之败，有事而无业，事则不经。有业而无礼，经则不序。有礼而无威，序则不共。有威而不昭，共则不明。不明弃共，百事不终，所由倾覆也。是故明王之制，使诸侯岁聘以志业，间朝以讲礼，再朝而会以示威，再会而盟以显昭明。志业于好，讲礼于等，示威于众，昭明于神，自古以来，未之或失也。存亡之道，恒由是兴。晋礼主盟，惧有不治，奉承齐牺，而布诸君，求终事也。君曰：'余必废之，何齐之有？'唯君图之，寡君闻命矣！"齐人惧，对曰："小国言之，大国制之，敢不听从？既闻命矣，敬共以往，迟速唯君。"叔向曰："诸侯有间矣，不可以不示众。"八月辛未，治兵，建而不旆。壬申，复旆之。诸侯畏之。

邾人、莒人愬于晋曰："鲁朝夕伐我，几亡矣。我之不共，鲁故之以。"晋侯不见公，使叔向来辞曰："诸侯将以甲戌盟，寡君知不得事君矣，请君无勤。"子服惠伯对曰："君信蛮夷之诉，以绝兄弟之国，弃周公之后，亦唯君。寡君闻命矣。"叔向曰："寡君有甲车四千乘在，虽以无道行之，必可畏也。况其率道，其何敌之有？牛虽瘠，偾于豚上，其畏不死？南蒯、子仲之忧，其庸可弃乎？若奉晋之众，用诸侯之师，因邾、莒、杞、鄫之怒，以讨鲁罪，间其二忧，何求而弗克？"鲁人惧，听命。

甲戌，同盟于平丘，齐服也。令诸侯日中造于除。癸酉，退朝。子产命外仆速张于除，子大叔止之，使待明白。及夕，子产闻其未张也，使速往，乃无所张矣。

及盟，子产争承曰："昔天子班贡，轻重以列，列尊贡重，周之制也，卑而贡重者，甸服也。郑，伯男也。而使从公侯之贡，惧弗给也。敢以为请。诸侯靖兵，好以为事。行理之命，无月不至。贡之无艺，小国有阙，所以得罪也。诸侯修盟，存小国也。贡献无极，亡可待也。存亡之制，将在今矣。”自日中以争，至于昏，晋人许之。既盟，子大叔咎之曰：“诸侯若讨，其可渎乎？”子产曰：“晋政多门，贰偷之不暇，何暇讨？国不竞亦陵，何国之为？”

公如晋。荀吴谓韩宣子曰：“诸侯相朝，讲旧好也。执其卿而朝其君，有不好焉，不如辞之。”乃使士景伯辞公于河。公不与盟。

季孙犹在晋，子服惠伯私于中行穆子曰：“鲁事晋何以不如夷之小国？鲁，兄弟也，土地犹大，所命能具。若为夷弃之，使事齐、楚，其何瘳于晋？亲亲与大，赏共罚否，所以为盟主也。子其图之。谚曰：‘臣一主二。’吾岂无大国？”穆子告韩宣子，且曰：“楚灭陈、蔡，不能救，而为夷执亲，将焉用之？”乃归季孙。惠伯曰：“寡君未知其罪，合诸侯而执其老。若犹有罪，死命可也。若曰无罪而惠免之，诸侯不闻，是逃命也，何免之为？请从君惠于会。”宣子患之，谓叔向曰：“子能归季孙乎？”对曰：“不能。鲋也能。”乃使叔鱼。叔鱼见季孙曰：“昔鲋也得罪于晋君，自归于鲁君。微武子之赐，不至于今。虽获归骨于晋，犹子则肉之，敢不尽情？归子而不归，鲋也闻诸吏，将为子除馆于西河，其若之何？”且泣。平子惧，先归。惠伯待礼。

底本：毕沅校清嘉庆刊本《十三经注疏》

出处：［清］毕沅：《十三经注疏·春秋左传正义》，北京，中华书局 2017 年，第 4492—4502 页

昭公十四年

经：十有四年春，意如至自晋。

传：十四年春，意如至自晋，尊晋罪己也。尊晋罪己，礼也。

南蒯之将叛也，盟费人。司徒老祁、虑癸，伪废疾，使请于南蒯曰："臣愿受盟而疾兴，若以君灵不死，请待间而盟。"许之。二子因民之欲叛也，请朝众而盟。遂劫南蒯曰："群臣不忘其君，畏子以及今，三年听命矣。子若弗图，费人不忍其君，将不能畏子矣。子何所不逞欲？请送子。"请期五日。遂奔齐。侍饮酒于景公。公曰："叛夫！"对曰："臣欲张公室也。"子韩晳曰："家臣而欲张公室，罪莫大焉。"司徒老祁、虑癸来归费。齐侯使鲍文子致之。

底本：毕沅校清嘉庆刊本《十三经注疏》

出处：［清］毕沅：《十三经注疏·春秋左传正义》，北京，中华书局2017年，第4507页

昭公十五年

经：十有五年春，王正月，吴子夷末卒。

二月癸酉，有事于武宫。

籥入，叔弓卒，去乐卒事。

传：冬，公如晋，平丘之会故也。

十二月，晋荀跞如周，葬穆后，籍谈为介。既葬除丧，以文伯宴，樽以鲁壶。王曰："伯氏，诸侯皆有以镇抚王室，晋独无有，何也？"文伯揖籍谈，对曰："诸侯之封也，皆受明器于王室，以镇抚其社稷，故能荐彝器于王。晋居深山，戎狄之与邻，而远于王室。王灵不及，拜戎不暇，其何以献器？"王曰："叔氏，而忘诸乎？叔父唐叔，成王之母弟也，其反无分乎？密须之鼓，与其大路，文所以大蒐也。阙巩之甲，武所以克商也。

唐叔受之以处参虚，匡有戎狄。其后襄之二路，鏚钺秬鬯，彤弓虎贲，文公受之，以有南阳之田，抚征东夏，非分而何？夫有勋而不废，有绩而载，奉之以土田，抚之以彝器，旌之以车服，明之以文章，子孙不忘，所谓福也。福祚之不登叔父，焉在？且昔而高祖孙伯黡，司晋之典籍，以为大政，故曰籍氏。及辛有之二子董之，晋于是乎有董史。女，司典之后也。何故忘之？”籍谈不能对。宾出，王曰：“籍父其无后乎！数典而忘其祖。”

籍谈归，以告叔向。叔向曰：“王其不终乎。吾闻之，所乐必卒焉。今王乐忧，若卒以忧，不可谓终。王一岁而有三年之丧二焉，于是乎以丧宾宴，又求彝器，乐忧甚矣，且非礼也。彝器之来，嘉功之由，非由丧也。三年之丧，虽贵遂服，礼也。王虽弗遂，宴乐以早，亦非礼也。礼，王之大经也。一动而失二礼，无大经矣。言以考典，典以志经，忘经而多言举典，将焉用之？”

底本：毕沅校清嘉庆刊本《十三经注疏》

出处：［清］毕沅：《十三经注疏・春秋左传正义》，北京，中华书局 2017 年，第 4509—4513 页

昭公十六年

经：十有六年春，齐侯伐徐。

楚子诱戎蛮子杀之。

夏，公至自晋。

传：二月丙申，齐师至于蒲隧。徐人行成。徐子及郯人、莒人会齐侯，盟于蒲隧，赂以甲父之鼎。叔孙昭子曰：“诸侯之无

伯，害哉！齐君之无道也，兴师而伐，远方会之，有成而还，莫之亢也。无伯也夫。《诗》曰：‘宗周既灭，靡所止戾。正大夫离居，莫知我肄。’其是之谓乎！”

二月，晋韩起聘于郑，郑伯享之。子产戒曰：“苟有位于朝，无有不共恪。”孔张后至，立于客间。执政御之，适客后。又御之，适县间。客从而笑之。事毕，富子谏曰：“夫大国之人，不可不慎也，几为之笑而不陵我？我皆有礼，夫犹鄙我。国而无礼，何以求荣？孔张失位，吾子之耻也。”子产怒曰：“发命之不衷，出令之不信，刑之颇类，狱之放纷，会朝之不敬，使命之不听，取陵于大国，罢民而无功，罪及而弗知，侨之耻也。孔张，君之昆孙，子孔之后也，执政之嗣也。为嗣大夫，承命以使，周于诸侯，国人所尊，诸侯所知。立于朝而祀于家，有禄于国。有赋于军，丧祭有职，受脤归脤，其祭在庙，已有著位，在位数世，世守其业，而忘其所，侨焉得耻之？辟邪之人而皆及执政，是先王无刑罚也。子宁以他规我。”

宣子有环，其一在郑商。宣子谒诸郑伯，子产弗与，曰：“非官府之守器也，寡君不知。”子大叔、子羽谓子产曰：“韩子亦无几求，晋国亦未可以贰。晋国、韩子，不可偷也。若属有谗人交斗其间，鬼神而助之，以兴其凶怒，悔之何及？吾子何爱于一环，其以取憎于大国也，盍求而与之？”子产曰：“吾非偷晋而有二心，将终事之，是以弗与，忠信故也。侨闻君子非无贿之难，立而无令名之患。侨闻为国非不能事大字小之难，无礼以定其位之患。夫大国之人，令于小国，而皆获其求，将何以给之？一共一否，为罪滋大。大国之求，无礼以斥之，何餍之有？吾且为鄙邑，则失位矣。若韩子奉命以使，而求玉焉，贪淫甚矣，独非罪乎？出一玉以起二罪，吾又失位，韩子成贪，将焉用之？且吾以玉贾罪，不亦锐乎？”

韩子买诸贾人，既成贾矣，商人曰：“必告君大夫。”韩子请诸子产曰：“日起请夫环，执政弗义，弗敢复也。今买诸商人，商人曰，必以闻，敢以为请。”子产对曰：“昔我先君桓公，与商人皆出自周。庸次比耦，以艾杀此地，斩之蓬蒿藜藋，而共处之。世有盟誓，以相信也，曰：‘尔无我叛，我无强贾，毋或匄夺。尔有利市宝贿，我勿与知。’恃此质誓，故能相保，以至于今。今吾子以好来辱，而谓敝邑强夺商人，是教敝邑背盟誓也，毋乃不可乎！吾子得玉而失诸侯，必不为也。若大国令，而共无艺，郑，鄙邑也，亦弗为也。侨若献玉，不知所成，敢私布之。”韩子辞玉曰：“起不敏，敢求玉以徼二罪？敢辞之。”

底本：毕沅校清嘉庆刊本《十三经注疏》

出处：[清]毕沅：《十三经注疏·春秋左传正义》，北京，中华书局 2017 年，第 4513—4516 页

昭公十七年

经：十有七年春，小邾子来朝。

夏六月甲戌朔，日有食之。

秋，郯子来朝。

传：十七年春，小邾穆公来朝，公与之燕。季平子赋《采叔》，穆公赋《菁菁者莪》。昭子曰：“不有以国，其能久乎？”

夏六月甲戌朔，日有食之。祝史请所用币。昭子曰：“日有食之，天子不举，伐鼓于社；诸侯用币于社，伐鼓于朝。礼也。”平子御之，曰：“止也。唯正月朔，慝未作，日有食之，于是乎有

伐鼓用币，礼也。其馀则否。”大史曰：“在此月也。日过分而未至，三辰有灾。于是乎百官降物，君不举，辟移时，乐奏鼓，祝用币，史用辞。故《夏书》曰：‘辰不集于房，瞽奏鼓，啬夫驰，庶人走。’此月朔之谓也。当夏四月，是谓孟夏。”平子弗从。昭子退曰：“夫子将有异志，不君君矣。”

秋，郯子来朝，公与之宴。昭子问焉，曰：“少皞氏鸟名官，何故也？”郯子曰：“吾祖也，我知之。昔者黄帝氏以云纪，故为云师而云名。炎帝氏以火纪，故为火师而火名。共工氏以水纪，故为水师而水名。大皞氏以龙纪，故为龙师而龙名。我高祖少皞挚之立也，凤鸟适至，故纪于鸟，为鸟师而鸟名。凤鸟氏，历正也。玄鸟氏，司分者也。伯赵氏，司至者也。青鸟氏，司启者也。丹鸟氏，司闭者也。祝鸠氏，司徒也。鴡鸠氏，司马也。鳲鸠氏，司空也。爽鸠氏，司寇也。鹘鸠氏，司事也。五鸠，鸠民者也。五雉，为五工正，利器用，正度量，夷民者也。九扈，为九农正，扈民无淫者也。自颛顼以来，不能纪远，乃纪于近。为民师而命以民事，则不能故也。”仲尼闻之，见于郯子而学之。既而告人曰：“吾闻之，天子失官，学在四夷，犹信。”

底本：毕沅校清嘉庆刊本《十三经注疏》

出处：［清］毕沅：《十三经注疏·春秋左传正义》，北京，中华书局 2017 年，第 4522—4526 页

昭公二十年

经：冬十月，宋华亥、向宁、华定出奔陈。

十有一月辛卯，蔡侯庐卒。

传：齐侯使公孙青聘于卫。既出，闻卫乱，使请所聘。公

曰："犹在竟内，则卫君也。"乃将事焉。遂从诸死鸟，请将事。辞曰："亡人不佞，失守社稷，越在草莽。吾子无所辱君命。"宾曰："寡君命下臣于朝，曰，阿下执事。臣不敢贰。"主人曰："君若惠顾先君之好，照临敝邑，镇抚其社稷，则有宗祧在。"乃止。卫侯固请见之，不获命，以其良马见，为未致使故也。卫侯以为乘马。宾将掫，主人辞曰："亡人之忧，不可以及吾子。草莽之中，不足以辱从者。敢辞。"宾曰："寡君之下臣，君之牧圉也。若不获扞外役，是不有寡君也。臣惧不免于戾，请以除死。"亲执铎，终夕与于燎。

齐氏之宰渠子召北宫子。北宫氏之宰不与闻谋，杀渠子，遂伐齐氏，灭之。丁巳晦，公入。与北宫喜盟于彭水之上。秋七月戊午朔，遂盟国人。八月辛亥，公子朝、褚师圃、子玉霄、子高鲂出奔晋。闰月戊辰，杀宣姜。卫侯赐北宫喜谥曰贞子，赐析朱鉏谥曰成子，而以齐氏之墓予之。

齐侯疥，遂痁。期而不瘳，诸侯之宾问疾者多在。梁丘据与裔欵言于公曰："吾事鬼神丰，于先君有加矣。今君疾病，为诸侯忧，是祝史之罪也。诸侯不知，其谓我不敬。君盍诛于祝固、史嚚以辞宾？"

公说，告晏子。晏子曰："日宋之盟，屈建问范会之德于赵武。赵武曰：'夫子之家事治，言于晋国，竭情无私。其祝史祭祀，陈信不愧。其家事无猜，其祝史不祈。'建以语康王。康王曰：'神人无怨，宜夫子之光辅五君，以为诸侯主也。'"公曰："据与欵谓寡人能事鬼神，故欲诛于祝史。子称是语，何故？"对曰："若有德之君，外内不废，上下无怨，动无违事，其祝史荐信，无愧心矣。是以鬼神用飨，国受其福，祝史与焉。其所以蕃祉老寿者，为信君使也，其言忠信于鬼神。其適遇淫君，外内颇邪，上下怨疾，动作辟违，从欲厌私。高台深池，撞钟舞女，斩刈民力，输掠其聚，以成其违，不恤后人。暴虐淫从，肆行非度，无所还忌，不思谤讟，不惮鬼神，神怒民痛，无悛于心。其祝史荐信，是言罪也。其盖失数美，是矫诬也。进退无辞，则虚以求媚。是以鬼神不飨其国以祸之，祝史与焉。所以夭昏孤疾者，为暴君使也，其言僭嫚于鬼神。"公曰："然则若之何？"对曰："不可为也。山林之木，衡鹿守之。泽之萑蒲，舟鲛守之。薮之薪蒸，虞候守之。海之盐蜃，祈望守之。县鄙之人，入从其政。偪介之关，暴征其私。承嗣大夫，强易其贿。布常无艺，征敛无度，宫室日更，淫乐不违。内宠之妾，肆夺于市。外宠之臣，僭令于鄙。私欲养求，不给则应。民人苦病，夫妇皆诅。祝有益也，诅亦有损。聊、摄以东，姑、尤(注，即"尤")以西，其为人也多矣！虽其善祝，岂能胜亿兆人之诅？君若欲诛于祝史，修德而后可。"公说，使有司宽政，毁关，去禁，薄敛，已责。

底本：毕沅校清嘉庆刊本《十三经注疏》

出处：[清]毕沅：《十三经注疏·春秋左传正义》，北京，中华书局2017年，第4540—4546页

昭公二十一年

经：夏，晋侯使士鞅来聘。

冬，蔡侯朱出奔楚。

传：夏，晋士鞅来聘，叔孙为政。季孙欲恶诸晋，使有司以齐鲍国归费之礼为士鞅。士鞅怒曰："鲍国之位下，其国小，而使鞅从其牢礼，是卑敝邑也。将复诸寡君。"鲁人恐，加四牢焉，

为十一牢。

蔡侯朱出奔楚。费无极取货于东国,而谓蔡人曰:"朱不用命于楚,君王将立东国。若不先从王欲,楚必围蔡。"蔡人惧,出朱而立东国。朱愬于楚,楚子将讨蔡。无极曰:"平侯与楚有盟,故封。其子有二心,故废之。灵王杀隐大子,其子与君同恶,德君必甚。又使立之,不亦可乎?且废置在君,蔡无他矣。"

底本: 毕沅校清嘉庆刊本《十三经注疏》

出处: [清]毕沅:《十三经注疏·春秋左传正义》,北京,中华书局2017年,第4555—4559页

昭公二十二年

经: 二十有二年春,齐侯伐莒。

宋华亥、向宁、华定自宋南里出奔楚。

大蒐于昌间。

夏四月乙丑,天王崩。

六月,叔鞅如京师,葬景王。

王室乱。

刘子、单子以王猛居于皇。

秋,刘子、单子以王猛入于王城。

冬十月,王子猛卒。

传: 二十二年春,王二月甲子,齐北郭启帅师伐莒。莒子将战,苑羊牧之谏曰:"齐帅贱,其求不多,不如下之。大国不可怒也。"弗听。败齐师于寿馀。齐侯伐莒,莒子行成。司马竈如莒涖盟。莒子如齐涖盟,盟于稷门之外。莒于是乎大恶其君。

夏四月，王田北山，使公卿皆从，将杀单子、刘子。王有心疾，乙丑，崩于荣锜氏。戊辰，刘子挚卒，无子，单子立刘蚠。五月庚辰，见王，遂攻宾起，杀之。盟群王子于单氏。

丁巳，葬景王。王子朝因旧官百工之丧职秩者，与灵、景之族以作乱。帅郊、要、饯之甲，以逐刘子。壬戌，刘子奔扬。单子逆悼王于庄宫以归。王子还夜取王以如庄宫。癸亥，单子出。王子还与召庄公谋，曰："不杀单旗，不捷。与之重盟，必来。背盟而克者多矣。"从之。樊顷子曰："非言也，必不克。"遂奉王以追单子。及领，大盟而复，杀挚荒以说。刘子如刘。单子亡，乙丑，奔于平畤。群王子追之。单子杀还、姑、发、弱、鬷、延、定、稠，子朝奔京。丙寅，伐之。京人奔山，刘子入于王城。辛未，巩简公败绩于京。乙亥，甘平公亦败焉。

叔鞅至自京师，言王室之乱也。闵马父曰："子朝必不克，其所与者，天所废也。"单子欲告急于晋，秋七月戊寅，以王如平畤，遂如圃车，次于皇。刘子如刘。单子使王子处守于王城，盟百工于平宫。辛卯，鄩肸伐皇，大败，获鄩肸。壬辰，焚诸王城之市。八月辛酉，司徒醜以王师败绩于前城，百工叛。己巳，伐单氏之宫，败焉。庚午，反伐之。辛未，伐东圉。冬十月丁巳，晋籍谈、荀跞帅九州之戎及焦、瑕、温、原之师，以纳王于王城。庚申，单子、刘蚠以王师败绩于郊，前城人败陆浑于社。十一月乙酉，王子猛卒，不成丧也。己丑，敬王即位，馆于子旅氏。

底本：毕沅校清嘉庆刊本《十三经注疏》

出处：［清］毕沅：《十三经注疏·春秋左传正义》，北京，中华书局2017年，第4559—4563页

昭公二十三年

经：二十有三年春，王正月，叔孙婼如晋。

癸丑，叔鞅卒。

晋人执我行人叔孙婼。

晋人围郊。

冬，公如晋，至河，有疾，乃复。

传：二十三年春，王正月壬寅朔，二师围郊。癸卯，郊、鄩溃。丁未，晋师在平阴，王师在泽邑。王使告间，庚戌，还。

邾人城翼，还将自离姑。公孙鉏曰："鲁将御我。"欲自武城还，循山而南。徐鉏、丘弱、茅地曰："道下遇雨，将不出，是不归也。"遂自离姑、武城人塞其前，断其后之木而弗殊。邾师过之，乃推而蹷之。遂取邾师，获鉏、弱、地。

邾人愬于晋，晋人来讨。叔孙婼如晋，晋人执之。书曰："晋人执我行人叔孙婼。"言使人也。晋人使与邾大夫坐。叔孙曰："列国之卿，当小国之君，固周制也。邾又夷也。寡君之命介子服回在，请使当之，不敢废周制故也。"乃不果坐。

韩宣子使邾人聚其众，将以叔孙与之。叔孙闻之，去众与兵而朝。士弥牟谓韩宣子曰："子弗良图，而以叔孙与其仇，叔孙必死之。鲁亡叔孙，必亡邾。邾君亡国，将焉归？子虽悔之，何及？所谓盟主，讨违命也。若皆相执，焉用盟主？"乃弗与。使各居一馆。士伯听其辞而诉诸宣子，乃皆执之。

士伯御叔孙，从者四人，过邾馆以如吏。先归邾子。士伯曰："以刍荛之难，从者之病，将馆子于都。"叔孙旦而立，期焉。乃馆诸箕。舍子服昭伯于他邑。范献子求货于叔孙，使请冠焉。取其冠法，而与之两冠，曰："尽矣。"为叔孙故，申丰以货如晋。叔孙曰:“见我,吾告女所行货。”见而不出。吏人之与叔孙居于箕者,请其吠狗,弗与。及将归,杀而与之食之。叔孙所馆者,虽一日必葺其墙屋,去之如始至。

楚囊瓦为令尹,城郢。沈尹戌曰:“子常必亡郢,苟不能卫,城无益也。古者天子守在四夷。天子卑,守在诸侯。诸侯守在四邻。诸侯卑,守在四竟。慎其四竟,结其四援,民狎其野,三务成功,民无内忧,而又无外惧,国焉用城?今吴是惧而城于郢,守已小矣。卑之不获,能无亡乎?昔梁伯沟其公宫而民溃。民弃其上,不亡何待?夫正其疆埸,修其土田,险其走集,亲其民人,明其伍候,信其邻国,慎其官守,守其交礼,不僭不贪,不懦不耆,完其守备,以待不虞,又何畏矣。《诗》曰:‘无念尔祖,聿修厥德。’无亦监乎若敖、蚡冒至于武、文,土不过同,慎其四竟,犹不城郢。今土数圻,而郢是城,不亦难乎!”

底本:毕沅校清嘉庆刊本《十三经注疏》

出处:[清]毕沅:《十三经注疏·春秋左传正义》,北京,中华书局2017年,第4563—4568页

昭公二十四年

经:二十有四年春,王三月丙戌,仲孙貜卒。

婼至自晋。

传:二十四年春,王正月辛丑,召简公、南宫嚚以甘桓公见王子朝。刘子谓苌弘曰:“甘氏又往矣。”对曰:“何害?同德度义。《大誓》曰:‘纣有亿兆夷人,亦有离德。余有乱臣十人,同心同德。’此周所以兴也。君其务德,无患无人。”戊午,王子朝入于邬。

晋士弥牟逆叔孙于箕。叔孙使梁其踁待于门内，曰："余左顾而欬，乃杀之。右顾而笑，乃止。"叔孙见士伯，士伯曰："寡君以为盟主之故，是以久子。不腆敝邑之礼，将致诸从者。使弥牟逆吾子。"叔孙受礼而归。二月，婼至自晋，尊晋也。

三月庚戌，晋侯使士景伯涖问周故。士伯立于乾祭而问于介众。晋人乃辞王子朝，不纳其使。

底本：毕沅校清嘉庆刊本《十三经注疏》

出处：［清］毕沅：《十三经注疏·春秋左传正义》，北京，中华书局2017年，第4573页

昭公二十五年

经：二十有五年春，叔孙婼如宋。

夏，叔诣会晋赵鞅、宋乐大心、卫北宫喜、郑游吉、曹人、邾人、滕人、薛人、小邾人于黄父。

九月己亥，公孙于齐，次于阳州，齐侯唁公于野井。

传：二十五年春，叔孙婼聘于宋。桐门右师见之，语卑宋大夫，而贱司城氏。昭子告其人曰："右师其亡乎！君子贵其身而后能及人，是以有礼。今夫子卑其大夫而贱其宗，是贱其身也。能有礼乎？无礼必亡。"宋公享昭子，赋《新宫》。昭子赋《车辖》。

明日，宴，饮酒乐。宋公使昭子右坐，语相泣也。乐祁佐，退而告人曰："今兹君与叔孙，其皆死乎？吾闻之，哀乐而乐哀，皆丧心也。心之精爽，是谓魂魄。魂魄去之，何以能久？"

夏，会于黄父，谋王室也。赵简子令诸侯之大夫，输王粟，具戍人，曰："明年将纳王。"子大叔见赵简子，简子问揖让周旋

之礼焉。对曰："是仪也，非礼也。"简子曰："敢问何谓礼？"对曰："吉也闻诸先大夫子产曰：'夫礼，天之经也，地之义也，民之行也。天地之经，而民实则之。则天之明，因地之性，生其六气，用其五行。气为五味，发为五色，章为五声，淫则昏乱，民失其性。是故为礼以奉之。为六畜、五牲、三牺，以奉五味。为九文、六采、五章，以奉五色。为九歌、八风、七音、六律，以奉五声。为君臣、上下，以则地义。为夫妇、外内，以经二物。为父子、兄弟、姑姊、甥舅、昏媾、姻亚，以象天明。为政事、庸力、行务，以从四时。为刑罚、威狱，使民畏忌，以类其震曜杀戮。为温慈、惠和，以效天之生殖长育。民有好、恶、喜、怒、哀、乐，生于六气。是故审则宜类，以制六志。哀有哭泣，乐有歌舞，喜有施舍，怒有战斗。喜生于好，怒生于恶。是故审行信令，行祸赏罚，以制死生。生，好物也。死，恶物也。好物，乐也。恶物，哀也。哀乐不失，乃能协于天地之性，是以长久。'"简子曰："甚哉，礼之大也。"对曰："礼，上下之纪，天地之经纬也，民之所以生也，是以先王尚之。故人之能自曲直以赴礼者，谓之成人。大，不亦宜乎？"简子曰："鞅也请终身守此言也。"

宋乐大心曰："我不输粟，我于周为客，若之何使客？"晋士伯曰："自践土以来，宋何役之不会，而何盟之不同？曰同恤王室，子焉得辟之？子奉君命，以会大事，而宋背盟，无乃不可乎！"右师不敢对，受牒而退。士伯告简子曰："宋右师必亡。奉君命以使，而欲背盟以干盟主，无不祥大焉。"

叔孙昭子如阚，公居于长府。九月戊戌，伐季氏，杀公之于门，遂入之。平子登台而请曰："君不察臣之罪，使有司讨臣以干戈，臣请待于沂上以察罪。"弗许。请囚于费，弗许。请以五乘亡，弗许。子家子曰：“君其许之！政自之出久矣，隐民多取食焉。为之徒者众矣，日入慝作，弗可知也。众怒不可蓄也。蓄而弗治，将蕴。蕴畜，民将生心；生心，同求将合。君必悔之。”弗听。郈孙曰：“必杀之。”公使郈孙逆孟懿子。叔孙氏之司马鬷戾言于其众曰：“若之何？”莫对。又曰：“我，家臣也，不敢知国。凡有季氏与无，于我孰利？”皆曰：“无季氏，是无叔孙氏也。”鬷戾曰：“然则救诸。”帅徒以往，陷西北隅以入。公徒释甲，执冰而踞。遂逐之。孟氏使登西北隅，以望季氏。见叔孙氏之旌，以告。孟氏执郈昭伯，杀之于南门之西，遂伐公徒。子家子曰：“诸臣伪劫君者，而负罪以出，君止。意如之事君也，不敢不改。”公曰：“余不忍也。”与臧孙如墓谋，遂行。己亥，公孙于齐，次于阳州。齐侯将唁公于平阴，公先至于野井。齐侯曰：“寡人之罪也。”使有司待于平阴，为近故也。书曰：“公孙于齐，次于阳州，齐侯唁公于野井。”礼也。将求于人，则先下之，礼之善物也。齐侯曰：“自莒疆以西，请致千社，以待君命。寡人将帅敝赋以从执事，唯命是听。君之忧，寡人之忧也。”公喜。子家子曰：“天禄不再，天若胙君，不过周公，以鲁足矣。失鲁，而以千社为臣，谁与之立？且齐君无信，不如早之晋。”弗从。臧昭伯率从者将盟，载书曰：“戮力壹心，好恶同之。信罪之有无，缱绻从公，无通外内。”以公命示子家子。子家子曰：“如此，吾不可以盟。羁也不佞，不能与二三子同心，而以为皆有罪。或欲通外内，且欲去君。二三子好亡而恶定，焉可同也？陷君于难，罪孰大焉？通外内而去君，君将速入，弗通何为？而何守焉？”乃不与盟。

底本：毕沅校清嘉庆刊本《十三经注疏》

出处：［清］毕沅：《十三经注疏·春秋左传正义》，北京，中华书局2017年，第4574—4583页

昭公二十六年

经：二十有六年春，王正月，葬宋元公。

秋，公会齐侯、莒子、邾子、杞伯，盟于鄟陵。

公至自会，居于郓。

传：秋，盟于剸陵，谋纳公也。

九月，楚平王卒。令尹子常欲立子西，曰："大子壬弱，其母非適也，王子建实聘之。子西长而好善，立长则顺，建善则治。王顺国治，可不务乎？"子西怒曰："是乱国而恶君王也。国有外援，不可渎也。王有適嗣，不可乱也。败亲速仇，乱嗣不祥，我受其名。赂吾以天下，吾滋不从也。楚国何为？必杀令尹！"令尹惧，乃立昭王。

冬十月丙申，王起师于滑。辛丑，在郊，遂次于尸。十一月辛酉，晋师克巩。召伯盈逐王子朝。王子朝及召氏之族、毛伯得、尹氏固、南宫嚚奉周之典籍以奔楚。阴忌奔莒以叛。召伯逆王于尸，及刘子、单子盟。遂军圉泽，次于隄上。癸酉，王入于成周。甲戌，盟于襄宫。晋师成公般戍周而还。十二月癸未，王入于庄宫。

王子朝使告于诸侯曰："昔成(注，原文为'成'，但依义应作'武'，是原文的问题)王克殷，成王靖四方，康王息民。并建母弟，以蕃屏周。亦曰，吾无专享文、武之功，且为后人之迷败倾覆，而溺入于难，则振救之。至于夷王，王愆于厥身。诸侯莫不并走其望，以祈王身。至于厉王，王心戾虐，万民弗忍，居王于彘。诸侯释位，

以间王政。宣王有志，而后效官。至于幽王，天不吊周，王昏不若，用愆厥位。携王奸命，诸侯替之，而建王嗣，用迁郏鄏。则是兄弟之能用力于王室也。至于惠王，天不靖周，生颓祸心，施于叔带，惠、襄辟难，越去王都。则有晋、郑，咸黜不端，以绥定王家。则是兄弟之能率先王之命也。在定王六年，秦人降妖，曰：'周其有頿王，亦克能修其职。诸侯服享，二世共职。王室其有间王位，诸侯不图，而受其乱灾。'至于灵王，生而有頿。王甚神圣，无恶于诸侯。灵王、景王，克终其世。今王室乱，单旗、刘狄，剥乱天下，壹行不若。谓先王何常之有？唯余心所命，其谁敢请之？帅群不吊之人，以行乱于王室。侵欲无厌，规求无度，贯渎鬼神，慢弃刑法，倍奸齐盟，傲很威仪，矫诬先王。晋为不道，是摄是赞，思肆其罔极。兹不穀震荡播越，窜在荆蛮，未有攸底。若我一二兄弟甥舅，奖顺天法，无助狡猾，以从先王之命。毋速天罚，赦图不穀，则所愿也。敢尽布其腹心，及先王之经，而诸侯实深图之！昔先王之命曰：'王后无適，则择立长。年钧以德，德钧以卜。'王不立爱，公卿无私，古之制也。穆后及大子寿早夭即世，单、刘赞私立少，以间先王，亦唯伯仲叔季图之。"

底本：毕沅校清嘉庆刊本《十三经注疏》

出处：［清］毕沅：《十三经注疏·春秋左传正义》，北京，中华书局 2017 年，第 4588—4593 页

昭公二十七年

经：秋，晋士鞅、宋乐祁犁、卫北宫喜、曹人、邾人、滕人会于扈。

冬十月，曹伯午卒。

邾快来奔。

公如齐。

传： 秋，会于扈，令成(注，原文为“成”，但结合语义，当作“戍”)周，且谋纳公也。宋、卫皆利纳公，固请之。范献子取货于季孙，谓司城子梁与北宫贞子曰：“季孙未知其罪，而君伐之，请囚，请亡，于是乎不获。君又弗克，而自出也。夫岂无备而能出君乎？季氏之复，天救之也。休公徒之怒，而启叔孙氏之心。不然，岂其伐人而说甲执冰以游？叔孙氏惧祸之滥，而自同于季氏，天之道也。鲁君守齐，三年而无成。季氏甚得其民，淮夷与之，有十年之备，有齐、楚之援，有天之赞，有民之助，有坚守之心，有列国之权，而弗敢宣也，事君如在国。故鞅以为难。二子皆图国者也，而欲纳鲁君，鞅之愿也。请从二子以围鲁，无成，死之。”二子惧，皆辞。乃辞小国，而以难复。

冬，公如齐，齐侯请飨之。子家子曰：“朝夕立于其朝，又何飨焉？其饮酒也。”乃饮酒，使宰献而请安。子仲之子曰重，为齐侯夫人，曰请使重见。子家子乃以君出。

底本： 毕沅校清嘉庆刊本《十三经注疏》

出处： ［清］毕沅：《十三经注疏·春秋左传正义》，北京，中华书局 2017 年，第 4594—4598 页

昭公二十九年

经： 冬十月，郓溃。

传： 冬，晋赵鞅、荀寅帅师城汝滨，遂赋晋国一鼓铁，以铸刑鼎，著范宣子所为刑书焉。仲尼曰：“晋其亡乎，失其度矣。夫晋国将守唐叔之所受法度，以经纬其民，卿大夫以序守之。民

是以能尊其贵，贵是以能守其业。贵贱不愆，所谓度也。文公是以作执秩之官，为被庐之法，以为盟主。今弃是度也，而为刑鼎，民在鼎矣，何以尊贵？贵何业之守？贵贱无序，何以为国？且夫宣子之刑，夷之蒐也，晋国之乱制也，若之何以为法？”蔡史墨曰：“范氏、中行氏其亡乎。中行寅为下卿，而干上令，擅作刑器，以为国法，是法奸也。又加范氏焉，易之，亡也。其及赵氏，赵孟与焉；然不得已，若德可以免。”

底本：毕沅校清嘉庆刊本《十三经注疏》

出处：［清］毕沅：《十三经注疏·春秋左传正义》，北京，中华书局2017年，第4609—4614页

昭公三十年

经：秋八月，葬晋顷公。

传：秋八月，葬。郑游吉吊，且送葬。魏献子使士景伯诘之曰：“悼公之丧，子西吊，子蟜送葬。今吾子无贰，何故？”对曰：“诸侯所以归晋君，礼也。礼也者，小事大，大字小之谓。事大在共其时命，字小在恤其所无。以敝邑居大国之间，共其职贡，与其备御不虞之患，岂忘共命。先王之制，诸侯之丧，士吊，大夫送葬。唯嘉好聘享三军之事，于是乎使卿。晋之丧事，敝邑之间，先君有所助执绋矣。若其不间，虽士大夫有所不获数矣。大国之惠，亦庆其加，而不讨其乏，明厎其情，取备而已，以为礼也。灵王之丧，我先君简公在楚，我先大夫印段实往，敝邑之少卿也。王吏不讨，恤所无也。今大夫曰，女盍从旧。旧有丰有省，不知所从。从其丰，则寡君幼弱，是以不共。从其省，则吉在此矣。唯大夫图之。”晋人不能诘。

底本：毕沅校清嘉庆刊本《十三经注疏》

出处：[清]毕沅：《十三经注疏·春秋左传正义》，北京，中华书局2017年，第4615—4616页

昭公三十一年

经：夏四月丁巳，薛伯穀卒。

传：薛伯穀卒，同盟故书。

底本：毕沅校清嘉庆刊本《十三经注疏》

出处：[清]毕沅：《十三经注疏·春秋左传正义》，北京，中华书局2017年，第4617—4618页

昭公三十二年

经：三十有二年春，王正月，公在乾侯。

冬，仲孙何忌会晋韩不信、齐高张、宋仲幾、卫世叔申、郑国参、曹人、莒人、薛人、杞人、小邾人，城成周。

传：三十二年春，王正月，公在乾侯。言不能外内，又不能用其人也。

秋八月，王使富辛与石张如晋，请城成周。天子曰："天降祸于周，俾我兄弟并有乱心，以为伯父忧。我一二亲昵甥舅，不皇启处，于今十年，勤戍五年。余一人无日忘之，闵闵焉如农夫之望岁，惧以待时。伯父若肆大惠，复二文之业，弛周室之忧，徼文、武之福，以固盟主，宣昭令名，则余一人有大愿矣。昔成王合诸侯，城成周，以为东都，崇文德焉。今我欲徼福假灵于成王，修成周之城，俾戍人无勤，诸侯用宁，蝥贼远屏，晋之力也。其委诸伯父，使伯父实重图之。俾我一人无征怨于百姓，而伯

父有荣施，先王庸之。”范献子谓魏献子曰：“与其戍周，不如城之，天子实云。虽有后事，晋勿与知可也。从王命以纾诸侯，晋国无忧。是之不务，而又焉从事？”魏献子曰：“善。”使伯音对，曰：“天子有命，敢不奉承，以奔告于诸侯。迟速衰序，于是焉在。”

冬十一月，晋魏舒、韩不信如京师，合诸侯之大夫于狄泉，寻盟，且令城成周。魏子南面。卫彪傒曰：“魏子必有大咎，干位以令大事，非其任也。《诗》曰：‘敬天之怒，不敢戏豫。敬天之渝，不敢驰驱。’况敢干位以作大事乎？”

底本：毕沅校清嘉庆刊本《十三经注疏》

出处：[清]毕沅：《十三经注疏·春秋左传正义》，北京，中华书局2017年，第4619—4621页

致　谢

本书的付梓是一场紧急行动，如同小说叙事的艺术一般，在跌宕的意外中波折成行，只是由于客观环境的激荡与主创人物的性格的双重作用，意外卷出了高潮。由于教学的需要，我所主持的课程需要尽快落实一本教材，而既有的名家之作大多直接切入历史研究的正题，仅为后学留下一片凫水的浅滩，实在是无遗珠之“憾”可拣漏。好在我的课堂人少，大家又多求精求专。因此，针对已经习得社会科学研究方法的选课同学，补全人文学科的研究方法，就成了一种讨巧的思路。在与学院的沟通中，我获准为此做一些尝试，于是便有了本书。在过去的日子里，每日写稿到深夜，还顺带摸清了上海凌晨的第一声鸟叫，一般敲在哪个钟点上，至于有时碰上早八，满脑子只想向生活举起沽清的咖啡杯“缴械投降”。

在构思、酝酿与积淀的过程中，本书受学界前贤与后进的惠好良多。复旦大学享有本书的著作权，同时，我亦要将此书献于复旦大学国际关系与公共事务学院。虽然一花献二佛，总有讨巧在其间，应当严肃自我批评。但渡远学海，凫水多时，终得一处靠岸地，这一对复旦国务学院的拳拳之心，无得些许简慢轻损。古人说大音希声，惟我来看，最感谢处最是难言，唯有铭刻在心。复旦大学苏长和教授、张建新教授、潘忠岐教授、陈玉聃副教授审读了本文的初稿，并提出宝贵的修改意见，于此长拜。

我要郑重感谢北京大学叶自成教授、王逸舟教授、张清敏教授与翟崑教授，他们不仅曾阅读本书的主要或部分章节，提出相当的批评意见，更是我本人与外交学结缘的指引人。二零一五年至二零一九年，我进入北京大学国际关系学院博士后流动站从事博士后工作，以叶自成教授为合作导师，开展华夏主义与中国古代外交研究。叶老师携我穿堂过会，勉力拔擢，关于中国外交起源的核心观点，都是在这段时间的讨论中形成的。一九九九年，叶自成教授由地缘政治转入中国古代外交思想研究后，同王日华教授、庞珣教授等一代学人就中国古代外交的起源和特征作出了一系列敢为世纪先的讨论。二十年后，作为对这一问题的赓续，我完成了自己迄今为止最重要的一篇学术论文，以为这段时光作结。王逸舟教授与张清敏教授直接指导我的日常工作，其对于国家利益、大国新型外交、对外政策、外交心理与外交学学科史的洞见，令我受益良多，在今时今日的外交研究中，仍可见二位在学理上的影响。翟崑教授关于湄澜河流域“民心相通”的研究，成为衔接佛教传入史、西南古代官方文书与中国古代外交的基壤。除此之外，外交与外事管理系的贾庆国教授、牛军教授、沈青兰副教授、李扬帆副教授、陈长伟副教授、罗杭助理教授，《国际政治研究》的庄俊举编审，王海媚老师与《中国社会科学》的张萍编辑，于我大有知遇之意。所学甚多，所获甚侈。感谢北京大学国际关系学院的提携之情，瓦洛里楼凿壁四年，而后南渡，神存富贵，始轻黄金。在此揖谢，以补作别。

特别感谢清华大学国际关系研究院阎学通教授、孙学峰教授与漆海霞副教授。阎学通教授自回国始，一直致力于推动国际关系理论研究的范式更替与推陈出新，不拘一格拔擢新人，后辈青年受惠良多。其主办的“大国关系研讨会”、中国国际关系学术共同体会议与国际关系教学共同体会议，广集群贤。我多取法文史哲，与清华学派的路径时有相违，又是新人，算不得讨喜。但逢学术观点相左时，阎老师从来遥襟甫畅，不以为忤，反而以青年学人能提出异议为喜。四年间受惠委实良多，但从未能当面言谢。孙学峰教授、漆海霞副教授与中国社科院徐进研究员都围绕春秋时期国际公法撰写了大量文章，裨益实多。在我求职之时，亦予我极大的关心与照顾，不敢相忘。

我要衷心感谢中国人民大学哲学院的悉心培养，我的博士生导师常言。博士是求学的终点、是研究的起点。天涯思君不敢忘，人大哲学是我求学的终点与研究的起点。我从师于彭永捷教授与罗安宪教授，并治先秦道家与儒家政治哲学，犹河汉之两极。于彭永捷教授处，我习得政治哲学年鉴的谱写，宋明理学的终极关怀，经学体系的发凡转承与大陆新儒家的治学旨趣；于罗安宪教授处，我习得庄子学史的发展脉络，寻章摘句的字理考证，范畴的纵向延伸与横向对比，以及哲学史料的整理校对。彭老师常教导我辈应敢写敢说，年轻人要有锐气。罗老师以为读书要从缓从勤，论文求精，乃不求华。张立文教授是人大哲学院一级教授，其核心思想“和合学”已成为中国古代外交思想研究中的核心概念。我为徒孙一辈，受学匪浅。林美茂教授与曹峰教授均自日本学成归国，常教诲我日语的重要性，每提治学，必以日本“东洋学”为参照、为相手，颇有前人“预流”之风。林美茂教授又治希腊哲学，常言欧洲学界动向，以巴黎、日本同中国学界竞雄，对我影响甚大。人民出版社方国根编审对我等后学的关怀帮助，亦没齿难忘。汲古学科每内行古风，以师生为师徒，不以师生为职业。我之所学本驳杂不纯，强取诸邻，又多浮华，本成不了什么材料，但苛刻自己，日勤功课，不敢怠慢，周觐月见，这是在人大哲学化育的习惯，多年未改，念兹在兹。

我要诚挚感谢湘潭大学王向清教授与扬州大学赵彦芳教授。王向清教授治逻辑学，又治魏源及晚清湖湘思想，近代经学发凡与中西思想冲击，是中国古代外交研究的思想史背景。赵彦芳教授专注文艺理论与中西方美学思想，最早向我展示欧洲学术的知识图景与十七世纪以来“chinoiserie”的理论特色，在此深表感激。我谨追思湖南大学胡遂教授，斯人已逝，但胡老师高雅学风常在，薪火有传。

本书的完稿，还托赖于一支在校小分队的活跃表现。他们是复旦大学国务学院“薪火计划”项目组建的学生研究团队，共十三人——包括时为2021级外交学硕士研究生俞佳儒，政治学硕士研究生徐雪，IPP国际项目硕士李靖宜，时为2017级政治学本科生陶云鹏；2018级国际政治本科生陈月金、何谦，政治学与行政学本科生陈翔、冯笛、舒溶静；2019级国际政治本科生翟灵、石婷婷，2019级行政管理本科生李美桦，以及中国语言文学系的2018级汉语言文学专业本科生曹烨。俞佳儒与徐雪参与了本书第一章的编写工作，主要帮助搜集欧盟材料与欧美外交学研究的相关成果，并审读了全书文稿。曹烨参与了本书第五章的编写工作，主要负责协助校对。其他成员全程参与了史料搜集的工作。在历时一年的枯燥工作中，以上小组成员全部坚持了下来，并最终为本书提供了珍贵的审读视角。他们之中有人已顺利进入求学的下一阶段，有人正经历毕业的迷惘与择业的艰辛时刻，我将他们的贡献记录在此，作为参与科研项目的证明。感谢他们的付出。

此外，感谢上海远东出版社的鼎力支持，本书才得以顺利问世。责编为出书牺牲了多个周末，令我既很感激，又极惶恐，感谢她的专业精神与卓越贡献。

中国古代外交研究兴起于百年之前的京师大学堂译文馆，经丁韪良、洪钧培、徐传保、陈顾远、蒋廷黻、费正清、黎虎、裴默农、叶自成、阎学通、时殷弘、袁南生等前学大能之力，渺为星火，延续至今；但就学科的建构而言，语不涉难，已不堪忧。唯请学界大力挞伐，铁口断直，才有延续下去的契机。迄今而止些许尝试，还盼读者批评指正。

朱小略

二零二一年九月二十八日